教育部人文社会科学研究一般项目（09YJA880029）

战后美国教育史

A History of
American Education After World War II

贺国庆　何振海　等著

上海交通大学出版社
SHANGHAI JIAO TONG UNIVERSITY PRESS

内容提要

当今世界,美国是教育最发达的国家之一。在美国教育发展进程中,第二次世界大战后的教育史是最为丰富多采、最具变革特征的组成部分。作者从历史角度,全面、系统地梳理、分析自 20 世纪 50 年代以来美国先后进行的六次大规模的基础教育改革运动,总结其成功经验及失败教训。就教育本身具有的普遍特征而言,中美两国在教育发展的多重层面上有诸多共性之处。深切了解美国战后教育史,不仅有助于完整准确把握美国教育的发展脉络,同样有助于我们更好地认识当代中国教育面临的种种挑战和问题,为我国教育持续、健康发展提供有益借鉴。

图书在版编目(CIP)数据

战后美国教育史/贺国庆等著. —上海:上海交通大学出版社,2014
ISBN 978-7-313-11354-2

Ⅰ. 战... Ⅱ. 贺... Ⅲ. 教育史—美国—现代 Ⅳ. G571.29

中国版本图书馆 CIP 数据核字(2014)第 097246 号

战后美国教育史

著　　者:贺国庆等

出版发行:上海交通大学出版社　　　　地　　址:上海市番禺路 951 号
邮政编码:200030　　　　　　　　　电　　话:021-64071208
出 版 人:韩建民
印　　制:上海春秋印刷厂　　　　　经　　销:全国新华书店
开　　本:710mm×1000mm　1/16　印　　张:21.75
字　　数:392 千字
版　　次:2014 年 8 月第 1 版　　　　印　　次:2014 年 8 月第 1 次印刷
书　　号:ISBN 978-7-313-11354-2/ G
定　　价:50.00 元

前　言

　　呈现在读者面前的这部著作,是教育部人文社会科学研究一般项目"战后美国教育史"(09YJA880029)的最终研究成果。

　　美国教育史历来是国内学界重点关注的研究领域之一。作为当今世界教育最发达的国家,美国的学校教育高度普及、教育层次全面多元、教育内容丰富多彩、教育方法各有千秋,对教育理论和教育哲学的探索也非一般国家所能企及。当然,今日美国发达的教育同样是经历长期发展,特别是伴随着不断的变革演进而成就的。要想全面把握美国教育的现状,就必须回顾美国教育的昨天,从历史中寻找今日美国教育之所以发达的科学逻辑归因,并探索明日美国教育发展的宏观趋势。这也是长期以来国内外学界一直致力于美国教育史研究的重要理论动因。

　　在美国教育发展进程的宏伟画卷中,第二次世界大战之后的美国教育史是最为丰富多彩、最具变革特征的组成部分之一。以基础教育为例,在经历了战后短暂而紧迫的恢复与重建之后,自 20 世纪 50 年代末起,美国先后进行了六次大规模的基础教育改革运动,包括以 1958 年《国防教育法》颁布后发起的新课程改革、60 年代旨在促进教育机会均等的改革、70 年代的回归基础及生计教育运动、80 年代以提高质量为核心的教育优异改革运动、90 年代的教育标准化改革运动,以及 90 年代末以来建设面向 21 世纪学校教育体系的改革运动等。这些改革运动或各有得失,但无论成功的经验,抑或失败的教训,都是值得今人认真对待的宝贵财富。因此,从历史的角度客观、全面和系统地梳理、分析战后美国教育的发展与改革历程,对于丰富和拓展美国教育史研究,无疑具有重要的理论价值。

　　从研究战后美国教育史的现实意义来看,尽管美国教育在其发展历程中所面临的具体问题与我国存在明显差异,但不可否认的是,由于教育本身所具有的普遍特征,中美两国在教育发展的宏观层面上,仍然有诸多共性之处。对美国教育发展经验的借鉴和汲取,本身就是近代以来中国教育史的内在组成部分,而当代中国教育改革的很多方面同样也可从美国追溯到源头。就此意义而言,梳理美国教育史,特别是战后美国教育史，不仅有助于完整、准确地把握美国教育的发展脉络，同样也有助于我们更好地认识当代中国教育所面临的种种挑战和问题，并为当代中国的教育改革和实践服务，为我国教育的持续、健康发展提供可资参考的范例。开展战后美国教育史研究的现实意义恰在于此。

早在改革开放初期的 1980 年，著名教育史学者滕大春先生就在人民教育出版社出版了《今日美国教育》一书。滕先生采用专题研究的形式，将历史与现实有机结合，对战后美国教育发展进行了梳理和评述，该书在当时百废待兴的教育学界产生了广泛的影响。随后十余年，滕先生潜心于美国教育的历史研究，于 1994 年出版了 53 万字的《美国教育史》。是年，先生已 85 岁高龄。因为《美国教育史》没有涉及战后教育的发展，先生曾计划在有生之年再撰写一部美国教育史续编，详尽介绍战后美国教育的改革和发展，然而老天没有给先生足够的时间，美国教育史续编最终成为先生未竟的遗愿。本书的作者，或是先生的亲传弟子，或是先生的再传弟子，完成先生的遗愿成为我们写作本书的动力。虽然书稿还有诸多不足，但我们尽到了做学生的心意，谨以此书献给滕大春师。

作为一部尝试全面反映战后美国教育发展与变革历程的著作，本书采取了纵向脉络梳理和横向专题分析相结合的写作方式。全书分为上下两编。上编以时间为线索，分六个阶段对战后以来不同时期美国教育的整体发展情况进行系统梳理，主要侧重对联邦政府的教育政策及各阶段教育发展宏观走向的把握；下编以专题形式对美国教育发展中的部分热点或焦点问题进行深入分析，主要包括教育哲学与教育思想、教师教育、少数族裔教育、女子教育、职业教育五个方面。全书各章节具体分工情况如下。

第 1、2 章：贺国庆；

第 3、11 章：荣艳红；

第 4 章第 1 节：张妹芝；

第 4 章第 2 节，第 6 章：何振海；

第 5 章：周保利；

第 7 章第 1、2 节：金传宝；

第 7 章第 3、4、5 节：刘向荣；

第 8 章：李克军；

第 9 章：屈书杰；

第 10 章：丁坤。

全书由贺国庆、何振海负责统稿。

　　本书的编辑、出版得到上海交通大学出版社的鼎力支持,编辑臧燕阳、周河为本书出版付出了诸多辛劳,我们对此深表谢意;同时本书是在充分吸收、借鉴前人研究成果的基础上完成的,在此一并致谢。

　　由于作者水平所限,书中难免舛误,祈望读者不吝指正。

著　者

2014 年 6 月

目　　录

上　　编

下　编

上　编

第一章
战后初期美国教育的重建

第二次世界大战①结束之初,美国并没有马上着手发展和改革教育事业,战前的教育政策和既有模式仍在主导美国教育。经过 10 余年的调整和酝酿,美国教育最终在 20 世纪 50 年代后期驶入发展和改革的快车道。

第一节 "二战"对美国教育的影响

1939 年 9 月 1 日德国入侵波兰,标志着第二次世界大战的爆发。1941 年 12 月 7 日,日本突袭珍珠港,结束了美国作为世界大国可以安然处于世界冲突之外的幻想。近 200 架飞机被炸毁和 2 323 名美国军人被炸死的惨痛代价,迫使美国投入到这场人类史上最惨烈的战争之中,从而对美国社会各个方面产生了深远影响。

一、战争对经济的影响

战争使美国社会发生了深刻变化。在经济上,美国于 1941 年 3 月通过了《租借法案》,美国工厂开始为同盟国生产战备物资。战争爆发后,美国设立战时生产委员会,使工业转到为战争服务的轨道上。罗斯福总统为 1942 年制订了空前未有的生产指标:6 万架飞机、4.5 万辆坦克、2 万门高射炮、800 万吨船舶②。从 1940 年 7 月 1 日至 1945 年 7 月 31 日的 5 年间,美国用于军火生产的支出为 1 860 亿美元,共生产 86 338 辆坦克、16 万辆装甲车、240 万辆军用载重汽车、29.7 万架飞机、

---

① 第二次世界大战,简称"二战";第二次世界大战后,简称战后。全书同。

② [美]J.布卢姆.美国的历程:下册第二分册[M].杨国标译.北京:商务印书馆,1988:455.

9 000 门重炮、6.45 万艘登陆艇和数千艘军舰、5 200 万吨商船以及 1 740 万支步枪、卡宾枪、手枪和大量弹药。这项庞大的军工生产并不是完全用于美国。在战争期间,美国为盟国提供了它生产的军备的一半以上,成为名副其实的"民主国家的伟大兵工厂"①。在军火需求的刺激下,美国经济迅速走向战时繁荣。1939 年国民生产总值为 910 亿美元,1945 年则高达 2 136 亿美元②。

二、战争对科学的影响

战争也极大地刺激了美国科学的发展。"战争开始时,美国科学家在研究原子裂变、喷气推进及火箭方面远远落后于德国人;他们也比不上英国人在喷气推进、雷达及其他电子仪器方面所取得的成就。"③为了应付战争的需要,加强对科学研究的管理,美国政府于 1941 年 6 月成立科学研究与发展办公室,由万尼瓦尔·布什(Vannevar Bush)任办公室主任,负责协调和组织全国的国防科学研究,并有权批准或否决所有科研项目,动员全国一切力量投入军工生产和新式武器研发。1941～1945 年,联邦政府投入 35 亿美元用于科学研究、发明和实验,仅研制原子弹的"曼哈顿计划"就耗资 20 亿美元,集中了 10 万名工程技术人员。除了原子弹,美国还发展了雷达和防空自动控制火炮系统,促进了航空技术的发展和航天技术的开端,研制成功了电子计算机等。因而史家称,第二次世界大战"不独是在战场上打赢的,而且也是在实验室和试验场中打赢的"④。

三、战争对少数族裔的影响

战时经济的迅速发展,导致劳动力短缺。1941～1945 年约有 650 万妇女加入劳动大军,遭受种族歧视的黑人也获得了新机会。1941 年 6 月总统罗斯福(Franklin D. Roosevelt)发布第 8802 号行政命令,成立公平就业实施委员会,把在国防工业的雇员中禁止种族歧视的规定定为国家政策。美国参战后,黑人正式入

---

① 刘绪贻,李存训.美国通史:第 5 卷[M].北京:人民出版社,2002:368.
② 刘绪贻,李存训.美国通史:第 5 卷[M].北京:人民出版社,2002:368.
③ [美]阿瑟·林克,威廉·卡顿.1900 年以来的美国史:中册[M].刘绪贻等译.北京:中国社会科学出版社,1983:191.
④ [美]阿瑟·林克,威廉·卡顿.1900 年以来的美国史:中册[M].刘绪贻等译.北京:中国社会科学出版社,1983:191.

伍者 117.4 万人,黑人士兵英勇作战,屡建战功。美国陆军部不得不承认,黑人士兵"所得到集体和个人勇敢的表扬次数","按比例来说",同他们并肩在全世界作战的白人所得的次数一样多①。

尽管如此,军队中种族隔离依然十分严重,如军队中继续对近 100 万黑人实行隔离;红十字会血库中黑人与白人的血分开保存;在入伍文化测验中,白人 15 分即可入伍,黑人则需 39 分。但无论如何,黑人在战时还是享有了比他们曾经享受过的更多的自尊与经济、政治保障。黑人在"二战"中的贡献为战后美国消除种族隔离的斗争奠定了一定的基础。

四、战争对教育的影响

战争对美国教育也产生了直接的影响。由于工作机会较多,战时中小学在校生人数呈下降趋势,如高中入学人数从 1940～1941 年的 670 万人下降到 1943～1944 年的 550 万人②。由于大批教师奔赴战争或进入薪水更高的企业,教师紧缺日益严重,质量每况愈下,到战争结束时,在 1940～1941 年任教的教师中,有 1/3 离开了教学岗位③。"许多学校关闭,或缩短学期;因为缺乏足够训练的师资,许多课程……必须放弃。"④

战争使学校财政更加困难,早先因经济萧条而减少的财政支持进一步被削减,许多学校被迫实行两部制,并利用废弃建筑物上课。地区和学区中教育机会的不平等更加突出。义务兵役的报告显示,因精神和身体条件欠缺而被拒绝入伍的年轻人大多数来自农村、南方各州以及教育支出极低的一些地区⑤。

战争对高等教育带来了严重影响。首先是入学人数急剧下降,约 75% 的男生去服兵役,教师或去服兵役,或从事与战争相关的研究及其他服务。高等教育机构

---

① 刘绪贻,李存训.美国通史:第 5 卷[M].北京:人民出版社,2002:382.

② [美]L.迪安·韦布.美国教育史:一场伟大的美国实验[M].陈露茜,李朝阳译.合肥:时代出版传媒股份有限公司/安徽教育出版社,2010:304.

③ [美]L.迪安·韦布.美国教育史:一场伟大的美国实验[M].陈露茜,李朝阳译.合肥:时代出版传媒股份有限公司/安徽教育出版社,2010:305.

④ [美]阿瑟·林克,威廉·卡顿.1900 年以来的美国史:中册[M].刘绪贻等译.北京:中国社会科学出版社,1983:367.

⑤ [美]L.迪安·韦布.美国教育史:一场伟大的美国实验[M].陈露茜,李朝阳译.合肥:时代出版传媒股份有限公司/安徽教育出版社,2010:305.

的资金也大打折扣,1943～1944年的收入仅为1939～1940年的67%①。

战争期间,美国教育开始适应战时的需要,主动服务于战争。联邦政府于1942年建立了美国教育办公室战时委员会,建议学校应该重视健康和体质、公民教育、学术科目和职业技能的专门训练。为适应战争之需,中学不断举办职业训练班,提供学习国防工业技能的短期课程,此外还加快教育进程,使青年能较早地应征入伍。"学校为国家在多条战线上与不同的敌人作战作出了贡献。"②

"职业防卫培训计划"由政府发起,后改称为"军工生产工人的职业培训",通过这项计划,有超过500万人在公立职业学校接受与战争有关的职业培训③。

美国高校对战争的作用更是举足轻重。一是缩短学习时间,加速人员的培养;二是开展专门训练,如到1943年底,已有38万名男子参加了489所学院和大学的专门训练,许多训练成为军队训练的一部分。此外,10万多名男女军人为了获得高中或大学的学分,参加了函授课程学习,该函授课程由美国军队研究院与800多所学院和大学联合提供④。

美国大学的科研直接用于战争的目的,对战争的胜利发挥了重要作用。除原子弹外,雷达、盘尼西林、电子计算机等都是大学送给战争的"厚礼"。

美国的学校和学院为战争作出了不可磨灭的贡献。

战争也给教育带来了其他变化,如促进了教师的平等。女性教师开始要求实行统一的薪酬标准,它意味着"所有的教师——不管是小学教师还是中学教师——都将按照统一的标准获得报酬"⑤。虽然统一薪酬标准在全国范围普遍实施是20世纪50年代之后的事情,但基础是在战时打下的。此外,战时黑人教师和白人教师在工资和工作条件上的不平等导致黑人教师加入到争取统一薪酬标准的斗争中。

尽管有上述种种变化,但"美国教育的许多方面在战争年代并没有发生改

① [美]L.迪安·韦布.美国教育史:一场伟大的美国实验[M].陈露茜,李朝阳译.合肥:时代出版传媒股份有限公司/安徽教育出版社,2010:306.
② [美]韦恩·厄本,杰宁斯·瓦格纳.美国教育:一部历史档案[M].周晟,谢爱磊译.北京:中国人民大学出版社,2009:382.
③ [美]L.迪安·韦布.美国教育史:一场伟大的美国实验[M].陈露茜,李朝阳译.合肥:时代出版传媒股份有限公司/安徽教育出版社,2010:305.
④ [美]L.迪安·韦布.美国教育史:一场伟大的美国实验[M].陈露茜,李朝阳译.合肥:时代出版传媒股份有限公司/安徽教育出版社,2010:307.
⑤ [美]韦恩·厄本,杰宁斯·瓦格纳.美国教育:一部历史档案[M].周晟,谢爱磊译.北京:中国人民大学出版社,2009:383.

变。学校的基本课程大部分都没有因为战争而改变,学校管理结构、教师培养、课堂教学实践,以及其他大多数教育政策和实践也都是如此……总而言之,与20世纪20～30年代的学校相比,战争时期走来的美国学校更多地表现为连续性而不是变革性"①。

战争将美国教育的弱点暴露无遗。一是美国士兵文化水平过低,难以使用新式武器作战;二是美国虽然制造了原子弹,但这是借助别国科学家的力量,美国的科技水平并非处于领先地位。1945年,时任科学研究与发展办公室主任的万尼瓦尔·布什为杜鲁门(Harry S. Truman)总统呈上题为《科学——无尽的前沿》的报告,认为持续性的基础科学研究对于保持国内充分就业、保持美国世界领先地位、国家安全、国民健康都是非常重要的②。布什在报告中提出五点建议:①不重视科学是美国极大的短见,今后一定要扭转方向,确立科学的中心地位;②美国只注重实用知识,局限性较大,今后必须注重基础理论研究;③由国家统筹在大学建立科学基础理论研究基地;④奖励学术工作,中学生即要打好深造的根底;⑤允许学者自由研究,承认搞高深学术要冒风险,要适当宽恕学者发生的错误。上述建议受到罗斯福总统以及继任者的重视③。杜鲁门总统在"二战"刚结束的1945年给国会的咨文中即指出:"没有任何国家能在当今世界保持领先地位,除非它能充分动员国家科学技术资源。"④

事实上,"二战"的硝烟尚未消散,"冷战"的帷幕即已拉开。

第二节　冷战与战后教育的论争

一、战后教育的重建

战后,美苏对峙导致"冷战"局面的形成。美国在军事、经济、科技等战线展开了激烈的全球竞争,这些都迫使教育作出相应的改革,如要求学校开设更多学术课

① [美]韦恩·厄本,杰宁斯·瓦格纳.美国教育:一部历史档案[M].周晟,谢爱磊译.北京:中国人民大学出版社,2009:386.
② Joel Spring. *The American School*, *1642-2004* [M]. New York: The McGraw-Hill Companies, Inc., 2005:380.
③ 滕大春.外国教育史和外国教育[M].保定:河北大学出版社,1998:366.
④ 滕大春.外国教育通史:第6卷[M].济南:山东教育出版社,2005:73.

程,更重视科学、数学课程,以培养出足够的科学家与工程师,进而保持美国对苏联在技术上的领先地位。

战争结束后,美国教育开始恢复和重建。其中,退役军人的就学和就业问题成为政府首当其冲需要解决的问题。1944 年,国会通过《退役军人重新适应法》(即 G. I. 法案),为"二战"中 780 万名退役军人提供教育的便利,包括学费、书本、生活费的资助,以帮助他们进一步接受教育。到 1945 年底,共补助入学者 800 多万人,其中入中等学校就读者 343 万人、入高等学校就读者 235 万人,其余 230 多万人为在职学习者。美国政府为此共拨款 140 亿美元①。随后,范围被扩大至朝鲜战争、"冷战"和越南战争的退役军人,最终使近 1500 万名退役军人受益。G. I. 法案也促进了战后美国高等教育的普及。

二、生活适应教育和进步主义教育的终结

战后初期,为解决广大青年适应战后生活的要求,生活适应教育(life adjustment education)观点一度占据主导地位。这场运动源于美国教育总署职业教育处 1945 年举办的一次会议。会上,职业教育家查尔斯·普罗瑟博士(Dr. Charles A. Prosser)提出"社区的职业学校将能够更好地为 20%的中等教育阶段的年轻人胜任理想的技能性岗位提供服务。高中则为另外 20%准备升入高等学校的年轻人服务"。他认为"剩下的 60%中等教育阶段的年轻人很难以接受到他们需要的生活适应教育,除非公立教育的管理者与职业教育领导者携手为这一群体制定出类似的课程"②。

1947 年,美国教育总署成立"青年生活适应教育委员会",发表《为每个青年的生活适应教育》。什么叫生活适应教育? 即"更好地装备所有美国青年,使之作为家庭成员、劳动者以及公民,民主地过自身满意和对社会有益的生活"③。

生活适应教育实际上是战前美国进步主义教育思潮的延续,"它被许多人认为是密切学校与大范围学生的关系的进步主义教育目标的自然产物。生活适应教育关注的是大多数不再为大学做准备或职业轨道上的年轻人,它强调实用目标,如职

① 滕大春.外国教育通史:第 6 卷[M].济南:山东教育出版社,2005:75.
② Joel Spring. *The American School*, 1642-2004 [M]. New York: The McGraw-Hill Companies, Inc., 2005:385.
③ 马骥雄.战后美国教育研究[M].南昌:江西教育出版社,1991:11.

业、家庭生活、个人卫生和健康,而且摒弃传统的学术研究"①。

显然,生活适应教育与战后"冷战"形势是格格不入的,遂遭到猛烈批评,批评者认为"必须把学校从进步主义者手中拯救出来,在他们看来,教育是被进步主义者所主导的"②。"现在进步主义为了教学的技巧和'生活的调整',阉割了学术性和学科内容,因此也就大大损害学校体制中智力训练的主动性和严肃性。"③美国历史学家阿瑟·贝斯特(Arthur E. Bestor)在《教育的荒原》一书中,强烈反对美国学校中的反理智主义,认为反智主义趋势导致美国智力资源产生严重的危机,并将其归咎于进步主义教育家,这些教育家"阐明教育目的如此琐碎以至于放弃了对沉思者的尊重,并且蓄意把学校从科学和学问的训练中分离"。他认为生活适应运动试图使 60% 处于中间位置的中学生远离学术课程,是对他们的智力的无端攻击。他相信,如果得到教师的认真教导,他们之中即便不是大部分人,至少也有许多人都能够从学术课程中获益④。生活适应课程"阻止学生接触学术科目,使他们无法受到充分的教育",此外"还欺骗了学院和大学,迫使他们面对普遍缺乏充分准备的入学者。最重要的是,他们还欺骗了社会,迫使社会面对一群缺乏学术知识和技能的年轻人,这些人面对 20 世纪的智力和生活挑战的时候将毫无准备"⑤。贝斯特认为,所有教育的根本目的是智慧的训练,是充分地培养学生的思维能力。思维也许不是生活中最重要的技能,但对学校来说却是最重要的;同样,智慧的训练也许不只是学校的职责,但归根结底是学校存在的理由。怎样提供智慧的训练呢?贝斯特认为应该通过学科来实现这个目标。真正的教育就是通过基本学科的学术训练来审慎地培养思维能力。这些基本学科包括历史、英语、科学、数学和外语⑥。贝斯特还对曾支持进步教育运动的教育学家进行了批评,认为由专业教育学家组成的连锁董事会控制了学校和教育,而"他们解决教育学问题所需的诸学科知识,

① [美]L. 迪安·韦布. 美国教育史:一场伟大的美国实验[M]. 陈露茜,李朝阳译. 合肥:时代出版传媒股份有限公司/安徽教育出版社,2010:310-311.

② [美]韦恩·厄本,杰宁斯·瓦格纳. 美国教育:一部历史档案[M]. 周晟,谢爱磊译. 北京:中国人民大学出版社,2009:398.

③ [美]阿瑟·林克,威廉·卡顿. 1900 年以来的美国史:中册[M]. 刘绪贻等译. 北京:中国社会科学出版社,1983:370.

④ [美]韦恩·厄本,杰宁斯·瓦格纳. 美国教育:一部历史档案[M]. 周晟,谢爱磊译. 北京:中国人民大学出版社,2009:399.

⑤ [美]韦恩·厄本,杰宁斯·瓦格纳. 美国教育:一部历史档案[M]. 周晟,谢爱磊译. 北京:中国人民大学出版社,2009:400.

⑥ [美]克雷明. 学校的变革[M]. 单中惠,马晓斌译. 济南:山东教育出版社,2009:304.

大部分只是初步的和间接的。而且在把这种知识传给新的一代一代的专业教育学家时,越来越稀薄,越来越过时"①。"各方面均有迹象表明教学专业在专业教育学家的连锁董事会的手中正在走向贬值的下坡路。"②

赫钦斯(Robert M. Hutchins)在 20 世纪 30 年代就对进步主义提出批评。1953 年,他在《民主社会教育中的冲突》中抨击"适应环境"的教育理论,认为适应论导致的课程内容只是些五花八门、枯燥无味的事实,导致的结果只能是知识质量的迅速下降。赫钦斯提倡回归到更传统的课程,他首选经典的自由七艺课程,认为理想的教育目的是培养理性,而凭借浓缩着西方文明的古典名著课程能够很好地做到这一点③。

1953 年,艾伯特·林德(Albert Lynd)在《公立学校的欺骗》一书中,批评学校及专业教育家对学校的控制,尤其批评教师教育的大学课程的反智特征,他将其原因归咎于专业教育家对高等教育的控制。海军上将里科弗(Hyman G. Rickover)在一系列会议上表达了对美国学校的失望。他认为美国正在失去与苏联的军事与技术的竞赛,因为美国公立学校未能筛选和培养出合格的人才成为未来科学家与工程师。在一次访谈中,里科弗说教育"对于海军来说甚至比原子弹还重要,因为如果我们的人民不能受到良好的教育,以适应快速发展的科学与工业文明对人才所提出的苛刻要求,我们必将衰落。苏联显然已意识到这一点"④。里科弗认定进步主义"就如现在马和马车一样,无望地过时了"。他断言,自由七艺教育提供了批评性思维和问题解决所需的理性训练,以及高级的专门训练。通过与美国综合中学的对比,他也赞成大多数欧洲教育制度中的多轨制和能力分组。他还关注学术上有天赋的人,认为他们是保持美国与苏联竞争优势的核心⑤。

上述对进步主义教育的抨击,导致进步主义教育走向终结。1955 年,成立于 1919 年的进步主义教育协会被迫解散,两年后协会刊物《进步主义教育》宣布停刊。教育史家克雷明(Lawrence A. Cremin)说:"半个世纪来吸引大量美国公众和

---

① 瞿葆奎,马骥雄. 教育学文集:美国教育改革[M]. 北京:人民教育出版社,1990:89.

② 瞿葆奎,马骥雄. 教育学文集:美国教育改革[M]. 北京:人民教育出版社,1990:95.

③ [美]L. 迪安·韦布. 美国教育史:一场伟大的美国实验[M]. 陈露茜,李朝阳译. 合肥:时代出版传媒股份有限公司/安徽教育出版社,2010:311.

④ Joel Spring. *The American School*, *1642-2004* [M]. New York: The McGraw-Hill Companies, Inc., 2005: 386-387.

⑤ [美]L. 迪安·韦布. 美国教育史:一场伟大的美国实验[M]. 陈露茜,李朝阳译. 合肥:时代出版传媒股份有限公司/安徽教育出版社,2010:312.

教育界人士的热情、忠诚、想象和精力的一种运动,在第二次世界大战后十年中变成诅咒的对象。"①

三、反共浪潮和麦卡锡主义对教育的影响

"二战"后,美国退伍军人协会要求净化学校、电影、广播、电视中所有与共产主义沾边的思想观念。美国教育协会、美国教育全国委员会等组织均投入反共运动中,他们将所谓学术水平下降与共产主义分子对美国教育界的渗透联系起来。美国教育国家委员会主席艾伦·佐(Allen Zoll)宣称:"我们成立这个专找麻烦的组织,就是要去调查学校里正在教什么内容,然后我们再推翻它。"②1949年,露西尔·卡丁·科雷恩(Lucill Cardin Crain)创办《教育评论家》杂志,把去除公共学校教科书中的危险内容作为该刊的宗旨。她第一个攻击的目标是由弗兰克·艾伯特·玛古德(Frank Abbott Magruder)编写的高中课本《美国政府》,宣称玛古德关于民主的观点"直接源自卢梭,通过马克思,导向极权主义",并且该课本还对苏联制度持赞赏的观点,其设计就是要破坏自由社会制度③。与此相呼应,一些组织如美国教育全国委员会、美国革命之女、美国革命之子、美国教育守护者发布一份颠覆性的书籍或材料名单,甚至有提议要求教材编写者须进行效忠国家的宣誓。

由于"冷战"的加剧,20世纪50年代初,以反苏反共和迫害进步势力为己任的麦卡锡主义开始盛行,1950~1954年被称为"麦卡锡时代"。

1950年2月9日,国会参议员约瑟夫·麦卡锡(Joseph R. McCarthy)在演讲中宣称他已掌握205名渗入国务院的共产党人的名单,而这些人还在草拟和制订国务院的政策,就此拉开了诽谤和迫害进步人士的帷幕。此后数年,许多进步人士以及成千上万的无辜人士受到迫害和株连。杜鲁门后来在回忆录中写道:"这种攻势的范围如此广泛,似乎每个人都免不了要受攻击。这是我们这个时代的悲剧和耻辱。"④其实,杜鲁门政府和后来的艾森豪威尔政府(Dwight D. Eisenhower)都对

---

① [美]阿瑟·林克,威廉·卡顿.一九○○年以来的美国史:中册[M].刘绪贻等译.北京:中国社会科学出版社,1983:369.

② Joel Spring. *The American School*, 1642-2004 [M]. New York: The McGraw-Hill Companies, Inc., 2005: 383.

③ Joel Spring. *The American School*, 1642-2004 [M]. New York: The McGraw-Hill Companies, Inc., 2005: 384.

④ 刘绪贻,韩铁,李存训.美国通史:第6卷[M].北京:人民出版社,2002.109.

麦卡锡主义起到了姑息甚至推波助澜的作用。1954年,白宫官方公布的根据安全计划遭解雇的政府工作人员即达2200人,后上升至9600人。司法部长后来承认,2200人中没有一个是共产党人或间谍①。1953年7月,原子能委员会以不可靠为理由,禁止著名科学家、美国原子弹之父奥本海默(J. Robert Oppenheimer)接触机密材料。

无疑,教育成为麦卡锡主义肆虐的重灾区之一。600多名教师被控告为从事"反美"活动之后失去了工作,数百万人被带进了审讯机构。大学的终身教授因为左翼政治活动或拒绝回答他们与共产党关系的问题而被解雇,学术自由受到践踏。"在全国范围内,红色恐慌成为排挤自由主义教育家的一种手段,事实上,它使得所有的教师都受到威胁并生活在恐惧和焦虑之中。"②包括美国大学教授协会、全国教育协会和美国教师联合会等重要团体都表示反对雇佣共产党员教师。

不仅如此,红色恐慌对学校的教学内容也产生了深刻的影响。教科书和课程资料被审查,书籍被弃用甚至烧毁。德克萨斯州议会下令所有的学校(及大学)图书馆要消除苏联出版的所有文献③。

"二战"对美国教育的影响是空前的。战争对美国社会乃至教育带来了深刻的变化,教育的作用也在战争中得到显现,这些都导致了联邦政府对教育的更多关注,为20世纪50～60年代联邦政府主导的教育改革做了铺垫和准备。

---

① 刘绪贻,韩铁,李存训. 美国通史:第6卷[M]. 北京:人民出版社,2002:144.

② [美]L. 迪安·韦布. 美国教育史:一场伟大的美国实验[M]. 陈露茜,李朝阳译. 合肥:时代出版传媒股份有限公司/安徽教育出版社,2010:317.

③ [美]L. 迪安·韦布. 美国教育史:一场伟大的美国实验[M]. 陈露茜,李朝阳译. 合肥:时代出版传媒股份有限公司/安徽教育出版社,2010:318.

第二章
20 世纪 50～60 年代的美国教育

经过战后近 10 年的重建,美国教育不仅恢复了元气,还积蓄了极大的能量,足以应对国内外形势迅猛发展对教育变革的要求。

第一节 《国防教育法》和课程改革运动

一、苏联人造卫星事件和《国防教育法》的颁布

战后美苏两大阵营之间的"冷战"不断升级。1957 年 10 月苏联人造卫星成功发射,给美国朝野带来巨大的震撼,加大了人们对"冷战"的恐惧。"它似乎证实了对美国在'冷战'中与苏联进行科技和军事竞争失败的担忧。对用类似的飞行器向美国城市投掷氢弹的恐惧,与在至关重要的科学和技术领域屈居第二位产生的羞辱和耻辱交织在一起。"①甚至有人把苏联人造卫星上天比作科技领域的"珍珠港事件"。人造卫星的发射似乎证实了对学校的课程设置缺少严密性、对数学和科学未能予以足够重视的批评,也使美国社会认识到战后 10 多年来对教育投入的不足和对教育的忽视。有关资料显示,在人造卫星发射时,美国缺乏 135 000 名教师和 159 000 间教室。在大城市的一些班级中,每个班有 40 名或者更多的儿童,全国有 800 000 名儿童只上半天学②。

1957 年 11 月 13 日,艾森豪威尔总统在演讲中指出,苏联仅用 40 年的时间就

---

① [美]L. 迪安·韦布. 美国教育史:一场伟大的美国实验[M]. 陈露茜,李朝阳译. 合肥:时代出版传媒股份有限公司/安徽教育出版社,2010:312.
② 贺国庆,于洪波,朱文富. 外国教育史[M]. 北京:高等教育出版社,2009:497.

完成了从一个农业国向工业国的转变,其取得了主要的工业技术成就,建立了严格的教育系统。他认为美国必须以自己的方式应对苏联的威胁,在军事实力、科技先进程度、专业化研究与教育方面全面超过苏联①。

苏联卫星发射成功之后,多种书籍从不同角度认为苏联正领导着一场"大脑竞赛"。一本书的书名形象地反映了这一论调——《伊万知道约翰不知道的》。该书作者声称:"和苏联的同龄人相比,美国青少年在阅读、写作和数学技巧方面存在着惊人的教育差距。"这一观点正好响应了同时代早些时候阿瑟·贝斯特和教育界其他的学术批评者对学术成就的关注。但是,这一次批评者们把这一关注与冷战联系在了一起,加上苏联在技术上的成功在许多美国人的脑海中造成的影响,从而产生了惊人的效果②。联邦原子能委员会痛陈:"基本问题是作为一个民族,美国是否愿意坐观苏联以其庞大技术训练计划,于未来年代,在技术发展上胜于我们;美国是否现在就采取行动,以期获有受过训练的人力,保证在这领域里继续掌握世界的领导权。"委员会疾呼:"我们正处于一场脑力的战役中。"③

在举国上下要求改革教育的呼声中,国会于1958年9月通过《国防教育法》,并获总统批准。艾森豪威尔总统在批准时指出,它是"满足国家的基本安全"的"紧急措施",要求竭力培养科学技术尖端人才。

《国防教育法》是美国战后首次颁布的教育大法,为美国教育改革确定了方向。该法宣称:"国家的安全需要最充分地开发全国男女青年的脑力资源和技术技能。目前的紧急状态要求提供更多的且更适当的教育机会。本国的国防有赖于掌握由复杂的科学原理发展起来的现代技术,也有赖于发现和发展新原理、新技术和新知识";"本法的目的在于以各种方式向个人和州及州的下属机关提供实际援助,以保证受培训的人力的质量和数量足以满足美国国防的需要。"④

《国防教育法》的基本内容包括:加强普通学校自然科学、数学和现代外语(即所谓"新三艺")的教学;加强职业技术教育;强调"天才教育"。该法规定,1959~1962年,由联邦政府拨款8亿美元用于资助各级各类学校,以便加强普通学校的"新三艺"教学;资助高等学校提高教学和科研水平;发放大学生学习贷款,建立"国

---

① Joel Spring. *The American School*, 1642-2004 [M]. New York: The McGraw-Hill Companies, Inc., 2005:387.

② [美]韦恩·厄本,杰宁斯·瓦格纳. 美国教育:一部历史档案[M]. 周晟,谢爱磊译. 北京:中国人民大学出版社,2009:404.

③ 滕大春. 今日美国教育[M]. 北京:人民教育出版社,1980:30.

④ 瞿葆奎,马骥雄. 教育学文集:美国教育改革[M]. 北京:人民教育出版社,1990:118.

防奖学金",以鼓励清寒子弟努力学习和优秀学生从事研究①。

　　1964 年,国会通过《国防教育法修正案》,把历史、地理、公民、英语等学科列为改进科目,并增加了学生贷款和学生奖学金名额。《国防教育法》对美国 20 世纪 50～60 年代的教育改革尤其是课程改革运动的兴起产生了重大影响。

二、中小学课程改革运动

　　《国防教育法》引发了战后美国中小学第一次重要的课程改革运动。联邦政府着手在数学、科学和现代外语领域开设全国课程。课程改革得到了哈佛大学前校长科南特(James B. Conant)的支持和推动。他在《今日美国中学》中全面提出了自己的观点。在他看来,"如果滑铁卢战场是在伊顿运动场上打赢的话,那么在今后 50 年与共产主义的意识形态的较量中,在美国公立学校的运动场上完全可以赢得胜利"②。他主张减少小型中学的数量,因为小型中学一般财力有限,因而不能提供优良的学术和职业计划。在规模较大的、改组后的中学,应要求所有的学生学习 4 年英语,3 年或 4 年社会科学,以及 1 年的数学和科学;能力较强的学生将学习额外的数学、科学和外语③。

　　布鲁纳(Jerome S. Bruner)的认知结构理论对课程改革产生了重要影响。1959 年 9 月,美国科学院在马萨诸塞州的伍兹霍尔召开关于改进中小学自然科学教育的会议,邀集了约 35 位科学家、学者和教育家参加,心理学家布鲁纳担任大会主席。布鲁纳以会议上的总结发言为基础,于 1960 年出版《教育过程》一书。在该书中,布鲁纳认为学校里缺失的是仔细构建的学习学术科目的方法。虽然学生之间存在发展差异,但是任何年龄的青少年都能够学会像学者那样思考。在布鲁纳看来:"我们从一个假设开始,即任何学科都能够以某种智力上的真实形式被有效地教授给任何发展阶段的任何孩子。"④

　　结构主义主宰了 20 世纪 60 年代课程改革的方向。所有学科都强调要阐明该

---

① 滕大春.外国教育通史:第 6 卷[M].济南:山东教育出版社,2005:79.
② [美]L.迪安·韦布.美国教育史:一场伟大的美国实验[M].陈露茜,李朝阳译.合肥:时代出版传媒股份有限公司/安徽教育出版社,2010:314.
③ [美]L.迪安·韦布.美国教育史:一场伟大的美国实验[M].陈露茜,李朝阳译.合肥:时代出版传媒股份有限公司/安徽教育出版社,2010:314.
④ [美]韦恩·厄本,杰宁斯·瓦格纳.美国教育:一部历史档案[M].周晟,谢爱磊译.北京:中国人民大学出版社,2009:406.

学科的基本概念、知识结构和科学系统,要有利于开发学生的智力,许多主要知识领域的专家参加了课程的设计、教科书的编写和教学大纲的拟订工作。从 50 年代末开始,由物理科学教学委员会、生物科学课程研究会、化学教材研究会、普通学校教学研究会、小学科学规划会等单位编写了大量新的课程和教材。

美国人对这次课程改革的评价可谓是毁誉参半。有人说:"这些课程改革的结果很少能够达到其创造者的期望。尽管这些结构性课程都是学术专家所开发的,但是对这些课程加以实施的却是教学主管和教师们,他们对不同学术领域之间细微的差别并不那么熟稔。理念和设计上的创新与改进之处,到了学校往往在很大程度上流于程序和仪式。学术课程改革者们的一大败笔是他们忽视了学校日常活动中的现实。他们的改革计划在实施的时候遭遇了挫折,因为他们在设计新课程的时候不愿意考虑来自学校的看法。"①事实上,这次改革并未达到令人满意的效果,甚至出现了学生负担过重、学业成绩大面积下降的现象。

课程改革也带来了教学制度和教学方法的改革,"发现法"或"探究学习"广为流行;教学手段不断更新,唱片、收音机、录音机、电视电影等大量涌入学校;程序教学原理和教学机器风靡一时;适应学生个别差异的个别化教学日益受到重视,包括程序教学、个别规定教学、个别指导教学等。

第二节　民权运动与教育机会平等的斗争

一、布朗案与民权运动的发展

美国自建国以来,就高举民主、自由和平等的大旗,《独立宣言》中的"人生而平等"家喻户晓。但在相当长的时间,平等只是一个口号而已,美国种族间、男女间、贫富间远未达到真正平等。"人生而平等"至多适用于白种男性。1790 年的《归化法案》更加明确了公民权只针对全体白种男性,土著美洲人被排除在享有公民权的人群之外。南北战争前,白人殖民者把黑人视为黑奴,而黑奴是没有受教育权的。南北战争后,黑人在名义上取得政治地位和教育权利,但教育上的黑白隔离使黑人不可能获得与白人一样的平等的教育权利,如黑人教师的工资和工作条件仍然远

---

① [美]韦恩·厄本,杰宁斯·瓦格纳.美国教育:一部历史档案[M].周晟,谢爱磊译.北京:中国人民大学出版社,2009:407.

远落后于白人教师。1892 年,拥有 1/8 黑人血统和 7/8 白人血统的荷马·普莱西(Homer A. Plessy)乘坐火车时因拒绝遵守路易斯安那州的法律规定到专为有色人种设置的车厢就座而被捕。1896 年联邦最高法院对此案的裁决是"隔离但平等"。但实际上,"隔离但平等"在现实中只不过是种族歧视的代名词。隔离是事实,平等不可能。

"二战"中,黑人士兵英勇作战,为战争的胜利作出了巨大贡献。战后 10 年,虽然美国经济迅猛发展,但黑人的处境并没有多少改善,甚至有些方面不及战时,1954 年南部每名黑人学生的教育经费仅占白人学生的 60%。1954 年 5 月 17 日,最高法院首席法官厄尔·沃伦(Earl Warren)公布了"布朗诉托皮卡教育局案"(简称布朗案)的终审判决,宣布公立学校种族隔离制度违宪,推翻了 1896 年普莱西案判决所确认的"隔离但平等"的原则。"这个里程碑式判决成为努力解决公共教育不平等的'主要催化剂'。"[1]正如首席法官厄尔·沃伦在判决词中所说:"仅仅根据种族原因就将(黑人儿童)与另一些相同年龄和资格的儿童隔离开来,这会使他们对自己的社会地位产生一种自卑感。这种自卑感对他们心灵和思想造成难以解除的影响……我们断定,在公共教育领域,'隔离但平等'原则没有立足之地。隔离的教育设施实质上就是不平等的。"[2]

布朗案判决后,随之而来的是超过 10 年的斗争和骚乱。布朗案虽明确了分离教育是不平等的,但又规定各地法院在执行时要因地制宜、速度恰当、富有弹性及诉诸良好的信念,实际上采取了一种放任政策。因而老的联邦各州摇摆不定,进展缓慢,部分州则坚决抵制。南方议员在 1956 年通过一份声明,宣称布朗案判决是没有根据的、不符合宪法的,是对司法权力的滥用。乔治亚州通过一项法案,判决利用公共基金支持无种族隔离的学校属重罪;密西西比州议会规定,白人就读无种族隔离的学校是违法的。南部甚至成立了白人公民委员会以抵制学校融合,暴力骚乱事件开始频发。

1957 年,美国发生了震惊世界的小石城事件。当时的阿肯色州州长奥维尔·福伯斯(Orval Faubus)为谋求连任,无视联邦法院的命令,派遣国民警卫队在小石城中心小学布岗,阻拦 9 名黑人学生入校学习,白人种族主义暴徒甚至包围了学

① [美]L.迪安·韦布.美国教育史:一场伟大的美国实验[M].陈露茜,李朝阳译.合肥:时代出版传媒股份有限公司/安徽教育出版社,2010:332.
② [美]L.迪安·韦布.美国教育史:一场伟大的美国实验[M].陈露茜,李朝阳译.合肥:时代出版传媒股份有限公司/安徽教育出版社,2010:333.

校。当事件被摄像机记录下来并经电视播出后,举国震惊。艾森豪威尔总统不得不下令将阿肯色州国民警卫队置于联邦政府的统辖之下,并派遣联邦军队到小石城,强制实施种族合校。

根据 1961 年的报道,从 1954 年到 1961 年,美国仅有 7% 的黑人学生进入废除隔离的学校,其余 93% 的黑人学生依旧在黑人学校①,教育平等问题远未得到解决。然而,布朗案引发的民权运动在持续发酵,自由乘车、静坐示威、抵制和其他形式的非暴力抵抗使民权运动进入高潮。著名民权运动领袖马丁·路德·金(Martin Luther King,Jr.)将非暴力抵抗作为争取民权运动的主要手段,迫使联邦政府迈出民权立法的关键一步。

二、《民权法案》对种族合校的推动

约翰逊(Lyndon B. Johnson)总统上台后,于 1964 年签署了《民权法案》。该法规定:"禁止在公共场所——旅馆、饭店、运动场、剧院、公共图书馆等地点——实行种族隔离;授权司法部长对实行种族隔离的公共场所和公立学校向法院起诉;设立公平就业委员会;禁止在就业方面实行种族歧视;禁止在联邦选举中不公平地运用选民登记程序和进行文化测验。"②该法还对拒绝废除种族隔离的学校采取财政惩罚的手段,由此大大加速了种族合校的进程。该法成为美国历史上最重要的社会立法之一。到 60 年代后期,南方学区都纷纷开始向联邦教育署递交消除学校隔离的计划。据统计,1957 年南方各州和白人一起上公立学校的黑人学生只占黑人学生总数的 4%,到 1964 年亦不过 9.2%,但到 1966 年 12 月,已达到 25.8%,到 1968 年更达到 40%。两年以后,有 320 万黑人学生在黑白混合学校上学,占黑人上学人数的 84.3%③。到 1972 年,有 91% 的南部黑人学生就读于种族融合学校④。史家称,20 世纪 60 年代后半期废除种族隔离的步伐之所以加快,得益于一种"胡萝卜加大棒"的政策。胡萝卜即是通过《初等和中等教育法》增加联邦对教育

---

① 滕大春.外国教育史和外国教育[M].保定:河北大学出版社,1998:476.
② 刘绪贻,韩铁,李存训.美国通史:第 6 卷[M].北京:人民出版社,2002:239.
③ [美]阿瑟·林克,威廉·卡顿.1900 年以来的美国史:下册[M].刘绪贻等译.北京:中国社会科学出版社,1983:164-165.
④ [美]L.迪安·韦布.美国教育史:一场伟大的美国实验[M].陈露茜,李朝阳译.合肥:时代出版传媒股份有限公司/安徽教育出版社,2010:338.

的资助,而大棒则是《民权法案》①。哈佛大学废除种族隔离研究专家加里·奥菲尔德(Gary Orfield)说:在不到 10 年的时间里,"我们带领一个像南非那样一切都是由种族界定的种族隔离社会……使它成为美国社会最融洽的一部分……极少有民主国家在和平时期能获得如此卓越的成就"②。

20 世纪 60 年代的以黑人为主的民权运动,鼓励了美国印第安人、亚裔美国人、西班牙裔以及拉美裔美国人争取教育机会均等的斗争。妇女和残疾儿童也通过斗争而获益。

第三节　向贫困宣战与教育改革

一、向贫困宣战的缘起

20 世纪 60 年代初,美国至少有 1/4 的人口没有享受到战后的繁荣,仍生活在赤贫之中。迈克尔·哈林顿(Micheal Harrington)在《另一个美国》中认为越来越多的城市美国人正在陷入贫困。他认为美国现在是由两个国家构成的:一个大部分是富人、白人,一个则大部分都不是白人,而且陷入贫困之中③。贡纳尔·默达尔(Gunnar Myrdal)的《美国困境》一书的出版使贫困的恶性循环概念为人们所熟知。这项 1940 年的研究揭示黑人穷人的贫困形成了一套相互转化的因果关系。例如,教育匮乏限制了就业机会,从而导致生活水平降低,由此带来了一系列医疗、食品、住房以及下一代的教育贫困问题。这种贫困模式显示,个人可能在这个因果循环中任一点进入,然后陷入无尽头的贫困恶性循环之中④。默达尔的模型引起了肯尼迪(John K. Kennedy)政府的关注。1963 年,肯尼迪总统下决心发动一场反贫困战役。然而不幸的是,就在这一年,肯尼迪总统遇刺身亡。所幸的是,继任

---

① [美]L. 迪安·韦布. 美国教育史:一场伟大的美国实验[M]. 陈露茜,李朝阳译. 合肥:时代出版传媒股份有限公司/安徽教育出版社,2010:337.
② [美]L. 迪安·韦布. 美国教育史:一场伟大的美国实验[M]. 陈露茜,李朝阳译. 合肥:时代出版传媒股份有限公司/安徽教育出版社,2010:338.
③ [美]韦恩·厄本,杰宁斯·瓦格纳. 美国教育:一部历史档案[M]. 周晟,谢爱磊译. 北京:中国人民大学出版社,2009:448.
④ Joel Spring. *The American School*, 1642-2004 [M]. New York:The McGraw-Hill Companies, Inc. , 2005:389-390.

的约翰逊总统继承了前任总统的反贫困计划。1964年1月,约翰逊总统在国情咨文中宣称:"向美国的贫困无条件宣战。"而这场战争的主要武器就是更好的学校、更好的医疗、更好的家居以及更优质的培训与工作机会。这场战役要让美国人民摆脱脏乱、贫困以及失业①。

二、向贫困宣战与联邦政府的教育政策

向贫困宣战包括方方面面,如联邦政府通过立法,扩大福利服务,向低收入人群发放住房补贴,改善卫生保健条件等,而教育则被视为消除贫困的关键。当时人们普遍认为,只有教育能打破"贫困循环"。沃尔特·赫勒(Water Heller)在题为《美国贫困问题》的报告中,将教育视为反贫困战役的中心角色。"如果教育机会被剥夺,儿童就很难再找到跳出贫困恶性循环的途径,希望也就彻底破灭了。"②

1964年8月20日,约翰逊总统签署《经济机会法》,标志着"向贫困宣战"的开始。该法规定每年拨款3亿美元,用作贫困学生的贷款和为在校学生安排部分时间就业机会;提出实施职业队计划,面向16~21岁青年,施以基本读写技巧的培训和就业辅导,并组建国内和平队、美国志愿者服务队。其中"开端计划"(Head Start)最受关注。该计划的目的是为贫困家庭的孩子提供机会,使他们能够与来自富裕家庭的孩子平等进入教育的社会人才筛选过程。"开端计划"在1965年夏季开始启动,当年就有56万儿童参与开端计划。

1965年4月11日,约翰逊总统签署了《初等和中等教育法》,规定提供资助改进教育计划,这些计划专为那些丧失教育权利的儿童设立。卫生、教育和福利部部长塞利布雷齐(Anthony J. Celebrezze)在国会对法案的公开听证会上引用约翰逊总统的陈述:"正如忽视导致贫困,贫困也会导致对下一代的忽视。"他进一步说:"总统的计划……就是要打破在我们历史上最富饶的时期一代又一代繁衍的贫困的恶性循环。"③教育总署署长凯佩尔(Francis Keppel)发言说:"许多世纪前,阿基米德曾告诉我们'给我一个支点和足够长的杠杆,我就能撬动地球'。今天我们终

---

① Joel Spring. *The American School*, *1642-2004* [M]. New York: The McGraw-Hill Companies, Inc., 2005: 392.

② Joel Spring. *The American School*, *1642-2004* [M]. New York: The McGraw-Hill Companies, Inc., 2005: 391.

③ Joel Spring. *The American School*, *1642-2004* [M]. New York: The McGraw-Hill Companies, Inc., 2005: 392-393.

于有了为贫困学生做点什么的足够长的杠杆和足够强的支点。"无疑,这个杠杆就是教育,支点就是联邦财政资助①。该法包括五个主要部分或条款。第一款规定为地方学区的低收入家庭的儿童提供教育援助,联邦资助基金的80%将用于该项目,其他资金用于图书馆、教科书和教学材料、教育研究和发展中心,以及州教育部门。1966年和1967年该法资助范围进一步扩大,包括印第安儿童计划、移民工人的儿童计划、残疾人计划以及英语表达能力有限的儿童计划等。该法是美国历史上第一个由联邦政府对中小学普遍进行援助的法律。

　　1965年颁布的《高等教育法》,向高等教育机构的设施、图书馆和教学提供援助;在美国历史上第一次向贫困大学生提供联邦奖学金和低利贷款,至少使100万贫困大学生得以继续深造。史家称:"在约翰逊任内,国会通过了60多项教育法案,促进了20世纪60年代美国教育事业的发展,改善了穷人和黑人的教育状况,使联邦政府在为现代化生产培养合格劳动力方面承担了重大责任。"②据统计,1963~1964年,联邦向中小学提供的联邦基金总额近9亿美元;到1968~1969年,已猛增至30亿美元,联邦政府分担的教育经费比例从4.4%升至8.8%③。约翰逊总统因此而被称为"教育总统"。

三、科尔曼报告与教育机会平等

　　《民权法案》第4款授权实施一项调查以测定美国公共机构中所有人教育机会均等的有效性。1966年,由霍普金斯大学社会学家詹姆斯·科尔曼(James S. Coleman)主持的调查的报告《教育机会平等》(也称科尔曼报告)问世。经过大量的调查统计,科尔曼发现:"有关学业成绩的差异与可测量的教育投入的差异,不是紧密联系的","即使投入大量的钱改善诸如师资培养、修改课程、建设新校舍等,都不能大大地减少贫苦儿童和其他学生之间在学业成绩上的相对差异。学校教育不能克服贫困的文化的影响。"④"在一定程度上,最重要的一个变量是家庭教育和社会阶级背景,第二大变量是学校里其他儿童的教育和社会阶级背景。"调查表明,贫

①　Joel Spring. *The American School*, 1642-2004 [M]. New York: The McGraw-Hill Companies, Inc., 2005:393.
②　刘绪贻,韩铁,李存训.美国通史:第6卷[M].北京:人民出版社,2002:247.
③　[美]L.迪安·韦布.美国教育史:一场伟大的美国实验[M].陈露茜,李朝阳译.合肥:时代出版传媒股份有限公司/安徽教育出版社,2010:342.
④　瞿葆奎,马骥雄.教育学文集:美国教育改革[M].北京:人民教育出版社,1990:456.

穷的黑人学生在种族融合学校能获得更好的成绩①。科尔曼报告为种族融合提供了依据。越来越多的人认识到,打破贫困的循环和消除社会的种族歧视,要求的不仅仅是向穷人提供与那些富人所占有的相同质量的学校设施。"对平等的衡量,不是一个学校在一个儿童身上花了多少钱,而是学校教给儿童多少东西。只有当学校成功地把在现代社会生活和竞争所必需的技能,教授给所有的公民时,它们才是为平等和民主的利益服务的。"②

科尔曼的研究结果带来了公共政策的根本变化。根据科尔曼的观点,教育机会均等,反映在设备和服务方面的均等,产生的是不均等的教育成绩,学业成绩上的差异,它们在一年级时就已经明显存在,似乎随着儿童年级的升级而增大③。由于认识到仅靠教育并不能克服"贫困文化"所造成的恶果,教育界人士开始对如何为穷人家庭出身的孩子"补其不足"发生兴趣。例如,为弥补穷学生因社会经济地位造成的种种不利,对3~6岁的孩子进行学龄前免费教育,称之为"开端计划";改革课程设置,使教学内容易于为穷人孩子所接受;实施用校车接送不同种族的儿童上同一学校的"校车计划",以期通过种族合校,提高少数族裔儿童的学习成绩等,但这些都未达到预期的效果。大多数人认为,仅靠学校教育并不能消除贫困,因为财富分配上的不平等,不是仅靠教育改革所能解决的④。

第四节　高等教育的扩张

一、联邦政府对高等教育的推动

战后到20世纪60年代末,联邦政府通过一系列法案,推动了高等教育的改革和发展。其中重要的法案包括《退役军人重新适应法》(1944)、《国防教育法》(1958)、《高等教育设施法》(1965)、《高等教育法》(1965)及其修正案(1968)等。

联邦政府通过立法,大大增加了对高等教育的拨款。哈佛大学前校长普西

① [美]L.迪安·韦布.美国教育史:一场伟大的美国实验[M].陈露茜,李朝阳译.合肥:时代出版传媒股份有限公司/安徽教育出版社,2010:336.
② 瞿葆奎,马骥雄.教育学文集:美国教育改革[M].北京:人民教育出版社,1990:458.
③ [美]S.亚历山大·里帕.自由社会中的教育:美国历程[M].於荣译.合肥:时代出版传媒股份有限公司/安徽教育出版社,2010:360.
④ 刘绪贻,韩铁,李存训.美国通史:第6卷[M].北京:人民出版社,2002:632.

(Nathan M. Pusey)认为:"美国高等教育在1945~1970年间所获得的最大成就是,高等学校获取了一笔经费以支付不断增长的日常开支。"①

　　据统计,1949~1950学年,美国有各类高等学校1851所,学生数为229万人;到1959~1960学年,高等教育机构数增加为2004所,学生数增为358万人,增加64%;而到1969~1970学年,高等教育机构达2483所,学生数(含两年制和部分时间制)达849万人,比1960年又增加1.37倍。全国每万人中的大学生数1950年为152人,到1970年增为427人②。1970年,瑞典高等教育入学率为24%、法国为17%、美国为50%,美国率先进入高等教育普及阶段③。如果说以往上大学主要只限于有钱、有社会地位或有非凡才能和雄心的人,那么,这时,只要渴望上大学,几乎每一个美国青年,至少都有可能受大学教育④。

二、社区学院的发展

　　社区学院是20世纪美国高等教育最伟大的发明之一。社区学院的前身是作为高等教育第一阶段(大学一、二年级)的初级学院,最早的初级学院创办于1902年。"二战"以前,初级学院的培养目标主要是为大学本科三年级输送合格学生,转学教育是其基础职能。有研究者在1921~1922年度对美国58所公、私立初级学院进行的调查中发现,初级学院所设置的服务于升学的文理科课程共占课程总数的3/4;20世纪30~40年代,约2/3的初级学院学生主修转学课程,成功实现转学的比例约为25%⑤。至40年代末50年代初,主修转学课程的学生比例大致为75%,转学率为33%⑥。

　　"二战"后,初级学院逐渐更名为社区学院,并获得长足发展,招生规模快速增

①　王英杰.美国高等教育的发展与改革[M].北京:人民教育出版社,1993:39.
②　滕大春.外国教育通史:第6卷[M].济南:山东教育出版社,2005:87.
③　[美]菲利普・阿尔巴赫等.21世纪美国高等教育——社会、政治、经济的挑战[M].杨耕,周作宇主审.北京:北京师范大学出版社,2005:21.
④　[美]阿瑟・林克,威廉・卡顿.一九〇〇年以来的美国史:中册[M].刘绪贻等译.北京:中国社会科学出版社,1983:375.
⑤　万秀兰.美国社区学院的改革与发展[M].北京:人民教育出版社,2003:51.
⑥　Steven Brint, Jerome Karabel. *The Diverted Dream*, *Community Colleges and the Promise of Educational Opportunity in America*, *1900-1985* [M]. New York: Oxford University Press, 1989: 73.

长,1945~1946 年度进入社区学院学习的人数约 30 万,1956~1957 年度增至 87 万人,到 1970~1971 年度竟高达 244.7 万人,1973 年社区学院在校生数已占高等学校在校生总数的 30.1%①。从 1965~1972 年,社区学院的创办快速到几乎一周出现一校的程度②。在规模增长的同时,社区学院的职能也进一步多样化,除转学教育外,还包括职业教育与技术培训、继续教育、补偿教育、社区服务等。就总体而言,社区学院由于实行不收费或低收费、开放招生等政策,吸引了大量过去不可能进入高校的青年接受教育,促进了高等教育的大众化和普及;社区学院紧紧适应经济社会发展的需要,培养了大批实用性人才,促进了战后美国经济社会的发展。

三、研究型大学的发展

美国研究型大学是欧洲传统和美国现实的完美结合。它形成于 19 世纪后半期,20 世纪得到进一步发展。"二战"期间,一些研究型大学以项目方式参与到国防科研工作,在服务国家目标的同时,不仅促进了自身的发展,也使美国联邦政府意识到投资高等教育科学研究的重要性。

1945 年,万尼瓦尔·布什在向杜鲁门总统提交的《科学——无尽的前沿》报告中,强调了基础研究对于人们的健康、事业以及国家安全的重要意义,同时声称政府对于基础研究的资助符合公共利益。该报告奠定了战后美国科学政策的基础,同时也把研究型大学从美国科学技术系统的边缘带到了核心,成为战后研究型大学发展的重要催化剂。

研究生教育和科研的发展是战后研究型大学发展的两个重要标志。

研究生教育在 20 世纪 50 年代获得蓬勃发展,《国防教育法》的通过更是为研究生教育的大发展提供了政策和物质保障。至 1965 年,43%的研究生都获得了一定数量的奖助学金。1955 年,美国有研究生 25 万人,1965 年达到 58 万人,1968 年达到 75 万人,1970 年达到 85 万人③。前哈佛大学校长普西对此曾评论说:"美国研究生院的伟大时代终于到来了,美国在 60 年代培养出的受过高等训练的学者多于本世纪前 60 年代培养的总和。研究生院终于超过本科学院成为美国高等教育

---

① 贺国庆,王保星,朱文富.外国高等教育史[M].北京:人民教育出版社,2006:415.

② [美]菲利普·阿尔巴赫等.21 世纪美国高等教育——社会、政治、经济的挑战[M].杨耕,周作宇主审.北京:北京师范大学出版社,2005:61.

③ 滕大春.滕大春教育文集[M].南京:江苏教育出版社,2010:407.

的主要机构。"①

　　"二战"结束后,联邦政府采纳《科学——无尽的前沿》的建议,加大了科研经费的投入力度,经费总额从 1940 年的约 7 400 万美元上升到 1960 年的近 80 亿美元,1965 年又上升到 150 亿美元,其中仅全美高校科研经费就达到 24 亿美元,是 1940 年的 89 倍②。20 世纪 50～60 年代,国家科学基金会、国家人文基金会等机构的成立,进一步提高了联邦科研经费投入的针对性和使用效率。联邦政府的科研资助政策刺激了美国大学学术研究活动的繁荣,由大学承担的研究项目数量自 50 年代初开始持续上升,所获科研资助也不断上涨,如 1953 年大学共获得 2.73 亿美元研发资金,约占当年联邦研发资金总投入 51.8 亿美元的 5.3%,到 1965 年,这一比例升至 7.9%③。由于在学术研究方面具有的独特优势,研究型大学吸纳联邦科研资金的能力是其他类型大学无法比拟的,据统计,20 世纪 60 年代初,六所著名研究型大学就获得了 57% 的联邦科研经费。而排名前 20 名的大学中,联邦科研经费占学校全部经费的 20%～80%,这些大学由此被称作"联邦资助大学"(Federal Grant University)④。除了直接的资金投入之外,战后联邦政府还通过立法资助高校基础设施(如图书馆、实验室、教室、学生宿舍等)的建设,推动了包括研究型大学在内的美国高等教育的快速发展。

　　20 世纪 50～60 年代是美国战后持续半个多世纪的教育改革运动之滥觞,改革一方面反映了时代的需求,一方面也体现了联邦政府的意志。《国防教育法》的制定,民权运动导致的教育机会平等的斗争,《初等和中等教育法》《高等教育法》等重要法案的颁布,都是美国在联邦政府主导下努力使教育适应战后国内外形势变化而采取的积极、主动的行动。50～60 年代的教育改革既留下了成功的经验,也留下了失败的教训。

① 王英杰. 美国高等教育的发展与改革[M]. 北京:人民教育出版社,1993:52
② 王英杰. 美国高等教育的发展与改革[M]. 北京:人民教育出版社,1993:55.
③ Richard C. Atkinson, William A. Blanpied. *Research Universities: Core of the US science and technology system* [J]. Technology in Society, 2008 (30).
④ Clark Kerr. *The Uses of the University* [M]. Cambridge: Harvard University Press, 1963: 41.

第三章

20 世纪 70 年代的美国教育

    20 世纪 60 年代轰轰烈烈的民权运动和反贫困斗争,将美国教育迅速演变成为实现国家战略目标的主要手段之一,而确保以黑人为代表的社会弱势群体的平等教育需求也成为该时期系列联邦教育立法所着力解决的问题。与表面上动荡的60 年代相比,70 年代的美国社会似乎相当平静,但却比 60 年代收获了更多的平等教育斗争的成果。同时,自 60 年代后期始至 70 年代末期,美国新政式的国家垄断资本主义发展面临困境,美国历史上第一次出现经济停滞和通货膨胀两症并发的"滞胀"现象。除通货膨胀带来的持续的物价上涨外,由经济缓慢增长及波动所带来的经常性的大量失业更是困扰着当时的美国人。在日益严峻的经济形势面前,更多的美国人开始对 60 年代所寄予厚望的由国家解决贫困、种族、财政等问题的能力产生怀疑。与此同时,在许多社会科学研究成果的引导下,人们也开始怀疑先前关于教育作用的诸多罗曼蒂克式的想象,自此,美国基础教育又走上了新一轮的改革与回归之路。此外,与美国经济发展的起落相伴相生,70 年代美国的高等教育也发生了诸多的变化。

第一节　社会弱势群体继续争取
教育平等的斗争

    1964 年《民权法案》、1964 年《经济机会法》、1965 年《初等和中等教育法》等系列联邦法案的出台,使以黑人为代表的美国社会弱势群体的教育平等权利受到了一定程度的保护,但是事实层面的教育平等与法律意义上的教育平等毕竟相隔还非常遥远。因此,70 年代不仅继续见证了黑人为争取平等教育权利而进行的艰苦的、不懈的斗争,而且也目睹了社会其他弱势群体为争取自身教育平等权利所付出的同样艰辛的努力。可喜的是,70 年代美国社会弱势群体在诸多方面的努力大多取得了实质性的进展。

一、底特律判决与科尔曼的反思

经过 20 世纪 50～60 年代的斗争,美国黑人在追求教育平等的道路上已经取得了显著成就。比如,1954 年联邦最高法院在布朗案"中推翻了自 19 世纪末期以来美国社会广泛存在的"隔离但平等"的原则,使白人和黑人学生必须分别就读于不同公立学校的种族隔离现象得到了一定程度的抑制;1964 年《民权法案》第 6 条款给予了联邦政府强制取消种族隔离学校申请联邦资助的权力;1965 年《初等和中等教育法》则借助对实行种族合校的学校增加资金援助的方式强化了《民权法案》第 6 条款的规定,这些做法强有力地推动了普通学校取消种族隔离的进程。1968 年最高法院在"格林诉新肯特县教育局案"中明确要求:地方学区应立即采取一切必要的措施创建一个不是白人的也不是黑人的学校系统,而是一个黑人和白人学生融合的学校系统①。同时,该判决还确定了"格林要素"(Green Factors),即用学生安置、全体教职员、交通、设施、课外活动等具体统计数据来评判学校取消种族隔离工作的实现程度②。1971 年,最高法院对"斯万诉夏洛特-迈克兰伯格教育局案"的裁定进一步为校车计划的普遍实施揭开了序幕。可以说,经过 20 多年努力,到 20 世纪 70 年代初,曾在美国普遍存在的种族隔离现象已基本消失,以黑白学生合校为主要特征的种族融合行动达到了历史的最高峰。据相关资料显示:在美国南部传统蓄奴的各州,1964 年仅有不足 2％的黑人学生和白人学生同校,1968 年这一比例上升到 32％,而到 1972 年南部 91％的黑人学生和白人学生同校③。与此相对的边境各州的同校比例为 76.4％,西北部的比例为 89.1％④。

可以这样认为,60 年代中期及至 70 年代前期,美国联邦机构之所以会借助多种手段推动种族融合,并以此来实现教育机会的平等,其相关做法与 1966 年霍普金斯大学社会学家詹姆斯·科尔曼主持的调查报告《教育机会平等》有着不可分割

---

① L. Dean Webb. *The History of American Education: A Great American Experiment* [M]. Upper Saddle River: Pearson, 2006: 387.
② 屈书杰. 从种族隔离到学校一体化:20 世纪美国黑人教育[D]. 河北大学,2002:93.
③ Diane Ravitch. *The Troubled Crusade, American Education: 1945-1980* [M]. New York: Basic Books, 1983: 167.
④ Diane Ravitch. *The Troubled Crusade, American Education: 1945-1980* [M]. New York: Basic Books, 1983: 176.

的关系。科尔曼在报告中指出,绝大多数的美国孩子与自己同族的孩子进入相同的学校;白人孩子的学校在物质条件方面好于黑人孩子的学校,但是两类学校在物质条件方面的差异远远低于人们的想象。黑白学生的学业差距随着年级的上升而逐渐拉大,如6年级时成绩相差1.6年,9年级时相差2.4年,到12年级时相差3.3年①。在分析以上现象产生的原因时,科尔曼否认了先前普遍持有的观念,即学生的学业成绩与学校的物质环境和教学质量密切相关,他认为学校中的诸多变量对于学生学业成绩影响甚微,学生的家庭背景等才是学生学业成绩的最大影响因素。科尔曼的报告一时震惊了美国教育政策的制定者:假如科尔曼的结论是正确的,那么,改善学校物质条件的努力能否真正促进教育公平? 对提升学生学业成绩是否确实有效? 下一步又该如何去做?

科尔曼在报告中同时比较了四群黑人学生的学业成绩:第一群黑人学生是在白人学生占绝大多数的教室里学习;第二群是在一半白人学生、一半黑人学生的教室里;第三群是在黑人学生占绝大多数的教室里;第四群是在全部黑人学生的教室里。科尔曼研究发现,尽管以上四群黑人学生的学业差距很小,但是第一群黑人学生的学业成绩通常最高。基于以上研究结论,报告指出:"从长远的观点来看,种族融合或许能够对黑人学生的学业成绩的提升产生所期望的积极效果。"②科尔曼报告所建议的借助种族融合的途径或者说主要通过白人学生占大多数的种族平衡学校的创建来促进种族平等、学业进步的方法,直接奠定了20世纪60年代后期及70年代前期教育平等政策努力的方向。

但是,法律意义上的强制融合和种族平衡政策不可避免地引发了上至总统、国会议员,下至普通白人家长的强烈反应。比如,保守主义的尼克松(Richard M. Nixon)总统就认为学校教育对于学生的学业成就很少有积极的影响,最有影响的教育发生在学校之外。1969年7月3日,尼克松政府发表声明,把最高法院规定的取消公立学校种族隔离的最后期限无限期推迟。加里·奥菲尔德曾指出:"南部曾经采用的保留种族隔离的许多策略被运用到阻挠最高法院废除种族隔离裁决的实现方面。"③与此同时,各种抗议活动在国内也屡屡发生。比如,1972年3月,200

---

① James S. Coleman. *Equality of Educational Opportunity*（*Coleman*）*Study*（*EEOS*）[R]. Ann Arbor：Second ICPSR Version, 2000：272.

② Diane Ravitch. *The Troubled Crusade*, *American Education*：*1945-1980* [M]. New York：Basic Books, 1983：169.

③ Diane Ravitch. *The Troubled Crusade*, *American Education*：*1945-1980* [M]. New York：Basic Books, 1983：169.

多位反对校车计划团体的领导们聚集在密歇根州庞提艾克策划了向华盛顿进军的抗议活动,而此前在庞提艾克的一次抗议校车计划的示威中就有10辆校车被毁;而1974年波士顿市的校车计划还导致了种族骚乱。此外,强制性的种族融合政策还加速了被历史学家称为美国社会的第二大迁移运动——白人向郊区迁移的步伐。"二战"以后,美国许多大城市市中心不断经历白人搬离和少数族裔移入的过程,到70年代初,纽约、芝加哥、费城、底特律、克里夫兰、华盛顿等大城市中的白人学生甚至已经变成学校中的少数族裔。在这种情况下,即使这些城市教育当局能够按照法院判决重新分配不同种族学生入学,也不可能出现少数族裔学生融入以白人学生为主的学校的局面。

　　面对新的挑战,发生在底特律市的一起诉讼则扭转了此后公立学校种族融合和种族平衡运动的方向。底特律市曾经拥有全美较为自由的学校系统。该市黑人教育管理人员和黑人教师的比例较高,分别达到37.8%和42.1%。除此之外,底特律市的教育管理者和学区领导还曾经被"全美有色人种协进会"评为先进典型①。然而,由于底特律市存在着白人和黑人之间的居住隔离,因此该市废除事实上存在的种族隔离的诸多努力多以失败告终。1971年,在底特律市"米丽根诉布拉德利案"中,联邦法院认定底特律市存在着事实上的学校种族隔离。为了改变这种状况,联邦法院要求底特律市创建大都市学区,将地处城郊的53个白人学生占绝大多数的学区统一划归到大都市学区,以便促进市内白人学生占大多数的学校的产生②。底特律市郊区的人们将此判决上诉到了最高法院。很明显,如果最高法院支持这一判决,类似底特律市中心学校所面临的以黑人学生为主的局面将有可能打破,国内种族平衡学校的创建将会上升到一个新的阶段。但是,1974年最高法院却以5:4的投票推翻了初等法院的判决。最高法院认为:"地方控制"是美国教育的重要传统,不能命令郊区学区帮助城市学区去实现种族平衡,除非它涉嫌违法隔离。底特律判决扭转了此后种族融合行动的方向,导致20世纪70年代中后期学校种族融合行动很难再取得实质性的进步。

　　除了底特律判决之外,战后对美国种族融合政策持一贯支持态度的社会学家们此时也出现了理论上的分歧,一些学者开始直接挑战种族融合政策背后的假设。

①　Diane Ravitch. *The Troubled Crusade*, *American Education*: *1945-1980* [M]. New York: Basic Books, 1983: 169.

②　Diane Ravitch. *The Troubled Crusade*, *American Education*: *1945-1980* [M]. New York: Basic Books, 1983: 178.

比如,曾经担任过民权运动种族孤立委员会报告顾问的哈佛大学社会学家戴维·
阿墨(David J. Armor)在回顾了当时多项研究后得出结论:种族平衡政策并没有
为其中的黑人学生带来更好的成绩以及自尊,同时也没有好转种族关系。尽管支
持种族融合的研究人员也试图收集其他一些显示种族融合积极成果的数据,但是
来自著名社会学家科尔曼公开的学术反思对国内种族融合的趋势造成极大的撼
动,要知道1966年的科尔曼报告不仅是法院诸多判例援引的理论依据,更在实践
方面直接引导了学校的种族融合和种族平衡活动!但是,随着研究的日益深入,科
尔曼越来越感觉到以上做法的偏激。1975年,他在另一篇研究报告中指出,法院
强迫实施的学校废除种族隔离政策是导致白人从大城市搬离的罪魁祸首,因此,法
院的这一政策是一个弄巧成拙的政策。在一定程度上个体通过保留搬家的权利挫
败了这一政策①。与强制性的种族融合政策相反,科尔曼更愿意采用自愿的、激励
性的政策来促进不同种族的主动融合。科尔曼的想法似乎又在一定程度上预示着
20世纪70年代后期以多种途径、多种手段增加学校的丰富性,增加不同族裔家长
替孩子主动选择学校的权利。这不仅在客观上满足不同族裔学生的个别需要,同
时又在实质上促进种族融合和种族平等的学校选择计划的出现。

　　20世纪70年代后期,美国国内逐渐出现了有限选择计划、磁石学校(magnet
school)、特许学校(charter school)、教育券等多种学校选择计划,在一定程度上促
进了事实层面的种族融合和教育平等。例如,有限选择计划赋予学生家长在一个
中心注册区域内为孩子选择填报4所学校的志愿,学区在保证所有学校不超员且
学校种族构成比例与学区一致的前提下,根据学生志愿对学生进行派位。该计划
使一些学区参与强制校车计划的人数大大减少。磁石学校又称吸引力学校,其设
计理念主要是希望学校开设某些独具特色的"磁石"课程来吸引学生,以减少中产
阶级家庭和白人家庭从实施种族合校的学区中流失的比率。磁石学校计划取得了
显著成效。1976年美国国会颁布《紧急学校补助法》,后改称《磁石学校资助法》,
规定每年提供约1亿美元用于资助磁石学校。

二、其他促进弱势群体争取教育平等的努力及其成果

　　20世纪60年代的民权运动促使更多的美国人开始对社会中习以为常的种族

---

① Diane Ravitch. *The Troubled Crusade*, *American Education*: 1945-1980 [M]. New York:
Basic Books, 1983: 179.

主义、男性主义等现象进行深刻反思。民权运动之后的 10 年是这些反思付诸行动并取得实质性成果的 10 年。除了以上所述的促进黑人学生教育平等方面的努力和收获之外,教育平等的观念还延及到美国土著人口子女、少数族裔移民子女、残障与贫困儿童、女童等身上。这些社会弱势群体追求教育平等的努力也大多取得了实质性的成果。

与美国黑人大多缺乏自己民族的文化根基不同,土著印第安人的文化传统对其后代有着巨大的影响。自 19 世纪中叶至 20 世纪 30 年代,为了同化和训练印第安人,使其接受主流社会的价值观,印第安儿童在教育的过程中已经经历了痛苦的强制融合过程。20 世纪 30 年代以来,在承认土著文化的价值、恢复部落制、肯定保留地以及创建印第安人自己的学校等方面,美国社会曾经做出过许多的努力,但是还远远不够。20 世纪 60 年代轰轰烈烈的民权运动不仅唤醒了印第安人自身的民族觉醒意识,而且也推动了国会印第安教育立法活动的深入开展。1969 年,参议院印第安事务专门小组委员会在其印发的研究报告《印第安教育——一个国家的悲剧和挑战》中明确表示:"联邦印第安人教育政策的首要任务是强制同化印第安人……这一政策对于印第安教育有着灾难性的影响。"报告在详述其灾难影响的同时,提出了多达 60 项的改进意见,其中包括"增加联邦政府对于印第安教育的补助,拓展曾经允诺的印第安教育项目,在印第安学生的课程中涵盖本民族的语言、文化和历史的内容;提升印第安父母对于子女教育的参与程度……"①尼克松总统对这份报告非常赞同。1970 年,他在递交给国会的关于印第安事务的国情咨文中强调:"目前处理印第安事务已经到了必须打破过去、创建新的方式方法的阶段了,印第安的未来必须由印第安法律和印第安人来裁决。"②1972 年,国会通过《印第安人教育法》,将长期以来被遗忘的城市和东部地区的印第安人囊括进来,扩大了印第安人父母和印第安社区参与儿童教育的决策权,增加了直接资助印第安人生活区域公立学校的数额,同时要求美国联邦教育总署组建印第安教育办公室,负责印第安人教育事务。1975 年,国会又通过《印第安人自决和教育援助法》,进一步拓展了印第安人家庭和部落对其子女及后代的教育和管理权,同时赋予印第安人接管印第安学校的权力。1969 年以前,仅有 1 所印第安人学校由印第安人自己管

---

① Indian Education: A National Tragedy, A National Challenge [EB/OL]. http://www.tedna.org/pubs/Kennedy/toc.htm. [2013-05-10].

② L. Dean Webb. *The History of American Education: A Great American Experiment* [M]. Upper Saddle River: Pearson, 2006: 291.

理,1973 年此类学校增至 12 所①,到 1975 年已有 15 所印第安人自己管理的学校,并组成了相应的学校董事会。第一所由印第安人控制的高等院校出现在 1972 年,它是由纳瓦霍部落创办的纳瓦霍社区学院②。

作为移民国家,美国社会上存在着许多英语语言表达能力缺乏或受限(Limited English-Speaking Ability,LESA)的人群。这些人群的子女进入学校之后,有限的语言表达能力不仅成为其学业进步的最大障碍,同时也对其未来成功地融入主流社会造成阻碍。在 20 世纪 60 年代民权运动的影响下,生活在美国西南部的西班牙裔聚集区的人们最先注意到这个问题。他们对 1965 年《初等和中等教育法》中联邦资助的对象提出质疑,认为法案忽略了语言能力受限人群获得平等教育的需要。经过不懈斗争,美国国会最终在 1968 年《初等和中等教育法修正案》中增加了第 7 条款,专门对国内双语教育项目进行资助。但由于多种原因,该条款的实施效果并不理想,英语能力受限人群的平等教育诉求未能得到很好的满足。推动该项目真正得以实施的动力来自旧金山 1 800 名语言能力受限的华裔学生的不满。由于该市中小学仅用英语进行授课,这些学生的家长认为该市学校的做法违反了宪法第十四修正案的正当程序条款以及 1964 年《民权法案》的第 6 条款。1974 年,该市"罗诉尼克波斯案"被上诉到联邦最高法院后,尽管最高法院认为该案件并未涉嫌违反宪法相关条款,但却明显与《民权法案》的精神相违背。最高法院认为:"对于那些不能理解英语语言的学生来说,仅仅为其提供同样的教学设施、教材、教师和课程并不能等同于教育平等。由于语言能力的障碍,一切有意义的教育对他们来说都将变得毫无意义。"③最高法院判决该市学校必须尽快为这些学生提供语言上的帮助,当然这种帮助并不局限于通过双语教育项目,还可以采用补偿性的英语教学或者其他任何形式的专门语言教学。该判决对国内双语教育起到了很大的推动作用。仅从各州的角度来看,判决生效一年后,国内资助双语教育的州的数量已经从 2 个上升到 11 个,同时,国会层面也开展了修订《初等和中等教育法》双语教育的工作。比如,1974 年《初等和中等教育法修正案》对双语教育项目的概念、目标等进行调整,同时主张创建区域语言教育中心,为本区域的双语教育

① William J. Benham. *A Brief Overview of A Changing Era* [J]. Journal of American Indian Education, 1974 (Oct).

② Robert J. Havighurst. *Indian Education since 1960* [J]. Annals of the American Academy of Political and Social Science, 1978 (Mar).

③ L. Dean Webb. *The History of American Education: A Great American Experiment* [M]. Upper Saddle River: Pearson, 2006: 290.

提供技术支持和师资培训；另外，为各个学区拓展其双语课程、师资和研究等工作提供资助。1978 年在再次修订的《初等和中等教育法》中，双语教育项目的核心概念再次被扩展到"英语熟练程度不足"的学生身上，同时其资助数额以及资助项目等也有所增加和拓展。当然，除了在以上双语教育项目中表现出来的平等诉求，墨西哥裔、华裔、日裔等美国少数族裔也在争取平等入学、平等雇佣、本民族文化的研究与传播等方面付出了艰辛的努力并收获了相对丰盛的成果。

　　长期以来，美国社会一直认为残障儿童是不可教育、不可培训或者说无法从普通教育中获益的。这一观念在 20 世纪 70 年代被改变。1972 年"米尔斯诉哥伦比亚特区教育局案"提出，哥伦比亚特区大约有 1.8 万名各类残障儿童无法享有正常儿童所应该享有的教育服务。最高法院在随后的判决中宣称，除非能够为儿童提供满足儿童需要的、丰富的且可供选择的特殊教育方案或者学费补助，同时在制度上确保对儿童的地位、进步和任何可供选择的教育方案的丰富性进行事先的听证和周期性的检查，否则任何公立教育机构均不能拒绝接收任何儿童①。同年，最高法院在"宾夕法尼亚残障市民协会诉宾夕法尼亚州政府案"中又重申了这一观点。与最高法院的判决几乎同步，关于残障儿童的立法活动也在国会展开。1973 年制定的《职业重建法》就要求移除建筑物和交通工具上的一切障碍，公立或非公立机构任何接受联邦资助的项目必须毫无歧视地接纳残疾人。1975 年制定的《所有残障儿童法》确立了如下原则：首先，包括残障儿童在内的所有儿童都有权获得免费的、合适的教育以及相关的服务，这些教育和服务必须较好地满足孩子独特的需要；其次，任何进入特殊教育项目的儿童在进入这些项目之前，必须接受一个全面的、非歧视性的评价；再次，为更好地满足孩子的需要，任何获得特殊教育服务的儿童必须拥有一套个性化的教育设计方案。据相关部门统计，自《所有残障儿童法》实施以来，在联邦政府资助的各类残障儿童教育项目中学习的 0～21 岁儿童（青少年）的数量一直呈上升趋势。1976～1977 年，这些儿童（青少年）的数量为 369 万余人，1980～1981 年为 414 万余人②。

　　作为传统意义上的弱者，女性追求平等教育的努力在 70 年代也收获了实质性成果。在全国妇女组织等机构的领导下，1972 年《民权法案》通过了第 9 条款，禁

---

① L. Dean Webb. *The History of American Education：A Great American Experiment* [M]. Upper Saddle River：Pearson，2006：300.

② L. Dean Webb. *The History of American Education：A Great American Experiment* [M]. Upper Saddle River：Pearson，2006：302.

止在任何教育项目或收到联邦资助的任何活动中否认女性的参与权和获益权。国会还将 1964 年《民权法案》第 7 条款的规定拓展至学术机构,禁止学术机构雇佣过程中的性别歧视。1974 年出台的《妇女教育平等法》主要关注课程和教学领域的性别平等,强调要为女性提供咨询和指导,鼓励女性在数学、科学、计算机、竞技等方面更多地参与,同时法案还为教育组织和机构提供拨款,以支持更多的女性成为教育组织或机构的领导者。

第二节 基础教育的泛化与回归基础

20 世纪 70 年代,美国社会出现了一场追求更为人性化、更加自由开放、更为贴近生活实际的教育的斗争,最能代表这种斗争的事件当属开放、自由教育运动和生计教育运动。这些教育运动对扭转苏联卫星上天事件以来美国学校智育至上的氛围,以及教育实践过程中过于重视纪律、分数、讲授、固定的课程安排等倾向起到了一定的作用。但是,当这些转向不可避免地导致学生在高校入学考试中学术性向测试分数不断下降时,美国教育界又一次开始了向传统教育理念和方法的回归。

一、基础教育的泛化

20 世纪 60 年代末至 70 年代,作为对 60 年代一系列不尽如人意的教育改革的反思和批判,美国教育领域出现了颠覆主智主义教育倾向的、激进的教育改革运动,如旨在推动教育走向更加开放自由道路的开放教育运动、自由学校运动、可替代学校运动、去学校化运动等;还有旨在促进教育与生活世界建立紧密联系的生计教育运动①等,这些教育改革的理念和实践共同铸造了此时期教育活动的整体风貌。

推动此时期教育走向更加开放和自由道路的诱因有内外两种。从内部来看,20 世纪 60 年代末期出现的人们对国家和教育作用的罗曼蒂克式的想象正在趋于破灭。在"向贫困宣战"和"伟大社会"的改革运动中,曾经有两大理论设想诱发了人们对于教育改革高涨的热情:一是弱势群体可以通过教育改善其生存状态;二是由于贫穷、种族偏见、战争等都被认为是国家理性可以解决的问题,因此实现以上

---

① 由于生计教育与职业教育有着极为密切的联系,为避免重复,本书将有关生计教育的介绍放在"战后美国职业教育"一章。详见本书第十一章第三节。

教育目标需要国家的认可与财政的投入①。受此影响,20 世纪 60 年代联邦政府颁布了多个教育资助法案,加大了联邦政府对教育的介入程度,如 1963~1964 学年,联邦政府初、中等教育拨款总额为 9 亿美元,而到 1968~1969 学年则猛升至 30 亿美元,联邦政府负担的全国教育投资的比例也从 4.4% 攀升到 8.8%②。但是,巨大的投入并没有带来期望的回报。例如,受文化剥夺理论的影响,20 世纪 60 年代中期美国出现了补偿教育,人们希望通过由联邦政府介入的补偿教育缩小黑白学生在学业和人生态度上的差距。然而,60 年代末一项对开端计划补偿教育项目进行的评估显示,即使贫困家庭子女能够通过开端计划在人生早期获得某些收获,这些收获也将在随后的岁月里消失殆尽。心理学家阿瑟·金森(Arthur Jensen)更是指出,黑人学生基因的缺陷是导致补偿教育失败的原因。一些激进的批评者甚至公开指责补偿教育无非就是想拥有较高的测试分数和较好的升学记录,在实行补偿教育的学校里,学生们被要求正确地回答问题,被鼓励去和他人竞争,被迫去服从学校系统的要求,以便为服从较大的社会系统的要求而准备。

与此同时,1958 年《国防教育法》对与国家利益密切相关的科学、数学、工程、现代外语教学给予一定数量的贷款或拨款,另外,该法也将部分拨款拨付给国家科学基金会,用于资助与中学此类课程改革相关的一些研究项目。60 年代初,以国家科学基金会自然科学研究委员会推出的新编物理教材为标志,美国课程改革运动全面展开。新课程改革运动不仅明确提出"中学理科的各门课程,必须参照现在的课程研究的最新成果加以修订;新课程必须反映那些具有影响的权威科学家和经验丰富的教师们提出的最佳建议,在中学必须开设自然科学、生物课程等"③,同时也确立了必修的学术性课程的主体地位,表现出强烈的主智主义倾向。由于此次课程改革更多考虑了将来有志于上大学的学生的需求,忽略了不同层次类别学生的个性特征、兴趣和需要,加之许多教师对新课改准备不充分,因此从 60 年代末开始,教科书的艰深晦涩、学生对理科课程的冷淡、辍学率升高、学校纪律以及毕业或肄业生就业能力不足等问题逐步浮出水面,一时间社会上对学校课程偏重学术水平和认知能力培养,忽略青少年情感、道德和职业能力发展的批判声

---

① Maurice R. Berube. *American Presidents and Education* [M]. New York: Greenwood Press, 1991: 66.
② L. Dean Webb. *The History of American Education: A Great American Experiment* [M]. Upper Saddle River: Pearson, 2006: 289.
③ 汪霞. 课程改革与发展的比较研究[M]. 南京:江苏教育出版社,2000:64.

此起彼伏。

在对国内教育灰心失望的社会情绪中,来自英国教育改革家的诸多实践成果引起了美国人的兴趣。其中,英国教育改革家尼尔(A. S. Neill)在夏山学校(Summerhill School)的教育实践给予了美国人新鲜的感觉。尼尔认为,孩子天生是聪慧和明智的,即使没有成人的任何干预,孩子也能实现自己天生能力的最大发展。在夏山学校,儿童完全可以凭借自己的意愿决定上课、学习、游戏的时间和方式,学习的空间也不再局限于传统的教室,而是延伸及教室之外,甚至学校之外;此外,夏山也没有正式的考试,而是以轻松谈话的方式来测验学生。尼尔根据其教育实践编写的《夏山》一书被引入美国后,很快吸引了美国学者和公众的注意,仅1969年就销售了20多万册①。1967年,约瑟夫·费舍斯通(Joseph Featherstone)关于英国婴幼儿学校和初等学校的几篇报告也引起了美国公众的极大兴趣。在这些报告中,费舍斯通描述了英国婴幼儿学校和初等学校的景象:在那里,与传统的教室和教学观念不同,学生们在教室、门廊和体育场自由穿梭或讨论,他们主要以个体或小组的方式自由、快乐且忙碌地学习着。费舍斯通评论道:"英国初等教育正在经历一个意义重大和根本性的变革,其中涉及儿童学习、课堂组织、课程、教师角色等一系列新的思维方法。"被费舍斯通称为英国非正式教育模式的最大特征就是学习活动个体化,即学习活动建基于学生游戏和经验活动之上,教学是非正式的且积极回应学生的需要和兴趣,学生在学习的过程中享受学习,等等。英国教育改革的成功实践勾起了美国人对于进步主义教育时代的回忆,他们将英国模式作为解决当时美国教育问题的一剂良药。据统计,1968年,美国国内仅有大约30篇文章介绍英国初等教育的改革情况,而到了1971年,此类文章已超过300篇;同时对英国教育经验的渴求还创造了一系列跨越大西洋的寻求真理的朝圣之旅,截至1969年,美国约有20个城市组团赴英学习非正式教育模式②。

英国教育模式引入美国后,与一度显赫的进步主义教育思想相融合,推动了该时期美国基础教育改革运动的开展。一时间,开放教育运动、自由学校运动、可替代学校运动、去学校社会运动等纷纷出现。其中,开放教育运动是在美国公立学校影响较大的教育运动。开放教育意味着开放、弹性地对待新思想、随时准备回应孩

① Diane Ravitch. *The Troubled Crusade*, *American Education*: *1945-1980* [M]. New York: Basic Books, 1983: 236.
② Diane Ravitch. *The Troubled Crusade*, *American Education*: *1945-1980* [M]. New York: Basic Books, 1983: 241.

子们的兴趣要求、摆脱预定的课程计划等。纽约城市学院的莉莲·韦伯(Lillian Weber)的"开放走廊项目"(Open Corridor Program)是较早的开放教育实验之一。1967年秋季,她在哈勒姆公立学校(Harlem public school)与该校自愿参与实验的教师借助一个普通的走廊,将几个教室连接起来组成了"校中校"。韦伯要求校中校的教师要鼓励不同年龄孩子之间的互动,用个体或小组学习代替集体教学等。同期,韦伯还创建了一个咨询服务中心以帮助教师掌握实施开放教育的方法。几年间,咨询中心不仅组织了开放教育夏季协会,出版了开放教育期刊,还争取到了联邦政府和福特基金会的资助。除莉莲·韦伯外,美国一些高校,如教育河岸街学院(Bank Street College of Education)、惠洛克学院(Wheelock College)、牛顿学院(Newton College)、康涅狄格大学、伊利诺伊大学、科罗拉多大学、北达科他大学等均有教师研究和推广开放教育的活动。一些教育研究机构也积极参与其中,如位于马萨诸塞州的教育发展中心在20世纪60年代末已通过其创办的开放教育工作室,为一线教师提供开放教育咨询服务、为开放教室准备教学材料等。另外,该中心还依托与联邦政府签署的开端计划后续项目的平台,向特拉华州、华盛顿特区、新泽西州、德克萨斯州等7个州的许多学校推广开放教育理念。同期,福特基金会也开始密切关注国内开放教育的发展。它们积极资助开放教育出版物的出版、开放教育教师培训以及初中等学校和大学的开放教育实验项目等。

可以说,至少在20世纪70年代初,开放教育已经具备了一场教育运动的规模。美国多个州的教育厅、联邦教育机构、教师培训组织、杂志与广播网评论员、基金会以及众多教师都齐聚其麾下并摇旗呐喊。1970年,纽约州教育厅举办的开放教育会议就有超过2000名教师参加,这种热情是前所未有的。同时,为了实践开放教育的理念,美国许多城镇学校的官员还主动推倒了已有教室之间的墙壁,或者开始设计没有墙壁的教学建筑。在费城林荫道学校(Parkway School),由于学校没有围墙,学生们可以将城市和市内机构作为自己的教室,同时免受通常的学科和科目的困扰。在加利福尼亚州圣芭芭拉市的一所由军营改建的学校里,教室变成了儿童活动中心,安排有数学角、阅读角等,学校按儿童的兴趣和爱好组织班级,儿童在兴趣变化时,可以自由地从一件事转到另一件事。

当然,开放教育在实施过程中也碰到了许多无法解决的难题。一些参与实验的教师发现,许多孩子并不欢迎给予他们的自由探索和自我决定的机会,在一些开放教育的实验中,孩子们变得非常有破坏性,有些孩子甚至急切地要求教师给予他们一些秩序;另外,开放教育还招来了许多家长的不满,他们不仅抱怨教师的放任和教室的吵闹,同时也对孩子学业的退步深表不安,所有这些均导致了70年代中期之后开放教育运动的消逝。

与开放教育主要在公立学校中推进不同,由美国新左派和反主流文化人士发起的自由学校运动主要以私立学校为阵地。自由学校运动的本质精神体现了夏山学校的教育理念。正像其倡导者阿兰·哥如巴德(Allen Graubard)所言,自由学校没有公立学校用来保持纪律和实施惩罚的机构,没有严格按年龄的升级制度,没有家庭作业,没有分期的任务,没有频繁的测试和家长报告卡,没有僵硬的年级课程,没有标准化的教室,没有像公立学校那样的由一位教师来统治和命令 25～35 个孩子的班级。自由学校旨在设计一种新的人类社会,这个社会中没有教师权威,孩子们可以自由地去探索他们的环境,去发现他们想要发现的,可以随便吵闹、随意走动,甚至什么都不做。自由学校在 60 年代末～70 年代初发展得非常迅速。据统计,1972 年美国已有约 500 所自由学校,2 万名学生在这类学校上学①。但从另一方面来看,由于自由学校向父母允诺的自由与学习之间的矛盾难以调和,加之其缺乏有效处理学校内部冲突的机制,因此自由学校的存在周期往往非常短暂,一所自由学校平均仅能维持 18 个月。

除开放教育运动和自由学校运动外,此时期旨在将自由学校教育原则带到公立学校去的"可替代学校运动",以及主张校外活动具有同等甚至更大教育价值的"去学校运动",也大都经历了同样的命运,尽管一度兴盛,但终如昙花一现,未能持久。

二、回归基础

20 世纪 70 年代中期以后,当开放、自由教育运动以及生计教育运动逐步将美国基础教育引向目标泛化和非学术性方向的时候,主要对美国高中毕业生的语言和数学能力进行评估的学术性向测试(SAT)和美国高校入学测试(ACT)以及其他类似的测试无不在提醒人们注意美国基础教育质量衰落的可怕事实。比如1975 年,美国高校入学考试委员会宣布,学生学术性向考试的成绩近 10 年来直线下降,1966～1967 学年学生语言成绩平均分数为 466 分、数学为 492 分,而 1974～1975 学年分别下降为 434 分和 472 分②;1977 年,教育测试服务机构研究发现,1963～1973 年,无论在地方、州还是在国家层面,有志于升学的高中毕业生的数学

① Diane Ravitch. *The Troubled Crusade, American Education: 1945-1980* [M]. New York: Basic Books, 1983:252.
② 马骥雄.战后美国教育研究[M].南昌:江西教育出版社,1991:47.

和语言成绩平均下降幅度超过了10％，在科学、写作、物理等方面成绩下降也很明显①。与此同时，一些学者的研究成果还揭露了一些令人震惊的事实。比如，哈佛大学资深阅读专家珍妮·乔(Jeanne Chall)通过对 SAT 考试学生阅读能力的专项研究后发现，1947～1955年，SAT 测试显示学生的阅读能力达到了高校1～3年级的水平；1962～1972年，学生阅读水平平均达到11年级的水平，而1975年，阅读能力仅仅接近于10年级的水平。乔还发现，从1947～1975年，SAT 阅读试题的难度变小了，仅仅评价学生低层次阅读技能的试题数量有了急剧的增长，如1947年这样的试题比例为58％、1962年为46％、1972年为18％，而1975年则为69％②。

除了以上人们对于高中毕业生学业成绩给予的关注之外，对于中小学校整体教学效果的调查也在同期进行。比如，1975年赫德森研究所(Hudson Institute)的弗兰克·阿姆布拉斯特(Frank Armbruster)在研究中发现，在中小学所有类型的测试中，学生的分数均有所下降；同期教育测试服务机构在私立学校的教学中也发现了与公立学校几乎相同的问题。与以上调查配合进行的是人们对于中小学校教学成绩下滑原因的分析。比如，阿姆布拉斯特在细致考察了50年来各州所采用的学业评价数据后，否定了学生的学业退步与家庭经济、家庭态度以及其他家庭因素的相关性，他认为学生学业退步的原因就在学校内部；而从1973年到1976年，盖瑞·J.厄彻特内奇(Gary J. Echternach)在对3000所学校学生成绩进行比较后发现，学校课程、教育机构的政策、教师和学生等方面的变化是初中等学校学生学业退步的直接原因，为此他呼吁对学校相关影响因素进行改革。

学术界的研究成果还得到了部分教育界和诸多社会人士的认可，如很多高校管理人员抱怨，由于许多中学毕业生未达到入学标准，高校不得不降低入学标准或为这类学生开设英语、数学和自然科学补习课程。商界人士也对高中毕业生整体学术和就业技能的不足表现出强烈的不满。如吉尔曼(Gilman)在对丹佛市400名商业人士对于高中毕业证书所持有态度的调查中就发现，几乎所有的商业人士都认为高中毕业证书的含金量减少了。他们明确表示，高中毕业证书仅仅意味着学生在学校呆了12年，但并不等于他们学习并掌握了学校的课程③。而读者对象为

---

① Robert M. Hashway. *Foundations of Developmental Education* [M]. New York：Praeger Publishers，1988：6.

② Robert M. Hashway. *Foundations of Developmental Education* [M]. New York：Praeger Publishers，1988：2.

③ Robert M. Hashway. *Foundations of Developmental Education* [M]. New York：Praeger Publishers，1988：9.

经济界人士的《福布斯》杂志在唤醒人们对于 1955 年畅销书《约翰尼为何不会阅读》记忆的基础上更是戏称,约翰尼(代表美国中小学生)不仅不会读、写、算,而且,还必须再加上一条,约翰尼也不会工作。包括黑人和西班牙裔等少数族裔的很多父母也在抱怨,他们的孩子虽然和白人孩子进入了同一所学校,但却没有收获希望中的教育成果,因为他们的孩子在基本技能训练方面被忽视或训练不足。

当社会学家的众多调查结果与家长的普遍不满和雇主的抱怨逐步汇聚到一起的时候,许多人回顾了近 10 年来基础教育领域所尝试的无数新花样,对学校选择计划、开放教育、自由学校乃至生计教育等为美国学校带来的教学目标的泛化、课程的宽泛、纪律的缺失、过分的职业化、对考试的忽视乃至爱国主义和清教徒道德的缺失等问题展开了猛烈抨击。而这种抨击几乎是 20 世纪 50 年代人们对于"生活适应教育运动"抨击的重演。与 50 年代末期人们所提出的对策一样,此时众多家长团体、教师、商界人士和政治家纷纷借助报刊社论、家长教师联合会决议等途径,呼吁基础教育要回归到真正的基础上来。让基础教育"回归基础"(Back to Basics)成为众望所归。1975 年盖洛普年度民意调查在问及如何才能提升美国的基础教育质量时,最普遍的民众意见是"基础教育要致力于教给学生基础的知识"①。

综合来看,回归基础教育运动倡议者大致持有以下主张。

第一,课程领域要强调基础学科的教学和传统道德教育。如小学阶段要强调阅读、写作和算术教学,帮助学生掌握最基本的 3R(读、写、算)技能,中学教育要把主要的精力集中于教授英语、自然科学、数学和历史课程,取消学校的"社会服务项目",取消装饰性的选修课,或者把泥塑、编织、做布娃娃、吹笛子、打排球、性教育等放在课外时间进行,爱国主义教育应该重新成为学校教育的重要组成部分,教育学生要爱祖国。

第二,采用传统的教学和评估方法。让练习、背诵、每日家庭作业以及经常性测验成为学校教育的主要载体。其中,成绩卡要用传统的 A、B、C 等记分或用百分制记分,定期发给学生,取消不经考试即可升级或毕业的制度,设立最低学业标准或最低限度能力测试项目(MCT),或进行熟练程度考试,经考试证明学生已掌握各年级所要求的基本技能和知识后,方可升级或毕业。

第三,教学中要发挥教师的主导作用,反对过多的学生自主活动。

第四,严明学校纪律,把体罚作为可接受的管理方法。学校应对学生的衣着和

① Allan C. Ornstein. *Curriculum Contrasts: A Historical Overview* [J]. Phi Delta Kappan, 1982(2).

发型做出规定①。

从实践层面来看,回归基础运动主要体现在州和学校两个层面上。在州的层面上,许多州将注意力放在出台相关法规来确保本州学生能够达到最低学业标准或最低能力标准的要求上。据国家教育统计中心数据显示,1976年8月之前,已有29个州出台了相关法规或者采取了促进中小学生基本知识技能达标的相关具体行动②。截至1978年,已有33个州为中小学生设置了最低学业标准③。在各州出台的相关法规中,"测试"和"补习"几乎无一例外地成为最核心的概念。例如,1975年新泽西州《公立学校教育法》要求对学生进行基本能力测试,州教育部门不仅要对那些成绩属于最低档20%的学生予以帮助,而且还要对测试分数低于所要求掌握水平65%的学生进行全州性的补习;1976年,佛罗里达州出台《教育责任法》,明确规定本州3年级、5年级、8年级和11年级学生必须参加基本技能考试,凡是达不到最低标准的学生将被给予额外帮助或进行补课;1976年,弗吉尼亚州要求州教育委员会制定全州性最低教育目标,并开展阅读、语文和数学的测验,这两项任务必须在1978年9月之前完成;1976年,加利福尼亚州的相关教育法案也要求学生从7年级到9年级至少考一次,从10年级到11年级至少考2次,对那些未通过最低限度能力考试的学生,法律规定要开设补习班④。

在学校层面上,许多学校开始采取多样化的强化教育基础的措施。有关资料显示,在1977年之前,宾夕法尼亚州费城、北卡罗来纳州夏洛特等城市的50多所学校已经开始了回归基础的改革尝试。这些学校一般会要求中小学教师注重阅读和数学教学,定期为学生布置家庭作业。佛罗里达州希尔斯巴勒县还具体规定了各年级基础课周教学"最低限度时间",比如阅读和写作课最低教学时间为13小时以上,数学为5小时。许多城市学区还开始对学生进行最低学业标准或最低能力标准测试,严格毕业要求。例如,1976年5月,康涅狄格州曼彻斯特市决定对该市650名10年级学生的语文和数学进行试点考试;俄勒冈州塞勒姆市要求该市中学毕业证书只能发给完成基本技能课程学习且达到本市所规定的35项"能力表现指标"的学生。

20世纪70年代中后期的回归基础教育运动以提升美国基础教育的质量为核

① 瞿葆奎,马骥雄. 教育学文集:美国教育改革[M].北京:人民教育出版社,1990:485-486.
② 瞿葆奎,马骥雄. 教育学文集:美国教育改革[M].北京:人民教育出版社,1990:495.
③ Allan C. Ornstein. *Curriculum Contrasts: A Historical Overview* [J]. Phi Delta Kappan, 1982(2).
④ 瞿葆奎,马骥雄. 教育学文集:美国教育改革[M].北京:人民教育出版社,1990:495-497.

心,这场运动在一定程度上扭转了基础教育领域存在的目标泛化和非学术性倾向,确保了中小学生对基础知识和基本技能的掌握。这场运动在一定意义上成为 80 年代教育优异改革运动的先声。但由于回归基础教育运动主要依托考试和强化传统教学手段等方式,这对学生的创造精神、创新能力以及自我管理能力的形成带来了诸多负面影响。

第三节　社区学院和研究型大学的发展与改革

20 世纪 70 年代,美国高等教育显示两大重要变化:一是社区学院逐步从为四年制本科院校提供生源的转学教育基地演变成为重要的职业教育机构;二是研究型大学在从国家科学技术系统的边缘走向其中心后,各项事业发展良好,并逐步与工商业团体建立起更为紧密的新型联系。

一、社区学院的职业化及其对于高等教育民主化的推动

诞生于 20 世纪初的社区学院(当时称作初级学院),在早期主要承担了为大学三年级输送合格学生的转学教育职能,但职业教育始终是人们关注的一个重点。

1920 年,美国初级学院协会成立后,其主要代表人物大都极力主张在保持转学教育的同时,应把职业训练作为初级学院的首要职责。可以说"整个 20~30 年代,美国初级学院协会几乎没有一次会议不讨论终结性的职业教育的问题"[1]。到 1940 年,美国几乎一半州在有关初级学院的立法中除了要求其开设与四年制学院平行的课程外,还专门提到了职业教育课程开设的问题;在 1940 年举办的初级学院院长会议上,与会者也达成了一致意见,即"初级学院学生中 2/3 至 3/4 应该主修终结性的职业教育课程"[2]。但由于种种原因,绝大多数初级学院未能有效实施职业教育活动。到 20 世纪 60 年代末,社区学院(包括还没有更名的初级学院在

[1] Steven Brint, Jerome Karabel. *The Diverted Dream*, *Community Colleges and the Promise of Educational Opportunity in America*, *1900-1985* [M]. New York: Oxford University Press, 1989: 41-42.

[2] Steven Brint, Jerome Karabel. *The Diverted Dream*, *Community Colleges and the Promise of Educational Opportunity in America*, *1900-1985* [M]. New York: Oxford University Press, 1989: 11-12.

内)的入学人数已经从 1948 年的 20 多万激增到 130 万,但在社区学院接受职业教育的人数从来没有超过 1/3①。初级学院职业化的障碍来自两个方面:一是源于公众对"学院"概念的认识,许多人认为如果不能提供"正统"或"正宗"的课程,那么这所学校就不是一所真正的"学院";二是除特定的经济衰退期外,在大多数情况下社会对本科毕业生的需求往往是供不应求的,因此许多学生也认为"只有注册平行于四年制学院的转学课程,他们获得专业性的或高级管理性的工作的机会才可能存在"②。此外,由于职业课程的开设往往需要专门的教学设施,其成本往往超出办学者的预期,无形之中也阻碍了社区学院职业教育的开展。

20 世纪 60 年代末 70 年代初,社区学院的职业化转型开始加速,促成这一转变的因素主要体现在如下几个方面。

首先,美国是战后以原子能、电子计算机和空间技术的广泛应用为标志的第三次科技革命的策源地。第三次科技革命在扩大高级专业技术人才需求的同时,对于中间层次的半专业职业和半专业人才的需求也出现了巨大的增长。1947 年美国"总统高等教育委员会"报告中就估计,在许多领域,每需要 1 名受过四年学院教育的工作人员,就需要有 5 名受到二年学院教育的工作人员③。这为战后几十年来扩大社区学院职业教育的人才培养规模营造了有利的宏观环境。

其次,20 世纪 70 年代的经济衰退造成失业人数持续增加,四年制学院和大学毕业生就业的黄金时期已经过去,劳动力市场专门人才供过于求的现象非常突出。据相关部门统计:"1969~1972 年寻找工作的新的学院毕业生数量,相对于可得到的男性工作岗位总数来说,增长了三倍。"④与此同时,为了获得某一职位,低于学历水平就业或未能按照专长就业的大学生比例也在节节攀升。1972 年春,哥伦比亚广播公司在一期专题节目中就曾报道,很多大学本科毕业生找不到工作,即使幸运地找到了工作,也不过是做出租车司机、油漆匠或停车场管理员等。"谁需要学院?"、"大材小用者的烦恼"、"具有博士学位的电焊工"、"毕业生和工作:沉重的世

① Steven Brint, Jerome Karabel. *The Diverted Dream*, *Community Colleges and the Promise of Educational Opportunity in America*, *1900-1985* [M]. New York: Oxford University Press, 1989: 12.

② Steven Brint, Jerome Karabel. *The Diverted Dream*, *Community Colleges and the Promise of Educational Opportunity in America*, *1900-1985* [M]. New York: Oxford University Press, 1989: 12.

③ 王英杰. 美国高等教育的发展与改革[M]. 北京:人民教育出版社,1987:222.

④ 万秀兰. 美国社区学院的改革与发展[M]. 北京:人民教育出版社,2003:166.

界"等反映本科生就业难的文章随处可见。许多媒体将就业困境的原因归结到人才培养结构的失调方面。1970年《财富》杂志的一篇文章就批评道:"四年制院校和大学现在被证明培养了太多的学校教师和哲学博士……而有技术文凭、从事技术工作的毕业生则培养得太少。"哥伦比亚广播公司在节目中也用戏谑的口吻说道:"在这个社区,没有一名持有执照的管子工,我们明天将不得不雇佣20名物理领域的哲学博士。"①大众媒体的评论对引导人们关注社区学院的职业教育起到了积极作用,1975年美国社区和初级学院协会在年度报告中也承认了大众媒体的这种作用。从社区学院内部来看,作为社会弱势群体接受高等教育最为集中的地方,就业困境还增大了社区学院学生选择面向就业的职业教育的机率。如1976年和1978年对洛杉矶市立学院学生的学习目的进行的调查显示,在1976年有46%的学生、1978年有52%的学生均是"为了获得或改进职业技能或技术"或"选择某种职业"而进入社区学院学习的。阿斯廷(A. W. Astin)等学者在1979年的一项调查显示,社区学院一年级学生中有80%的学习目的是获得较好的职业②。

再次,经过几十年的发展,社区学院的数量和生均规模均已达到了相当的程度,加之来自联邦和州政府以及基金会和商界等方面的资助,社区学院已经具备了开展职业教育的基本物质条件。从1950年至1978年,社区学院和初级学院从634所增加到1234所,每所学院的平均学生规模也从不足1000人攀升至将近4000人③,这就为社区学院职业课程的开设提供了一定的规模基础;此外,自50年代以来,在多种力量的推动下,联邦政府和各州政府日益关注社区学院的生计教育,它们对于社区学院的拨款在社区学院总经费中所占的比重逐年增加,分别由1950年的1%、26%上升至1981年的9%、48%,仅1969~1973年,联邦政府为社区学院提供的资金总量就从0.91亿美元攀升到2.56亿美元,占社区学院总收入比例由6%升至8.4%④。而且,社区学院还得到来自各类基金会和企业的大量资助,如

---

① Steven Brint, Jerome Karabel. *The Diverted Dream*, *Community Colleges and the Promise of Educational Opportunity in America*, *1900-1985* [M]. New York: Oxford University Press, 1989: 168.

② A. W. Astin. The American Freshman: *National Norms for Fall 1973-Fall 1980* [R]. Washington, D. C.: American Council on Education, 1973-1980.

③ 毛澹然. 美国社区学院[M]. 北京:高等教育出版社,1989:56,46.

④ Steven Brint, Jerome Karabel. *The Diverted Dream*, *Community Colleges and the Promise of Educational Opportunity in America*, *1900-1985* [M]. New York: Oxford University Press, 1989: 108.

1970～1975年,有16家基金会为社区学院提供的资助年均高达100万美元,其中有一半是直接或间接用于资助职业教育项目的①。所有这些都推动了社区学院的职业化。

20世纪70年代社区学院的职业化主要表现在如下几个方面。首先,职业项目或职业课程的大量开设。据马里兰州社区学院委员会1977年的报告,该州所有的社区学院在这一年中提出的新的职业教育项目多达244种,而提出新的文科教学项目却仅有11种。佛罗里达州全州的社区学院共设置200余种不同的职业教育项目,人口稀少的夏威夷州虽仅有7所社区学院,却也开设了80余种职业教育项目②。其次,社区学院主修职业教育项目或课程的学生数量快速增长。据统计,社区学院中主修职业课程的学生比例在1959年是20％,到1968年增至29％,至1980年则骤增至70％。至此,社区学院的职业课程已完全超越了转学课程。与此同时,从社区学院获得职业学位或证书的毕业生数量也有了绝对增长,如1970～1971学年社区学院获得职业学位或证书的毕业生比例为49％,到1978～1979学年增至65％③。可以说,到70年代末期,社区学院已经成为美国中等后职业教育的主要基地。

值得关注的是,社区学院的快速发展还极大地推动了美国高等教育的民主化进程。与传统四年制大学相比,社区学院具有入学标准宽松、收费低廉等优势,这对于那些学业基础较差、只能进行非全日制学习、残疾或年龄较大的学生具有更强的吸引力。例如,据美国社区和初级学院协会统计,1970年20岁以下的适龄学生占社区学院学生总数的53％,1977年已下降为37％,非全日制学生的比例则从1970年的48％上升到1979年的62％④。同时,社区学院还为很多原来没有机会进入高等学校的少数族裔提供了接受1～2年高等教育的机会。据统计,到70年代末,在社区学院学习的少数族裔学生已占美国少数族裔大学生总数的40％,黑人学生的比率已与黑人在美国总人口中的所占比率相当。从女性接受高等教育的角度来分析,至70年代末,美国高校女大学生数在大学生总数中的比例已经相当于她们在人口中所占的比例,这一成就的取得与社区学院部分时间制女生人数的

---

① 万秀兰.美国社区学院的改革与发展[M].北京:人民教育出版社,2003:163.
② 毛澹然.美国社区学院[M].北京:高等教育出版社,1989:75,111.
③ 万秀兰.美国社区学院的改革与发展[M].北京:人民教育出版社,2003:147.
④ 毛澹然.美国社区学院[M].北京:高等教育出版社,1989:101-102.

快速增长密切相关①。为了方便各类学生学习,社区学院在课程设置、上课时间等方面尽量灵活安排,比如在上课时间方面尽量方便学生,下午 4 点以后和晚上,甚至周末都开设课程,灵活的办学方式进一步提高了人们进入社区学院学习的热情。

二、研究型大学的发展与改革

战后,来自联邦政府及社会的支持为美国研究生教育和研究型大学的发展奠定了良好的基础。到 20 世纪 70 年代初,美国全国开设研究生课程的学校已达 740 所,可授予博士学位的学校达 350 所。1970 年,全国在校研究生总数为 90.28 万,本科在校生与研究生之比为 6.8:1②。1976 年,美国在校研究生数量已达 126 万,本科生与研究生之比则为 6.7:1③。在许多顶尖级研究型大学,研究生数量与本科生数量比例已经基本持平,甚至出现了研究生数量超过本科生的现象。根据 1973 年颁布的卡内基高等教育分类标准,研究型大学不再仅仅是美国大学协会所谓拥有"高深学问、研究生教育和通过研究促进知识增长"的机构,而演变成为具备如下四个特征的新机构:必须是一所学科门类齐全,具有教学、科研和服务多种功能的综合性大学;它是国家基础研究的中心,拥有卓越的师资队伍;特别重视研究生教育,研究生的比例也往往高于本科生;具有广泛的国际联系,能吸引大量外国优秀人才来留学。而根据新的分类标准④,1976 年,美国研究型大学的数量已经增至92 所⑤。

顶尖的研究型大学拥有顶尖的科研力量。据统计,1953~1973 年,英国、美国、法国、联邦德国、日本 5 国完成的主要技术革新项目共计 492 项,其中 65％的项目都是由美国研究人员完成的;1957~1970 年,美国科研人员获得诺贝尔奖金者共 37 人次,远远超过了老牌世界科学中心的英国和联邦德国⑥。另据资料显示,从 1969~1975 年产生的 8 个诺贝尔自然科学奖中,美国科研人员单独或与其他国

① 王廷芳. 美国高等教育史[M]. 福州:福建教育出版社,1995:207-209.
② 王廷芳. 美国高等教育史[M]. 福州:福建教育出版社,1995:190.
③ 郭健. 哈佛大学发展史研究[M]. 石家庄:河北教育出版社,2000:224.
④ 刘宝存. 美国研究型大学的产生与发展[J]. 高教探索,2005(1).
⑤ Lee S. Shulman. *The Carnegie Classification of Institutions of Higher Education*:2000 *edition* [R]. Stanford:The Carnegie Foundation for the Advancement of Teaching,2001:19.
⑥ 王廷芳. 美国高等教育史[M]. 福州:福建教育出版社,1995:192.

家科研人员总共分享了 6 个①。而几乎很少有例外的是,这些技术革新的完成者或诺贝尔奖的获得者绝大多数来自研究型大学。研究型大学不仅在研究实力方面遥遥领先其世界同行,而且在本科生教学质量的提高方面,往往也起到了引领风气之先的作用。进入 70 年代,面对近 10 年来美国各高等教育机构数量与规模扩大、学生人数激增所带来的本科生培养质量下降的问题,哈佛大学以本科生课程改革为突破口,推出了"核心课程"体系。其基本做法就是将原有的基础课程重新划分为 6 大类 10 个领域(6 大类:外国文化、文学艺术、历史、伦理道德、社会分析、科学;10 个领域:外国文化、文学艺术 A、文学艺术 B、文学艺术 C、历史 A、历史 B、伦理道德、社会分析、科学 A、科学 B),本科生必须从其中的 8 个领域中各修一门课程后方可毕业②。"核心课程"体系旨在为本科生奠定广博的学术基础。本科生通过选修核心课程,能更好地了解人类知识所具有的普遍的和共同的价值,并同时提高分析问题和解决问题的能力。1979 年,哈佛大学本科"核心课程"改革正式实施,它不仅对哈佛大学本科生的基础能力起到了强基固本的作用,而且也成为 20 世纪 80 年代美国研究型大学本科教育改革的先声。

　　20 世纪 70 年代,美国研究型大学继续沿着科技服务社会、服务经济的方向前进。以 1976 年美国科学和技术政策办公室(Office of Science and Technology Policy)的成立为标志,来自研究型大学的顶尖级专家在影响国家科学决策方面的能力显著增强。此外,研究型大学还与工商业团体建立起更为密切的新型联系,共同推动美国经济的快速发展。所谓密切,体现在研究型大学从工商企业那里获得的研发经费的比例逐年上升,而从联邦政府处所获得的研发经费的比例却在逐年下降。如 1975 年,联邦政府提供了国内研发资金总量的 45%,工业界大约提供了研发资金的 42%;1979 年前后,联邦政府和工商业团体对于国内研发资金的投入达到相同水平,此后工商业团体逐渐成为远超联邦政府的国内研发资金的最大提供者③。所谓新型,是指由于研究型大学与工商业团体之间建立起更为密切的科研合作关系,研究型大学传统的知识创造和传播方式,即学术研究成果仅倾向于在学术刊物上发表、在学者团体中宣读的方式被打破了,新知识、新技术以更为迅疾、

① Richard C. Atkinson, William A. Blanpied. *Research Universities*: *Core of the US science and technology system* [J]. Technology in Society, 2008(30).
② 郭健. 哈佛大学发展史研究[M]. 石家庄:河北教育出版社,2000:198-204.
③ Richard C. Atkinson, William A. Blanpied. *Research Universities*: *Core of the US Science and Technology System* [J]. Technology in Society, 2008(30).

更加直接的方式开始助推工商业的发展。对于这种方式,许多人还不无担心地提出:研究型大学会不会演变成工商业团体的"工作间"? 20 世纪 80 年代之后,当美国成为知识经济时代的领军国家,研究型大学日益成为社会的轴心机构的时候,以上的担心已经悄然远去。

　　受 20 世纪 60 年代民权运动的影响,20 世纪 70 年代美国社会弱势群体争取教育平等权力的斗争继续深入推进,并且从黑人拓展到印第安人、外来移民、残障与贫困儿童以及女性等群体。美国社会追求教育平等的努力取得了实质性成果。与此同时,为了扭转苏联人造卫星上天事件以来美国学校出现的智育至上的氛围,以及教育实践过程中过于重视纪律、分数、讲授、固定的课程等倾向,一场追求更为人性化的、更加开放自由的、更为贴近生活实际的教育的努力同时也在开展,而最能代表这种教育内部斗争的事件当属开放、自由教育运动和生计教育运动。但是,当这些转向不可避免地导致学生在高校入学考试中学术性向测试分数下降时,美国教育界则又一次开始了向传统教育理念和方法的回归。美国高等教育在 20 世纪 70 年代出现了两个重要变化:社区学院的职业化和研究型大学日益成为社会的轴心机构,这两个变化促使美国高等教育在精英教育与大众教育之间取得了某种平衡。

第四章

20 世纪 80 年代的美国教育

自 1957 年苏联发射人造卫星以后,美国始终没有停止教育改革的脚步。然而,20 世纪 60～70 年代启动的旨在提高教育质量特别是基础教育质量的历次改革却均未取得令人满意的效果。进入 80 年代,美国社会对教育质量低下的不满已经积蓄到了顶点,一场范围更大的教育改革运动逐渐拉开了帷幕。

第一节   里根政府的基础教育改革

1980 年 11 月,共和党人罗纳德·里根(Ronald W. Reagan)当选新一届美国总统,翌年 1 月正式就职,开始了长达 8 年(1981～1988 年)的总统任期。提高教育特别是基础教育质量,积极回应社会公众对学校教育质量的质疑,是里根上任后面临的首要教育议题。作为新保守主义的代表,里根政府在教育改革领域采取了与其竞争对手民主党不同的策略,提出了带有明显右翼色彩的"新联邦主义"(New Federalism)教育计划。1983 年,里根总统任命的全国优异教育委员会公布了著名的报告《国家处在危险之中:教育改革势在必行》,以此为标志,美国掀起了"一场席卷 20 世纪 80 年代的改革运动,并在各个层次都引起了教育的巨大变革"①。

一、"新联邦主义"教育计划

20 世纪 70 年代的滞胀危机出现以后,美国中产阶级对经济不稳定、生活水平下降的状况日益感到不满,于是开始迁怒于高税收、高物价、社会福利计划以及与

---

① [美]L. 迪安·韦布. 美国教育史:一场伟大的美国实验[M]. 陈露茜,李朝阳译. 合肥:时代出版传媒股份有限公司/安徽教育出版社,2010:379.

之关系密切的"大政府"、"大规模赤字开支"等,甚至对自罗斯福政府以来所实施的新政、"公平施政"、"新边疆"、"伟大社会"等政策的成就一概持否定态度①。伴随着国家经济和社会生活的飘摇不定,美国的政治生态发生了变化,新保守势力开始活跃,尤其是跨党派的新右派代表了中等收入阶层,显示了强大的政治力量,甚至影响到里根总统的政府决策行为。同一时期,美国还出现了一个有影响力的新保守派,其在经济政策上主张部分放弃新政式国家垄断资本主义,部分恢复自由放任主义,将两者加以调和,实行保守主义的福利政策②。正是在这种保守主义复兴的社会背景下,带有明显保守主义色彩的里根赢得了 1980 年的总统大选,成为白宫的新一任主人。

就任总统后,发展经济、恢复美国在全球的强势地位成为里根面临的首要任务。在任期间,里根采取了大规模减税办法,增加国防经费,削减社会福利支出,减少联邦政府的干预和管制。他的经济政策曾取得了连续 6 年低通货膨胀率下的经济增长,提升了国家的经济军事实力。在经济改革的同时,里根对教育问题也给予高度关注,并提出一整套教育改革方案,即"新联邦主义"教育计划。

"新联邦主义"教育计划是里根政府在特定的经济社会形势下所采取的教育举措。该计划的出台与里根此前的从政经历有一定的关联。里根曾于 1967~1974 年担任加利福尼亚州州长。任州长期间,里根的教育政策体现出明显的保守主义色彩。例如,他不同意自由主义者将教育作为改革社会工具的观点,认为应该通过学费退税和教育券制度来加强私立学校的发展,事实上,里根对教育的真正兴趣乃集中于私立学校上。早在 1970 年,他就宣称支持教育券制度。在州长任期内,他果断地增加了教育财政预算,此举赢得了教育界和普通民众的支持。在学校财政改革方面,里根综合各方立场,提出了减免财产税的设想。这种灵活的态度使里根在政治斗争的漩涡中为教育争取到最大的利益,也为他自己赢得了政治声誉。

里根的"新联邦主义"教育计划要求减少税款,逐步降低联邦政府对教育的资助标准,将责任和权力分配给各州和地方政府,鼓励私立学校的发展,主张大力推行教育券制度。这种主张明显是受到了保守主义思想的影响。保守主义人士对日益增长的联邦教育资助表示担忧,他们将美国平庸的教育现象归咎于联邦政府对教育的过多干预。一些极端保守人士甚至激进地主张完全消除联邦政府对教育的干预,取消教育部。在甚嚣尘上的保守主义氛围中,里根的教育政策不可避免地打

---

① 刘绪贻,韩铁,李存训.美国通史:第 6 卷[M].北京:人民出版社,2008:494-495.

② 刘绪贻,韩铁,李存训.美国通史:第 6 卷[M].北京:人民出版社,2008:497.

上了保守主义的烙印。

1980 年时,联邦政府实施的教育资助项目已有 500 多个①。里根对日益增长的联邦资助持反对意见,认为应该由各州而非联邦政府来负责教育资助事务。因此,他计划撤销教育部,并大规模削减了联邦政府的教育资助。与此同时,里根支持发展私立学校。他坚信学费退税和教育券制度将会使学生拥有选择的机会,并能为私立学校的发展提供资金。

里根在任期间大幅削减了联邦政府的教育资助经费,教育部的预算经费在国家整体预算中所占的比例由原来的 2.5％下降至 1.8％,双语教育计划的资助经费被削减 54％,贫民教育资助项目的经费被削减 25％②。里根政府和国会教育财政预算的比较如表 4-1 所示。

表 4-1　教育财政预算比较③　　　　单位:10 亿美元

年　份	1981	1982	1983	1984	1985	1986	1987	1988
政府预算	13.5	12.4	9.95	13.2	15.48	15.5	15.2	14
国会预算	14.8	14.8	15.4		19.1	17.9	19.7	20.3

表 4-1 数据显示,里根政府的教育经费预算一直低于国会的预算。在里根政府的经费预算中,虽然有过两次上升,但 1984 年是推行教育优异改革之年,1985 年是总统选举年,增加教育预算显然在很大程度上是出于政治方面的考虑。

总的来看,里根政府的教育政策明显受到保守主义政治理念的影响。不过在当时美国国内经济陷入严重滞胀的状态下,里根政府制定带有保守主义倾向的“新联邦主义”教育计划亦有其合理之处。尽管他提倡的利用税收和教育券制度推动公、私立学校共同发展的设想在当时未能得以推广,不过有关多渠道筹措办学经费、发放教育券供学生“择校”等思路的提出,为将市场机制引入教育领域开启了路径,市场作为调控教育的一种手段的观点逐渐为公众所接受。可以说,里根政府在基础教育方面所作的一些尝试为之后布什和克林顿政府的基础教育改革提供了参考和借鉴。

---

① ［美］L. 迪安·韦布. 美国教育史:一场伟大的美国实验［M］. 陈露茜,李朝阳译. 合肥:时代出版传媒股份有限公司/安徽教育出版社,2010:380.

② Maurice R. Berube. *American Presidents and Education* ［M］. New York:Greenwood Press,1991:90-91.

③ Maurice R. Berube. *American Presidents and Education* ［M］. New York:Greenwood Press,1991:90-91.

二、教育优异改革运动

(一)《国家处在危险之中:教育改革势在必行》

进入 20 世纪 80 年代后,美国经济仍然处于下滑状态,而同期的日本却依靠科技的发展保持了经济的快速增长。据统计,从 20 世纪 50 年代初至 80 年代初,日本共引进欧美技术约 3 万项,然后经过消化和吸收,开发出大量高质量的产品,推向国际市场①。日本利用先进的科技成果来加强经济实力,提升了综合国力。经济竞争的实质是科技竞争,归根结底是人才和教育的竞争。美国商业界、学术界和政府的领导人逐渐看到了学校教育质量的重要性,感到经济富裕与教育之间的关系。日本的经济优势对美国提出了警告,国际经济竞争和国内经济恶化形势使教育再次进入公众争论的视野。

整个 20 世纪 80 年代,公众对学校某些方面的不满情绪在增加,并反映在对教育质量的焦虑和对教育标准的重视上。根据 1982 年的盖洛普民意调查,尽管人们普遍认为教育是决定美国未来世界地位的最重要因素(其次才是工业体系和军事力量)②,但公众对教育质量的担忧也表露无遗,如在回答公立学校面临的主要问题时,课程差和标准低成为很多人的选择。受访者最频繁提到的与课程改革相关的建议是"更加重视基础",8%的人甚至直接提出了"提高学业标准"的建议③。这显然是公众对教育发出的明确无误的一个信号:重视质量与标准。

在追求效率的时代,人们对学业标准化的需求比以前更广泛。20 世纪 60~70 年代,为了推动种族融合,很多学校曾在教育标准化方面做出了可贵的尝试,而到了 80 年代,教育标准化已经不仅仅被用来消除种族不平等,而且还被认为是应对一系列家庭和社会问题的重要举措。人们期待学校通过提供标准化的教育承担起与家庭和社区相联系的责任④。在全社会对教育标准化的期待中,很多团体和个

---

① 李永辉,胡敏敏. 当代世界政治经济与国际关系[M]. 北京:中国经济出版社,1996:55.
② 范国睿. 美国公众眼中的公立学校:1969 年-2007 年卡潘·盖洛普民意调查报告[M]. 北京:教育科学出版社,2009:323.
③ 范国睿. 美国公众眼中的公立学校:1969 年-2007 年卡潘·盖洛普民意调查报告[M]. 北京:教育科学出版社,2009:312.
④ Carl L. Bankston Ⅲ, Stephen J. Caldas. *Public Education: America's Civil Religion* [M]. New York: Teachers College, 2009:133.

人也开始关注标准、考试、问责制等对学校教育的影响。结果,从里根政府开始,提高质量与追求平等一同并列成为了公众对基础教育的基本要求。

提高质量与追求公平成为基础教育所追求的双重目标,这对经济和社会发展具有深刻而现实的意义。"最充分地发挥所有人的才能。实现这个目标,就要求我们期望并帮助所有的学生最大限度地发挥他们的能力。我们应该希望学校要有真正的高标准,而不是最低标准。"①当时美国"社会的教育基础目前正在被一股日益增长的平庸潮流所侵蚀,这股潮流威胁着国家和人民的未来。上一代人难于想象的情况已开始出现——其他一些国家正在赶上和超过我们的教育成就"②。教育家们认为经济复苏要依靠教育,希望通过脑力开发来弥补经济竞争的失利,而公众对美国在国际竞争中的颓势也深感忧虑。不同的视角却产生了相似的结论,他们都将目光转向了学校,转向了教育质量③。

在推动基础教育的优异化发展方面,里根政府的首任教育部长贝尔(Terrel Bell)进行了不懈努力。贝尔在青年时代曾凭借联邦政府提供的教育资助获得了上大学的机会,这在他的心目中留下了深刻印象。就任里根政府的教育部长之后,他曾多次试图说服里根继续实施并扩大联邦政府的教育资助计划,但深受保守主义理念影响的里根并没有接受贝尔的建议。在面对社会舆论对基础教育质量的质疑时,为了回应这种质疑并进一步提出科学的基础教育改革建议,1981年,贝尔主持成立国家优异教育委员会,授命该委员会对美国基础教育的质量状况进行全面调查,并在此基础上提出合理化的改进建议。

为了全面收集有关基础教育质量的信息,委员会采取了形式多样的调查活动,如邀请专家就相关问题作专题探讨,多次召开听证会、专家研讨会、教师学生及相关人员座谈会,面向普通公民征求有关基础教育的批评和建议等④。经过两年左右的精心准备,1983年,在美国教育质量大会上,委员会提交了一份题为《国家处在危险之中:教育改革势在必行》(简称《教育改革势在必行》)的报告。这是继《国防教育法》之后,美国又一次将教育提升到了攸关国家安全的高度。

在《教育改革势在必行》报告发布以前,里根总统对教育似乎不甚重视,在很多

① 夏之莲. 外国教育发展史料选粹:下[M]. 北京:北京师范大学出版社,2001:209-210.
② 夏之莲. 外国教育发展史料选粹:下[M]. 北京:北京师范大学出版社,2001.203.
③ Carl L. Bankston Ⅲ, Stephen J. Caldas. *Public Education: America's Civil Religion* [M]. New York: Teachers College, 2009:139.
④ 夏之莲. 外国教育发展史料选粹:下[M]. 北京:北京师范大学出版社,2001:202.

重要演讲中,他对教育问题只是一带而过,甚至在总统就职演讲中都没有提及教育。而当《教育改革势在必行》即将公布之时,他对教育的态度开始有所变化,1983年的国情咨文显示里根已经开始意识到美国需要建立高效的教育制度,唯此才能在经济力量上与日本相抗衡。随着报告的公布,教育优异改革运动在政府推动下开始展开,教育改革成为关乎国家政治问题的事务。里根从中看到了背后所蕴含的政治利益,于是开始大力宣扬教育优异改革运动。

《教育改革势在必行》对美国教育所面临的严重危机进行了深入分析,提出了高质量教育的标准和学习化社会的需要,公布了有关学校教学过程的详细调查结果,并对教育改革目标及措施提出了具体建议,内容涉及教学内容、学业标准、教学时间、师资培训、财政资助等多个方面,尤其强调联邦政府的财政资助责任。报告呼吁全社会广泛而有力地支持教育并为其献身。

国家优异教育委员会的信息获得过程也是《教育改革势在必行》出台的具体过程,表明该报告的出台并非个别机构或个人所为,参与者角色的多元化体现了相当程度的专业性、民主性和科学性。报告发挥了重大的政策作用:第一,它又一次使教育成为国家事务;第二,政策重心从约翰逊时期的弱势群体移至面向优秀人才的教育;第三,它将处理教育事务的主要责任重新从联邦政府转移到了州政府;第四,它将注意力从小学转向中学,原来的政策注重通过干预实现教育平等,现在则更加重视为创造学术辉煌培养预备人才①。

(二) 教育优异改革运动的实施

《教育改革势在必行》旨在从根本上改革美国教育制度,恢复国家的教育责任,创办高质量的学校。该报告公布之后,美国掀起了一场教育优异改革运动,目的在于提高公立学校的教育质量和标准。该运动持续数年,其间先后出现三轮改革浪潮。

第一轮基础教育改革是从 1982 年至 1985 年。这轮教育改革是对《教育改革势在必行》报告和此后出现的众多类似报告的直接回应。在《教育改革势在必行》报告公布之后,"全国和各州关于教育状况的报告也陆续出台,数不胜数"②。这些

---

① Maurice R. Berube. *American Presidents and Education* [M]. New York: Greenwood Press, 1991: 114-115.

② [美]L. 迪安·韦布. 美国教育史:一场伟大的美国实验[M]. 陈露茜,李朝阳译. 合肥:时代出版传媒股份有限公司/安徽教育出版社,2010:384.

研究报告从理论上对此后开展的基础教育改革起到了前瞻性和指导性作用。如
1983 年欧内斯特·博耶(Ernest Boyer)发表了《高中：关于美国中等教育的报告》。
在报告中,博耶对中等教育进行详细描述,分析弥漫在教师群体内的职业危机。他
认为教师们的经济收入和社会地位都不高,却还要承受着来自各方面的压力,特别
是很少得到公众的正面评价,社会形象极差。他建议教育优异改革运动必须从改
善教育条件开始,为了达到优异,学校的课堂教学环境和教师工作条件都要得到改
善。约翰·古德莱德(John Goodlad)在 1984 年出版的《一个被称作学校的地方》
一书中指出,低下的教学效率、居高不下的辍学率、日益沦落的教师职业道德、公众
信任危机,这些都是教育问题严重性的反映。为了扭转这一局面,他建议首先社区
应成为儿童的教育主体,教师、家长、学生和社会各界人士都应围绕这一主体参与
到提高教育质量的改革中来①。在一系列报告公布之后,教育优异改革运动的首
轮浪潮在全国蔓延;各州纷纷采取切实措施开始实施旨在提高学生学业成就的自
上而下的改革。这些措施包括"提高毕业要求,实行标准化考试,增加对教师和学
生的考核力度,提高对教师资格的要求"。此外,"各学区也开始强调计算机知识、
家庭作业和基本技巧的训练,设立参与户外活动的最低标准,挑选部分学校进行私
立化的运营等"②。

　　1985 年之后,教育优异改革运动进入第二轮。第二轮改革的建议来自一些著
名的教育者,他们呼吁从下而上的改革,要求解决诸如分权、教师授权、家长参与、
择校等问题。第二轮对第一轮的改革提出了批评,认为第一轮改革的目标是巩固
和完善既有的教育制度,但由于教育制度本身需要根本性变革,因此该轮改革难以
收到成效。基于这种认识,第二轮改革将目标转向与学生最近的群体,即教育者。
由于第一轮改革关注教育对经济的影响,关注追求优异对于平等和残疾儿童教育
的推动作用,因此第二轮改革试图对此进行调整和平衡,强调增加专业性。第二轮
改革在师资队伍建设方面也提出了一系列建议,如 1986 年卡内基教育经济论坛提
交的《国家为培养 21 世纪的教师作准备》报告,针对教师培养提出了建设性的意
见,包括呼吁加强教师的职前和在职培训、建立等级制度、每所学校中的骨干教师
要对新教师的成长进行督导,以促进课程发展、要求国家对教师的认证标准建立在

①　J. D. Pulliam, J. V. Patter. *History of Education in America* [M]. Up Saddle River:
　　Prentice Hall, 1995: 201-203.
②　[美]L. 迪安·韦布. 美国教育史:一场伟大的美国实验[M]. 陈露茜,李朝阳译. 合肥:时代
　　出版传媒股份有限公司/安徽教育出版社,2010:385.

专业标准上,等等①。

第三轮基础教育改革开始于 1988 年。这轮改革比前两次提出了更为综合化的改革方案。相对于第一轮改革只关注教育制度、第二轮改革着重关注教师的策略,第三次改革将儿童放在改革的首要位置,并设计了一整套儿童教育计划,把学校定位为向儿童提供服务的社会场所,同时将家庭系于服务的车轮上②。

教育优异改革运动对基础教育产生了多方面影响。《教育改革势在必行》激起了全社会对追求教育优异目标的热情,学校改革在各地成为了优先发展的项目。绝大多数州都通过立法或类似方式在教育优异方面采取一系列行动。各州按照公众的要求削减部分基础课程,大多数州决定将基础课程限定在英语、数学、科学和社会学科方面。除了提高课程标准,各州也希望提高中学毕业标准、教师资格和薪水标准,鼓励社会力量和资金参与教育,加强教育和科技的联系等③。《教育改革势在必行》发表 5 年来,教育部共印发了 22 万多份,此外还通过报纸、杂志等印发了 500 万～600 万份。各州都对改革给予了积极响应,到 1988 年春天,除 5 个州之外,其他各州均提高了中学毕业标准,20 多个州提高了教师工资并制定了新的规范④。

教育优异改革运动比过去其他教育改革运动开展得更为深入。第一轮改革提高了学术标准和教师工资水平,第二轮改革加强了教师队伍建设,第三轮改革将发展教育的重心转移到受教育者本身。在改革中,里根政府在一定程度上起到了主导作用,不过在经费投入上却持消极态度,包括里根在内的众多保守主义政治家坚持认为教育经费应主要由州和地方学区承担。但实际上,在地方层面,教育在争取经费时不得不面临来自监狱、桥梁、道路等公共项目的激烈竞争,而在这种竞争中教育的优势并不明显。这导致到 1986 年前后,大部分州在教育改革的财政资助方面都开始面临困境,大量教育改革项目因无法获得经费而不能实施⑤。只有那些花费较少甚至不需

---

① [美]L.迪安·韦布.美国教育史:一场伟大的美国实验[M].陈露茜,李朝阳译.合肥:时代出版传媒股份有限公司/安徽教育出版社,2010:385-389.

② [美]L.迪安·韦布.美国教育史:一场伟大的美国实验[M].陈露茜,李朝阳译.合肥:时代出版传媒股份有限公司/安徽教育出版社,2010:389-392.

③ J. D. Pulliam, J. V. Patter. *History of Education in America* [M]. New Jersey: Prentice Hall, 1995:207.

④ Maurice R. Berube. *American Presidents and Education* [M]. New York: Greenwood Press, 1991:113-114.

⑤ J. D. Pulliam, J. V. Patter. *History of Education in America* [M]. Up Saddle River: Prentice Hall, 1995:209.

要经费的改革项目(如提高毕业标准等)才能够获得批准,其他需要大量经费支持的改革建议(如增加学年时间)则很少被采纳。当然,即便如此,这场改革运动毕竟对基础教育一根敏感的神经——教育质量产生了深深的触动,引发了全社会对提高质量、追求优异的更为持久的关注,为日后基础教育的进一步改革奠定了现实基础。

第二节　研究型大学本科教育改革的全面启动

20世纪80年代,美国在基础教育领域开展的旨在提高质量的改革浪潮波及高等教育领域。作为美国高等教育的领航者,研究型大学通过改革本科教育,在提高高等教育质量方面进行了积极尝试,在一定程度上扭转了本科教育滞后的局面,使得80年代成为战后美国研究型大学另一个快速发展的重要时期。有学者称之为"再度归来的黄金时代"①。

一、研究型大学本科教育改革的理论指导

20世纪80年代,美国社会各界对研究型大学本科教育的认识达到了新的高度,公开发表了一系列有关本科教育质量的报告。这些报告对研究型大学本科教育改革的开展起了重要的推动作用,其中美国高质量高等教育研究小组1984年公布的《投身学习:发挥美国高等教育的潜力》和卡内基教学促进基金会1987年公布的《学院——美国本科生教育的经验》两份报告最具代表性。

(一)《投身学习:发挥美国高等教育的潜力》

1984年10月,美国高质量高等教育研究小组在经过一年的调查之后,公布了名为《投身学习:发挥美国高等教育的潜力》(简称《投身学习》)的研究报告。报告简要概述了美国高等教育的成就,着重分析了高校本科生教育中存在的过分职业化、基础教育日益薄弱、教育质量每况愈下、大学教师的"职业彷徨"等一系列严重问题,在此基础上提出了改进本科生教育质量的27条建议。《投身学习》是继《教育改革势在

① Hugh Davis Graham, Nancy Diamond. *The Rise of American Research Universities—Elites and Challengers in the Postwar Era* [M]. Baltimore: John Hopkins University Press, 1997: 117.

必行》之后又一份让美国教育界特别是高等教育界震惊的全国性报告,如果说《教育改革势在必行》唤起了美国民众对教育的关注、推动了 20 世纪 80 年代美国教育的全面改革的话,那么,直接影响这一时期美国高等教育改革的则是《投身学习》。

研究小组认为,本科教育是"国家的伟大资源",但研究型大学还没有充分挖掘其全部潜力,因此,作为掌握这一资源最丰富的研究型大学,必然责无旁贷地担负起"发挥美国高等教育潜力"的重任,使"本科教育重新获得我们的学生和我们的国家的信任"[①]。

研究小组认为,随着高等教育规模的迅速发展,由于教育经费的持续压缩和在校生人数的稳定,本科教育遭受了重大损失。学生的学习、课程的连贯性、设备的质量、教师的精神状态以及教学水准等方面距离现实要求的差距日益增大,难以满足社会的要求,尤其是在那些号称一流的研究型大学中,本科教育的问题显得更加明显和突出,因为社会对研究型大学的期望要高于其他类型的学校。理想与现实之间的差距,成为研究型大学"严重的警告信号"。

关于本科教育中存在的问题,研究小组从五个方面进行了分析[②]:

(1)新生素质下降,学生学习成绩不佳;

(2)本科教育专业设置不合理,普通教育被削弱,职业性过于明显;

(3)教师工作环境恶化,内部关系紧张,精神状态低迷;

(4)在规模巨大的研究型大学中,"官僚主义化"严重,学生参与的机会和热情减少;

(5)本科教育评估体系受损,评价标准降低。

研究小组认为,这五方面问题直接导致研究型大学(甚至整个美国高等教育)的本科教育质量出现了明显下降的趋势,如果听任这种情况继续存在,那么"受教育机会的增加对数百万新大学生来说就没有多大意义","倘若美国高等教育沉湎于不求进取的状态,倘若它允许追求高校文凭而对学习不进行探索,那么各级教育都会深受其害"[③]。可以看出,研究小组对本科教育之于研究型大学、之于美国教育、之于美国国家的重要意义是有非常深刻认识的。

---

① 美国高质量高等教育研究小组. 投身学习:发挥美国高等教育的潜力[A]//吕达,周满生等. 当代外国教育改革著名文献·美国卷第一册[C]. 北京:人民教育出版社,2004:23.

② 美国高质量高等教育研究小组. 投身学习:发挥美国高等教育的潜力[A]//吕达,周满生等. 当代外国教育改革著名文献·美国卷第一册[C]. 北京:人民教育出版社,2004:27.

③ 美国高质量高等教育研究小组. 投身学习:发挥美国高等教育的潜力[A]//吕达,周满生等. 当代外国教育改革著名文献·美国卷第一册[C]. 北京:人民教育出版社,2004:30.

那么,应该如何打破这种"不求进取"的状态,全面推动研究型大学本科教育质量的提高呢? 研究小组认为这需要三个重要条件,并相应提出了改进的建议①:

1. 促使学生投身学习

所谓"投身学习",是指大学生在学习过程中投入了多少实践、精力和努力,这与学习的效果是呈正比的。因此,要提高本科教育质量,大学必须积极改善学校教学环境,促使大学生更多地参与学习活动;同时学生也应努力适应大学的学习环境,积极"投身学习"。

研究小组建议:尽可能选派最好的教师充实一线教学,以加强对一、二年级本科生的教学和服务工作;更多地使用积极的教学方法,激发学生学习兴趣;合理使用教学技术设备,增加师生之间在学业上的个人接触;制定全面的使学生积极投身学习的指导和辅导计划,并要求各个部门的管理者自始至终地参加这项工作;围绕特定的学习课题或任务,努力创建学习社团;为现有的课外活动计划提供充分的财政资助和场地,并组织能最大限度增加学生参与机会的活动;尽可能多地把部分制教师与全日制教师结合为一体。

2. 严格要求

严格要求"描述了学生和学校努力追求的教育成果"。研究小组认为,一方面,学校的要求对学生成绩的影响显而易见,但是长期以来这一点却较少为人所注意;另一方面,学生对自己的学习也都有一定的要求,这成为学生的学习动力之一。因此,如果教育者不了解和分析这两方面对学生学习的作用,那么学校和学生的教与学的积极性便无法充分调动,教育质量也无从提高。

研究小组建议:学校和教师对所有课程和专业的大学水平的学习和发展的要求标准应该正式公之于众,以便学生了解要求的具体内容,并且知道通过何种途径来实现这些要求。大学应该明确要求学生在毕业前必须获得基本的知识、能力和技巧;要求学士学位的所有接受者至少要受整整两年的通识教育;检查、调整课程内容和教学方式,使它至少要求学生获得的知识、能力和技巧协调一致;把通识教育和学生主修专业两个水平的评定作为授予学士学位的条件;教师的留用、晋升和奖励应该依据广义上的学术水平的含义。

3. 评价和反馈

研究小组认为,利用评价信息来更正努力的方向,这是有效学习的一种基本因

---

① 美国高质量高等教育研究小组. 投身学习:发挥美国高等教育的潜力[A]//吕达,周满生等. 当代外国教育改革著名文献·美国卷第一册[C]. 北京:人民教育出版社,2004:32-35.

素,也是"投身学习"的有力杠杆。在本科教育过程中,学校应该努力收集学生学习的有关信息和数据,在对相关数据进行分析的基础上,采取适当的方式作出反馈,以加强学生的学习,改进专业计划、教学时间和教学环境,最终为提高本科教育质量创造条件。

研究小组建议:改变先行的评价制度,保证所有的评价工具和方法均能适用;要求教师参与评价学生所使用的工具和程序的制定、使用、管理和记录,使之学会把教学评价作为教学手段;学生对专业计划和学习环境的评价应该经常进行,评价结果应作为改进本科教育质量的基础广为散发。

除此以外,研究小组还对与本科教育有密切关系的大学研究生院及校外机构提出了一系列建议,号召社会和大学各方力量共同努力,一同接受本科教育面临的挑战,推动美国高等教育的发展。

《投身学习》是 20 世纪 80 年代美国第一份主要以本科教育为关注点的国家级研究报告,其出台引起了社会各界对研究型大学本科教育问题的关注,极大地影响了其后美国全国范围内研究型大学的本科教育改革浪潮,报告提出的一系列建设性意见对于本科教育改革的开展具有重要的理论指导意义。

(二)《学院——美国本科生教育的经验》

20 世纪 80 年代,卡内基教学促进基金会对美国大学特别是综合性和研究型大学的本科教育进行了长达 4 年的调查研究,并在 1987 年出版了由时任基金会主席欧内斯特·博耶执笔的《学院——美国本科生教育的经验》(简称《学院》)一书,作为研究结果予以公布。《学院》是继《投身学习》之后又一部集中讨论美国高校本科教育问题的著作,它的出版对于本科教育尤其是研究型大学的本科教育发展起到了重要作用。

1. 本科教育中存在的八大冲突

《学院》首先指出,尽管美国高等教育取得了举世瞩目的成就,但作为高等教育的核心部分、承担着大学"独一无二"使命的本科教育却是"一个问题重重的机构"。博耶从 8 个方面概括了美国大学特别是研究型大学本科教育面临的问题①。

(1)中学与高等教育不相衔接。博耶指出,本科生"从中学到大学的过渡是无计划的,混乱的",这使得大学新生质量难以保证,同时也很难激发大学教师的教学

---

① 卡内基教学促进基金会,E. L. 波伊尔. 学院——美国本科生教育的经验[A] // 吕达,周满生等. 当代外国教育改革著名文献·美国卷第一册[C]. 北京:人民教育出版社,2004:74-76.

热情。

（2）教育目标混乱。在市场需求的驱使下，很多本科生院失去了使命感，学科变得支离破碎，"学生们感到很难在他们的课程中看清范例，而且也很难把他们所学的与实际生活相联系"。

（3）教学与科研的分工使得教师对工作的"忠诚"被割裂开来，教师对本科教育的责任让位于科学研究工作，让位于"著书立说"，这对大学教授队伍的统一和活力产生了威胁，进而影响到本科教育的正常发展。这一点在研究型大学中表现尤为明显。

（4）课堂中一致性与创造性之间存在冲突，在本科生课堂上缺乏生动的思想交流，学生的兴趣"只有在教师提醒学生所讲授的内容要考试时"才会被刺激起来，挑战传统、检验新知的本科生院失去了青春活力，变得死气沉沉。

（5）本科教育阶段的学术生活与社会生活相互隔离，有时竟达到完全割裂的程度。许多教师和学术管理人员远离学生生活，而且对他们在非学术问题上的职责感到含混不清。

（6）大学本科学院管理混乱，行政人员和教师、学生在如何建立学习社区的问题上意见不一，存在很大分歧。

（7）本科教育评价体系不完善，大学缺乏对整体教育质量（学生整体素质）进行评估的更为合理和全面的办法。

（8）大学与外部世界存在"一条鸿沟"，高等院校固步自封，在学术和社会方面的孤立导致本科教育效果显著降低，并且严重限制了学生们的视野。

2. 关于改革本科教育的建议

在指出大学本科教育中存在的问题之后，博耶结合一些著名研究型大学的本科教育改革实践，提出了一系列发展本科教育的建议，主要有以下几个方面。

第一，改进新生教育，提高新生质量。中学与大学不衔接、新生质量不高一直是困扰美国大学本科教育的一个难题。博耶指出，解决这一问题，一方面大学要加强同中学的沟通，另一方面大学必须改进新生教育方式。大学应指导学生从多方面认识高等教育，认识自己所在的特殊环境，为他们开设有关大学价值、传统和历史的课程，制订和实施新生指导计划，使新生尽快融入大学生活。

第二，加强普通教育，优化课程结构。博耶指出，应该明确普通教育对于本科阶段教育的重要意义，摒弃专业至上的不良风气，优化课程结构，建立包括语言、艺术、历史遗产、社会知识、自然、工作、思想七方面内容的完整的核心课程体系。

第三，重建学术标准，提高教学质量。在研究型大学中，教学与科研矛盾十分尖锐。据统计,在 1984 年,研究型大学中每周用于本科教学时间超过 10 小时的教师比例甚至不到 10%①,这对本科教育质量影响极大。鉴于此,博耶认为,大学有必要重建学术标准,将教学质量纳入教师学术评价体系之中,即学术并非只存在于科研,教学同样应该成为学术标准之一。博耶还极力倡导大学采取实际措施鼓励教师投身本科教学,进而提高本科教育的质量。

第四,丰富校园活动,促进学生全面发展。博耶认为,大学不只是教学高级知识的场所,更应该建设成为一个学习化社区,应该"充分利用校园内的各种学习条件,使学术生活与非学术生活融为一体"②。在这个社区中,学生不仅可以获得所期待的知识,还能够得到全面的发展。

第五,完善学院管理,合理评估学生质量。"二战"结束以来,美国大学获得了空前的发展,大学特别是一些研究型大学规模日益扩大,成为"巨型大学",这给学校的管理带来了很大的挑战,也影响了本科生院的正常发展。对此,博耶建议大学尤其是那些规模巨大的研究型大学,必须在管理层面上进行改革,提高效率,以适应时代和大学自身发展的需要。此外,博耶对研究型大学的本科教育评估体系也提出了改进的建议,他认为,合理的教学要求有利于促进教育质量的提高,因此有必要重新审视大学规定的学习要求,使之更加合理与完善。

与《投身学习》相比,《学院》对本科教育问题的关注更为具体。卡内基教学促进基金会为全面反映美国大学本科教育的实际情况,前后共花费了 4 年时间进行了大规模的调查,参与调查的大学、教师、学生数量均高于同期其他类似调查,这一点从书中引用的大量翔实数据可以看出。该书对 20 世纪 80 年代前期研究型大学本科教育改革的情况做了总结,为此后研究型大学本科教育改革的深入开展奠定了理论基础。

二、研究型大学本科教育的全面改革

(一)以质量为核心,全面推进本科教育改革

"二战"结束以来,美国高等教育发展的重点在于扩大规模,满足日益增长的入

---

① 卡内基教学促进基金会,E.L.波伊尔.学院——美国本科生教育的经验[A]//吕达,周满生等.当代外国教育改革著名文献·美国卷第一册[C].北京:人民教育出版社,2004:145.
② 卡内基教学促进基金会,E.L.波伊尔.学院——美国本科生教育的经验[A]//吕达,周满生等.当代外国教育改革著名文献·美国卷第一册[C].北京:人民教育出版社,2004:175.

学需求。然而,高等教育规模的迅速扩大在一定程度上影响教育质量的巩固和提高。80年代,美国社会和经济情况都发生了巨大变化,高等教育中质与量的矛盾逐渐突出。作为应对,在经过近30年数量上的大规模扩张之后,美国高等教育开始进入以提高教育质量特别是本科教育质量为中心目标的时代,而这一时期研究型大学本科教育改革的核心内容也集中在本科教育质量的提高上。各个研究型大学为此做出了有益的改革探索。

斯坦福大学早在80年代初就开始进行提高本科教育质量的改革尝试。该校把加强大学与中小学的联系放在了改革的首要位置。时任校长肯尼迪(Donald Kennedy)认为,提高大学本科教育质量,首先要有高质量的本科生源,而这仅靠大学自身是无法完成的,大学必须加强同中小学的联系,与中小学一道共同提高基础教育质量,这样才能从本源上解决大学本科教育质量下滑的问题①。为此,斯坦福大学于1983年成立了由肯尼迪负责的"合作计划"专家小组,召集大学教授、中小学校长及教师,一道研究如何加强大学与中小学的合作,如何优化学校课程设置以及如何运用新的教学方法等共同关心的问题。斯坦福大学教授伍德(Wood)认为,这种有中小学教师参加的大学与中小学长期合作计划"会产生自下而上的革命",从而大大提高各级教育质量②。

斯坦福大学"合作计划"的着眼点放在提高大学新生质量问题上,这是困扰几乎所有美国研究型大学的一个难题。众所周知,美国中等教育水平参差不齐,总体质量不高,这在很大程度上影响了大学的教育计划。正如博耶指出的,"许多入大学的年轻人缺乏读、写、算的基本技能,而这些技能又是获得成功的必要前提。教师没有准备也不愿意教补习性课程"③,因此大学不得不考虑新生水平问题并据此调整本科课程计划,但这样一来必将影响大学正常的教学计划。斯坦福大学的"合作计划"反映了美国大学特别是研究型大学改变这一局面的迫切愿望,为其他研究型大学解决新生质量问题提供了一个参考。

明尼苏达大学是一所典型的州立大学。州立大学"巨型而又复杂"的特点使得本科教育的发展受到诸多因素的制约,本科教育质量的提高较之其他小规模高校

---

① Robert L. Emans. *Understanding Undergraduate Education*[M]. Vermillion: University of South Dakota Press, 1989: 87.

② 王英杰. 美国高等教育的改革与发展[M]. 北京:人民教育出版社,2002:89.

③ 卡内基教学促进基金会,E. L. 波伊尔. 学院——美国本科生教育的经验[A]//吕达,周满生等. 当代外国教育改革著名文献·美国卷第一册[C]. 北京:人民教育出版社,2004:74.

更加困难。明尼苏达大学的一位学者曾经说:"明尼苏达大学为改善本科教育而付诸努力的历史,就是巨型和复杂的大学应对本科教育挑战时面临困难的鲜活例子。"①由此可以看出这类大学在处理本科教育问题上遇到的困难。

20世纪80年代,在研究型大学全面改革本科教育的大气候影响下,明尼苏达大学开始探索新的发展途径。1985年,在新任校长科勒(Kenneth Keller)的倡议下,明尼苏达大学开展了关于本科教育的大讨论,参加人员除了本校的教师、学生和管理层以外,还包括一些社会知名学者、社区代表等。在讨论的基础上,科勒提出了改革和发展本科教育的建议。科勒认为,改善研究型大学本科教育状况,提高教学质量是关键。他呼吁,大学里的每一个成员都应该积极参与本科教育的改革与发展,这是明尼苏达大学继续进步的基础②。在科勒的推动下,明尼苏达大学成立了"本科教育实施专家组",负责检查、监督本科教育的发展,并提出改革建议。1987年,专家组公布了一份关于本科教育的研究报告,指出明尼苏达大学的本科教育面临缺乏社区观念、本科课程缺乏整合、本科教育目标不明确、教师参与本科教学热情不高等问题。针对上述问题,专家组提出了提高本科教育质量的四要素:把每个学生作为学习者来看待;教师应该把学术研究的内容贯穿到教学之中;本科教育应提供重要的知识、价值和基本技能,以促进终身教育;避免将研究生教育模式照搬到本科教育阶段③。

综合来看,明尼苏达大学在本科教育改革过程中,以提高教育质量为出发点,发挥研究型大学的智力优势,降低学校规模巨大、管理复杂的负面影响,这对美国大部分州立研究型大学的本科教育改革有很大的示范作用。尤其值得注意的是,明尼苏达大学明确将本科教育改革与终身教育联系起来,这是研究型大学本科教育改革进程中一个很有创见的观点,为本科教育的发展开辟了新的视野。

(二)加强普通教育,推进本科课程改革

20世纪80年代,加强本科阶段的普通教育成为研究型大学的共识,而课程改革则成为这一时期研究型大学加强普通教育的主要措施。

① Carol H. Pazandak. *Improving Undergraduate Education in Large Universities* [M]. San Francisco: Jossey-Bass Inc., 1989: 3.
② Carol H. Pazandak. *Improving Undergraduate Education in Large Universities* [M]. San Francisco: Jossey-Bass Inc., 1989: 4.
③ Carol H. Pazandak. *Improving Undergraduate Education in Large Universities* [M]. San Francisco: Jossey-Bass Inc., 1989: 4-5.

　　课程改革的主要方向是正确处理专与博的关系。众所周知,本科教育培养通才还是专才,是以普通教育为中心还是以专业教育为中心,这历来是美国大学激烈争论的问题。尽管"二战"结束以来呼吁加强普通教育的声音不绝于耳,很多大学也采取了相应措施,但并未遏制住高等学校人才培养不断专业化的倾向。1984年,美国人文科学基金会的一项调查显示,有75%的美国高校不要求本科生掌握欧洲史,72%的高校不要求学生学习美国文学或美国史。普通教育衰落的现象即使在研究型大学中也到了较为严重的地步,这成为阻碍研究型大学提高本科教育质量的主要问题之一,因此也成为改革的重点。

　　关于如何加强本科阶段的普通教育,博耶在《学院》中进行了深入探讨。博耶在对这一时期研究型大学普通教育情况进行调查之后发现,普通教育"如同后娘养的孩子一样,在本科学习阶段被忽视了"[①]。但同时他也发现,普通教育在大学复苏的趋势已经出现,在学生和教师中,支持加强普通教育的比例有明显增长。然而,关于如何复苏以及复苏什么样的普通教育,人们的认识还很模糊。有些大学仅仅将语言、数学和艺术列入普通教育计划之中,也有人认为应该建立以"经典巨著"(Great Books)为基础的普通教育课程大纲。博耶对此不以为然。他认为,新的普通教育计划不仅仅是一些课程的集合,更重要的是一种"直接将人文学科与人类关系的忧虑联系在一起的方法"[②],博耶将之命名为"一体化核心"。其主要内容如表4-2所示。

表 4-2　博耶"一体化核心"课程体系[③]

一体化核心课程	具体内容	课程实例
语言:关键的联系	了解语言的力量并熟练地掌握一种以上的语言是核心课程的关键	康乃尔大学:手势与交流 布朗大学:语言与人
艺术:美育的尺度	在现代生活中,艺术已经成为人们生活的必需,成为测量社会文明程度的标准	东北大学:艺术与社会 维克弗里斯特大学:艺术的讲述
传统:活着的历史	学习历史能够加强对传统、遗产及超现实意义的理解,没有历史就没有文明	哈佛大学:历史研究(A/B)

[①]　卡内基教学促进基金会,E. L. 波伊尔. 学院——美国本科生教育的经验[A]//吕达,周满生等. 当代外国教育改革著名文献·美国卷第一册[C]. 北京:人民教育出版社,2004:122.
[②]　卡内基教学促进基金会,E. L. 波伊尔. 学院——美国本科生教育的经验[A]//吕达,周满生等. 当代外国教育改革著名文献·美国卷第一册[C]. 北京:人民教育出版社,2004:127.
[③]　卡内基教学促进基金会,E. L. 波伊尔. 学院——美国本科生教育的经验[A]//吕达,周满生等. 当代外国教育改革著名文献·美国卷第一册[C]. 北京:人民教育出版社,2004:128.

（续表）

一体化核心课程	具体内容	课程实例
机构：社会的网络	公共机构组成了人们生活的社会网络，人的一生都离不开公共机构	芝加哥大学：美国的总统政治
自然：地球的生态	缺乏对自然、宇宙的介绍的核心课程是不完整的	哈佛大学：地球与生命历史
工作：职业的价值	帮助学生思考生产与消费间的普遍经验，并使他们正确看待自己的工作	康涅狄格大学：工作与文化
同一性：意义的寻找	一般性学习的最终目的是为了了解自己并拥有作出正确判断的能力	普林斯顿大学：心理与宗教

博耶指出："一体化核心是一项为学生们开设的基础课教育计划，它不仅向学生介绍基本知识，而且介绍各学科之间的联系，并最终使他们在走出校园的以后生活中应用所学的知识。一体化核心包括人们所熟悉的普遍经验和那些大家共享的活动，没有这些活动，人际关系就将削弱、生活质量就会下降。"[1]

博耶的建议较为全面地概括了普通教育应该包括的几方面内容，因此也得到了诸多大学的认可，很多大学在确立自己的课程体系时，都在不同程度上受到了博耶的启发。

加州大学伯克利分校是美国西部最著名也是最大的公立研究型大学之一。20世纪60年代，伯克利分校处于动荡时期，本科课程体系被打乱，几乎取消了所有的必修课程。该校文学院院长承认，伯克利对本科生唯一的课程要求就是"每个学生都要学习两学期英语"[2]，所谓的"通识教育"已经不复存在。80年代，伯克利开始着手恢复学校的普通教育传统。1981年，伯克利成立了"促进本科教育委员会"，负责对伯克利分校的本科教育状况进行调查分析，并给学校提出改进的建议。1982年，委员会向学校递交了一份报告，对伯克利的本科教育状况表示担忧，认为"大学本科教育计划没有统一的标准"，本科阶段的课程设置极其混乱，影响了本科生的学习兴趣，故而学校本科教育的总体质量有待提高。针对上述情况，报告提出了以加强普通教育为核心内容的改革建议，建议学校成立专门的负责机构，制定符合本科教育特点的通识教育课程体系。报告公布不久，伯克利分校就开始着手制定新的本

① 卡内基教学促进基金会，E. L. 波伊尔. 学院——美国本科生教育的经验[A]// 吕达，周满生等. 当代外国教育改革著名文献·美国卷第一册[C]. 北京：人民教育出版社，2004：127.
② 卡内基教学促进基金会，E. L. 波伊尔. 学院——美国本科生教育的经验[A]// 吕达，周满生等. 当代外国教育改革著名文献·美国卷第一册[C]. 北京：人民教育出版社，2004：125.

科教育课程体系。经过激烈的辩论,伯克利通过了课程设置原则:加强本科阶段的普通教育比重,提高对本科生的外语要求,增加必修的"专题"课程①。该原则指导了伯克利分校这一时期的本科教育改革,为该校本科教育的全面复兴奠定了理论基石。

1986年,麻省理工学院(MIT)开始了新一轮的本科教育改革,这场改革被认为是"二战"结束以来MIT最为彻底的本科教育改革②。改革的目的是培养学生思维的习惯,改变学生的学习方法和态度,使他们终身具有技术能力,从而为社会做出贡献,实现个人的自我价值。MIT当时的院长保罗·格雷(Paul Gray)对本科教育极为重视,他认为:"对于这个学校以及与这个学校相关的每个人来说,本科生是一股不断更新的力量……正是这些学生使全院……联在一起。"③作为一所传统的理工大学的校长,格雷积极倡导对工程技术人员进行相当程度的人文、社会科学教育,在他建议下,MIT创建了多门由人文学科教师和自然学科教师共同教授的跨学科课程,如"科学、技术和社会"。MIT还鼓励工程学科的学生辅修人文、社会学课程,并且规定,理工科的本科生必须在历史研究,文学及原著研究,语言、思想和价值,当代文化和社会,艺术五个领域至少选择三个领域各学习一门课程,以此提高理工类本科生的人文素养;同时还规定,文科学生也必须辅修一部分自然学科的课程。MIT的观念是:在现代社会,没有一点科技知识,不了解科学家和工程师如何思考问题,这样的人已经不能成为合格的社会科学家或人文科学家了。MIT加强普通教育的改革措施对美国其他研究型大学有很大的示范作用。

(三)确立新的学术标准,正确处理教学与科研的关系

重建学术标准是这一时期研究型大学本科教育改革进程中一个颇引人注目的举措。长期以来,在研究型大学中关于教学与科研的争论不绝于耳,而教学在研究型大学中被忽视的现象一直也未得到有效改善。研究型大学教师面临的科研压力到20世纪80年代时达到顶峰。据卡内基教学促进基金会的调查显示,在研究型大学中,对"在我系,一个人若没有著作很难取得终身职位"的观点表示"强烈同意"的教师比例由60年代的44%上升到80年代的83%④,在"不出版即死亡"(Publish

① L. B. Mayhew, P. J. Ford, D. L. Hubbard. *The Quest for Quality*: *The Challenge for Undergraduate Education in the 1990s* [M]. San Francisco: Jossey-Bass Inc., 1990: 21.
② 王英杰. 美国高等教育的改革与发展[M]. 北京:人民教育出版社,2002:97.
③ 曾晓萱. 80年代MIT校长保罗·格雷的教育思想[J]. 清华大学教育研究,1994(1).
④ [美]E. L. 波伊尔. 学术水平反思——教授工作的重点领域[A]//吕达,周满生等. 当代外国教育改革著名文献·美国卷第二册[C]. 北京:人民教育出版社,2004:15.

or Perish)信条的压力下,教师们不得不把过多的时间和精力从教师的本职教学工作转移到科研上去。"科研似乎成为决定性的力量,出色的科研工作可以在晋升和聘任时弥补教学和社会服务方面的不足;但缺乏科研成果是任何优秀教学和社会服务工作所无法替代的。"①对本科教学关注的严重不足已成为80年代影响研究型大学教育质量提高的重要因素,因而也成为这一时期本科教育改革亟待解决的问题之一。

要提高教学在研究型大学中的受重视程度,就必须纠正"教学是平庸和低级"的错误认识。对此,博耶提出了自己的观点:扩大学术定义的内涵,将教学纳入教师学术水平评价体系。他认为,大学特别是作为美国高等教育先导的研究型大学有责任"扩展学术的范围",因为教学面临的问题在研究型大学中尤为突出。在研究型大学中,人们对"学术水平"的认识仅仅局限于基础研究,"所谓学者就是从事研究、出版论文和著作,然后把他们的知识传授给学生,或把研究成果加以应用的学术人员,后面的功能是派生的,不被认为是学术水平的一部分"②。博耶认为,随着社会的进步,这种割裂大学教学与科研职能的观点不符合教学与科研的逻辑关系,同时也不适应现代大学的发展;必须扩大学术水平的内涵,将教师的教学水平归于学术水平。他引用美国原子弹之父罗伯特·奥本海默的话说:"科学的专门化伴随进步而来,不可避免。但它充满危险,是令人痛心的浪费,因为许多美好的给人以启示的东西被从客观世界的大部分地方砍掉。因此,科学家应恰当地发挥如下作用:他不仅发现真理,并传授给同伴,而且,他要进行教学活动,要努力把这些最诚实、最富于智慧的新知识带给每一个希望学习这些知识的人。"③

在《学术水平反思——教授工作的重点领域》一书中,博耶提出了自己关于大学学术水平的观点,他把学术水平分为四种:发现的学术水平、综合的学术水平、应用的学术水平以及教学的学术水平④。博耶对学术水平划分的创新点在于,他首次明确把教学纳入学术范畴。如果这一点得到认可,那么教学在研究型大学中的

① Shelley M. Park. *Research*, *Teaching*, *and Service* [J]. Journal of Higher Education, 1996 (1).
② [美]E. L. 波伊尔. 学术水平反思——教授工作的重点领域[A]//吕达,周满生等. 当代外国教育改革著名文献·美国卷第二册[C]. 北京:人民教育出版社,2004:17.
③ Ernest L. Boyer. *Selected Speeches 1975-1995* [M]. San Francisco:Jossey-Boss Inc., 1997:78.
④ [美]E. L. 波伊尔. 学术水平反思——教授工作的重点领域[A]//吕达,周满生等. 当代外国教育改革著名文献·美国卷第二册[C]. 北京:人民教育出版社,2004:18.

地位将得到极大改善,可以较好地解决教学与科研之间的冲突。

博耶将教学纳入学术范畴,并不仅仅是对教学与科研矛盾的消极妥协,而是因为教学对于提高本科教育质量有着不言而喻的重要作用,是因为教学本身对于研究型大学、对于科研有着积极的促进作用。博耶引用亚里士多德"教学是最高的理解形式"的话来比喻教学在学术水平中的重要地位。他认为,研究型大学尤其不能放弃或者轻视教学,因为研究型大学不仅要创造和发展知识,还要为社会造就更多的高水平人才,而如果没有教学或教学水平很低,那造就人才就是一句空话,因此,重视教学、提高教学水平是研究型大学完成其历史使命的必需;而且,教学和科学研究、和教师对知识的探索是相互促进的,教学需要科学研究的成果来充实,而研究工作只有得到他人理解才能真正发挥价值。

博耶关于学术水平的论述在当时是很超前的,同时也非常及时,引起社会广泛关注。博耶有一句名言:"教学支撑学术"。20世纪80年代后期和整个90年代,这句话曾多次出现在一些研究型大学的本科教育报告中,由此可以看出他的影响之大。更为重要的是,在研究型大学全面开展本科教育改革之际,博耶关于教学的学术价值论断,对于研究型大学加强教学、鼓励教师投身教学有较强的现实意义和理论指导意义。

如果要为20世纪80年代的美国教育寻找一个"关键词"的话,那么"质量"无疑是最准确的。《国家处在危险之中:教育改革势在必行》及一系列高度关注教育质量的研究报告的公布,拉开了20世纪80年代美国以提高质量为核心的教育改革运动的帷幕,改革领域涵盖从基础教育到高等教育的整个教育体系。改革的成效是显著的,但同时对改革的探索并未止步于80年代,进入90年代之后,追求质量优异仍然是主导美国教育改革与发展的最重要的议题之一。

第五章
20 世纪 90 年代的美国教育

在 20 世纪的最后 10 年,美国教育面临的社会环境发生了深刻变化。"冷战"结束后,成为世界上唯一超级大国的美国极力维护其在世界舞台的主导地位,教育被视为维护与延续其领导地位的工具。随着知识经济的崛起,美国的经济结构、就业结构发生了重大变革,传统的经济领域逐渐萎缩,应用高新技术的领域迅速发展。大学,特别是研究型大学在社会发展中的地位日益凸显,逐渐成为社会经济发展所依赖的重要力量。以计算机为核心的新技术的崛起及其在教育领域的广泛应用,为教育模式的变革提供了难得的契机。在新的社会背景下,20 世纪 90 年代的美国教育形成了公平效率并重、深化内部变革、推崇多元发展的新格局。

第一节 《2000 年目标:美国教育法》
——克林顿政府的基础教育改革蓝图

众所周知,1983 年 4 月《国家处在危险之中:教育改革势在必行》发表之后,震惊了美国的朝野上下,一场深刻的教育变革由此拉开了帷幕。全国州长协会于 1989 年 9 月在弗吉尼亚州夏洛茨维尔召开的美国历史上第一次教育峰会,确立了提高学生成绩、使学校对教育结果负责的指导思想,并提出了六项"国家教育目标"。然而至 20 世纪 90 年代初,布什(George H. W. Bush)政府雄心勃勃的教育计划并没产生预期的效果,在基础教育领域,联邦政府与州政府教育职责的划分、课程标准、教育评估、教学技术、教师专业发展等方面仍存在突出问题。为解决这些深层次问题,构建推进美国基础教育深入变革的法律框架,1993 年就任美国总统的克林顿(William J. Clinton)上任之后即启动了制定新的教育法案的工作。1994 年 3 月,《2000 年目标:美国教育法》经克林顿总统签署后正式生效。这部法案成为克林顿政府的基础教育改革蓝图,对 20 世纪 90 年代美国的基础教育改革产生了深远影响。

一、克林顿的基础教育理念

克林顿出生于阿肯色州霍普镇普通人家,自幼曾受过良好的教育。1962 年,作为阿肯色州的学生代表,克林顿前往华盛顿出席全国青少年代表大会。1964～1968 年在乔治敦大学外交专业学习,曾担任大学学生会主席,获国际政治学学士学位。1970 年入耶鲁大学法学院学习,1973 年获博士学位。

1973 年博士毕业后,克林顿到阿肯色州州立大学任教,1976 年出任阿肯色州司法部长,1978～1980 年和 1982～1992 年任阿肯色州州长。在任州长长达 12 年的时间内,克林顿大力推动教育改革,增加教育投入,促使阿肯色州的教育取得了巨大的进步。"阿肯色州的教育经费从原来的全国倒数第一增至 1991 年的全国正数第三位,高等学校的入学率也从 1981 年的 39％提高到 51％,接受职业训练的成人数量比 1984 年增长了四倍"①。在良好的受教育经历和任州长期间出色教育实践的基础上,克林顿形成了高度重视教育的作用、推动公平与优异的教育理念,具体内容包括如下四个方面。

(一)设定国家教育标准,实施国家考试制度

克林顿提出:"我们必须贯彻国家教育目标的这样一部分,即在数学、自然科学以及其他一些学科树立起世界一流水平的标准。"②这些标准要通过考试的形式体现出来,并作为学生能否毕业、能否进入就业市场的重要依据,联邦政府教育部要根据学生的考试成绩决定对学校拨款的数额。他认为:"勤奋,而不是天才,才造成了学生学习成绩的最大差异,这是那些执教于城乡各地学校并取得突出成就的优秀教师们的真正经验。"③决定一个学生是否取得优异的成绩,决定性的因素不是智商,而是眼光、意志、组织及努力的程度。设定国家目标,实施具有激励功能的国家考试制度是鼓励家长、教师、教育管理者竭尽所能帮助学生达到世界一流水平的有效途径。

---

①　[美]比尔·克林顿. 克林顿总统的教育计划[J]. 宋来惠译. 比较教育研究,1994(5).
②　[美]比尔·克林顿. 克林顿总统的教育计划[J]. 宋来惠译. 比较教育研究,1994(5).
③　[美]比尔·克林顿. 克林顿总统的教育计划[J]. 宋来惠译. 比较教育研究,1994(5).

（二）使所有的孩子处于同一起跑线上，实现教育公平

克林顿认为，"美国的教育存有真正的缺陷，在我们用于不同类别学生身上的钱的数量、他们所学的课程可拥有的机会等方面都有很大的缺陷"，"由于这种教育制度使穷人、少数民族和移民受到较低的教育、得到较少的教育机会，他们常常成为这种教育制度的牺牲品"。因此，"我们应当确保所有的孩子都处在同一起跑线上，否则实行国家标准的计划就难以做到公平"①。克林顿主张对每一个需要帮助的孩子提供特别资助，解决他们在学习上出现的困难，确保每一个学生都能达到学业上的国家标准。

（三）学校应成为社会上最安全的地方

克林顿曾多次访问学校，深知安全问题是家长和孩子最担心的问题。为此，他认为"国家政府应提供治安装备并帮助各个城市在街道、巡逻区以及学校周围地区提供更多的警力"。此外，他还支持布雷德提案，"使那些有犯罪记录的、精神病史和年龄很小的人不能轻易地获得枪械"②。他曾动情地指出，不论学生是否在骚乱中参加劫掠和受伤，不论他们是否还活着，他们都是我们的孩子，政府有义务保障孩子们的安全。

（四）提高中学毕业率

克林顿主张竭尽全力提高中学毕业率，到 2000 年中学毕业率要达到 90%。为了达到这样的目标，克林顿号召工商业人士与那些有失学倾向学生建立起一对一的联系，给他们提供暑期工作的机会，鼓励他们完成中学学业。此外，他认为对于必修课平均成绩为 C+且行为符合规范的来自低收入家庭的学生，给予双优奖学金，以鼓励他们认真学习。要成立青年机会社团，招募那些不幸失学的孩子。在这里，孩子可以参加一至两年的带薪学习，在成人的指导帮助下养成自律的习惯，学习一定技能，最后能够按照与普通中学生相同的标准取得中学毕业文凭。

与克林顿美好教育理想形成鲜明对照的是 20 世纪 90 年代初美国教育领域存在的突出问题。正如国家教育目标小组 1993 年发表的《美国 1989～1992 年教育进展评估报告》所指出的，几乎一半的儿童出生时就处于落后的境地，大多数幼儿

---

① ［美］比尔·克林顿. 克林顿总统的教育计划[J]. 宋来惠译. 比较教育研究，1994(5).
② ［美］比尔·克林顿. 克林顿总统的教育计划[J]. 宋来惠译. 比较教育研究，1994(5).

园至12年级的美国学生理解水平达不到应有的高度,超过1/10的学生不能完成高中学业,学校内暴力、吸毒现象蔓延,成人劳动力的技能水平和读写能力饱受质疑①。

二、《2000年目标:美国教育法》的主要内容

《2000年目标:美国教育法》②共10章,即国家教育目标;国家教育改革的领导、标准及评价;州、地方教育的系统化改革;家长的支持;国家能力标准委员会;国际教育计划;安全的学校;关注少数族裔的公民教育;教育研究与改革;其他方面。

《2000年目标:美国教育法》的立法目的如下。

(1) 推动全国范围内的、连贯的、系统的教育改革;

(2) 提高教室和工作场所的教与学的质量;

(3) 界定联邦、州、地方在教育改革及终身学习中一贯的、适当的角色和责任。

(4) 建立有效的、可以信赖的机制,以完成下列任务:在全国范围内建立关于教育改革的共识;为高质量的、有国际竞争力的教学内容和学生成绩标准的确立和实施提供帮助;为学习机会标准的确立与实施提供帮助;为高质量的评估方法的确立与实施提供帮助,使之体现具有国际竞争力的教学内容和学生成绩标准。

(5) 支持联邦、州、地方、学校层面上有创造性的新方案。这些方案应为所有学生达到学业或职业技能标准,并且能在就业和公民参与中取得成功提供平等的教育机会。

(6) 通过下列途径为实施联邦政府的教育计划提供框架:形成关于优异和平等的观念,指导联邦政府所有的教育及相关计划;建立高质量的、有国际竞争力的教学内容和所有学生都应该达到的成绩标准及其实施策略;建立所有州、地方教育机构和学校都应该达到的、高质量的、有国际竞争力的学习机会标准;鼓励并促使所有州、地方教育机构制定全面的改革方案。这些方案应为完整地实施联邦教育计划,面向所有儿童提供有效的教育,帮助他们以雇员、父母及公民的身份全面参与社会生活做好准备提供平台;提供必需的资源,帮助个别学校(包括那些为有更高需求的学生提供服务的学校)制定和实施全面的改革计划;推动技术的应用,使

---

① 吕达.美国中小学教育危机犹存——美国"国家教育目标"1993年进展情况述评[J].课程·教材·教法,1994(3).

② 本节有关《2000年目标:美国教育法》的具体内容参见美国联邦政府教育部网站:http://www2. ed. gov/legislation/GOALS2000/TheAct/index. html.

全部学生达到国家教育目标。

（7）鼓励制定和在自愿的基础上实施国家能力标准和证书体系，为提高劳动技能的国家战略提供支撑。

（8）帮助每一所依据本法获得资助的小学和中学积极主动地争取学生父母和家庭成员的配合，取得他们对孩子居家期间学业的支持，并为他们鼓励孩子在校期间的学习提供所需的技能。

《2000年目标：美国教育法》提出，到2000年，美国教育要实现如下8个方面的目标。

目标1 入学准备

到2000年，所有的美国儿童都可以开始学校的学习生活并做好相关准备。为此，所有孩子要能够参加高质量的、适应其发展水平的学前教育计划；每一个父母将成为孩子的第一任老师，帮助孩子学习。父母要参加培训并可获得所需的帮助；孩子可以获得营养、体育活动和卫生保健，以便就学时具有健康的身心并保持思维的敏捷。

目标2 完成学业

到2000年，高中毕业率至少增加到90％。为此，要大幅降低高中辍学率，确保75％的辍学学生完成高中或同等水平的学业，消除少数族裔学生与其他族裔学生在高中毕业率上存在的差距。

目标3 学生成就和公民职责

到2000年，所有4年级、8年级和12年级的学生在学年结束时在具有挑战性的学科，如英语、数学、科学、外语、公民与政府、经济、艺术、历史、地理等要表现出一定的能力。美国的每一所学校都要确保所有的学生学会用好自己的智慧，使他们准备好成为有责任感的公民，更深入地学习，在国家现代经济中成为富有效益的一员。

为此，初等和中等教育阶段所有学生的学业成绩都将得到提高，具有思考、解决问题、运用知识、有效地写作与交流能力的学生比例将大幅提升。所有的学生都将参加有助于培养和展示良好的公民职责、健康的身体、社区服务意识、个人责任感的活动，参加体育和健康教育。提升具有一种以上语言能力的学生比例，所有的学生都要了解本国及世界文化遗产的多样性。

目标4 教师教育和专业发展

到2000年，全国所有的教师都将能够参加有助于专业技能持续发展的培训项目，享有获取相应知识和技能的机会，以便帮助他们教育和培养所有美国学生为下一世纪做好准备。

　　为此,所有教师都将获得参加职前教师教育和专业继续教育活动,学习满足不同教育、社会和健康教育所需的知识和技能。为了讲授具有挑战性的教学内容,应用新近出现的教学方法、评估模式和技术,所有教师要始终享有获取新知识和新技能的机会。所有州和学区都将制定综合性的战略,吸引和聘用教师、管理者和其他教辅人员,为他们开展职前培训和再培训,支持他们专业的持续发展。尽一切可能,建立地方教育机构、高等学校、学生父母、劳动力市场、企业家、专业机构之间的合作关系,提供与支持教师的专业发展项目。

　　目标 5　数学与科学

　　到 2000 年,美国学生的数学和科学成绩在世界上要居于首位。为此,要加强数学和科学教育,在低年级更是如此。在数学和科学方面具备坚实基础的教师将增加 50%,在数学、科学、工程等领域完成学位课程的美国大学生和研究生,特别是女性和少数族裔的学生,将大幅增加。

　　目标 6　成人读写能力与终身学习

　　到 2000 年,每一个成年的美国人都将具有读写能力,掌握应对全球经济竞争、行使公民权利、履行公民职责所需的知识和技能。

　　为此,每家大型企业都要致力于加强教育与工作之间的关系,所有的就业人员都要参加公共或私立机构组织的教育、职业、技术、企业或其他形式的培训项目,有机会获得知识和技能,以适应新近涌现出来的技术、工作方法和市场状况。增加高质量的培训项目的数量,更好地满足不断增长的部分时间制学生、已就业学生的需要,提高那些上过大学、完成至少两年大学学业、修完学位课程的高素质学生的比例,扩充那些在批判性思维、有效地沟通、解决问题等方面具有较高能力的大学毕业生的比例。

　　目标 7　安全、纪律严明、无酗酒、无毒品的学校

　　到 2000 年,美国的每一所学校都要没有毒品、没有暴力、没有未经授权带入的枪支、没有含酒精的饮料,为学生创造纪律严明的、有利于学习的环境。

　　目标 8　父母参与

　　到 2000 年,每一所学校都要提升学校与父母之间的合作关系,鼓励家长更多地参与、参加旨在促进学生社会、情感和学术发展的各种活动。

三、《2000 年目标:美国教育法》的实施机制

　　为了实现上述国家教育目标,推动全国范围内连贯的、系统的教育变革,本法

案从成立相关机构和拨款两个方面进行机制建设,确保立法宗旨落到实处。

(一)成立相关机构

1. 国家教育目标咨询小组

国家教育目标咨询小组的主要职责是向总统、联邦教育部长和国会提供咨询建议,推动在全国范围内达成对教育变革的共识。该小组由 18 名成员组成,具有广泛的代表性,其中 2 名成员由总统任命,8 名成员由州长担任,4 名成员由国会任命,4 名成员由州议会全国联合会主席指定。根据本法案的规定,该咨询小组要就全国和各州在实现国家教育目标方面取得的进展、各州落实"学习机会标准"的策略及取得的进展向总统、联邦教育部长、国会汇报,并发表年度报告。在听取公众意见的基础上,该咨询小组还要审议国家教育标准及改进委员会确定的、用于认可州课程内容标准、学生成绩评价标准、州评估方法、州学习机会标准的评价指标体系。1994 年,联邦政府拨款 300 万美元,支持咨询小组的工作。如有必要,从 1995～1998 年,联邦政府每年将再拨付等额的款项。

2. 国家教育标准与改进委员会

国家教育标准与改进委员会由 19 名成员组成,包括专业教育工作者(包括学前、初等、中等、高等学校的教师)、州和地方教育管理机构的官员、企业界的代表、民权组织的代表、残疾人组织的代表、家长代表、教育专家。该委员会具有行政职能,所有成员由教育部长、参议院、众议院提名,总统直接任命。

委员会的主要职责包括两个方面:一是在广泛征集意见的基础上确定国家课程内容标准和学生成绩标准;二是确认各州在自愿的基础上根据国家标准制定的本州课程内容标准和学生成绩标准。委员会首先要明确国家课程标准适应的学科范围,然后确定范围内各个学科在课程内容方面的国家标准,最后还要制定对这些国家标准进行定期审议的程序和方法。当然,国家课程标准对于各州来说不具有强制性,各州可在自愿的基础上制定本州的标准。但该委员会成员要对各州制定的标准进行审议认可,以确保各州的标准不低于国家标准。1994 年,联邦政府拨款 300 万美元,支持国家标准的制定和各州标准的确认。从 1995～1998 年,联邦政府在必要情况下将保持同等资助水平。

此外,为了确保所有的学生都能根据国家课程标准的要求掌握必要的知识和技能,为每个学生提供公平的教育机会,该委员会还制定了《国家学习机会标准》。该标准对课程设置、教学内容、教学技术、教师素质、教师及管理人员的专业发展、设施(包括图书馆、实验室及其他资源)等作出明确规定。当然,这些标准也不具强制性,州政府可自愿采用。为了推动《国家学习机会标准》的制定与实施,1994年联邦政府拨款200万美元。

（二）拨款

如前所述,国家教育标准与改进委员会制定的标准对各州来说虽然没有强制性,各州可在自愿的基础上自愿采纳并加以修订,但各州制定课程内容标准和学生成绩标准必须得到该委员会的认可,才有可能根据本法案获得联邦政府的资助。为了鼓励各州接受国家教育标准与改进委员会制定的标准,力争全美的所有学生都能获得高质量的教育,实现全国范围内的教育协调一致的发展,本法案决定1994年拨款4亿美元,1995~1998年如有必要将维持同等的拨款额。联邦教育部部长预留不超过拨款总额的6%,专门用于资助边远地区、印第安族裔学生、阿拉斯加土著人子弟的教育,或资助具有全国影响的示范性教育活动和针对州教育改进计划的同行评议活动。余下的拨款中,一半根据1965年《初等和中等教育法》第一款第二章规定的各州应该获得的相对数额发放,另一半根据同一法案第一款第二章第一部分规定的各州应该获得的相对数额发放。

每个希望获得联邦政府拨款的州要制定和落实本州的教育改进计划。根据法案的规定,各州的教育改进计划由具有广泛代表性的州咨询委员会制定。该咨询委员会包括州长、州教育委员会主席、校长、教师、管理人员、教师组织的代表、家长、中学生、企业人士、社区组织的代表等各界人士。州咨询委员会负责起草制定本州的教育改进计划,听取公众的意见,向州政府教育管理机构提交改进计划以备审核批准。州政府教育管理机构将修改批准的州教育改进计划提交联邦教育部部长,以备审核批准。

州教育改进计划的内容主要包括制定与实施州课程内容标准、州学生成绩标准的过程;制定与实施有效的、无歧视性的、可靠的州级评价方法,该方法要与州课程内容标准相一致,要包括评价学生成绩的多个指标,要与全国范围内公认的相关技术标准相符;确保本州、本地区的课程、教学内容、评价方法与本州的课程内容标准和学生成绩评价标准相一致;使教师熟悉本州的课程标准、学生成绩评价标准,提高教师的教学质量。

联邦教育部部长将对各州提交的教育改进计划进行审核和批准,并在此基础上向各州拨款。

联邦教育部部长资助一些州或地方教育机构,支持这些机构根据州课程标准来开发、现场测试、评价本州的课程与学生成绩评估方法。1994年,联邦政府用于资助各州评估方法开发的拨款为 500 万美元。从 1995 年开始,这一资助额度持续了 4 个财政年度。

四、《2000 年目标:美国教育法》的影响

《2000 年目标:美国教育法》是克林顿执政时期美国基础教育领域一部非常重要的法律,对于 20 世纪 90 年代美国基础教育的发展发挥了支撑和引导的作用。在这部法律的指导下,又修订了《初等和中等教育法》,即《改革美国学校法》,实施了缩小班级规模计划,加快了教育技术信息化的步伐,美国基础教育模式出现了明显的变化。

为了实现《2000 年目标:美国教育法》中确定的保障教育机会均等与提高教育质量的目标,克林顿政府于 1994 年 10 月 20 日修订了 1965 年制定的《初等和中等教育法》。该法案明确指出:"每个公民都在接受高质量的教育方面应该享有公平的、平等的机会,这对整个社会有益,对于道德的养成具有重要意义,且有利于提高每个人生活的质量,因为我们每个人生活的质量都与其他人生活的质量息息相关。这就是美国的政策。"有学者认为,《初等和中等教育法》的"主要目标是鼓励各州和各地方进行综合改革以实现国家目标。该法案主要规定了各州(以及地方学区的投入)必须制定学校改进计划,设立有挑战性的课程内容和施行标准,评估学生在完成这些标准过程中取得的进步,采取措施保障学校对标准的达成负责。它还要求要把残疾儿童纳入对各州和地方的评价和问责制度之中"①。为了推动国家教育目标的实现,鼓励州和地方接受国家教育标准,并结合本地的实际制定切实可行的教育改进计划,法案规定 1996～1999 年度在原有的基础上每财政年度增加拨款 7.5 亿美元,提高儿童的入学比例,实现到 2004 年所有具备入学资格的学生都能接受就学的目标②。

缩小班级规模计划是 20 世纪 90 年代美国政府为了进一步全面落实《2000 年目标:美国教育法》而实施的另一项具有重要影响的改革方案。这项于 1999 年正式启动的计划旨在通过缩小幼儿园至小学 3 年级班级规模的方法,提高教学质量,为每个学生提供公平的发展计划。根据该计划,幼儿园至小学 3 年级的班级规模

---

① [美]L.迪安·韦布.美国教育史:一场伟大的美国实验[M].陈露茜,李朝阳译.合肥:时代出版传媒股份有限公司/安徽教育出版社,2010:396-397.

② Amendments to the Elementary and Secondary Education Act of 1965 [EB/OL]. http://www2.ed.gov/legislation/ESEA/sec1001.html. [2011-04-09].

将降至平均 18 名学生,学生的学习成绩,尤其是阅读成绩将得到大幅提高。为了实现这样的目标,联邦政府 1999 财政年度将拨款 12 亿美元。根据收入水平和入学人数,州政府将这些联邦政府的拨款划拨给各个学区。地方学区将不低于 82% 的拨款用于聘用、培训教师,发放教师工资,不超过 3% 的拨款用于地方教育管理,不超过 15% 的拨款用于专业发展。2000 年财政年度,联邦政府的拨款增加至 13 亿美元,用于专业发展的比例由 15% 增加至 25%。2001 财政年度联邦政府的拨款额增至 16.23 亿美元[①]。

当然,克林顿政府通过的《2000 年目标:美国教育法》及配套措施在实施的过程中并非一帆风顺。代表保守势力的共和党人反对联邦政府对教育进行宏观调控和推行国家标准的政策,主张把教育的管理权力下放给州和地方。基督教联合会等保守团体举行全国性集会,反对联邦政府对教育的干预。共和党议员甚至提议废止《2000 年目标:美国教育法》。然而,《2000 年目标:美国教育法》毕竟符合美国的国家利益,顺应了普通民众对高质量和公平教育的强烈愿望。因此,尽管存在反对和质疑之声,但到 1995 年时全美已有 47 个州接受了《2000 年目标:美国教育法》[②]。不仅如此,越来越多的州在全国标准的基础上,根据本地的情况制定本州的课程标准。1995～1998 年,在主要学科制定课程标准的州的数量都有了很大的增加,其中数学由 25 个州增加到 42 个州,英语或语言艺术由 20 个州增加到 37 个州,社会科学由 20 个州增加到 40 个州,科学由 23 个州增加到 41 个州。此外,1998～2000 年也有越来越多的州在艺术、健康、体育、外语等学科制定了本州的课程标准[③]。

根据 2000 年发表的反映克林顿政府教育成就的报告《挑战现状:1993～2000 年间教育记录》,克林顿执政时期全美范围内的学生成绩、教师质量、公立学校的选择机会、父母参与、教育技术的采用、学校安全环境、升入高校的准备及入学机会等方面均有很大程度的提高。1994～1998 年,成绩最低等次的 4 年级学生在阅读方面取得了很大的进步,带动了全国同年级平均阅读成绩的提升。8～12 年级的学

① Policy and Program Studies Service. *A Descriptive Evaluation of the Federal Class-Size Reduction Program*:*Final Report* [R]. Washington, D. C.：Office of the Deputy Secretary, U. S. Department of Education, 2004：11.

② 史静寰. 当代美国教育[M].北京:社会科学文献出版社,2001:114.

③ Lori Cavell, Rolf K. Blank, Carla Toye, Andra Williams. *Key State Education Policies on PK-12 Education*：*2004* [R]. Washington, D. C.：Council of Chief State School Officers, 2005：24-25.

生阅读水平也有了很大提高,在国家教育进步评估考试中达到或超过基本成绩标准的学生比例越来越高。数学方面,4、8、12 年级的学生在国家教育进步评估考试中达到或超过基本成绩标准的比例在 1992~1996 年有了很大的提高。1996 年,来自 9 个州最贫困学校的学生的数学成绩达到或超过全国公立学校的平均水平①。在普及应用先进的教育技术方面,克林顿政府同样取得了令人瞩目的成绩。1998 年,全国平均 6 名学生拥有一台教学用计算机。1993~1999 年,接入因特网的教室比例由 3%提高到 65%。1993 年只有 13%的最贫困学校接入因特网,1999年这一比例增加到 90%。1994 年参加教育技术培训的教师比例为 51%,1999 年这一比例提高到 78%,越来越多的教师在学科教学中融入最新教育技术②。

《2000 年目标:美国教育法》以推行课程内容标准、学生成绩评价的国家标准为突破口,以成立相关机构和拨款为主要措施,鼓励州和地方在国家标准的基础上制定本地标准。伴随法案的颁布和实施,联邦政府在教育领域的影响力大大增加,美国的教育管理模式逐渐发生改变,在教育质量和机会公平等方面也取得显著进步。正如 L. 迪安·韦布所说:"《2000 年目标:美国教育法》的采用是州和联邦政府教育政策中的转折点。'重点从教育投入转变到了教育产出,从程序问责制转变到教育问责制。公平被重新定义为所有的学生都有权利获得高质量的教育,而不仅仅是为其提供补充性或补偿性教育。'"③

第二节　特许学校的兴起与发展

特许学校是指教师团体、社区组织、企业、个人向授权机构提出申请,获得准许后开办的新型公立中小学。办学者要与授权机构签订合约,在享有更多自主权的同时对学生的学习成绩负责。如果学校没能履行合约规定的职责,授权机构有权终止合约。自 1992 年明尼苏达州出现美国第一所特许学校以来,这种在传统的公立学校之外涌现出来的新型公立教育机构发展迅速,影响不断扩大。与传统公立中小学相比,特许学校在学生规模、管理运行、财务保障等方面都有鲜明的特征。

---

① Office of Education Research and Improvement. *Challenging the Status Quo*:*the Education Record*,*1993-2000* [R]. Washington, D. C. :U. S. Department of Education, 2000:13.
② Office of Education Research and Improvement. *Challenging the Status Quo*:*the Education Record*,*1993-2000* [R]. Washington, D. C. :U. S. Department of Education, 2000:31.
③ [美]L. 迪安·韦布. 美国教育史:一场伟大的美国实验[M]. 陈露茜,李朝阳译. 合肥:时代出版传媒股份有限公司/安徽教育出版社,2010:396.

美国特许学校创办与运行过程中所积累的经验,对于改革我国基础教育的办学体制和模式具有一定的参考价值。

一、特许学校的创办和发展

早在 20 世纪 70 年代初马塞诸塞州退休教师布迪(Ray Budde)就提出了在教育领域引入"特许"概念的设想,80 年代费城也曾进行过在公立学校内部开设"校中校"的特许学校的早期尝试。然而,美国是法制国家,法律是社会运行的基础。只是有了州议会通过的有关特许学校的立法,这种新型公立教育机构的发展才拥有了必要的保证。明尼苏达州于 1991 年通过有关特许学校的法案,是美国历史上第一个通过特许学校法的州。在明尼苏达州的示范带动下,颁布特许学校法的州开始不断增加。1992 年加利福尼亚州紧随明尼苏达州之后通过了特许学校法,1993 年科罗拉多州、乔治亚州、马塞诸塞州、密歇根州、新墨西哥州、威斯康星州通过了类似的法案。至 1999 年 9 月,共有 36 个州和哥伦比亚特区通过了有关特许学校的法案,其中的 32 个州实际开办了特许学校①。

各州通过的特许学校法案,把核准特许学校的权限授予了不同的机构。在 14 个州内,地方教育委员会依法获得了审核特许学校办学申请的权力。在这 14 个州内的 8 个州,申请者如果对地方教育委员会的决定存有异议,可以向更高一级的部门申诉。在 7 个州内,只有州政府机构(通常是州教育委员会)才具有批准特许学校办学申请的资格。余下的 16 个州内,特许学校审批权同时授予地方教育委员会、州教育委员会、高等学校等多个机构。对于本州范围内开办的特许学校数量,各州之间的规定有着很大的不同。22 个州设定了一定的数量限制,它们中有的限定本州内特许学校的总数,有的按地区划定特许学校的数量,有的规定一年内可以开办的特许学校数量。13 个州没有设定特许学校数量的上限,有 2 个州(德克萨斯州和内华达州)虽然为特许学校设定了一定的限制,但招收"危险学生"(at-risk students)②的特许学校不在受限之列。此外,特许学校获得的办学许可在有效期

① National Study of Charter Schools, *The State of Charter Schools 2000* [R]. Washington, D. C.：Department of Education, 2000：10. 除单独列出外,本节引用的主要数据均来自该报告。

② "危险学生"指的那些在学校没有体验到成功,随时可能辍学的学生。通常情况下,他们的学习成绩较低,自尊心较弱,大都来自社会经济地位较低的家庭。

方面也有明确规定,即有效期临近结束时特许学校要申请展期(Renewal)。31 个州特许学校办学许可的有效期在 3~5 年亚利桑那州和哥伦比亚特区办学许可的有效期长达 15 年,但每 5 年要接受一次审核。

根据各州的立法,特许学校的办学主体有多种形式,家长组织、教师、社区成员均可申办特许学校,原有的公立学校或私立学校也可申请转制为特许学校。至 1998~1999 学年,全美 72％的特许学校为新建学校,18％的特许学校前身为公立学校,10％的特许学校由私立学校转制而来。

美国第一所特许学校是 1992 年秋在明尼苏达州的圣保罗创办的。此后,特许学校的数量不断增加,且增加的速度在 90 年代末逐渐加快。至 1999 年 9 月,美国实际运行的特许学校数量增加到 1 484 所。90 年代美国各州特许学校发展情况如表 5-1 所示。

表 5-1　20 世纪 90 年代美国各州特许学校创办运行情况统计①

	年　份								至 1999 年 9 月关闭的学校	至 1999 年 9 月运行的学校
	1992/1993	1993/1994	1994/1995	1995/1996	1996/1997	1997/1998	1998/1999	1999 年 9 月		
小计	2	34	64	154	178	289	401	59	421	1 484
明尼苏达州	2	5	7	3	3	8	12	3	17	54
加利福尼亚州		28	36	30	21	19	29	9	56	210
科罗拉多州		1	13	10	8	19	10	1	8	68
密歇根州			2	41	33	36	24	5	15	146
新墨西哥州			4	0	1	0	0	3		3
威斯康星州			2	3	6	7	12	1	11	40
亚利桑那州				47	58	45	44	16	44	222
乔治亚州				3	9	9	7	1	4	31
夏威夷州				2	0	0	0	0	0	2
马萨诸塞州				15	7	3	10	1	5	39
阿拉斯加州					2	13	2	1	2	18
特拉华州					2	1	1	0		5

① National Study of Charter Schools, *The State of Charter Schools 2000* [R]. Washington, D. C.：Department of Education，2000：11.

（续表）

	年 份								至 1999 年 9 月关闭的学校	至 1999 年 9 月运行的学校
	1992/ 1993	1993/ 1994	1994/ 1995	1995/ 1996	1996/ 1997	1997/ 1998	1998/ 1999	1999 年 9 月		
哥伦比亚特区					2	1	17	2	10	28
佛罗里达州					5	28	42	4	38	109
伊利诺伊州					1	7	6	1	7	20
路易斯安那州					3	3	5	0	7	18
德克萨斯州					17	21	71	5	64	168
康涅狄格州						12	4	1	2	17
堪萨斯州						1	14	0	0	15
新泽西州						13	17	0	19	49
北卡罗来纳州						34	26	5	23	78
宾夕法尼亚州						6	25	0	17	48
罗德岛州						1	1	0	0	2
南卡罗来纳						2	3	0	5	10
爱达荷州							2	0	6	8
密西西比州							1	0	0	1
内华达州							1	0	0	1
俄亥俄州							15	0	31	46
纽约州									5	5
密苏里州									15	15
犹他州									6	6
俄克拉荷马州									2	2

　　应该指出的是，联邦政府和议会在特许学校发展过程中发挥了巨大的作用。1993 年克林顿总统就建议设立资助特许学校的联邦资助项目，1994 年联邦教育部创立"公立特许学校项目"为特许学校的规划、启动和初期（成立后 3 年内）运行提供资助。根据 1994 年修订并重新授权的《初等和中等教育法》第三部分第 10 款的规定，教育部初中等教育司下属的学校改进项目办公室管理实施该项目。1995 年

的第一次项目拨款额为 600 万美元①。1998 年 10 月 22 日通过的《特许学校扩张法》扩大了联邦资助的适用范围,增加了资助的力度。1995～2001 年,公立特许学校项目共拨款 5.9 亿美元,资助特许学校的发展。2000～2001 年度,全国范围内61%的特许学校通过该项目接受过联邦政府的资助②。

二、特许学校的特征

特许学校作为 20 世纪 90 年代涌现出来的一种新型公立学校,一经出现就以其鲜明的特征受到各界的关注,在满足普通民众的多样化需求、丰富教育选择机会方面发挥了重要的作用。概括来讲,美国特许学校的特征主要体现在以下几个方面。

(一)规模相对较小,各州之间存在巨大差异

1998～1999 学年,在已开办特许学校的 27 个州中,特许学校在校生共计 252 009人,占公立学校在校生总数的 0.8%。同年,加利福尼亚州特许学校在校生总数73 905 人,是特许学校在校生人数最多的一个州。紧随其后的是亚利桑那州(32 209人)和密歇根州(25 294 人),爱达荷州仅有 57 人。

从特许学校学生占公立学校在校生总数的比例来看,哥伦比亚特区最高,为4.4%。这一比例相对较高的州还有亚利桑那州(4.0%)和加利福尼亚州(2.0%)。爱达荷州、密西西比州、俄亥俄州、南卡罗来纳州的比例最近,仅为 0.1%。

与公立学校相比,特许学校的在校生规模也相对较小。1998～99 学年度,全美特许学校平均在校生规模 137 人,同期公立学校在校生人数高达 475 人。只有 8%的特许学校在校生人数超过 600 人,公立学校中有 35%的学校在校生超过600 人。只有 1%的特许学校在校生人数超过 1 000 人,而公立学校中在校生超过1 000 人规模的比例为 11%。在公立学校中,在校生规模在 200～599 人的一类学校所占比例最高(48.2%),而特许学校中 1～99 人在校生规模的学校所占比例最

---

①　Policy and Program Studies Service. *A Decade of Public Charter Schools:Evaluation of the Public Charter Schools Program:2000-2001 Evaluation Report* [R]. Washington, D. C.:Department of Education, 2002:1.

②　Policy and Program Studies Service. *A Decade of Public Charter Schools:Evaluation of the Public Charter Schools Program:2000-2001 Evaluation Report* [R]. Washington, D. C.:Department of Education, 2002:50-51.

高(34.8%)。90年代特许学校在校生规模的详细情况如表5-2所示。

表5-2　20世纪90年代特许学校在校生规模①

学校类型	公立学校	特许学校	新成立的特许学校	由公立学校转制的特许学校	由私立学校转制的特许学校
学校数量	56 640	1 046	704	173	98
平均在校生数	475	137	128	368	159
在校生规模(%)					
1～99人	8.6	34.8	36.5	19.1	32.7
100～199人	8.6	30.4	36.5	19.1	32.7
200～599人	48.2	25.6	26.1	27.2	28.6
600～999人	24.2	6.4	3.4	23.7	2.0
1 000人以上	10.6	1.2	1.4	10.4	1.0

　　为学生创造更适宜的学习环境,是许多特许学校创办者的初衷,更是家长的期望。为此,与一般公立学校相比,特许学校的班级规模较小,学生与教师的比例较低。1998～1999学年,全美特许学校中学生与教师之间的比例为16.0%,一般公立学校的比例为17.2%。当然,招生对象不同的特许学校之间,学生与教师之间的比例存在着一定的差异。一般来看,主要招收低年级学生的特许学校中学生与教师之间的比例更低一些。

(二)拥有更多的自主权

　　根据各州制定的特许学校法和授权机构与特许学校签订的合同,与传统公立学校相比,特许学校享有较多的自主权。当然,在财务预算、设备及必需品购置、校历制定、日常安排、学生评估、学生录取、学生纪律、课程设置、教职工聘任、学校运行等方面所享有的自主权又有很大不同。特许学校毕竟也是公立学校,在接受州或地方教育机构授权、资助的同时,还要在运行环节接受这些校外机构的监控。不过,在学校决策与运行的几乎所有方面,特许学校都享有70%以上的控制权,只是在学生录取政策方面的控制权低至59.3%。特许学校在学校运行与决策方面控

① National Study of Charter Schools，*The State of Charter Schools 2000* [R]. Washington, D. C.：Department of Education，2000：20.

制权划分比例如表 5-3 所示。

表 5-3　特许学校在学校运行与决策方面控制权划分比例①　　　　单位:%

控制的领域	控制权的分配			
	特许学校	学区或特许状授予机构	两　者	其　他
财务预算	72.9	19.4	0.3	7.4
设备及必需品购置	87.7	7.6	0.2	4.5
校历制定	76.8	19.6	0.1	3.5
日常安排	94.7	2.9	0.2	2.2
学生评估	71.5	19.7	0.6	8.2
学生录取	59.3	27.8	0.7	12.0
学生纪律	87.3	9.0	0.1	3.6
课程设置	83.2	11.3	0.2	5.3
教职工聘用	87.5	7.4	0.3	4.8

　　特许学校所享有的高度自治权,对于充分发挥其自身优势,为经济、宗教、文化背景各异的家长和学生提供更多的教育选择具有重要意义。正如 L. 迪安·韦布所指出的:"特许学校赋予学校更大的自主权(除了健康、安全和民权方面的条款外,他们几乎不受任何州法律的约束),鼓励革新与实践,希望通过竞争来提高学校效能,而且最重要的是,它在公共学校系统中为家长和学生提供了更多的教育项目的选择机会。"②

(三) 对学生成绩和学校的运行承当责任

　　责任与自治是相对应的概念。特许学校在享有高度自治权的同时,要对学校的运行与学生的成绩承担责任。根据各州通过的特许学校法,特许学校有义务接受校外机构或团体的督查,对外发布办学状况的报告,对学生进行多种形式的评估。

---

① National Study of Charter Schools, *The State of Charter Schools 2000* [R]. Washington, D. C.: Department of Education, 2000: 46.

② [美] L. 迪安·韦布. 美国教育史:一场伟大的美国实验 [M]. 陈露茜,李朝阳译. 合肥:时代出版传媒股份有限公司/安徽教育出版社,2010:401.

　　概括来讲,来自校外机构或团体主要在依法办学、财务、学校管理、学生毕业率、学生到校率、学生行为、学生成绩、教学实践等方面进行督查。研究发现,1998～1999年度在学校财务、依法办学、学生成绩和学生到校率方面接受过校外督查的特许学校比例分别为94％、88％、87％和81％。与此同时,在学校运行的其他方面接受督查的特许学校的比例在各州之间存在很大的差异。路易斯安那州80％以上的特许学校在教学实践、学生行为和学校管理等方面接受过校外督查,但佛罗里达、明尼苏达、威斯康星、北卡罗来纳等州在这些领域接受过校外督查的比例低于55％。

　　为了更好地接受社会监督,特许学校要对外发布有关办学目标实现方面的工作报告。1998～1999年度,向学校管理委员会、特许授权机构和学生家长提交报告的比例分别为96％、92％和89％,由此可见,向有关机构和群体反馈学校的办学情况是美国特许学校的通常做法。不过,各州的特许学校在这方面承担的责任并不一致。例如,路易斯安那州的特许学校要面向社会普通民众公布办学情况的报告,而新泽西州的特许学校则没有类似的义务。全国2/3的特许学校要向州教育厅报告办学情况。佛罗里达州、伊利诺伊州、路易斯安那州、新泽西州和宾夕法尼亚州的每一所特许学校都要向州教育厅提交报告,而康涅狄格州、马萨诸塞州、明尼苏达州、北卡罗来纳州、德克萨斯州、乔治亚州向州教育厅提交相关报告的特许学校的比例只超过了80％。就全美来看,向特许授权机构、父母、社区普通公众、学校管理委员会和州教育厅这5个主要相关机构或群体同时提交办学情况报告比例超过40％①。

　　如果特许学校被授权机构认定为没有达到特许状规定的条款,或在办学过程中出现了其他严重的问题,授权机构可以在特许状到期时不再给予展期,或在特许状到期前就勒令学校关门。一般来讲,特许状被拒绝展期的情况较少出现。据统计,2000～2001年度,8％的特许学校的特许状被授权机构拒绝展期,4％的特许授权机构曾拒绝过学校的展期申请,没有一个特许授权机构拒绝过两所以上学校的展期申请。如果授权机构发现特许学校存在严重的、紧迫的问题,也会在特许证到期前就终止特许学校的办学行为。特许学校的特许状被拒绝展期或被提前关门的原因主要集中在财务政策的可行性(100％)、学校管理(83％)、学生学业目标的实现(64％)、在校生人数(64％)、课程与教学策略(57％)、特许状规定的目标完成情况

---

① National Study of Charter Schools, *The State of Charter Schools 2000* [R]. Washington, D. C.：Department of Education,2000：60.

(50%)等方面,绝大多数被拒绝展期或提前关门的学校在这些方面均暴露出问题①。

(四)来自少数族裔和低收入家庭的学生比例较高

特许学校作为择校的一种形式,为少数族裔、低收入家庭的学生提供了更多的选择机会。正如有学者评论的那样:"低收入家庭和少数族裔的家长们认为,择校可以扩大那些在历史上长期无法在公立学校和私立学校之间,甚至是无法在公立学校之间做出选择的学生们的教育机会。"②因此,特许学校这种新兴的教育机构一经出现,就吸引了他们的目光,更多的来自少数族裔家庭和低收入家庭的学生迈入了特许学校的大门。

与普通公立学校相比,特许学校招收的黑人学生和西班牙裔的学生人数较多。在 27 个开办特许学校的州,1998~1999 年度特许学校招收的学生中黑人学生所占的比例为 24%,普通公立学校中黑人学生的比例为 17%。同年度特许学校中西班牙裔学生的比例为 21%,普通公立学校学生中西班牙裔学生的比例为 18%。与此相应,特许学校中白人学生的比例为 50%,而普通公立学校白人学生的比例则高达 63%③。

美国的学校通常根据家庭的经济状况确定学生是否具有享受免费或降价午餐的资格,因此免费或降价午餐的资格可以被看作学生家庭收入水平的标志。调查研究发现,1998~1999 学年,27 个州的特许学校中有免费或降价午餐资格的学生比例为 38.7%,略高于普通公立学校的 37.3%。其中,南卡罗来纳州的特许学校中有 94.5%的学生要在学校吃免费或降价午餐,而 1994~1995 学年全州公立学校中的这一比例仅为 46.2%。特许学校中学生享受免费或降价午餐的学生比例较高的州依次为路易斯安那州(75.3%)、俄亥俄州(68.6%)、伊利诺伊州(68.3%)、宾夕法尼亚州(64.1%)④。

---

① Policy and Program Studies Service. *A Decade of Public Charter Schools: Evaluation of the Public Charter Schools Program: 2000-2001 Evaluation Report* [R]. Washington, D. C.: Department of Education, 2002: 38.

② [美]L. 迪安·韦布. 美国教育史:一场伟大的美国实验[M]. 陈露茜,李朝阳译. 合肥:时代出版传媒股份有限公司/安徽教育出版社,2010:399.

③ National Study of Charter Schools, *The State of Charter Schools 2000* [R]. Washington, D. C.: Department of Education, 2000: 38.

④ National Study of Charter Schools, *The State of Charter Schools 2000* [R]. Washington, D. C.: Department of Education, 2000: 42.

2000～2001 年,几乎所有(94%)的特许学校录取了具有免费或降价午餐资格的学生,特许学校中具有这种资格的学生比例平均为 54%,63%的特许学校参加了"国家学校午餐项目"[①]。

此外,与传统公立学校相比,特许学校对那些有着需求的学生也有着比较大的吸引力。这些学生或是由于各种各样的原因在学习上面临许多困难而成绩不佳,或天资聪颖极具天赋,或在某些学科表现出强烈的兴趣并成绩优良等。具体情况如表 5-4 所示。

表 5-4　吸引各类型特殊学生的特许学校所占比例[②]

被吸引学生的类型	学校比例(%)
辍学生或潜在辍学生	51
英语能力有限或没有英语能力的学生	30
低收入家庭的学生	75
有特殊学习兴趣的学生(美术、数学等)	52
成绩不良的学生	79
有天赋的学生	63
有特殊文化取向的学生	40
需接受特殊教育的学生	61

三、特许学校的办学效果

特许学校之所以能够诞生并逐步得到发展,就在于其为学生创造了一种新的接受公立教育的机会。家长是否送孩子进入特许学校,学生是否认可特许学校,完全取决于学校办学水平的高低,尤其是教学效果的优劣。从特许学校创办之日起,家长和社会就非常关注特许学校的办学效果,特别是特许学校与传统公立学校相

---

① Policy and Program Studies Service. *A Decade of Public Charter Schools：Evaluation of the Public Charter Schools Program：2000-2001* Evaluation Report [R]. Washington, D. C.：Department of Education, 2002：16.

② Policy and Program Studies Service. *A Decade of Public Charter Schools：Evaluation of the Public Charter Schools Program：2000-2001 Evaluation Report* [R]. Washington, D. C.：Department of Education, 2002：17.

比是否具有比较优势。

各州普遍要求特许学校的学生参加州教育主管机构组织的考试,这就为比较特许学校与普通公立学校的学生在统考中的成绩提供了可能。纵观研究 20 世纪 90 年代公布的有关特许学校对学生成绩影响的文章或报告,可以发现尽管特许学校确实对学生成绩有一定积极影响,但这种影响的程度与方式在不同的州之间、不同的研究成果之间存在明显的差异。如乔治亚州教育厅于 2000 年对 1997～1998 学年至 1999～2000 学年特许学校学生考试成绩进行研究后发现,40％的学生各科成绩保持稳定或有提高,15％的学生各科考试成绩全面下降,另 45％的学生部分学科成绩提高,部分学科成绩下降。2001 年公布的一份研究报告显示,亚利桑那州特许学校对学生 SAT9 考试阅读的成绩有明显提升作用,但对数学成绩没有显著影响。同年一项有关密歇根州特许学校的研究发现,在该州的统考中,特许学校的成绩与普通公立学校相比低 3％～7％。此外,还有学者研究发现,除 5 年级的科学成绩外,特许学校学生成绩与普通公立学校相比并无明显差异①。

哈佛大学的卡罗琳·霍克斯比(Caroline M. Hoxby)对 2002～2003 年参加国家教育进步评估考试的特许学校与普通公立学校学生成绩进行比较分析后发现,在阅读考试中特许学校的学生取得优异成绩的比例比普通公立学校平均高 5.2％,在数学考试中取得优异成绩的比例高 3.2％。特许学校的办学时间越长,超过普通公立学校考试成绩的比例就越高。仅就阅读成绩来看,办学时间为 1～4 年的特许学校学生取得优异成绩的比例比普通公立学校的学生高出 2.5％,5～8 年的特许学校的学生高出 5.2％,9～11 年的特许学校的学生高出 10.1％。就全国范围来看,多数州特许学校的学生取得优异成绩的比例高于普通公立学校,当然各州之间存在着明显的差异。科罗拉多州特许学校的学生在阅读考试中取得优异成绩的学生比例比普通公立学校的学生高 12％,在数学考试中高 14％。与普通公立学校的学生相比,加利福尼亚州特许学校的学生在阅读考试中取得优异成绩的学生比例高出 12％,在数学考试中高出 14％。只有北卡罗来纳州和密歇根州的特许学校的学生考试成绩明显低于普通公立学校的学生②。

① Gary Miron, Christopher Nelson. *Student Academic Achievement in Charter Schools：What We Know and Why We Know So Little* [EB/OL]. http://ncspe. org/publications_files/590 _OP41. pdf. [2011-04-10].

② Gary Miron, Christopher Nelson. *Student Academic Achievement in Charter Schools：What We Know and Why We Know So Little* [EB/OL]. http://ncspe. org/publications_files/590 _OP41. pdf. [2011-04-10].

综上可知,至 20 世纪 90 年代末与普通公立学校相比,特许学校并未具有明显的优势,当然这可能与特许学校成立时间段有关,也可能受研究方法局限性的制约。然而,这些研究成果毕竟提醒人们,在肯定特许学校提供新的教育机会、创新学校管理运行模式、打破传统公立教育僵化体制等积极意义的同时,还要对其进行客观、谨慎的评价。首先,特许学校的规模较小,对传统公立教育系统冲击力不够。至 1996 年秋,在已开办特许学校的 17 个州内,特许学校在校生占公立学校在校生总数的比例超过 1% 的州只有亚利桑那州(2.3%)和新墨西哥州(1.3%)。17 个州特许学校在校生总数为 110 122 人,仅占公立学校在校生总数 22 223 178 人的 0.5%。至 1997~1998 学年开始时,美国创办的 433 所特许学校中有 19 所关门停办①。到 1998~1999 学年,尽管特许学校在校生人数占公立学校在校生的比例增加到 0.8%,但在 27 个已开办特许学校的州中仍有 15 个州的比例低于 0.5%。可以想见,规模如此之小的特许学校难以对传统公立教育系统造成明显的冲击和挑战。其次,特许学校只是美国基础教育领域改革的模式之一。围绕提高教育质量、增加教育选择机会的主题,20 世纪 80 年代以来进行了一系列探索,包括学券制、公立学校私营和特许学校。学券制"将经费划拨权转交给消费者,把教育视为一种'消费品'让它们面对来自市场的压力,能够使得学校更有效地运作"②。公立学校私营是指将学校管理、教学服务,甚至一所或多所学校承包给教育替代公司(Educational Alternatives Incorporated)或爱迪生学校(Edison Schools)等营利性的私人公司。和特许学校一样,学券制和公立学校私营都是在不改变教育公立性的基础上进行的改革传统公立教育模式的探索。至 20 世纪 90 年代末,包括特许学校在内的普通教育改革与探索仍在不断深化过程中。

第三节　研究型大学本科教育
改革的深入推进

20 世纪 80 年代,在美国高质量高等教育研究小组的《投身学习:发挥美国高等教育的潜力》和卡内基教学促进基金会的《学院:美国本科生教育的经验》等报告

① Office of Education Research and Improvement. *A National Study of Charter Schools* [R]. Washington, D. C. : Department of Education, 1998: 32.
② [美]L. 迪安·韦布. 美国教育史:一场伟大的美国实验[M]. 陈露茜,李朝阳译. 合肥:时代出版传媒股份有限公司/安徽教育出版社,2010: 400.

的推动下,美国研究型大学启动了本科教育改革的历程。然而至 90 年代初,研究型大学的本科教育仍被束缚在传统教育的框架内,本科教育与研究生教育的关系、通识教育与专业教育的关系、教学与科研之间的关系并未得到很好的解决,研究型大学独有的优势远未得到充分发挥。正如博耶研究型大学本科教育委员会所说,在此前的改革中,"根本性的改革多半被回避了。当社会需要大学进行根本性变革的时候,大学采取的仅是'整形手术'的策略,做的也是表面文章。为了回应对本科教育的批评,大学在教学和课程设置方面进行了一些首创的、创造性的实验。可外部的资助一旦取消,这些大胆的、有着美好前景的努力或戛然而止,或在课程改革的外围逐渐停滞,或在现实面前妥协而失去探索精神"①。研究型大学的本科教育仍然面临重重挑战。面对挑战,美国的研究型大学将 80 年代启动的本科教育改革继续推向深入,一场彻底的、根本性的本科教育改革与重建运动就此展开。

一、《重建本科生教育:美国研究型大学发展蓝图》

为推动研究型大学本科教育改革的深入,1995 年卡内基教学促进基金会资助成立了研究型大学本科教育委员会,由基金会主席欧内斯特·博耶担任委员会主席。1995 年 12 月 8 日博耶因病去世,委员会随之更名为博耶研究型大学本科教育委员会,以纪念他为委员会的成立和发展所做的杰出贡献。1998 年,博耶研究型大学本科教育委员会发表了题为《重建本科教育:美国研究型大学发展蓝图》(简称《发展蓝图》)的报告。报告在对当时美国研究型大学本科教育的突出问题进行深刻分析的基础上,提出了研究型大学本科教育的培养目标以及改革研究型大学本科教育的基本方向和具体建议,对研究型大学本科教育的重建与改革产生了重要影响。

(一)研究型大学本科教育存在的问题

《发展蓝图》指出,在美国高等教育体系中,研究型大学占据着重要的地位。全美的研究型大学共 125 所,仅占全国高等学校总数的 3%,但授予的学士学位数量占全国高等学校学士学位授予总数的 32%,授予的科学和工程学博士学位数量占

① The Boyer Commission on Educating Undergraduates in the Research University. *Reinventing Undergraduate Education*:*A Blueprint for America's Research Universities* [R]. Princeton:Carnegie Foundation for the Advancement of Teaching, 1998:6.

全国总数的 56%①。不过,研究型大学在文化、学术、经济、政治等领域培养杰出人才、发挥领导作用的同时,其本科教育却存在严重问题,即研究型大学重视科研忽视教学、重视研究生教育忽视本科生教育的倾向依然突出。正如报告所说,在研究型大学中,"本科生是二等公民,要纳税却被剥夺了投票权,就像是宴会上要付自己的账单却要吃残羹剩饭的客人"②;"来自本科生的学费收入是大学收入的一个重要组成部分,这些经费支持了研究生项目和研究生教育,但在多数情形下,付钱的本科生们所得到的却远低于其学费的价值"③。

　　研究型大学本科教育存在的问题,直接导致了科学研究和本科教学相互脱离的局面。报告明确指出:"(大学)更为古老的职能不得不保留下来,但给予年轻男性,后来也包括年轻女性的本科阶段教育的经验,一直与研究活动相脱离,并且始终按照大学出现前就已存在的模式实施本科教育。从整体上看,大学没有找到实现本科学生与受到无比珍视的研究目标相互融合的方法。正如 1990 年博耶在《学术水平反思》一书中所说:'重心从学生转向了教授,从普通教育转向专业教育,从对学校的忠诚转向对专业的忠诚。'高水平研究与本科教学处于两个截然不同的层面,前者可以带来愉悦、认可和奖赏,后者则是为了维持学校生存,教师不得不承担的负担。"④研究型大学对本科教育的漠视,导致了大学毕业生质量的低下。报告指出:"许多大学毕业生按要求修习过或多或少的课程,但仍没有掌握有逻辑性的知识体系,或对不同知识门类之间的联系一无所知。他们毕业时不知如何进行逻辑思考、清晰地写作、清楚地口头表达,这样的情况非常常见。除帮助学生找到第一份工作的一纸文凭之外,大学所能给予学生的真正有价值的东

① The Boyer Commission on Educating Undergraduates in the Research University. *Reinventing Undergraduate Education: A Blueprint for America's Research Universities* [R]. Princeton: Carnegie Foundation for the Advancement of Teaching, 1998: 5.

② The Boyer Commission on Educating Undergraduates in the Research University. *Reinventing Undergraduate Education: A Blueprint for America's Research Universities* [R]. Princeton: Carnegie Foundation for the Advancement of Teaching, 1998: 37.

③ The Boyer Commission on Educating Undergraduates in the Research University. *Reinventing Undergraduate Education: A Blueprint for America's Research Universities* [R]. Princeton: Carnegie Foundation for the Advancement of Teaching, 1998: 5.

④ The Boyer Commission on Educating Undergraduates in the Research University. *Reinventing Undergraduate Education: A Blueprint for America's Research Universities* [R]. Princeton: Carnegie Foundation for the Advancement of Teaching, 1998: 7.

西实在太少。"①

(二) 重建研究型大学本科教育的模式

为了解决研究型大学中存在的科学研究与本科教育相互脱离的这一根本性问题，《发展蓝图》构建了科学研究与本科教学相互结合、相互促进、吸收与鼓励本科学生参加科学研究活动的研究型大学本科教学重建的新模式。《发展蓝图》指出："现在需要建立一个研究型大学本科教育的新模式，在这个模式下本科教育经验将成为一个有机整体中不可或缺的组成部分。大学要充分利用研究生和研究项目等方面的巨大资源，提高本科教育的质量，而不是试图复制文雅学院那种特殊的环境。有必要在大学学术活动的所有参加者之间建立起互惠的关系，以提供只有研究型大学才能提供的本科教育经历。并且，在与那些聪明的、富有想象力的、积极的本科学生接触的过程中，高效的研究人员会发现新的启发和新的创造力。通过科学研究与教学活动的有机结合，研究生也会受益良多。研究型大学与小型学院有着根本的不同，它们要提供一种与小型学院明显不同的教育经验。"②

《发展蓝图》把研究型大学看作是一个包括教师、研究生、本科生的生态系统。大学"这个环境应该成为学术生态系统。不论是探索太空深处的天体物理学家，还是刚刚跨入领域不断扩充的学术界不久的大学新生，都是大学这个学习者的社区的成员。正是探索和发现这一共同的目标，使不同角色的人聚集在一起，形成对大学整体性的认知"③。同时，"不论是有资金资助的研究项目、本科生教室，还是研究生的实习、探索、研究和发现，都是大学事务的核心，对此有着深入、持久的认识正是大学这个生态系统赖以生存的基础。大学中每一个人都应该是发现者、学习者。这个共同的目标使在校园中发生的一切都紧密地联系在一起。大学的教学职能就是要使学生参与这个目标实现的过程，而为了参与研究活动，本科生必须具备

① The Boyer Commission on Educating Undergraduates in the Research University. *Reinventing Undergraduate Education: A Blueprint for America's Research Universities* [R]. Princeton: Carnegie Foundation for the Advancement of Teaching, 1998: 6.

② The Boyer Commission on Educating Undergraduates in the Research University. *Reinventing Undergraduate Education: A Blueprint for America's Research Universities* [R]. Princeton: Carnegie Foundation for the Advancement of Teaching, 1998: 7-8.

③ The Boyer Commission on Educating Undergraduates in the Research University. *Reinventing Undergraduate Education: A Blueprint for America's Research Universities* [R]. Princeton: Carnegie Foundation for the Advancement of Teaching, 1998: 9.

坚实的'普通'教育的基础,与他们的同学、教授和社会形成有机的整体。"①

《发展蓝图》认为,科学研究是研究型大学一切活动的核心。本科学生应该成为研究型大学内部重要的组成部分,教师应该鼓励本科生参加科学研究活动,并通过科研活动培养本科生逻辑性地思考问题、富有创建性地解决问题、清晰准确地表达自己的能力。当然,为了高效地参加科学研究并在此活动中受益,本科生需具备通识教育的基础,养成与他人合作的意识和习惯。

(三) 研究型大学本科重建的 10 条建议

为了有针对性地解决研究型大学本科教学中存在的问题,实现科学研究和本科教学的良性互动,《发展蓝图》提出了以下 10 个方面的建议②。

1. 树立以研究为基础的学习标准

《发展蓝图》指出,研究型大学有必要重新强调约翰·杜威(John Deway)极力推崇的观点,那就是学习的基础不是信息的传递,而应是指导下的发现。报告认为,在理想的研究型大学,本科生应该由现有知识的接受者向新知识的发现者转变,本科生所学的每一门课程都应能够给学生提供参与以发现为基础的学习活动并取得成功的机会。以往只在研究生阶段采用,适用于艺术、音乐等学科,通过老师与学生之间合作研究过程进行学习的方法,应该在本科教学的所有学科中推行。在自然科学或社会科学等学科本科生可以成为研究团队的助手,在人文学科本科生应该获得处理初级或原始资料的机会。除本专业的课程之外,本科生还要参加其他学科的研究活动,以拓展学术视野,了解不同学科之间的内在联系。随着经验的不断积累、提高,本科生的学术能力要逐渐接近研究生的水平。在本科生通过研究进行学习的过程中,指导教师要对他们给予一对一的辅导,不仅如此,还应该给学生提供在物理实验室、新闻室、医院和营业室等场所实习的机会,使他们能够检验和运用研究成果。本科生从第一学年起,就要在尽可能多的学科参加研究活动,要学习通过口头和书面两种方式报告研究成果的能力。

---

① The Boyer Commission on Educating Undergraduates in the Research University. *Reinventing Undergraduate Education: A Blueprint for America's Research Universities* [R]. Princeton: Carnegie Foundation for the Advancement of Teaching, 1998: 9.

② 相关建议具体内容参见: The Boyer Commission on Educating Undergraduates in the Research University. *Reinventing Undergraduate Education: A Blueprint for America's Research Universities* [R]. Princeton: Carnegie Foundation for the Advancement of Teaching, 1998: 14-36.

2. 创建以探究为基础的新生年

《发展蓝图》指出,新生年在青年人社会化和学术方面的成长过程中非常重要,研究型大学应该为本科生早期的学术成长提供激励,并为他们养成以探究为基础的学习习惯和准确地表达信息和观点的能力打下坚实的基础。为了达到这样的目标,大学一年级应着重实施由有经验的教师主持指导的"习明纳"(Seminar)制度。"习明纳"所讨论的话题应有助于激励和拓展学生的学术视野,创造在富有协作精神的环境中通过探究进行学习的机会。"习明纳"不仅为本科生提供接触教师的机会,而且可以加深同学之间的相互了解,结识朋友,学会如何才能成为一名合格的学生。在课程的组织上,《发展蓝图》建议将一年级的课程划分成模块,使他们全面了解不同专业的要求,创造有利于这些学生尽快融入大学学习氛围的环境。

3. 新生基础上的本科构建

富有创新色彩的、令人兴奋的新生生活结束之后,学生进入了专业学习阶段。此时,学生逐渐从兴奋归于平静,容易梦想幻灭,滋生失望的情绪。为了应对这种情况,《发展蓝图》建议研究型大学在改革课程体系的同时,重点关注教学方法的改进。为了把学生吸收到科学研究活动中来,每一门学科的教师都要摸索出使学生积极、高效地学习的方法,建立起对学生实施长期辅导的制度。通过这样的制度,学生要能感觉到总有一些教师在了解和关注自己的状况和学业进步,教师要通过为学生设定新的目标、提供建议、鼓励与批评等方式,为学生学业上的进步提供指导。

4. 消除跨学科教育的障碍

鉴于科学研究跨学科的特性越来越明显,研究型大学的本科教育应该通过跨学科的形式加以实施。初级专业课程应引导学生进行跨学科学习,高级专业课程必须反映学生的需要而不是学院的兴趣或便利,根据学生的需要定制的跨学科专业要具有可行性。

5. 建立交流技能与课程学习之间的联系

与别人分享与交流研究成果是研究过程的重要的、不可或缺的方面,没有交流技能方面的有效训练,在研究方面的训练肯定是不完整的。在分析、清楚地解释复杂材料,简洁、清晰地表达个人观点等方面具有的技能,是任何学科中良好交流能力的标志。因此,《发展蓝图》建议从大学一年级开始就把交流技能的培养纳入课程内容中,所有学科的教师都要在教学过程中为学生创造通过书面或口头两种形式报告的机会,教师要把论文写作作为常规课程目标的重要方面,在考试环节要加强对学生写作或分析能力的考察。

6. 创造性地使用信息技术

信息技术正在改变世界的运行方式和人类生活的方式,新形势迫切需要大学生掌握运用新技术的方法。在很多的情况下,研究型大学本身就是最新信息技术的发源地,在传授信息技术的使用方法方面具有无可比拟的优势。《发展蓝图》指出,研究型大学的教师不仅应该认真、系统地思考有效利用现有技术的方法,还要创造出提高教学质量的新技术。最佳的教师在设计课程的过程中应该思考的是怎样利用技术充实教学,而不是取代教学。同等重要的是,教师要关注向学生传递信息技术,使之能够利用信息技术辨别、分析、学会创造,而不仅仅是简单的储存和积累。

7. 取得最佳的经验

本科学习的前期,经过在探究基础上的学习,本科生积累的许多教育经验、能力有了很大的提高。在本科学习行将结束的阶段,研究型大学应该为本科生开设一门能够使学生体验成功与收获的课程。在这个以完成研究项目为主要形式的课程中,学生可以通过发现问题,创造性地寻求答案,向普通民众或专家展示研究结果等环节尽情展示以前所学的才能,为自己的本科学业画上圆满的句号。《发展蓝图》建议,这个以项目研究为主要形式的过程要在有经验的教师的指导下进行,要在一个包含高级研究人员、研究生和本科生在内的团体中进行。同时,研究项目要有创新性和跨学科的性质。

8. 把研究生当成实习教师培养

根据国家研究协会1995年的统计,54%的博士生毕业后要到大学或学院求职。在不同的学科,拥有哲学博士学位的毕业生到院校就职的比例有很大的差别,人文学科高达83%,工程学科只有22%。为了使这些高学位的研究生工作后能尽快地适应本科教学工作,报告要求研究型大学重新规划研究生教育,使学生做好从事本科教学和承担其他专业工作两方面的准备。《发展蓝图》建议,研究型大学有经验的教师要指导研究生了解和熟悉本科生学习的特点和规律,研究生要通过参加教学"习明纳"、接受教授的督导、定期与其他新入职教师讨论课堂教学问题等形式提高教学能力。

9. 改革教师奖励机制

《发展蓝图》指出,探索知识始终是大学根本的、不可替代的职能,这项职能是通过教学和科研两个途径实现的,现代研究型大学的奖励机制要充分反映教学与科研之间这种相互协同、相互促进的关系。大学的院系必须重奖那些在实现教学与科研有机结合、在跨学科课程方面富有想象力并付出巨大努力的教师。在评估著作和论文时,既要考虑科研成果的学术贡献,也要考查其在教学方面的价值。在教师晋升或终身教职等方面进行决策时,要考虑良好的本科教育与优秀的科学研究之间存在着相互促进的关系。在院系内部要培植"教学文化",授予在教学工作中取得优异成绩的教师以更高的荣誉,突出教学与科研之间的密切关系。在有影响力的专业研究会议上,要包含有关本科教学新理念与新模式的专题。来自校外资助的研究项目要鼓励本科学生参加,为本科生积累研究经验提供便利。对于那些教学效果优异、积极参加跨学科课程项目、出色地辅导学生的教师,要通过增加工资这种固定的形式予以奖励,而不是采取一次性奖励的方式。

10. 培养社区意识

研究型大学的学生团体中既有住校生,也有走读生;既有刚刚高中毕业的学生,也有重新回校接受教育的专业人士;既有本国学生,也有国际学生。这些有着不同特征的学生迈进校门,组成了一个在文化、种族、信仰等方面具有巨大多样性的社区。使学生认同社区,树立明确的社区意识,是研究型大学本科教育过程中一个非常重要的方面。为此,研究型大学要通过培养共同的习惯,成立合作学习小组、项目小组、兴趣小组,创办专题论坛,组织多元文化活动和其他形式的课外活动等形式,培养学生的社区意识。

《发展蓝图》是一份对美国研究型大学本科重建进程有着巨大影响的报告。该报告在深入了解实际和总结经验的基础上,剖析了研究型大学在本科教育方面存在的教学与科研相脱节、研究型大学的研究优势没有得到充分利用等突出问题,描绘了以研究促教学、在研究中进行教学的研究型大学本科教育发展蓝图,提出了10条实施研究型大学本科教育重建的具体建议。《发展蓝图》发表之后,产生了很大的反响。为了贯彻报告的精神,进一步推进研究型大学本科教育重建的进程,时任博耶研究型大学本科教育委员会主席、纽约州立大学石溪分校校长的肯尼(Shirley Strum Kenny)创建了具有全国性影响的"重建中心"。从成立之日起,重建中心每两年组织一次全国性会议,围绕研究型大学本科教育领域存在的重大问题进行研讨。重建中心在推动《发展蓝图》精神的落实,实现中心成员单位之间的信息共享与交流,深化研究型大学本科教育领域理论问题的研究等方面发挥了重要作用。

二、研究型大学本科教育的改革实践

为了适应时代的新要求,从根本上解决长期以来本科教育中存在的痼疾,美国研究型大学在 20 世纪 90 年代启动了本科教育重建的新阶段。90 年代研究型大学的本科教育重建，一改以前零打碎敲、修修补补的固有模式，在课程设置、教学模式、教师评价等诸多方面进行了根本性的改革。为了全面了解研究型大学本科教育的改革成效，博耶研究型大学本科教育委员会于 2001 年向全国 123 所授予学士学位的一类和二类研究型大学进行问卷调查。在对问卷进行统计分析的基础上，委员会于 2002 年发表题为《重建本科教育：博耶报告发表 3 年后》的报告。该报告比较全面地反映了 1998 年《发展蓝图》公布以来研究型大学在本科教育改革重建过程中发生的深刻变化，成为了解 90 年代美国研究型大学本科教育改革的一面镜子。

（一）积极拓展通识教育的内容

美国研究型大学素有重视通识教育的传统。80 年代以前，研究型大学的通识教育注重人文素质，以文学、历史、艺术类课程为通识教育的中心。90 年代之后，现代科学技术的发展对人的综合素质提出了更高的要求，大量自然科学的内容、跨学科内容进入通识教育的课程。为了适应信息社会的要求，研究型大学纷纷设置了写作、演讲类课程，提高学生的逻辑思考能力和表达能力。此外，美国的研究型大学还开设了有关文明与文化多样性的课程，培养学生的国际视野和全球意识。

1997 年 9 月，有着"南方哈佛"之称的杜克大学成立了课程评估委员会，政治学教授皮特·兰格（Peter Lange）任委员会主席，成员包括自然科学、历史、考古学、音乐、历史等学科领域的 12 名委员。在研究其他研究型大学本科教学制度的基础上，该委员会提交了指导该校课程改革的报告《课程 2000》。该报告认为，杜克大学通识教育的目的和可以实现的目标是：发展学生的批判性思维能力和判断能力，学会有效地获取、综合和交流知识的方法，形成对现实中及历史上重大问题的看法，开展研究和解决问题，发展从事艰苦工作所需的顽强意志和能力。该报告明确了杜克大学通识教育包含的 4 个知识领域，即艺术和文学、文明、社会科学、自然科学和数学，学生在每类通识课程中参加三门课程的学习才具备毕业的资格。自然科学课程包括生物学、物理学和环境科学，数学类课程包括普通数学、计算机科学和统计学。关于自然科学与数学类通识课程，报告明确要求学生至少学习两门自然科学课程，第三门课程可以是自然科学类课程，也可以是数学类课程。

《课程 2000》明确指出，高效的写作对于学习和交流至关重要。写作能力对人的反思能力、分析能力和表达能力都提出了很高的要求，只有经过长期的训练才能有所提高。为此，本科生要参加三门写作课程的学习，其中的一门在大学一年级开设。此外，写作教学应该渗透所有的学科，贯穿本科教学的整个阶段。经过训练，杜克大学的学生在写作方面要达到下列要求：以学术的、批判性的方法阅读；区分说明文和议论文等文体；分析、综合信息和观点；学会应用传统的图书馆检索、计算机和因特网等方法利用原始资料；熟悉学术论文的格式；阐述、支撑、审查、修订和完善论据；清晰地、引人入胜地写作；在了解不同学科的语境和传统的基础上写作。

曾担任普林斯顿大学学习课程委员主席的南希·韦斯·马尔基尔(Nancy Weiss Malkiel)指出，近半个世纪以来课程结构发生了很大的变化，许多新兴学科进入课程领域，分支学科纷纷涌现。为此，普林斯顿大学根据社会的需要及时修订了文科学士学生和工程类理学学士学生在通识教育方面的要求。根据修订后的计划，从1996年秋季学期起普林斯顿大学推行新的本科学生通识教育计划。根据这项计划，文科学士学生要分别在认识论与认知、伦理思想与道德观、历史分析、定量分析4个学科领域各学习1门课程，在文学与艺术、科学与技术(包括实验室)、社会分析3个学科领域各学习2门课程；工程类理学学士学生要在认识论与认知、伦理思想与道德观、外语、历史分析、文学与艺术、社会分析6个学科领域中选择4个领域，每个领域学习1门课程。

1980年，芝加哥大学创办的名为"小红校舍"(Little Red Schoolhouse)的写作课程计划在90年代继续面向学生开设。该课程计划旨在指导学生在下笔之前预判读者关注的焦点问题和期望，并在此基础上进行谋篇布局、起草初稿、修改、编辑等环节的工作，切实提高写作水平。考虑处于不同学习阶段的学生具有不同的写作基础，该课程为低年级本科生、高年级本科生、研究生、接受继续教育的学生设置了不同的教学内容。由于该计划针对性强、教学效果好，影响不断扩大，先后有杜克大学、乔治亚技术学院、南加州大学、伊利诺伊大学厄巴纳香槟分校引入该课程计划。

(二) 倡导探究式学习方式

博耶研究型大学本科生教育委员会所提倡的以研究为基础的学习模式在许多研究型大学的本科教育实践中得到了充分体现。这些大学清楚地认识到，那种以传递知识为主要目标的传统学习方式已远不能适应时代的需要，只有通过引导学生进行探究式学习的方式，才能培养学生发现问题、提出假设、论证检验、解决问题的能力，形成学生对个体、社会、自然的正确认识与观点。

特拉华大学是美国研究型大学实施探究式学习的突出代表。该校从1992年开始在医学课程中试行这种学习模式，至90年代末推广到所有理科基础课程。在这种教学模式下,老师不会给学生提供解决开放性的、现实生活中的问题所需的现成信息,学生要自己负责寻找和利用适宜的信息渠道。学生以小组为单位接受老师的指导,研究生在小组学习的过程中提供必要的帮助。1997年4月,美国科学基金表彰特拉华大学在探究性学习方式上取得的成就,并在全国推广这种遍布科学、数学、工程、技术等学科领域的本科教育改革。该校制定了"改革催化剂:基础课程与教学创新"项目,成立了本科教育转型研究所。根据该所的指导思想,本科课程应该帮助学生:进行批判性思维,增强分析与解决实际问题的能力;发展学生为解决问题而收集、评估资料的能力;获得在团队和小组中合作学习的经验;养成多种有效的交流技能①。经过不懈努力,特拉华大学本科教育转型研究所的探索取得了很大成功,影响不断扩大。到21世纪初,该校25%的老师参加了"基于问题的学习"研讨会或本科教育转型研究所的项目,超过150门课程已经或将要进行转型改造②。从1998年起,来自全国29所院校的66名教师成为该校本科教育转型研究所的兼职教师。不仅如此,比利时、墨西哥、澳大利亚、韩国等国家访问学者也通过多种形式参与这个本科教育转型研究所的工作③。

　　在《课程2000》中,杜克大学确定了跨文化探究、科学、技术与社会、伦理探究3个集中探究的领域,学生要从其中的每个领域选择两门课程进行学习。对于每个集中探索的领域,《课程2000》都阐明了设置该领域的理论基础、通过该领域的学习学生要达到的目标和对课程的具体要求及标准。例如,《课程2000》指出,通过跨文化探究课程的学习,学生要增进对不同文化、不同观点形成、强化与变革方式的理解;提高对不同国家的文化、制度、政策的认识,加深对这些方面与全球化进程相互影响方式的理解;辨别不同的文化传统,对有关个体与团体差异性的复杂而又相互对抗的观点进行批判性的评估;对于差异性随时间流逝演变的过程及其与物质环境、政治经济、社会影响力、特权、公正之间的关系理解正确;在特定文化和社会中的差异性和多样性认识不断深化的过程中,对科技、医学、宗教、审美、法律和其他分析模式发挥的作用进行探究;通过文化系统、政治经济和社会关系的方法考察已被广泛接受的正统观点。

---

① Barbara J. Duch, Susan E. Groh, Deborah E. Allen. *The Power of Problem-based Learning* [M]. Sterling: Stylus Publishing, LLC., 2001:14.

② Barbara J. Duch, Susan E. Groh, Deborah E. Allen. *The Power of Problem-based Learning* [M]. Sterling: Stylus Publishing, LLC., 2001:21.

③ Barbara J. Duch, Susan E. Groh, Deborah E. Allen. *The Power of Problem-based Learning* [M]. Sterling: Stylus Publishing, LLC., 2001:19.

为了帮助学生提高分析、探究的能力,杜克大学专门开设了"探究模式"课程,以提高学生的探究能力。杜克大学开设的"探究模式"课程有两种:一种是定量、归纳、演绎法,另一种是说明和审美法。定量、归纳、演绎法主要包括数据的获取及描述、量化方法、归纳与演绎的概念和结构3个主要方面。这种研究方法是数学、物理、生物、社会科学很多重要领域主要的研究方法,在科学技术越来越重要的社会里,在政治经济政策的形成和制定的过程中发挥巨大的作用,熟练掌握这种方法是一个人接受过良好教育的标志。通过学习这种方法,学生要了解可靠与有效数据的标准及描述方式、描述性推论及因果性推论的要件;理解统计描述和统计推断的方法及其在分析数据与检验假说中的应用;理解数学方法的概念与结构;在哲学等涉及形式逻辑的课程中运用演绎法与归纳法。在论及说明和审美法时杜克大学指出,人类表达思想感情的方式既有戏剧、舞蹈、音乐、视觉艺术等行为表演模式,也有文学、文化研究、艺术史、哲学、宗教研究等说明解说形式,通过学习说明与审美法,学生要对不同的表现形式形成正确的认识,具有体验、解释、展示不同表现形式的能力。

除特拉华大学、杜克大学以外,许多研究型大学同样采用了这种以解决实际问题为核心的探究性学习模式。

(三)鼓励本科学生参加科学研究活动

尽管早在19世纪中后期美国部分高校就从德国引入科研与教学相统一的原则,承担起进行科学研究的职能,但直至20世纪80年代以前,美国大学的科学研究大都仅限于教师队伍和研究生。也就是说,教学与研究相结合的原则主要是在教师和研究生的层次上实现的,科研与本科学生之间处于隔离状态。只是到了20世纪末期,美国大学,特别是研究型大学才逐渐重视本科生的科学研究,本科生科研才成为重建本科教育、培养创新型人才的重要方面。

根据本科生科研理事会的定义:"本科生科研是指由本科生实施的,对本学科做出原创性、学术性、创造性贡献的探究或调查。"[①]杰佛瑞·M.奥斯本(Jeffrey M. Osborn)等人认为本科生科研具有以下特征:①指导性。本科生与教师之间建立起密切的、严谨的合作关系,在研究过程中接受老师的指导。②创造性。学生要对有价值的科研项目或计划做出有意义的、实实在在的贡献。③可接受性。本科生采用的研究技术和方法在本学科范围内是适合的、被广泛认可的。④传播性。

---

① About CUR [EB/OL]. http://www.cur.org/about_cur. [2011-04-15].

学生取得最终科研成果要经过同行评价,或按照本学科标准接受审议①。

麻省理工学院是美国最早推出本科学生研究方案的大学之一。1969年秋,玛格丽特·L. A. 麦克维卡(Margaret L. A. MacVicar)听从埃德温·H. 兰德(Edwin H. Land)的建议,成立了"本科生研究机会计划"。该计划旨在鼓励各年级、各专业的本科学生参加教师的整个科研过程。学生可以帮助撰写研究方案,完善研究计划,开展实际研究,分析实验数据,以口头或书面的形式报告研究成果等。在校长的支持下,该项目在最初只有25名学生的基础上发展非常迅速。诺玛·C.迈克-诺兰德(Norma C. McGavern-Noland)继任该计划主任后于1993年推出了一项辅导项目,由至少具有一年以上研究经历的学生对有兴趣参加该计划的学生进行指导。该项目具有双重目的:一方面希望参加计划的学生可以获得一些经验,另一方面有一定研究经历的学生可以学会指导新手的技巧。至1995年,该计划吸引了3/4的本科生、超过一半的教师,每年发表论文100多篇②。根据1998年的一项调查,全校参加一项以上研究项目的学生比例为48%,只参加一项研究项目的学生比例为35%③。

参加"本科生研究机会计划"的学生可以选择申请学分,也可以选择取得报酬或担任志愿者。申请学分的学生不能够取得报酬,但取得报酬或担任志愿者的学生如果在科研活动中能够完成任务并取得指导老师的认可,则可获得一份可纳入成绩报告单的书面证明。申请学分的学生要在规定期限前提出申请,学分的分值由指导教师根据所在院系的规定确定。学生也可以在从事该计划研究的基础上撰写论文,以取得论文学分。学生参加该计划所取得的报酬大都来自指导教师的科研经费或所在院系的资助,也有一小部分的学生可以获得"本科生研究计划"办公室的直接资助。

加州大学伯克利分校的"本科生科研学徒计划"是美国研究型大学在90年代推出的较有影响的本科生科研项目。1991年秋,为了吸收学生深度参加学校的科

① Mary K. Body, Jodi L. Wesemann. _Broadening Participation in Undergraduate Research: Fostering Excellence and Enhancing the Impact_ [M]. Washington, D. C.: Council on Undergraduate Research, 2009: 42.

② Undergraduate Research Opportunities Program (UROP) [EB/OL]. http://libraries.mit. edu/sites/mithistory/institute/offices/undergraduate-research-opportunities-program-urop. [2011-04-16].

③ Carolyn Ash Merkel. _Undergraduate Research at Six Research Universities: a Pilot Study for the Association of American Universities_ [R]. Washington, DC: Association of American Universities, 2001: 31

研活动、加深自己专业兴趣内的知识和技能的理解、获得以科研团队的形式从事科研活动的经历,加州大学伯克利分校创建了该计划。参加该项计划的学生以学徒的身份参加指导教师的科研项目,指导老师在每个学期开学之初面向学生发布研究信息,简要介绍自己正在从事的研究项目,公布需要的本科生人数、岗位职责及申请者应具备的条件。学生的申请经审核通过后要与指导教师商定研究计划及具体要求,并签订学习合同。根据规定,只有平均学分在 2.0 以上的学生才有资格申请该计划。学习合同签订之后,学生每周要投入 3～6 小时的时间从事项目研究。为提高学生从事跨学科研究的能力,该计划允许学生向本专业之外的其他院系的老师提出申请。在学期内参加该计划的学生可以获得学分,如果在暑假期间继续从事项目研究,则可以申请夏季项目基金。基金的数额为 2500 美元,且名额有限。该计划向参加该项目的教师发放一定的补助,以鼓励他们指导学生的积极性。由于措施得力,该计划一经推出就受到师生的欢迎。1996～1997 至 2001～2002 学年,参加该项目的学生人数增加了 75％,参加的学院也由原来仅有一所文理学院扩充到该校的所有学院。在此期间该项目执行情况如表 5-5 所示。

表 5-5　加州大学伯克利分校"本科生科研学徒计划"实施情况(1996～2002 年)

时　　间	1996～1997	1997～1998	1998～1999	1999～2000	2000～2001	2001～2002
签订的学习合同数量	450	561	518	574	605	774
学生	338	429	352	415	473	594
指导教师	150	174	147	152	162	192
科、系	51	52	53	51	45	50

学生除参加教师主导的科研项目之外,还可在学校和院系的资助下独立进行科学研究。加州大学伯克利分校的"校长研究奖学金计划"、麦克纳尔学者计划、哈斯学者计划等众多项目都对本科生独立开展的科学研究提供资助。哈斯学者计划面向全校所有专业,根据学生撰写的研究方案的学术价值和创新性,每年遴选 20 名优秀本科生予以资助。

为了更好地促进本科生科研活动的开展,许多研究型大学设立了专门负责本科生科研活动的机构,负责组织、实施、信息交流等方面的工作,也有一些本科生教育办公室负责类似的工作。据博耶研究型大学本科教育委员会的调查,接近 60％的研究型大学成立了校级本科生科研管理机构,33％的研究型大学不设校级管理机构,本科生科研实施院级管理,另外 7％的研究型大学在校级和院级都没有设立本科生科研的管理机构①。

此外，美国的研究型大学还创办种类繁多的期刊杂志，为本科生发表研究成果和进行学术交流创造条件。以加州大学伯克利分校为例，该校拥有《伯克利本科生杂志》、《伯克利科学》、《克莱奥卷轴》(Clio's Scroll)、《思想者》、《物理科学评论》、《政治家》等针对不同学科领域学生的刊物。这些刊物由学生编辑、出版，为学生服务。学生在撰写、修改、发表论文的过程中学习论文规范和写作技巧，学会与编辑沟通交流，全面提高从事科学研究的素质。

（四）改革教师激励机制，促进教师全面发展和开展本科教学活动

教学内容的改革、教学模式的改进以及本科生科研活动的开展固然重要，然而没有教师的积极参与，所有这些都很容易流于空谈。因此，在20世纪90年代研究型大学本科教育重建的过程中，许多大学采取了诸多有力措施，改革教师激励机制，鼓励教师全面发展和积极高效地开展本科教学活动。

鼓励教授参与本科教学是20世纪90年代研究型大学本科教育改革最普遍的措施之一。如加州大学伯克利分校在田长霖任校长期间（1990～1997年），高度重视本科教学特别是低年级的本科教学，安排最有名的、最有经验的教师，甚至获得过诺贝尔奖的教授讲授一、二年级的课程，田长霖本人也曾亲自为一年级的学生开设一门人文学科课程②。

范德比尔特大学在学校和学院两个层面都设有鼓励本科教学的奖项。在学校层面，范德比尔特大学专门设有课堂教学优秀奖和本科教学优秀奖。在后一项奖项评选中，候选人要接受学生的网络评议，小组最终确定获奖人选。学生的评议标准包括候选人对学生学习关心的程度、对课堂教学的组织与投入、学业评估标准的清晰与公正、课后对学生的辅导与帮助等③。学院设置的本科教学奖项各不相同。比如，文理学院共设有3个本科教学奖项，其中哈里特·S.吉列姆奖(Harriet S. Gilliam Award)在1995年设立，奖励在本科教学中取得优异成绩的讲师或高级讲

① The Boyer Commission on Educating Undergraduate in the Research University. *Reinventing Undergraduate Education*：*Three Years After the Boyer Report* [R]. Princeton：Carngie Foundation for the Advancement of Teaching, 2002：9.
② 教育部教育管理信息中心. 美国伯克利加大校长田长霖访问记录[J]. 世界教育信息，1991 (3).
③ Faculty Awards [EB/OL]. http：// www. vanderbilt. edu/publicaffairs/faculty-awards/. [2011-04-16].

师。获奖者须具有 5 个学期以上的教学经历,在学生社团成员的评议中排名靠前。该奖每年一个名额,获奖教师获得现金奖励。截至 2011 年,共有来自 11 个学科教师获得该奖项。除本科教学奖外,该学院还设有新生辅导奖和研究生助教奖各一项①。

至 20 世纪 90 年代末,斯坦福大学久负盛名的校级本科教学奖有两项,即沃特·J.格尔斯奖(Walter J. Gores Award)和劳埃德·W.丁克尔施皮尔奖(Lloyd W. Dinkelspiel Award)。人文与科学学院、教育学院、法学院、工程学院、地球科学学院、医学院、工商管理研究生院等斯坦福大学所有学院也都设有本院的教学奖。此外,斯坦福大学还设置了 4 项由学生社团推选的教学奖项。其中大学优等生荣誉协会奖不仅奖励在课堂教学中取得优异成绩的教师,也表彰在鼓励学生进行批判性及解析性思维、积极参加学生社团、影响学生思考当今世界问题的方式、关心并指导学生的观点和思考问题的方法等方面展现出非凡才华的教师②。除评选教学奖项之外,斯坦福大学还设立了多种资助项目,为致力于本科教学探索的教师提供资金支持。

博耶研究型大学本科教育委员会 2002 年的报告显示,35.2%的受访院校认为本科教学是进行晋升与授予终身教职决策时一个重要的参考指标。45.1%的受访院校表明在过去的 3 年中已经采取了新的改革措施,以鼓励教师在本科教育中取得优异成绩。除授予终身教职外,几乎所有的院校都制定、实施奖励在本科教育中取得优异成绩教师的措施。在回答"在鼓励本科教育领域优异成绩方面采取何种教师奖励政策?"问题时,90%的受访院校回答说对教学活动实施了奖励,74%的院校对课程发展进行资助,43%的院校对课程教学之外的本科教学活动进行奖励,20%的院校对讲授核心课程的教师给予工资补贴③。

研究型大学鼓励教师参加本科教学活动的措施,极大地调动了拥有高级职称的教师面向本科学生开展教学工作。美国国家教育统计中心的数据显示,1999 年时,在授予博士学位的公立大学从事教学工作的教师中,33.9%是教授、27.2%是副教授、24.1%是助理教授、9.4%是讲师。授予博士学位的私立非营利大学从事教学工作的教师队伍中,36.6%是教授、25.7%是副教授、23.8%是助理教授、9.7%是

① Faculty and Graduats Student Awards [EB/OL]. http：// as. vanderbilt. edu/overview/ awards/. [2011-04-14].

② Awards and Graduation Honors [EB/OL]. https：// undergrad. stanford. edu/opportunities-research/awards-grad-honors. [2011-04-16].

③ The Boyer Commission on Educating Undergraduate in the Research University. *Reinventing Undergraduate Education：Three Years After the Boyer Report* [R]. Princeton：Carngie Foundation for the Advancement of Teaching, 2002：26.

讲师。拥有博士学位的从事教学工作的教师比例,在授予博士学位的公立大学中为 83.8%,私立非营利大学为 90.0%[①]。

在博耶研究型大学本科教育委员会报告等因素的推动下,20 世纪 90 年代美国的研究型大学发挥利用科研基础雄厚、教师科研水平高的优势,紧扣教育与科研结合这根主线,经历了全方位、深层次的重建过程。在教学内容上,研究型大学适应知识型社会对人的素质提出更高要求,拓展通识教育的范围,自然科学、跨学科课程在通识教育中比重有了很大的提高,培养交流、沟通能力的演讲、写作等学科受到了明显重视。在教学方法上,研究型大学普遍采用探究性学习模式,引导学生着眼社会上或科学研究中存在的实际问题,应用多种思维方法和手段,利用在课堂上所学到的知识,寻求解决问题的答案。更重要的是,研究型大学不是满足于学习研究的方法,而是通过多种措施鼓励、引导本科生从事真正的科学研究,为他们研究项目的申报、方案的评议、成果的发表搭建平台。当然,面向学生的一切重建措施都离不开教师的广泛参与,研究型大学普遍采取鼓励措施引导高水平教师从事本科教学工作,并对本科生的科研活动给予指导。

第四节　营利性大学的多样化发展

在美国,营利性高等教育机构最早可追溯到殖民地时期,不过这类院校直至"二战"结束之后才真正得以快速发展起来。1944 年 G. I. 法案的颁布,明确了联邦政府对营利性大学的学生予以财政资助的政策,为营利性大学的发展奠定了稳定的基础。营利性大学在证券市场获准上市,更使其极大地拓宽了融资渠道。至 20世纪 90 年代,营利性大学已经成为美国高等教育系统的重要组成部分,在增加高等教育的入学机会、满足经济发展的需要、建立终身教育体制等方面发挥了积极的作用,对世界其他国家教育的改革产生了一定的影响。

一、营利性大学快速发展的政策动因

"二战"之后,为了迅速、高效地安置复员美军士兵的生活和工作,1944 年 6 月美国颁布了 G. I. 法案。其第 1 条明确规定:"给予复员的男、女军人重新接受教育、技术培训,或参加进修课程的机会。政府不仅免除他们每学年高达 500 美元的

---

① 数据来源:美国国家教育统计中心,http://nces.edu.gov.

学费,还要给予他们在就学期间享有按月领取生活补助的权利。"①在法案颁布后的 7 年里,大约有 800 万退伍军人在联邦政府的资助下参加了各种形式的教育培训,其中:230 万人到大学就读、350 万人到中学就读、340 万人接受了在职岗位培训②。根据该法案的规定,营利性学院获得了与公立学院和非营利性私立学院同等的为复员军人提供教育或培训的机会,到营利性学院接受教育的复员军人同样可以获得联邦政府的学费和生活费补贴。1952 年,联邦政府进一步要求所有参加复员军人教育培训计划的营利性学院要首先通过资格认证。为了落实这项要求,全国商业学校协会及委员会专门成立了商业学校认证委员会。1972 年美国《高等教育法修正案》进一步明确了学生享有选择不同类型中学后教育机构的权利,对学生资助的范围扩大到职业、营利性大学在内的所有中学后教育机构。

为了保障学生的权益,减少劣质院校的欺诈行为,联邦政府和州政府采取调查等形式,加强对营利性大学办学行为的监管。20 世纪 50~70 年代,一些达不到标准的营利性大学被勒令关闭。20 世纪 80 年代,联邦政府加强了对营利性大学学生贷款过程中欺诈行为的调查。1982 年《高等教育法修正案》专门制定了针对营利性大学不法办学行为的条款。一系列法律、条例的制定,使得政府监控、管理营利性大学的制度体系更加健全和完善。

G. I. 法案的实施以及联邦政府和州政府颁布推行的一系列其他相关政策措施对"二战"后营利性大学的发展起到了重要的推动作用,为营利性大学获得与非营利性的公立和私立院校同等的法律地位提供了政策和法律保障,同时也为营利性大学的快速发展营造了良好的外部环境。正是在联邦政府和州政府的积极推动下,营利性大学在 20 世纪后半期获得了难得的发展机遇,使营利性大学进入了新的发展阶段。

二、营利性大学的多样化发展战略

1994 年阿波罗集团(凤凰城大学的拥有者)在纽约证券交易所的成功上市,标志着美国营利性高等教育机构进入多样化发展阶段,凤凰城大学因此成为美国第

---

① Transcript of Servicemen's Readjustment Act (1944) [EB/OL]. http://www. ourdocuments. gov/doc. php?flash=true&doc=76&page=transcript. [2012-07-10].
② Servicemen's Readjustment Act (1944) [EB/OL]. http://www. ourdocuments. gov/doc. php?flash=old&doc=76. [2012-07-10].

一所发行股票并上市交易的营利性高等教育机构。从此,美国的营利性大学的融资渠道、办学方式等领域出现了明显的变化,并因此进入了多样化发展的新阶段。

(一)营利性大学所有制形式的多样化——以凤凰城大学为例

1973 年,约翰·斯伯林(John Sperling)创办了社区研究与发展学院,后更名为专业发展学院,1977 年他又创建了凤凰城大学。1981 年,专业发展学院与凤凰城大学合并,组建阿波罗集团。1994 年,阿波罗集团在证券交易所成功上市。

1994 年阿波罗集团上市之初,凤凰城大学设有分校 33 所,专业发展学院拥有教学点 27 个,两个教育机构共有在校生 27 469 人。在资本市场上筹措的资金,为阿波罗集团插上了腾飞的翅膀。至 1998 年,凤凰城大学已在全美 32 个州以及波多黎各和伦敦等地设有 110 个分校或学习中心,拥有副学士、学士、硕士和博士学位的授予权①。到 21 世纪初,阿波罗集团已经成为美国规模最大的经营营利性高等教育的上市公司,其市值总额占全国经营营利性大学企业市值的一半左右,在校生人数占同类院校在校生总数的 1/3。2003 财政年度,阿波罗集团实现收入 13.39 亿美元,其中纯收入 2.36 亿美元,普通股票摊薄后每股净收益 1.25 美元。

在阿波罗公司的示范和带动下,先后有多家经营营利性教育的公司在证券交易所上市,其中包括职业教育公司、科林斯学院、教育管理公司、ITT 教育服务公司、环球技术学院等。至世纪之交,全美 12 家上市的营利教育公司共有营利性教育机构 890 所,在校生总数超过 800 000 人②,上市公司型营利性大学逐渐发展成为美国营利性高等教育的主体。经营营利性教育的公司上市情况如表 5-6 所示。

表 5-6 美国营利性院校经营企业上市情况③

公　司	成立年份	上市年份	市值(百万美元)	学校数量	在校生人数
阿波罗集团	1973	1994	14 968	227	267 900
职业教育公司	1994	1998	4 125	82	97 300
协和职业学院	1986	1988	109	12	7 700

---

① Apollo Group, Inc. History [EB/OL]. http: // www. fundinguniverse. com/company-histories/apollo-group-inc-history/. [2012-07-10].

② Kevin Kinser. *From Main Street to Wall Street*: *the Transformation of For-Profit Higher Education* [M]. San Francisco: Jossey-Bass Inc. Pub. , 2006: 45.

③ Kevin Kinser. *From Main Street to Wall Street*: *the Transformation of For-Profit Higher Education* [M]. San Francisco: Jossey-Bass Inc. Pub. , 2006: 45.

（续表）

公　司	成立年份	上市年份	市值(百万美元)	学校数量	在校生人数
科林斯学院	1995	1999	1 638	151	64 800
德瑞大学	1931	1991	1 161	76	55 000
教育管理公司	1962	1996	2 338	67	58 800
EVCI 职业学院	1997	1999	115	5	2 800
ITT 教育服务公司	1963	1994	2 134	77	42 200
楷博高等教育	1940	1996	无资料	70	45 000
桂冠教育	1979	1993	2 165	43	155 000
斯特雷耶教育	1892	1996	1 683	30	23 000
环球技术学院	1965	2003	996	29	13 000

　　从所有制类型来看，除上市公司型院校之外，美国营利性大学还有独资企业型院校、合资企业型院校两种形式。独资企业型院校由某一个企业家个人或其家庭成员出资创办。合资企业型院校的资金来自于两个以上个体或独资企业，共同的兴趣和追求把他们联系到一起。据统计，2002 年，独资企业型及合资企业性营利性大学的数量为 538 所，同期的上市公司性院校的数量为 360 所[①]。

　　（二）营利性大学区位分布的多样化

　　美国营利性大学的多样性不仅体现在所有制形式上，也体现在其校区的区位分布方面。区位分布指一所营利性大学分校的数量及覆盖的范围。从数量上看，营利性大学可以仅有一所校舍，也可以拥有两所以上的分校。从覆盖范围来说，仅有一所校舍的营利性大学的招生范围一般仅限于一个州，而拥有分校的院校则可能跨州办学，即在两个以上的州设立分校。美国各州之间管理营利性大学的政策存在很大的差异，颁布在不同州的分校必须满足所在州的办学标准。并且，维持各分校的正常运行也需要管理者具有很高的综合协调能力，以充分发挥试验设备、图书资料等基础设施的作用，提高使用的效率。美国学者凯文·金瑟(Kevin Kinser)通过对营利性大学分校数量和覆盖范围的分析，把营利性大学划分为邻里型院校、地区型院校和国家型院校三种形式。邻里型院校覆盖范围仅限于一个州之内，地

① Kevin Kinser. *From Main Street to Wall Street*: *the Transformation of For-Profit Higher Education* [M]. San Francisco: Jossey-Bass Inc. Pub., 2006: 35.

区性院校分校的覆盖范围至少在两个州之上,而国家性院校则覆盖多个州,在全美范围内具有一定的影响。

(三)营利性大学可授学位层次与类型的多样化

与公立院校、私立非营利院校一样,营利性大学既可以授予副学士学位、学士学位,也可以授予硕士学位,少数高水平学校甚至可以授予博士学位。从颁发最高学位的层次来看,美国的营利性大学可以划分为学校(Institute)、学院(College)和大学(University)三种类型。学校一般为两年制,颁发的最高学位为副学士学位;学院一般为四年制,颁发的最高学位为学士学位;大学也是四年制,但其颁发的最高学位是硕士、博士学位或专业学位。很显然,拥有学位授予权,特别是可授学位类型与层次的日渐多样化,将使营利性大学在吸引更多生源方面更具竞争力。因此,积极争取学位授予权和扩大学位授予层次与类型成为营利性大学的共同选择。具有学位授予权的营利性大学数量随之不断增长,据统计,2002 年拥有学位授予权的各类营利性大学数量已经接近 1 000 所,主要数据如表 5-7 所示。

表 5-7　2002 年美国拥有学位授予权的营利性大学分类统计①

学校类型	学校数量		平均在校生人数	
	上市公司型院校	独资/合资企业型院校	上市公司型院校	独资/合资企业型院校
邻里型学校	62	303	711	352
邻里型学院	26	46	1 206	622
邻里型大学	14	34	988	825
地区型学校	15	26	730	204
地区型学院	4	7	762	819
地区型大学	4	5	605	86
国家型学校	47	76	481	384
国家型学院	49	35	651	404
国家型大学	138	6	2 496	1 014
合计	360	538	1 189	410

① Kevin Kinser. *From Main Street to Wall Street*: *the Transformation of For-Profit Higher Education* [M]. San Francisco: Jossey-Bass Inc. Pub., 2006: 35.

学位授予权层次与类型的扩充给营利性大学的发展带来了巨大机遇。1990年美国营利性院校4年制在校生为59243人,2000年增加到257885人,10年间增长了3.35倍;1990年营利性院校两年制在校生154450人,2000年增加到192199人,增长了24%①。营利性院校的迅速发展在学校数量的扩充方面体现得同样明显。1990~1991年度美国共有营利性院校343所(四年制院校64所,两年制院校27所),10年后的2000~2001年度,营利性院校扩充到789所(其中四年制院校369所,两年制院校510所),增加了1.3倍②。

三、营利性大学快速发展的影响

由于政府的推动和多样化发展战略的实施,营利性大学在20世纪90年代获得长足发展,并迅速在美国高等教育体系中占据重要位置,为地方经济发展做出显著贡献。

(一)增加了高等教育的入学机会

营利性院校在管理、教学等方面独特的优势,吸引了越来越多的学生踏进营利性院校的大门。1994年秋,全美有学位授予权的高等学校在校生总数为14278790人,其中营利性大学在校生人数为235003人,占在校生总数的1.65%。至2000年秋,全美有学位授予权的高等学校在校生总数为15312289人,其中营利性大学在校生人数为450084人,占在校生总数的2.94%。在6年中,营利性大学在校生人数增加了1.91倍,营利性大学在校生数占同期全美高等院校在校生总数的比例增加了1.29%③。营利性院校在校生人数及其在高等学校在校生总数中所占的比例迅速增加的事实表明,此类院校在增加高等教育入学机会、建设学习化社会方面发挥了重要作用。

(二)满足经济发展的需求

为了在公立院校和私立非营利院校占据绝对主导地位的大格局中生存和发展,营利性院校纷纷采取了紧密结合当地社会经济发展的实际需要、培养地方适用

---

① 美国国家教育统计中心,http://nces.ed.gov/.
② 美国国家教育统计中心,http://nces.ed.gov/.
③ 美国国家教育统计中心,http://nces.ed.gov/.

性人才的发展模式。与公立院校和非营利私立院校相比，营利院校更加关注与经济发展密切相关的领域，设置符合人才市场需要的专业。根据联邦教育部的统计，营利性院校授予的学位中，商学、计算机及信息科学、健康及相关专业、视觉及表演艺术等领域的学生人数最多。在人才层次上，营利性院校以培养副学士、学士水平的人才为主要办学方向。1999～2000年度美国营利性院校颁发101629个学位中，副学士学位70150个，占学位总数的69%；学士学位20062个，占总数的19.7%；硕士和博士共11417人，所占的比例仅为11%①。

（三）推动终身教育体制的完善

营利性院校适应现代社会的特点，采取灵活多样的措施，吸引各个年龄段的公民，满足他们补偿性、发展性的高等教育需求，在终身教育体制的建设中发挥了重要作用。与公立学校和私立非营利性院校相比，营利性院校在学生年龄层次和就学方式等方面都体现出鲜明的特点。在2001年秋美国营利性院校527501名在校生中，学生最多的两个年龄阶段分别是25～29岁和22～24岁，人数分别为86548人和68887人。同期，公立院校和私立非营利性院校学生最多的两个年龄阶段均为18～19岁和20～21岁。其中，在私立非营利院校3167330名在校生中，18～19岁的学生688490人，20～21岁的学生666465人②。由此可见，美国营利性院校的学生大多处在传统意义上的高等教育入学年龄之外。

20世纪90年代的美国教育呈现明显的多元发展格局。在基础教育领域，联邦政府的影响力与日俱增，克林顿政府提出的国家教育目标与国家教育标准进一步强化了联邦政府在教育改革中的导向性作用。以特许学校为代表的一系列择校方案的实施扩大了家长和孩子们的教育选择权，尽管存有争议，但择校还是被视为"20世纪90年代的学校改革运动的主旋律"③。研究型大学的本科教育改革仍然是这一时期高等教育领域的重要内容，而营利性大学的快速发展则充分体现出美国高等教育的多样化特征与走向。

① 美国国家教育统计中心，http://nces.ed.gov/.
② 美国国家教育统计中心，http://nces.ed.gov/.
③ ［美］L.迪安·韦布.美国教育史：一场伟大的美国实验［M］.陈露茜，李朝阳译.合肥：时代出版传媒股份有限公司/安徽教育出版社，2010:399.

第六章
21 世纪以来的美国教育

进入 21 世纪,美国所面临的国内外形势出现了重大变化,特别是 2001 年发生的"9·11"事件,这一震惊世界的恐怖事件对包括教育在内的美国社会各个领域在 21 世纪的发展轨迹产生了深刻的影响。在国家战略发生转移的背景下,美国联邦政府在教育领域采取了一系列改革举措,新世纪的美国教育由此呈现明显的时代特征。

第一节 "9·11"事件对美国教育的影响

2001 年 9 月 11 日,美国本土遭受到"二战"结束以来最严重的恐怖袭击,纽约著名的地标性建筑世界贸易中心双塔大厦被毁,包括美国国防部总部所在地五角大楼在内的多所建筑受损,数千人在袭击中遇难,直接经济损失超过 30 亿美元。"9·11"事件对美国社会产生了严重冲击,长期以来美国人所形成的对国家和自身安全的自信似乎在一夜之间便不复存在。2001 年初刚刚就任的布什总统(George Walker Bush)及其政府面临着前所未有的挑战。

为了打击恐怖势力,维护美国国家安全,布什政府在"9·11"事件后对其国家发展战略进行了重大调整。作为整体战略的一部分,美国国家教育战略亦出现了新的变化,教育为国家利益服务的价值取向得到进一步加强,旨在强化国家认同、倡导爱国主义、弘扬美国核心价值理念的公民教育在全国范围内被迅速推广,其高等教育的国际化格局也出现了新的发展趋向。

一、联邦政府教育战略的调整

2000 年,在进入新世纪之际,美国教育部曾制定了一份《教育战略规划 2001~

2005》（简称《01～05 规划》），提出了"在全国确保教育机会均等并推进教育卓越"的教育发展总体目标，同时制定了四项子目标作为规划实施的具体指导。这四项目标包括："为所有儿童的学习建立一个坚实的基础"、"改革美国教育体系，使其成为全球最佳"、"确保人人有接受高质量中等后及终身教育的机会"、"使教育部成为一个高绩效的组织。"①在正常情况下，这份体现联邦政府意志的战略规划应该成为指导未来 5 年（2001～2005 年）美国教育发展的纲领性文件。对于 2001 年初上任的布什总统而言，尽管该规划并非是由他所领导的联邦政府（教育部）制定的，但这份规划所倡导的"平等"、"卓越"等核心价值理念与他在总统竞选期间提出的教育主张总体上是相一致的，而且布什在就任总统后第三天（2001 年 1 月 23 日）即提交给国会的《不让一个孩子掉队》计划已经充分体现了其有关教育改革的主张，因此布什总统最初并没有对此规划进行大幅修正的意图。不过，随着"9·11"事件的发生，《01～05 规划》的命运出现了变化。为了应对恐怖袭击事件带来的一系列影响，布什政府的国家战略出现了重大转变，教育战略随之亦有了进行调整的必要，这为布什政府制定新的教育战略规划提供了背景依据。

在布什政府的主导下，2002 年，美国教育部制定并颁布了新的教育发展五年规划，即《教育战略规划 2002～2007》（简称《02～07 规划》）。新的教育战略规划的制定和颁布，反映了布什政府对"9·11"事件的教育回应，同时也预示了美国教育发展的新的战略趋向。

与《01～05 规划》相比，《02～07 规划》最显著的变化在于对教育为国家利益服务的价值取向的彰显和强调。这显然是受到了"9·11"事件的影响。时任联邦教育部长罗德·佩奇（Rod Paige）在为《02～07 规划》撰写的说明中谈到，"9·11"事件重创了美国，让民众经受了巨大的痛苦，但同时，这一事件也唤醒了美国人的坚强意志，唤醒了美国人的爱国主义和团队精神，对于教育而言，"'9·11'事件使得教育比以往都更加重要，使得实现如下目标——加强学生的学业成就、培养青年人的健全人格和公民精神、提高教育研究的质量——变得比以往都更加紧迫"，"自将近 20 年前《教育改革势在必行》发表以来，我们已经认可了我们的教育系统对国家经济的重要性，现在我们认同它对我们国家安全和在加强民主体制自身的重要性"。佩奇还特别强调，"我们承诺不让一个孩子掉队，作为回应，国家可以要求我们的年轻人运用他们的技能和知识来保卫我们的人民，为我们的经济做出贡献，重

---

① U. S. Department of Education. Strategic Plan 2001-2005 [EB/OL]. http：// www2. ed. gov/pubs/stratplan2001-05/index. html. [2012-06-20].

建我们的社会,加强我们的民主体制"①。作为联邦教育部长,佩奇的这段话明确无疑地表明联邦政府对加强教育服务国家职能的重视和强调,充分显露美国教育战略的"国家利益"倾向。在《02~07 规划》确定的教育发展战略目标中,《01~05规划》原有的四项目标扩充为六项,其中第三项战略目标中有关"提升我国青年人的坚强品格和公民精神"的内容是此前《01~05 规划》未提及的,对"公民精神"的强调,充分体现"9·11"事件对美国教育战略调整的影响。

教育对国家安全的重要性首先体现在其高效率和高质量的人才培养,亦即反映在教育"机会均等"和"质量卓越"两个方面,这也是联邦政府教育战略规划将"平等"和"卓越"置于其中心使命的原因所在,如联邦教育部先后制定的《01~05 规划》和《02~07 规划》均将美国教育发展的总体目标确定为"在全国确保教育机会均等并推进教育卓越"。不过,从规划所强调的重点来看,与《01~05 规划》相比,《02~07 规划》中关于"平等"和"卓越"两者之间相互关系的界定出现了一些变化。在《01~05 规划》中,上述两个中心使命是平行或并重的关系,而在《02~07 规划》中,"卓越"则成为上位或终极目标,而"平等"更多地成为服务于"卓越"的前摄性目标。《02~07 规划》明确提出:"任何教育机构的终极目标都是提高学生的学业成就,以使每个人都能够为我们的民主体制、经济和社会做出贡献,生活在他们自己的美国梦想之中。"②这其实蕴含两层含义:首先,美国教育体系已经培养出一批优异的儿童,但个别性的优异不能替代"每个人"的优异,美国教育不应止步于"一批"学生的"卓越",而应该追求大面积的甚至是全体学生的"卓越";其次,"平等"与"卓越"已不再是一种并列的关系,"平等"背后是追求"卓越",前者应服从和服务于后者,"平等"只是一个假性目的,"卓越"——每个人的"卓越"——才是美国教育的真实目的③。由此,美国教育的"卓越"目标在地位和内涵上均得到了提升和扩充,这也是"9·11"事件后美国教育战略调整的具体体现。

"9·11"事件后美国联邦教育战略调整的另一个表现是,布什政府开始努力推动并最终做出重返联合国教科文组织的决定。联合国教科文组织创立于"二战"结

---

① U. S. Department of Education. *Strategic Plan 2002-2007* [Z]. Washington, D. C. : ED Pubs, Education Publications Center, U. S. Department of Education, 2002: Secretary's Statement.

② U. S. Department of Education. *Strategic Plan 2002-2007* [Z]. Washington D. C. : ED Pubs, Education Publications Center, U. S. Department of Education, 2002: 1.

③ 冯大鸣. 美国国家教育战略的新走向——《美国教育部 2002~2007 年战略规划》评析[J]. 外国教育研究,2004(1).

束后的 1946 年,美国是该组织的创始国之一。1984 年,美国政府出于对苏联操控联合国教科文组织的抵制,决定退出该机构。冷战结束后,美国开始出现有关重返联合国教科文组织的呼声,但直至 2001 年初布什总统上任之后,美国政府始终未对此明确表态。"9·11"事件发生后,联邦政府对重返联合国教科文组织的态度出现了明显转变,教育部长佩奇甚至派出一支高规格代表团参加教科文组织于同年在日内瓦召开的一个国际会议,佩奇本人也曾两度会晤教科文组织总干事长,探讨美国重返该组织的问题。2003 年 9 月,在"9·11"事件发生两年之后,美国正式重新成为联合国教科文组织的成员国。

美国政府为何会在"9·11"事件后最终做出重返联合国教科文组织的决定?或者说"9·11"事件为何会成为影响美国政府做出这一决定的关键性因素? 这与"9·11"事件后美国社会对发挥教育在国际文化交流方面的影响力的反思有密切关联。作为国际社会影响最为广泛的教育、文化交流机构,联合国教科文组织最初的远景目标并不仅仅是扩大全民接受教育的机会,而且还包含了教育的道德目的:培育儿童学会理解不同文化背景下的人们互相之间的宽容和理解,在人们头脑中构建捍卫和平的防线①。1984 年美国选择退出联合国教科文组织,在某种程度上也就意味着失去了以该机构为平台参与甚至主导国际教育和文化交流以及宣传美国核心价值的机会,而"9·11"事件的背后很显然存在着缺乏文化交流及价值包容的因素,美国和阿拉伯地区在彼此文化与价值观念上的敌对甚至是相互仇视在很大程度上是酿成这一恐怖事件的重要原因之一,这恐怕是美国在当初选择退出联合国教科文组织时所始料未及的。

"9·11"事件发生后,美国人不由自主地会思考如下问题:为什么是美国? 为什么美国会被仇视? 原因恰恰是"世界不了解美国"。那么,如何才能让世界了解美国,减少美国潜在的敌人? 如何才能更好地维护美国的国家安全,最大限度地降低类似于"9·11"事件的发生? 这一方面当然要强调提高军事威慑能力的重要性,但另一方面也需要通过加强国际文化交流以在更广泛的范围内推广美国的价值观念,减少文化上的仇视及由此所导致的恐怖威胁。而联合国教科文组织显然是实现这一目的的有效平台。因此对美国而言,重返联合国教科文组织,充分发挥这一教育文化交流平台的作用,是深刻反思"9·11"事件带来的必然结果。通过重返联合国教科文组织,"旨在增强与世界沟通的'公共外交'被重新拾起和强化,而利用联合国教科文组织传播美国正面形象,重点改变中东地区民众对美国根深蒂固偏

---

① 冯大鸣,赵中建."9·11"后美国教育战略调整的两个标志[J].教育发展研究,2003(3).

见的做法,也就成为白宫宣传战略的重要依托。美国重返教科文组织正是美国反思自身行为,欲借助该组织改善其国际形象的重要举措"①。美国教育部官员拉·波英特(La Plinte)曾对此有直截了当的表白:重返教科文组织赋予美国与其他国家在民主、人权等方面分享教育愿景的机会,"在这些问题上,美国是全世界的领袖"②。由此有理由认定,布什政府重返联合国教科文组织的决定预示着美国调整其国际教育战略的新迹象,表明美国将力图通过更多地参与国际教育事务、主导国际教育论坛和传播美国的教育理念,来为其全球战略(包括反恐战略)服务③。

二、中小学校公民教育的加强

"9·11"事件在带给美国人巨大的伤痛的同时,更进一步激发了美国人的爱国主义和民族主义情结,这种情结很快在美国的中小学校中以加强公民教育的形式得到全面的体现。

在美国教育史上,公民教育一直是中小学教育所承载的公共教育目标之一。"美国公立学校当初建立的目的,就是想通过向未来公民传授普遍意义的政治价值和爱国主义,来减少政治和社会的动荡;通过承诺机会平等,来缓和社会紧张关系;通过道德教学,来降低犯罪率;通过刺激经济增长,来消除贫困④。"不过,在20世纪后期,特别是冷战结束之后,美国所面临的主要国际(苏联、东欧集团)威胁不复存在,这使美国的爱国主义失去来自外部的动力,多元文化主义逐渐取代了传统文化和道德价值的地位,冲击了美国主流价值观念的基石,以倡导爱国主义、民族和文化认同等为主旨的公民教育因而一度失去了明确的目标,中小学校中的公民教育陷入低谷。

"9·11"事件唤醒了美国人的"国民"情结,恐怖袭击带来的伤痛使美国人更加团结和坚定地站在"美利坚合众国"的旗帜下,民众的国民认同得以重建。为了避免高涨的民族情绪(民族情绪的高涨很容易转化为国民对政府的支持,这是政府所乐见其成的)随着"9·11"事件余响的远去而消退,避免由可能旷日持久的反恐战争引发的

---

① 马文琴,张斌贤."9·11"事件后美国联邦政府加强公民教育的举措[J].清华大学教育研究,2011(12).

② 冯大鸣,赵中建."9·11"后美国教育战略调整的两个标志[J].教育发展研究,2003(3).

③ 冯大鸣,赵中建."9·11"后美国教育战略调整的两个标志[J].教育发展研究,2003(3).

④ [美]乔尔·斯普林.美国教育[M].张弛,张斌贤译.合肥:时代出版传媒股份有限公司/安徽教育出版社,2010.8.

民众对政府不满情绪的提升,美国联邦政府亟需通过加强公民教育,巩固国民对以传统主流文化和价值观念为核心的国家与民族认同。实际上,这已经成为美国各主要政治势力的共识,不仅执政的布什政府大力推动,其他政治派别亦大力提倡。2004 年,以独立候选人身份参加总统竞选的拉尔夫·纳德(Ralph Nader)就曾公开呼吁:"政府应当鼓励学校在它们的课程当中强调公民身份,让师生都学会如何将课堂上传授的公民技能与外部世界相联系,学会如何实践民主。"①这成为"9·11"事件以来美国政府和社会各界大力推动中小学公民教育的主要背景和现实动因。

布什政府加强中小学公民教育的政策在"9·11"事件后联邦教育部新制定的《02～07 规划》中得到切实反映。在该规划提出的六项教育发展战略目标中,第三项目标的内容主旨即为建立安全的学校教育环境,发展学生良好品格和公民能力,培养新时期负责任的具有爱国主义精神的高素质公民。规划充分阐述了"9·11"事件带给美国学校公民教育的威胁,认为"恐怖袭击形成了一种新的环境,我们必须确保我们的孩子们在这种环境中能够安全地应对来自国内外的各种威胁"。为此,规划对加强中小学公民教育提出了具体的策略部署,提出教育部要在美国的学校中发起一场全国性的公民教育运动,使学校更好地履行其肩负的爱国主义使命,以培养青年学生的坚强性格和坚定的公民意识;同时,教育部还将鼓励学校开展高质量的历史教学,为培养能够参与和服务于民主社会的健全公民提供支持,为学校创造各种旨在强化公民意识的机会,鼓励学校重视爱国主义和公民意识教育,鼓励学校在课堂教学中渗透有关美国理想和民主原则的内容。教育部还设立专款,为那些在培养公民品行方面取得显著效果的学校及其教学活动提供资助等②。

联邦政府加强中小学公民教育的政策得到国会的立法支持。"9·11"事件之后,国会中即有议员意识到以立法的形式推动公民教育的必要性。2003 年 3 月,参议员拉马·亚历山大(Lamar Alexander)在向国会提交的题为《美国历史和公民教育议案》的草案中,对加强历史和公民教育的重要性进行了详细阐述。拉马强调:"在我们的价值和生活方式遭受攻击的严峻时刻,我们尤其需要明确地理解这些价值究竟是什么?"而这正是历史和公民教育的意义所在,因此,"现在是将美国史和公民教育摆回其在学校中的正确位置的时候了,这样我们的孩子才能在成长

---

① [美]乔尔·斯普林. 美国教育[M]. 张弛,张斌贤译. 合肥:时代出版传媒股份有限公司/安徽教育出版社,2010:2.

② U. S. Department of Education. *Strategic Plan 2002-2007* [Z]. Washington D. C. : ED Pubs, Education Publications Center, U. S. Department of Education, 2002:43,48-49.

过程中明白做一名美国人究竟意味着什么"①。拉马的议案在当年国会上未能获得通过。2004 年 11 月,参议员罗杰·威克(Roger Wicker)向国会提交了另一份题目相同的议案,经表决,国会众议院和参议院相继通过了《美国历史和公民教育法》,同年 12 月 21 日,经布什总统签署正式生效。这份法案明确提出了在学校中加强美国史和公民教育的具体保障措施,包括为增强教师的公民学和美国历史知识,提高教师的教学技能,由教育部长将竞争性赠款授给有关实体,以建立"美国历史和公民学教师总统学会";同时,为使学生更好地学习美国史和公民学科,教育部还将拨款为优秀学生建立"美国历史和公民学学生国会学会"。学会将分别组织全国 50 个州的部分中学教师和学生参观美国的 3 个著名城市(费城、葛底斯堡、华盛顿),学习美国历史上的 3 个重要文献(《独立宣言》、《葛底斯堡演说》以及马丁·路德·金的《我有一个梦想》演讲),从而了解美国历史的三个伟大时代(18 世纪、19世纪、20 世纪)。此外,教育部长还将拨款给"全国历史日"(National History Day)组织②,使之继续扩大活动,以促进美国历史教学的研究和改进③。《美国历史和公民教育法》的颁布实施,为中小学公民教育的开展提供了强有力的法律和经费支撑,将公民教育推向了一个新的高度。

2002 年 9 月 17 日,布什总统在美国宪法签署 215 周年纪念大会上,发起了开展三项历史和公民教育活动的倡议,分别是"我们人民"(We the People)项目、"我们的文献"(Our Documents)项目和召开美国历史、公民和服务白宫论坛。"我们人民"项目旨在鼓励开展高质量的历史和公民教学,主要举措包括由联邦政府提供拨款支持学校开发优质课程,为中小学和大学教师提供培训,资助有关宣传美国著名历史人物的系列演讲,组织高中生开展关于美国价值和美国理念的全国性论文竞赛等。"我们的文献"项目旨在将联邦政府保存的珍贵历史文献面向全国的师生开放,充分发挥这些文献的教育价值,为历史和公民教育的开展提供文献支撑。美国历史、公民和服务白宫论坛将邀请来自全国各地的相关专家学者和中小学师生围

① Lamar Alexander. Remarks of Senator Lamar Alexander on the Introduction of His Bill: The American History and Civics Education Act [EB/OL]. http://www. congresslink. org/print_expert_amhist. htm. [2003-03-04].

② 1974 年由凯斯西储大学(Case Western Reserve University)历史系发起成立的一个旨在激发中小学生历史学习兴趣的学术组织,后发展成为一个全国性机构,现机构总部已迁至位于美国首都华盛顿的马里兰大学,每年约有 50 万名中小学生和 3 万名教师参加该机构发起的活动。

③ 马文琴,张斌贤. "9·11"事件后美国联邦政府加强公民教育的举措[J]. 清华大学教育研究,2011(2).

绕如何加强历史及公民教育的具体路径、方法等内容进行深入探讨。这三项倡议分别针对历史和公民教育的不同层面,以多样化的形式对中小学生进行全面的教育,使他们深刻理解美国的传统价值观,形成作为美国公民的自豪感和归属感。正如布什所言:"这些举措将提高学生的美国历史知识水平,增强他们的公民参与意识,加深他们对伟大国家的热爱之情","我们热爱我们的国家,因此我们必须教给我们的孩子去做同样的事情,当我们这么做的时候,他们就会把我们关于自由的遗产带入未来。"①

三、高等教育国际化的新趋向

一直以来,美国人对其高等教育的高度国际化和开放性都引以为豪,高水平的高等教育像磁石一样吸引着来自世界各地的留学生和各领域的学者,成为美国人才储备库的重要源泉;同时,开放的高等教育也承担着向其他国家和地区传播美国文化和价值观念的使命。美国社会各界对其高等教育的国际化态势一般是乐观其成和积极推动的。但是,"9·11"事件之后,美国高等教育的开放格局一度遭受冲击,高等教育的国际化发展随之出现了新的动向和趋势。

联邦政府在对"9·11"事件的后续调查中发现,制造这一骇人听闻的恐怖袭击的19名嫌疑人中,竟有一人持有美国政府发放的留学生签证,这使得美国政府和美国人对其留学生签证政策产生了质疑,对来自特定地区和面向所谓"敏感学科"的留学申请的审批随之严格起来。有学者认识到,"联邦政府采取的新的反恐举措将严格限制来自其他国家特别是来自中东以及南亚和东南亚地区的学生提出的进入美国接受高等教育的申请",因此很多高校的留学项目"在'9·11'事件后会出现巨大的生源减少的情况"②。事实也的确如此,"9·11"事件之后,在日益严格的签证审批制度之下,美国高等教育的留学市场一度陷入低迷,"2003~2004学年,在美国际学生下降2.4%。对穆斯林国家学生发放签证更加苛刻,直接导致了阿拉伯世界赴美学生人数急剧下跌。2004年,在美国学习的沙特学生数量就比2003年下降15.7%"③,而众所周知,沙特是美国在中东地区的重要盟友,沙特赴美留学

① George W. Bush. President Introduces History & Civic Education Initiatives [EB/OL]. http: // georgewbush-whitehouse. archives. gov/news/releases/2002/09/20020917-1. html. [2002-09-17].

② Joseph J. Hindrawan. *International Student Recruitment Since 9/11* [J]. World Education News & Review, 2003(2).

③ 李联明. "9·11事件"后美国高等教育国际化的五个发展趋向[J]. 比较教育研究,2007(7).

情况尚且如此,其他国家的情况就更不乐观了。

但是,对高等教育国际化格局的压制并不符合美国高等教育的利益,同时从根本上来说也无助于维护美国的国家安全,因此这项政策遭到了高等教育界的质疑。霍普金斯大学副校长史蒂芬·纳普(Steven Knapp)曾公开表示:"大学只有从全世界吸引到最好、最聪颖的人才,国家对基础教育的投资才能够派上用场。研究型大学一直对旨在促进国际知识分子进行交流的开放性签证非常依赖,但今天对申请前来美国签证的延误和难度已经限制并削减了科学人才的流入。"在这种压力下,美国的留学签证审查逐渐开始出现松动的迹象,从 2004 年下半年起,赴美留学人数开始大幅度回升①。

与赴美留学一度低迷的情况形成反差的是,"9·11"事件之后,美国学生赴国外留学出现了一个高涨期,这在很大程度上源于美国人对"9·11"事件的反思。在"9·11"事件之前,由于美国高等教育在世界上的绝对优势地位,大多数美国学生对外出留学的热情并不高,但"9·11"事件后,这种观点开始发生变化。人们意识到,要消除外部世界对美国文化的敌视和误解,就必须主动融入世界中,开展双向和多向的文化交流,促进不同文化和价值观念之间的包容、理解和尊重。美国人比以往任何时候都深刻认识到文化教育上的相互交流是多么重要,这大大激发了美国学生的留学热情。据统计,2002～2003 学年美国高校学生从海外院校修习学分的人数比前一学年增长了 8.5%,达到 17.5 万人②,2003～2004 年度增至 19.1 万人③,2004～2005 学年为 20.1 万人④,此后基本保持了连续增长的趋势,到 2009～2010 学年美国留学海外的学生规模已经达到了 27.1 万人⑤,比"9·11"事件发生

---

① 李联明."9·11 事件"后美国高等教育国际化的五个发展趋向[J]. 比较教育研究,2007(7).

② Institute of International Education. Open Doors 2004 Fast Facts [EB/OL]. http：// www. iie. org/en/Research-and-Publications/Open-Doors/Data/～/media/Files/Corporate/Open-Doors/ Fast-Facts/Fast%20Facts%202004. ashx. [2012-08-10].

③ Institute of International Education. Open Doors 2005 Fast Facts [EB/OL]. http：// www. iie. org/en/Research-and-Publications/Open-Doors/Data/～/media/Files/Corporate/Open-Doors/ Fast-Facts/Fast%20Facts%202005. ashx. [2012-08-10].

④ Institute of International Education. Open Doors 2006 Fast Facts [EB/OL]. http：// www. iie. org/en/Research-and-Publications/Open-Doors/Data/～/media/Files/Corporate/Open-Doors/ Fast-Facts/Fast%20Facts%202006. ashx. [2012-08-10].

⑤ Institute of International Education. Open Doors 2011Fast Facts [EB/OL]. http：// www. iie. org/en/Research-and-Publications/Open-Doors/Data/～/media/Files/Corporate/Open-Doors/ Fast-Facts/Fast%20Facts%202011. ashx. 2012-8-10.

之前的 2000～2001 学年(15.4 万人)增长了 76%。留学的对象国家也呈现多样化态势,在 2002～2003 年度美国学生留学人数排名前 20 名的国家中,有 11 个是非西欧国家,其中包括墨西哥、哥斯达黎加、智利、南非、厄瓜多尔以及俄罗斯和中国。此外,美国很多高校也制定了更加积极的鼓励本校学生获取国际教育体验的政策,如 2004 年哈佛大学就提出将国际经验纳入本科课程体系的建议,众多高校(包括研究型大学和社区学院等各类型院校)也纷纷派出学生到海外院校开展短期学习和教育交流,部分高校派出学生留学的比例甚至超过了学生总数的 80%。与此同时,一些大学在课程设置上也体现出明显的国际化倾向,课程体系中增设了大量关于区域文化和国际局势的专题,如加州大学洛杉矶分校在 2001 年秋学期即开设了50 门与"9·11"事件相关的专题研讨课,其中包括"了解塔利班"、"美国之外:本·拉登与恐怖主义"、"9·11 的历史观"、"东方与西方? 对文明冲突的思考"、"9·11:恐怖主义、起源与后果反思"等,充分反映出美国人在经历灾难之后深入了解那些以前曾被忽视的领域的渴求①。

为了推动国际教育和文化交流,美国政府也做出了积极努力。2005 年,美国国会通过《2006 财年健康、服务和教育机会法修正案》,其中涉及国际教育交流的内容包括:塑造美国欢迎外国学生的开放形象,改变招收国外学生的下降局面,把美国高校重新纳入世界竞争的轨道;加强政府与院校间合作,分担院校在招收外国学生方面的压力,把开拓国外生源市场纳入政府工作日程;开展多方位宣传攻势,使美国重新赢得吸引世界最聪颖人才的优势;评估并更新签证制度,制定更加开放的标准和更加便利的签证程序;等等。2005 年和 2006 年,美国国会还先后制定通过了《美中文化交流促进法》和《美中交往法》,为加强美国和中国之间的文化与教育交流提供了法律支持②。这些举措对规范和固化美国的对外交流方式及渠道起到了一定的政策指导作用。

第二节　21 世纪以来联邦政府的教育政策

2001 年初,刚刚就任美国总统的布什即公布了一份题为《不让一个孩子掉队》的一揽子教育改革计划,2002 年 1 月 8 日,这项改革计划经布什签署后上升为联邦法律,即《不让一个孩子掉队法》。以此为标志,美国拉开了新世纪基础教育改革的

---

① 李联明."9·11 事件"后美国高等教育国际化的五个发展趋向[J]. 比较教育研究,2007(7).
② 李联明."9·11 事件"后美国高等教育国际化的五个发展趋向[J]. 比较教育研究,2007(7).

帷幕。《不让一个孩子掉队法》被视为是继 1965 年《初等和中等教育法》之后影响最大的一部教育改革法案①。法案对美国从幼儿园一直到高中的教育做出了明确而具体的规定,成为新世纪美国基础教育改革的指导纲领。

在布什执政的 8 年间,根据《不让一个孩子掉队法》,美国基础教育进行了大规模改革。客观而言,这场改革的确收到了一定成效,中小学校的教育质量出现回升趋势。但同时,由于改革过于强调"标准"、"绩效"、"惩戒",使美国的中小学普遍面临巨大的压力,进而招致教育界人士对布什总统改革政策的抨击和质疑。2009 年新一届政府上台后,借助应对"金融风暴"的契机,针对布什政府基础教育改革政策的弊病,启动了教育"新政",美国联邦政府的教育改革政策出现了新的变化。

一、"不让一个孩子掉队"——布什政府的教育政策

(一)《不让一个孩子掉队法》的制定

在美国的公共舆论中,2001 年就任美国总统的布什常常被称作"教育总统",这与他长期以来对教育问题的关注及其执政期间对教育改革的大力推动是密不可分的。早在担任德克萨斯州州长期间(1994～2000 年),布什就曾开展了旨在提高学生学业成绩的教育改革,并取得了一定成效,特别是在提高少数族裔学生成绩方面进展明显。在 2000 年参与总统竞选期间,布什反复强调这一政绩,同时多次承诺当选总统后将继续推动教育改革,提高教育质量。布什在竞选期间对教育议题的关注成为帮助他成功当选的有利因素之一——他的竞选对手、民主党人总统候选人阿尔·戈尔(Al Gore)"从未在竞选中谈论教育问题",这使得布什"从民主党身上赢得了教育的选票"②。这样的结果也让布什深刻体会到民众对教育改革的渴求,因此他宣誓就职仅 3 天后,就向国会提交了他的教育改革方案,即《不让一个孩子掉队》计划。

如前所述,布什总统的教育改革计划是对民众期待的一种回应。在新旧世纪交替之际,美国教育长期以来的积弊已经日渐恶化,教育质量成为民众最为关注的

---

① [美]L.迪安·韦布.美国教育史:一场伟大的美国实验[M].陈露茜,李朝阳译.合肥:时代出版传媒股份有限公司/安徽教育出版社,2010:427.

② [美]L.迪安·韦布.美国教育史:一场伟大的美国实验[M].陈露茜,李朝阳译.合肥:时代出版传媒股份有限公司/安徽教育出版社,2010:428.

焦点之一,由于学校教育质量问题所引发的经济和其他社会问题也让民众产生改善教育状况的迫切需求。人们清醒地意识到:"只有为儿童提供优质教育资源,提升基础教育质量,培养责任公民,才能抢占世界发展中的高地,确保美国的国际声誉和地位。"①

在布什总将《不让一个孩子掉队》计划提交给国会之后,参众两院的民主、共和两党议员们围绕计划的内容进行了充分而激烈的讨论。为确保计划的顺利实施,布什总统并没有急于迫使国会两党议员在未达成充分一致的情况下勉强通过这一立法,而是为他们提供了相当充裕的时间来进行协商,力图使这项大规模改革能够得到两党的共同支持,减少教育改革的政治阻碍。最终,经过两党议员的一轮轮磋商、争论和妥协之后,2001年12月,参众两院相继高票通过了这份议案,总体支持率高达90%。2002年1月8日,布什总统正式签署了长达1200页的《不让一个孩子掉队法》。在签署法案时,布什总统宣布:"今天开启了一个新时代,一个我国公共教育的新时代。从这一时刻起,美国的学校将走上一条新的改革之路,一条富有成果的新路。"②

(二)《不让一个孩子掉队法》内容概述

作为1965年以来美国最重要的中小学改革法,《不让一个孩子掉队法》的核心目的和立法目标就在于提高基础教育教与学的质量。正如法案开宗明义所表述的:"通过问责、灵活和择校的方式,消除(学生)学业差距,以达到不让一个孩子掉队(的目的)。"③法案的最终目标是到2014年,美国所有的中小学生都能够在阅读、数学和科学课程学习方面达到所在年级的统一的学业标准。从这一目标要求来看,《不让一个孩子掉队法》的确是一部雄心勃勃的教育改革方案。

围绕提高教育质量这一中心,法案详细阐述了教育改革的目标与举措。法案共分十章,除第九章总则和第十章补充性说明外,其余8章分别是提高后进学生的学业成绩;培养、培训和招聘高素质的教师与校长;针对英语语言能力欠缺学生和移民学生的语言教学;21世纪的学校;提高家长的知情权和选择权,推动学校创新

① 张妹芝.促进平等,追求卓越——战后美国联邦政府基础教育改革研究[D].河北大学,2011:82.

② U. S. Department of Education. *Strategic Plan 2002-2007* [Z]. Washington, D. C. : ED Pubs, Education Publications Center, U. S. Department of Education, 2002: 1.

③ No Child Left Behind Act of 2001 [Z]. Public Law 107-110, 107th Congress, Washington D. C. , 2012-01-08.

计划;提高灵活性,加强问责制;加强印第安人、夏威夷和阿拉斯加原住民的教育;影响性援助计划①。这种内容安排充分体现该法案旨在提高教育质量的立法原则和目标指向。

综合《不让一个孩子掉队法》全文来看,在提高教育质量方面所采取的最核心的改革举措可以归纳为如下几个方面。

第一,通过"阅读领先"(Reading First)、双语教育、数学和科学合作计划等项目,努力提高中小学生英语、科学和数学等科目的学习成绩。联邦政府和州政府应共同努力制定更为科学、合理和具有挑战性的学业标准,采取激励性措施督促中小学校提高教学质量,未能按要求达到相应学业标准的学校将会受到削减经费等惩治举措。

第二,通过推动包括培养、资格认证、入职和在职培训制度在内的教师制度改革,以及建立基于绩效的教师从业制度等措施,努力提高教师素质,建立一支高质量的师资队伍。法案从关注教师专业发展的角度,对联邦政府、州政府和学区所承担的政策责任作出明确规定,要求联邦政府和州政府应拨付专项经费,用于开展相应层级的教师专业发展培训项目,以实现法案所提出的为所有公立学校配备"高质量教师"的目标。

第三,通过推广"择校"的方式促动各中小学校努力提高教育教学质量。法案赋予家长更大的入学选择权,如果所在学区的公立学校未能达到规定的学业标准,家长有权将孩子转到其他公立学校或特许学校。显然,这一举措在赋予家长更大的选择权的同时,也给各公立中小学带来了巨大的挑战,使它们时刻面临着提高教学质量的压力。

此外,法案还在加强绩效与问责、建立可量化的学业评估体系、联邦与州政府在推动教育改革进程中的责任与作用等方面提出了具体而明确的措施和方案,充分反映布什政府试图遏制美国基础教育质量下滑局面的总体目标,进而成为指导美国教育发展的"总纲"。

(三)《不让一个孩子掉队法》的实施成效及反思

作为进入新世纪美国最重要同时也是涉及领域最广的教育改革纲领性文件,《不让一个孩子掉队法》自颁布之后,在布什政府的积极推动下,美国基础教育领域

① No Child Left Behind Act of 2001 [Z]. Public Law 107-110,107th Congress,Washington D.C.,2012-01-08.

随即开展了一场以标准和绩效为主要手段,旨在提高教育质量、体现教育公平的大规模改革运动。客观而言,这场影响几乎遍及美国各州、各地区甚至各学校的改革运动的确取得了明显的成效,但从另一方面来看,严格的问责制度的建立与大规模标准化考试的开展也给中小学带来了巨大的压力,在一定程度上影响到法案预期效果的实现。

为追踪法案的实施效果,美国教育政策中心自法案颁布之后,每年均围绕改革的实施情况收集信息并发布年度报告。2006年,该中心在总结前期调研成果的基础上,发表了由杰克·杰宁斯(Jack Jennings)和迪安·斯塔克·伦特纳(Diane Stark Rentner)撰写的题为《〈不让一个孩子掉队法案〉对公立学校的十大影响》的报告,对法案实施4年以来美国中小学校出现的主要变化进行了总结,同时也对改革过程中出现的一些问题进行梳理。具体内容如表6-1所示①。

表6-1 《不让一个孩子掉队法》对公立学校的十大影响

	具体成效	相关说明
影响一	根据各州和学区的官方报告,学生在州统考中的成绩正在提高,值得乐观	考试成绩的提高是否能真实反映学生的学业水平,这一点尚不确定
影响二	各学校高度重视阅读与数学(这两门课程是法案要求的统考科目)教学,增加教学时间	非统考科目的教学受到负面影响,至少有71%的学区减少了非统考科目的教学时间
影响三	各学校对课程和教学标准给予了更多的重视,并且对考试分数数据的分析更加深入	
影响四	未达到法案规定标准的薄弱学校(low-performing schools)正在进行课程、师资和管理方面的深入改造	根据法案要求,未达到标准的薄弱学校将被"重建"(即被州政府接管、解散,或转型为特许学校),但这一规定基本上未被有效执行,2005~2006学年仅有3%的未达标院校进行了重建
影响五	88%的学区报告,到2005~2006学年底所有核心课程教师均已达到法案规定的"高质量教师"标准	法案所定"高质量教师"的标准是否能够真正推动教师素质,教育界对此仍有质疑
影响六	学生参加的考试数量明显增长。2002年只有19个州对3~8年级的学生进行阅读和数学年度考试,高中仅有一次。2006年所有的州都已进行此类考试	

---

① Jack Jennings, Diane Stark Rentner. *Ten Big Effects of the No Child Left Behind Act on Public Schools* [J]. Phi Delta Kappan,2006(2).

(续表)

	具体成效	相关说明
影响七	学校更加关注学生间的学业差距和特殊学生群体的学习需求	州统考制度的实施与特殊群体学生的学习需求之间仍存在较大矛盾
影响八	"需改进"(need improvement)学校的比例较为稳定,数量未出现较大增长;学生选择学校的权利得到保障,20％的学生接受了联邦政府提供的补偿教育服务	
影响九	联邦政府在教育领域所发挥的作用日渐加强	大多数州认为联邦教育部的介入对提高教育质量有积极作用
影响十	州学业标准和统考的实施使州政府和学区在教育领域扮演更加重要的角色	大多数州认为联邦政府的经费资助不足,因而无力承担法案所赋予的全部职责。2005 年全美有 36 个州报告缺乏足够的职员执行法案的相关规定,80％的学区感到联邦政府提供的资助无法满足其经费需要

　　美国教育政策中心的这份报告较为客观地反映了《不让一个孩子掉队法》颁布之后的实施效果,一方面肯定了法案在提高美国基础教育质量方面的积极影响,如学校更为关注教学质量、努力提高师资水平,联邦与州政府和学区在引导教育改革方面发挥了更加重要的作用,学生的入学选择权得到了保障和扩充等;另一方面也对法案实施过程中出现的一些问题做了如实说明,特别是对法案极力倡导的绩效、问责、考试等手段能否取得实际效果表示了担忧。

　　事实上,美国社会各界对《不让一个孩子掉队法》的实施成效一直存有争论,赞成者有之,质疑的声音亦不绝于耳。作为法案的倡导者,布什总统和联邦政府充分肯定法案在改善美国基础教育方面所发挥的建设性作用。2009 年 1 月 8 日,在法案签署 7 周年之际,即将卸任的布什总统在宾夕法尼亚州费城的菲利普·卡尼将军(General Philip Kearny)公立学校发表了主题演讲,对法案实施 7 年来的成就给予了高度评价:"《不让一个孩子掉队法》最重要的成果在于落后的学生减少了,越来越多的学生达到了更高的学业标准。……4 年级的学生在阅读和数学考试中取得了有史以来最高的分数","课堂上,学生接受到高质量教师的教学……对高质量教师的关注正是改革的一部分","法案颁布之后,择校的大门不再仅对富家子弟开放……在这个(法案确立的)体制下,如果你所在的公立学校不合格,你可以选择转到另一所公立学校或者特许学校——我将之视为一种解放和赋权","我深信,这部法律让更多的学生投身学习,学业成绩的差距正在缩小。"①

作为这场教育改革的发起者,布什总统对改革成效持肯定态度是可以理解的,而社会公众包括很多来自教育界的人士,也对《不让一个孩子掉队法》颁布以来美国教育出现的积极变化同样给予了高度评价,但这并不意味着教育界和公共舆论没有不同的声音。

例如,在择校问题上,布什总统认为法案的颁布让人们获得了更大的择校灵活性,但实际上在具体操作层面却存在着很多问题,很多城市里提出转学申请的学生数量远远超过了接收学校的容纳规模。例如,"巴尔的摩有3万学生在不良学校上学,非不良学校的空余名额却只有194个……芝加哥的不良学校学生数是1.45万人,但其中只有2425名学生的家长申请转学,而非不良学校的空余名额仅有1170个"②。问题的根源在于,很多州和学区由于缺乏经费,并没有做好落实法案有关择校规定的准备,而经费短缺的责任很大程度上应由联邦政府承担,"尽管联邦政府为学生转学支付了交通以及其他与转学相关的费用,但却并没有为好学校扩大办学容量提供资金支持"③。

在加强州统考的问题上,布什总统强调"关键的举措就是考试","考试对于确保儿童不致落后太远是至关重要的"④。但需要注意的是,"由于自20世纪进步主义教育运动以来,美国形成了尊重学生个性、强调全面发展的教育传统,因此人们对于过分强调考试分数的主张一直持批判态度。虽然在美国历史上,曾有'回到基础'等各类对进步主义提出反驳的反向运动,但以学生为中心,强调学生学习的积极主动性、强调学习的乐趣、强调探究与自主学习、强调个性全面发展,反对死记硬背、分数至上等教育理念已经根深蒂固于美国的教育实践之中"⑤。在这样的教育文化传统背景下,《不让一个孩子掉队法》所极力倡导的以标准化考试为手段的严苛的绩效问责制度很自然地受到了多方的质疑。

---

① President Bush Discusses No Child Left Behind [EB/OL]. http://georgewbush-whitehouse. archives. gov/news/releases/2009/01/20090108-2. html. [2009-01-08].

② [美]乔尔·斯普林. 美国教育[M]. 张弛,张斌贤译. 合肥:时代出版传媒股份有限公司/安徽教育出版社,2010:197.

③ [美]乔尔·斯普林. 美国教育[M]. 张弛,张斌贤译. 合肥:时代出版传媒股份有限公司/安徽教育出版社,2010:197.

④ President Bush Discusses No Child Left Behind [EB/OL]. http://georgewbush-whitehouse. archives. gov/news/releases/2009/01/20090108-2. html. [2009-01-08].

⑤ 任长松. 如何看待对《不让一个孩子掉队的质疑与批评》[J]. 比较教育研究,2009(2).

　　从学校和教师方面来看,频繁的标准化考试和绩效问责让学校和教师备受压力,这种巨大的压力很可能降低而不是提高教师的教学质量。在美国,很早就有关于所谓"高利害关系考试"(high-stakes testing)[1]对学生学习和教师教学的不良影响的研究。1999 年,全美英语教师理事会在一项决议中就表达了对"高利害关系考试"所导致的负面效应的批评,认为"高利害关系考试方法常常会伤害学生的日常学习经验,取代更具理性和创造性的课程体系,影响师生的健康情绪,粗暴地破坏弱势群体成员改善生活的机会"[2]。《不让一个孩子掉队法》颁布之后,由各州组织的关于核心课程的标准化考试陆续在全美推行,这种"高利害关系考试"引发的一些不良效应招致了一些学者的批评。亚利桑那大学教授肯·古德曼(Ken Goodman)在其主编的《拯救我们的学校》一书中指出:"《不让一个孩子掉队法》正在驱使学生与教师远离教育。高中辍学率和退学率急剧增长,究其原因,在于高利害关系考试增加,课程的日益狭隘,以及对教师应该如何教和教什么的控制。很多学生因为不能通过考试、不能从 9 年级升到 10 年级或者不能拿到毕业证书而被高中清退……事实上,这部法律导致了如下情况:学校为占据优势而驱除学习成绩不良的学生……研究表明,那些留级的儿童在完成高中学业前很容易被学校清退。"[3]为了在州统考中获得更好的成绩,以达到《不让一个孩子掉队法》制定的标准而避免遭到处罚,学校竟然不惜清退成绩不良的学生,这看似不可思议,但却是真切的事实:2004年,在阿拉巴马州的伯明翰市,很多学校"在受到被州接管的威胁后,就恰好地在州统考开始之前'通过行政手段调走了'522 名学生"[4]。如此一来,《不让一个孩子掉队法》招致教育界人士的抨击也就不足为奇了。

　　当然,类似肯·古德曼那样对《不让一个孩子掉队法》几乎持完全否定态度的学者以及他们的批判和质疑并不能说明布什政府领导的这场教育改革是失败的。

---

①　一般认为,"高利害关系考试"是指考试结果与相关人员切身利益存在高度关联性的考试。根据《不让一个孩子掉队法》的规定,如果学生在州组织的标准化考试中表现不佳,超过一定限度后,学生所在学校及其任课教师会因此而受到处罚,因此此类考试被视为"高利害关系考试"的一种。

②　[美]乔尔·斯普林.美国教育[M].张弛,张斌贤译.合肥:时代出版传媒股份有限公司/安徽教育出版社,2010:239.

③　Ken Goodman, Patrick Shannon, Yetta Goodman, Roger Rapoport. *Saving Our Schools* [M]. Berkeley: DRD Books, 2004: 7-8.

④　[美]乔尔·斯普林.美国教育[M].张弛,张斌贤译.合肥:时代出版传媒股份有限公司/安徽教育出版社,2010:241.

客观而言,正如前述美国教育政策中心在其报告中所反映的,这场改革尽管存有瑕疵(事实上,包括教育在内的任何领域的改革都不可能尽善尽美),但其毕竟体现了布什总统所领导的联邦政府在建设更具竞争力的教育体系方面的努力,这种努力也的确在很大程度上改善了美国基础教育领域中的薄弱环节。致力于提高教育质量的教育改革不会因改革过程中暴露出的问题而止步;相反,这些问题只会成为进一步改革的动力。

二、奥巴马政府的教育改革主题

2008年11月,民主党人贝拉克·侯赛因·奥巴马二世(Barack Hussein Obama Ⅱ)当选为美国第44任总统,翌年1月20日正式就职。奥巴马是在巨大的压力下走马上任的。布什政府时期在阿富汗和伊拉克发动的两场战争使美国陷入泥沼难以脱身,并由此背负了沉重的负担;2008年,发源于华尔街的金融风暴席卷全球,对美国经济造成沉重打击;巨大的财政赤字和恶劣的经济形势又引起了一系列社会问题。正如奥巴马在其就职演说中所坦言的:"众所周知,我们目前正陷入危机之中。我们的国家处于战争状态,与仇恨和暴力抗争……国家经济严重削弱,人们流离失所,公司大幅裁员,商店接连倒闭。健康保健耗资惊人,学校教育败绩频频。"①

面对困局,改革成为奥巴马政府带领美国迎接挑战的唯一选择。事实上,奥巴马的成功当选也是其在总统竞选中极力倡导"变革"的结果。早在2008年总统竞选期间,奥巴马就将新出版的反映其竞选纲领和施政理念的演讲集定名为《我们相信变革》。2009年奥巴马就任总统之后,变革理所当然地成为其所领导的新一届联邦政府的施政主轴。

在奥巴马政府的一整套改革政策体系中,教育始终被放在重要的位置,这一点从奥巴马在任期间所做的公开演讲,特别是他的历次国情咨文中可以明显地感受到。

在美国,国情咨文制度是总统向国会乃至全国汇报国家年度发展情况、阐述联邦政府施政理念和具体举措的重要形式。国情咨文的缘起可追溯到联邦初创之时,1787制定的美国首部宪法明确规定:"(总统)应经常向国会报告联邦情况,并

---

① President Barack Obama's Inaugural Address [EB/OL]. http://www.whitehouse.gov/blog/inaugural-address. [2009-01-20].

向国会提出他认为必要和适当的措施，供其考虑。"①随着时代的变迁，这种形式逐渐完善并形成一种稳定的制度，在每年年初（通常在 1 月份或 2 月份），联邦总统都会应国会邀请，向全体议员宣读国情咨文。"二战"之后，随着传播技术的快速发展，国情咨文的听众不再局限于国会议员，普通民众也可以从电视直播中收听总统的国情咨文，因此影响更加广泛。可以说，国情咨文已经变成"总统驾驭与国会关系的一个基本手段和发挥国家领导作用的有力方式"，从"空洞的政策演说演变成一项重大的游说宣传"②，成为总统阐释政府施政方针、解读重大政策举措的重要平台。

2009～2012 年，奥巴马共发表了四次国情咨文演讲。在历次国情咨文中，教育改革都作为核心议题之一被奥巴马重点阐述。由于国情咨文一方面是对上年度施政情况的总结，另一方面亦是对下年度施政方略的阐述，因此，这些国情咨文中有关教育的内容，及其阐述角度和侧重点的变化，为人们全景式地呈现了奥巴马政府施政期间教育改革的总体方略和具体举措。通过对国情咨文相关内容的分析，人们可以透视奥巴马政府的教育政策及其背后所折射出的美国教育的若干变化。

（一）危机与变革——奥巴马国情咨文教育内容概述

2009 年 2 月 24 日，在宣誓就任总统仅 5 周之后，奥巴马按惯例应邀在美国国会公开发表了其任内的首次国情咨文。在国情咨文中，奥巴马毫不回避地向全体国民坦承严重的经济衰退使美国正面临着空前的压力："我国的经济现状令人担忧，压倒了所有其他的问题。这一点千真万确……你每天都身临其境，使你日有所虑，夜不能寐。你原以为能保持这份工作直到退休，现在却不幸失去了工作；你原希望通过创业编织梦想，现在自己的事业却危在旦夕；你的子女收到了大学录取通知，但不得已只能束之高阁。这场衰退的影响已确凿无疑，无处不在。"③

尽管压力空前，但作为新任总统，奥巴马坚信新一届政府将带领美国人民冲出困境，并承诺政府将启动全方位改革来扭转困局。在国情咨文中，奥巴马宣布新制定的《美国复苏和再投资法》已正式生效。该法案并非一项简单的经济刺激计划，

---

① Transcript of Constitution of the United States, 1787 [EB/OL]. http：// www. ourdocuments. gov/doc. php?flash＝true&doc＝9&page＝transcript. [2012-07-09].

② 杨丽明. 奥巴马发表国情咨文，明年大选议题预演[N]. 中国青年报. [2011-01-26].

③ State of the Union Address, 2009 Barack Obama [EB/OL]. http：// stateoftheunionaddress. org/category/barack-obama/page/4. [2009-02-24].

而是涉及与经济和社会发展相关的众多领域的全面改革方案,其中教育是最核心的领域之一。根据该法案,联邦政府将在教育领域投入超过1 000亿美元,用于支持旨在扩大教育机会、提高教育质量的相关改革①。这是自"二战"结束以来美国联邦政府投入经费规模最大的教育改革计划之一。

之所以如此重视教育改革,是因为奥巴马认识到,"在全球经济体中,你所能提供的最有价值的技能便是你的知识,良好的教育不再仅仅是获得机会的通道,而是一个先决条件"。同时,尽管美国在教育方面取得了世所公认的成就,但其所存在的问题亦不容忽视,奥巴马坦言:"如今四分之三发展最快的职业需要有高中以上的文凭。然而,我国公民中只有过半的人达到这个教育程度。在所有的工业化国家中,我国的高中退学率最高。在进入大学的学生中,有一半从未完成学业。"如果任这种情况继续下去,那么"今天在教育方面领先于我们的国家明天会在竞争中超过我们",因此新一届政府必须作出积极应对,必须"确保每个儿童都能受到完整的、培养高强能力的教育——从出生之日至就业之时"②。

2009年国情咨文的发表,标志着奥巴马政府吹响了全面推进教育改革的号角。2010年1月27日,奥巴马在第二次国情咨文中对过去一年教育领域改革的进展进行了总结。他谈到,在联邦政府和国会的共同努力下,基础教育改革已经在全部50个州有条不紊地进行,并且通过在全国范围内开展的改革竞赛——包括提高学生学业成绩、鼓励学生在数学和科学领域取得突破、改造失败学校(failing schools)等——学校的教学环境得到了明显改善③。奥巴马提到的改革竞赛指的是2009年7月启动的"冲顶赛跑"(Race to the Top,亦可译为"力争上游"或"迈向巅峰")国家教育竞赛项目。该项目的主要内容是,联邦政府拨款43.5亿美元,用于资助各州在四大教育领域进行的改革,即采用国际标准,为学生在执业场所所取得成功做好准备;招募、培养、激励与留住优秀教师和校长;建立衡量学生成功的数据系统,让教师和校长了解如何改进教学实践;改造低效学校④。"冲顶赛跑"项目是奥巴马政府旨在激励各州开展卓有成效的教育改革的重要举措,希望借此明确

① 范国睿,何珊云.危机时代的教育变革——奥巴马政府的教育政策述评[J].教育研究,2011(2).

② State of the Union Address, 2009 Barack Obama [EB/OL]. http://stateoftheunionaddress. org/category/barack-obama/page/4. [2009-02-24].

③ State of the Union Address, 2010 Barack Obama [EB/OL]. http://stateoftheunionaddress. org/category/barack-obama/page/3. [2010-01-27].

④ 吴慧平.奥巴马教育新政:"力争上游"计划[J].外国中小学教育,2010(3).

各州教育改革的思路,促使各州在兼顾教育机会均等的同时,提高学校教育质量,缔造所谓学生成绩世界一流的美国教育①。

在高等教育领域,奥巴马呼吁国会尽快批准一项加快社区学院发展的法案,为高中毕业生接受高等教育特别是高等职业教育进而改善就业状况提供更广泛的机会。为确保学生不因经济状况而失去接受高等教育的机会,奥巴马强调,联邦政府已经制定和实施了更加有效的免税政策,即每个大学生在4年求学期间,政府将减免其家庭1万美元的税收,并且增加奖学金。对于办理了助学贷款的学生,政府还规定在其毕业时,只需支付贷款中10%的资金,而且符合条件的学生其全部债务还可以在一定期限内予以免除。从该项政策中受益的学生规模超过了100万人。正如奥巴马所言,所有这些政策都是要实现如下承诺:"在美国,任何一个人都不应因为上大学而沦入破产境地。"②

2011年1月25日,奥巴马发表了其任期内的第三份国情咨文。在此次国情咨文中,奥巴马重申了教育改革的重要性:"如果我们想赢得未来,如果我们想通过创新在美国而非海外创造就业,那么我们必须赢得教育我们孩子的竞赛。想一想如下问题,未来十年里,将有近半数新增就业岗位需要接受过高中以上教育程度(的员工)。而目前美国仍有近四分之一的学生未能完成高中教育。我们的数学和科学教育质量已落后于许多国家。美国拥有大学学位的年轻人比例已降至世界第九位。因此问题是,我们所有的人——作为公民,作为父母——是否愿意做那些必要的事情,以使每个孩子拥有成功的机会?"③由此奥巴马特别强调了教育改革的责任,这种责任不应仅局限于教室之中,家庭、社区、学校应该共同承担起这一历史使命,父母、教师和学校管理者都是教育改革的核心力量。

为了继续推进教育改革,奥巴马对正在实施的"冲顶赛跑"项目进行了专门阐释。他认为,"冲顶赛跑"是当前美国公立学校所进行的最有意义的改革,"它只是用了不到每年教育支出的1%的经费,却已经使40个州提高了教学和学习标准"。为提高各州参与该项目的积极性,奥巴马表示:"如果你们(指各州)能够向我们(指联邦政府)展示提高教师质量和学生成就的最具创新性的方案,我们将向你们提供

---

① 范国睿,何珊云.危机时代的教育变革——奥巴马政府的教育政策述评[J].教育研究,2011(2).

② State of the Union Address, 2010 Barack Obama [EB/OL]. http://stateoftheunionaddress.org/category/barack-obama/page/3. [2010-01-27].

③ State of the Union Address, 2011 Barack Obama [EB/OL]. http://stateoftheunionaddress.org/category/barack-obama/page/2. [2011-01-25].

经费。"①由此可见，奥巴马政府致力于提高学业标准和教育质量的决心。

2012年1月24日，奥巴马发表第四次国情咨文。2012年是总统竞选年，出于谋求连任的考虑，奥巴马一方面将此次国情咨文作为其总统任内施政成就的集中展示，另一方面亦借此机会向公众详细阐述其竞选纲领，吸引更多的选民支持自己。有关教育改革的内容再次成为国情咨文的重点之一。

提高教育质量是奥巴马自执政之初便着力强调的改革目标。在2012年国情咨文中，奥巴马向人们展示了政府在这一领域所做努力的成效："我们仅用了我国年度教育经费的不到百分之一，就说服了国内几乎每一个州提高其教学和学习标准——这是几十年来的第一次。"②对于实行教育分权体制的美国来说，这的确是一个不可否认的成就。

当然，提高教育质量是一项系统工程，因此奥巴马积极倡导社会各界——包括政府、学校、家庭共同投入到这项工程中来。学校和教师是提高教育质量的核心的力量，因此他呼吁为优秀教师的成长提供宽松的环境，让教师们能够创造性地、富于激情地进行教学。为了确保学生们接收到完整和充分的教育，奥巴马还建议各州都采取有效措施让学生完成高中教育。此外，政府和大学应该共同为学生提供可负担的高等教育机会，使学生不致因学费问题而被拒在大学门外，这体现出奥巴马政府一贯倡导的教育机会均等的政策理念。

与前三次国情咨文相比，2012年国情咨文更多地侧重于对理想状态中的未来教育图景的描绘，这显然是受到了特定的选举环境的影响。为了谋求连任，奥巴马希望借助富有吸引力的远景规划赢得更多选民特别是关注教育发展与改革的选民们的支持。当然，这种带有强烈竞选宣导意味的政策描述能否真正落之于实践，仍有待时间的检验。

（二）奥巴马政府教育政策的主题

通过对奥巴马四次国情咨文有关教育内容的概述，可以发现，奥巴马政府的教育改革政策有着较为稳定的走向特征。这种稳定的特征构成了奥巴马政府教育改革的政策主题。

---

① State of the Union Address，2011 Barack Obama [EB/OL]. http：// stateoftheunionaddress. org/category/barack-obama/page/2. [2011-01-25].

② State of the Union Address，2012 Barack Obama [EB/OL]. http：// stateoftheunionaddress. org/category/barack-obama. [2012-01-24].

1. 危机

美国人总是对"危机"一词保持着一种异乎寻常的敏感,而 2009 年初走马上任的奥巴马比他的前任们似乎更能感受到危机带来的压力。布什政府时期,发生在阿富汗和伊拉克的两场看似遥遥无期的战争本就给美国带来了沉重的包袱,而起源于次贷市场的经济危机所引发的金融风暴更是使美国经济几于停顿。奥巴马接手的是一个处于"困难重重、前途不明的时期"①的美国,他所面对的危机几乎是全方位的,既包括经济危机,也包括由经济危机所引发的其他社会危机,对此,奥巴马在首次国情咨文中就有了清醒的认识。摆在新政府面前的选择只有启动全方位改革,恢复民众信心,遏制住严峻的经济颓势,从而缓解美国所处的恶劣局面。

在奥巴马的改革方略中,教育无疑是最重要的领域之一,因为教育是赢得经济竞争的关键因素。奥巴马充分认识到这一点。但是,在奥巴马和新一届政府看来,美国的教育同样危机重重。布什政府时期推动的以《不让一个孩子掉队法》为基础的教育改革,由于过分推崇绩效责任制和标准化考试,导致教学实践中出现了明显的应试化倾向,使美国教育陷入了"分数陷阱",教育质量不升反降。相关研究表明,美国教育已经在很多方面明显落后。例如,在工业化程度最高的 40 个国家中,美国学生的数学成绩排名第 35 位,科学成绩排名第 31 位。美国高中毕业率从 20世纪 70 年代的第 1 位滑落至 20 多位,大学入学率也从原来的世界首位降至第 15位②。此外,经济危机对美国各州的教育财政造成了沉重打击,各州和学区的教育经费缺口巨大,成千上万的教师面临被解聘的危险,很多学校自身也难以为继,陷入破产的境地,如底特律市 2009 年的教育经费缺口竟高达 4.08 亿美元③。在政府拨款严重不足的情况下,很多学校被迫提高学费,而高额的学费又进一步加重了工薪家庭的经济负担,许多学生因为学费问题而不得不辍学,曾经令美国人引以为豪的教育机会均等因此而遭到破坏。美国教育进入了全面危机时代。可以说,奥巴马在国情咨文中反复倡导的教育改革主张,正是基于对教育危机的清醒认识而提出的,这成为奥巴马推动教育改革的重要驱动力。

2. 质量

教育改革的最终目的是提高教育质量,这是奥巴马政府教育政策的起点和归

---

① State of the Union Address, 2009 Barack Obama [EB/OL]. http://stateoftheunionaddress. org/category/barack-obama/page/4. [2009-02-24].

② 孙颖. 奥巴马政府教育改革的政策研究与启示[J]. 外国教育研究,2011(4).

③ 刘学东,程晋宽. 艰难的时代,艰难的选择——奥巴马政府基础教育政策的两难抉择[J]. 外国中小学教育,2010(2).

宿。早在总统竞选期间,奥巴马就清醒地认识到美国教育已经出现了严重的质量滑坡,"《不让一个孩子掉队法》推崇的'绩效问责制'备受争议,广大中小学教师陷入'为考试而教'的困境,优秀教师纷纷离开学校,学生学业表现不佳,学生辍学率始终居高不下,高校毕业生比例远低于其他发达国家"[①]。在奥巴马看来,质量下滑已经不单单是某一教育阶段的个别现象,而成为各级各类教育普遍存在的共性问题。因此,旨在提高教育质量的改革也必须贯穿学校教育的各个阶段。

提高教育质量的起点应该从早期教育开始。在 2009 年国情咨文中,奥巴马就明确提出"对人生影响最大的教育是生命最初几年的学习",因此他承诺政府将继续扩大早期儿童的教育,继续提高早期儿童教育的质量[②]。为此,奥巴马政府在 2009 年制定了"0~5 岁教育计划",由联邦政府拨款 100 亿美元,资助各州普及学前教育,使每个儿童都能够接受到高质量的教育,在进入小学之前就做好充分的学习准备。奥巴马坚信,对于学前教育的投入是一项有益于儿童、家庭、国家和社会的举措。

基础教育质量的提高是奥巴马政府教育改革的重心。在这一领域,最具代表性的改革举措是 2009 年启动的"冲顶赛跑"项目。在 2010 年、2011 年和 2012 年三次国情咨文中,奥巴马都以不同形式对该项目进行了宣传和推介,并充分肯定了这一项目的实施效果。从政策的指向来看,"冲顶赛跑"与奥巴马的前任布什总统的教育改革举措并无不同,但其具体实施却差异甚远。如果说布什的改革以"惩后进"为特征,那么奥巴马则是以"奖优异"为导向,这也是奥巴马深信该计划是有生命力的原因所在。当然,基础教育改革是一项浩大的工程,其成效的显露也绝非一朝一夕之功,奥巴马旨在提高基础教育质量的改革仍然任重而道远。

高等教育同样是奥巴马所关注的教育改革重点领域之一。在 2009 年国情咨文中,奥巴马就提出了"每一个美国人承诺接受至少一年以上的高等教育或职业培训"、到 2020 年使美国重新成为"全世界大学毕业生比例最高的国家"的目标[③]。当然,数量的提高并非奥巴马高等教育改革政策的唯一或最终目标,质量才是关键。大学生数量的增长只有建立在质量优异基础上才有意义。在 2012 年国情咨

---

① 范国睿,何珊云.危机时代的教育变革——奥巴马政府的教育政策述评[J].教育研究,2011(2).

② State of the Union Address,2009 Barack Obama [EB/OL]. http://stateoftheunionaddress. org/category/barack-obama/page/4.[2009-02-24].

③ State of the Union Address,2009 Barack Obama [EB/OL]. http://stateoftheunionaddress. org/category/barack-obama/page/4.[2009-02-24].

文中,奥巴马表示,他已经敦促一些大学校长采取措施,提高高等教育质量,"一些学校重新设计课程,帮助学生更快完成学业。有些采用了更好的技术手段"①。出于发展经济、缓解就业压力的考虑,政府还积极鼓励社区学院的发展。奥巴马在2011年国情咨文中表示,"由于人们需要在今天快速变化的经济领域里接受新工作和职业的培训,我们也将重新使美国的社区学院恢复活力"②,使社区学院成为人们提高职业技能、获得就业机会的重要平台。

奥巴马的上述改革政策体现出以教育质量为本的改革指向,很显然,这种改革也抓住了美国教育的关键症结。尽管改革成效尚未充分显现,其改革举措是否恰当也有待时间的检验,但这种高度重视质量的改革理念是有其现实意义的。

3. 教师

教育质量提高的关键在教师。"除了父母之外,对一个孩子成功的最大影响来自于站在教室前的男女教师们"③;"一名好教师能够使一个班的学生一生增加25万美元的收入;一名好教师能够让一个梦想冲出困境的孩子获得摆脱贫困的机会。"④奥巴马以韩国将教师称为"国家建造者"为例呼吁全社会重视教师、尊重教师,呼吁优秀的年轻人加入教师行列,同时他也希望社会能为教师的成长和工作提供宽松的氛围:"不要责怪他们(指教师)或是为现状辩护……为学校提供保留好教师所需要的资源,奖励优秀教师。"⑤

为了提高教师质量,奥巴马政府实施了一系列改革举措。"冲顶赛跑"项目中即设立了专项经费,用于扩大对教师的支持,改进教师教育,制定完善的教师评价、薪酬及留任政策,确保将最优秀的教师分配到关键学科及最需要的地区⑥。此外,奥巴马政府提出了"优秀教师计划",从教师的培养、招聘、保持、奖励等各个层面吸

---

① State of the Union Address, 2012 Barack Obama [EB/OL]. http://stateoftheunionaddress. org/category/barack-obama. [2012-1-24].

② State of the Union Address, 2011 Barack Obama [EB/OL]. http://stateoftheunionaddress. org/category/barack-obama/page/2. [2011-1-25].

③ State of the Union Address, 2011 Barack Obama [EB/OL]. http://stateoftheunionaddress. org/category/barack-obama/page/2. [2011-1-25].

④ State of the Union Address, 2012 Barack Obama [EB/OL]. http://stateoftheunionaddress. org/category/barack-obama. [2012-01-24].

⑤ State of the Union Address, 2012 Barack Obama [EB/OL]. http://stateoftheunionaddress. org/category/barack-obama. [2012-01-24].

⑥ 范国睿,何珊云. 危机时代的教育变革——奥巴马政府的教育政策述评[J]. 教育研究,2011(2).

引优秀人才加入教师队伍,同时以更科学的绩效工资制度鼓励教师改善教学①。

4. 可负担

可负担是一切教育改革的前提,只有在教育机会均等、公平入学的前提下,教育改革才有实际意义。在严重的经济危机背景下,教育固然是改善困境的途径,但同时也意味着学费给个人和家庭带来的负担,这无疑将成为影响教育改革成效的重要制约因素。为此,奥巴马采取了多重举措,在提高教育的可负担性方面进行了积极的改革尝试。

在四次国情咨文中,奥巴马反复强调政府发起的针对中产阶级的减税政策,通过这一政策,家庭可支配的实际收入将有所提高,从而减轻在教育开支方面的压力。同时,政府还大幅度提高教育经费的投入力度,如2010财年的教育预算达到了1278亿美元,比2009财年的462亿美元增加了近两倍;在2009年政府提出的总额近8000亿美元经济刺激方案中,约1/7经费投入教育领域,其中用于资助经济贫困、教育落后家庭的资金高达130亿美元②。

提高高等教育的可负担性是奥巴马政府教育改革的重点,为此政府提出了一系列优惠举措,如根据《美国复苏和再投资法》,"那些正在为支付学费而挣扎的家庭将得到一项供所有四年大学期间享有的2500美元减税优惠"③;"机会税收优惠计划"规定受资助的大学生只要每年从事100小时的无偿社区服务,其家庭就可享受4000美元的退税政策,而这笔钱足以支付公立大学2/3的学费,或大多数社区学院的全部学费;同时,政府还进一步提高了助学金的额度,降低学生获取助学贷款的门槛;等等④。这些措施在降低大学生的经济压力方面已经颇具成效。在2012年国情咨文中,奥巴马对政府在这一领域所作的努力进行了回顾,并且再次强调要"把我们开始的、为数百万中产家庭节省成千上万美元学费的减税优惠延长下去,并通过在未来5年加倍提供半工半读机会,让更多的年轻人有机会自己挣钱念完大学",同时呼吁高校应竭尽所能"努力降低费用",为美国的年轻人提供更宽松的接受高等教育的机会。正如奥巴马所言:"高等教育不能是奢侈品——它是经

---

① 乔鹤. 奥巴马教育新政解读[J]. 比较教育研究,2009(9).

② 刘学东,程晋宽. 艰难的时代,艰难的选择——奥巴马政府基础教育政策的两难抉择[J]. 外国中小学教育,2010(2).

③ State of the Union Address, 2009 Barack Obama [EB/OL]. http://stateoftheunionaddress. org/category/barack-obama/page/4. [2009-02-24].

④ 乔鹤. 奥巴马教育新政解读[J]. 比较教育研究,2009(9).

济之必需,美国每一个家庭都应能支付得起。"①

(三) 奥巴马政府教育政策的特征与走向

奥巴马政府的教育政策是在严重的金融危机背景下提出的,金融危机及其所引发的一系列问题既是教育改革的动因,同时也为改革的启动提供了契机。正是出于缓解危机的紧迫性的考虑,奥巴马政府提出的总额高达近8 000亿美元的经济刺激方案才得以在很短的时间内得到国会的批准,其中超过1 000亿美元被用于教育领域。如果没有金融危机,联邦政府很难如此顺利地启动这样大规模的教育改革,因此有学者将奥巴马政府的教育改革评价为"巧借救市推教改","这次金融危机在某种意义上使奥巴马因祸得福,让他能够以救急的名义,将竞选期间承诺的教育拨款以一揽子的方式放在刺激经济法案中,既省去了繁琐的程序,也兑现了他的承诺,可谓一举两得"②。不过,在这种背景下,人们对政府提出教改方案有了更高的期待,希望改革能够在短期内收到"立竿见影"的效果,这不能不说是奥巴马政府所面临的一个巨大挑战。

从奥巴马政府的教育改革政策可以明显地感觉到,联邦政府在教育改革中的作用日益加大,美国教育权力的重心出现了"上移"的倾向。通过提高对教育的资助力度,联邦政府加强了对教育改革主导权的控制,使各州的教育改革建立在联邦拨款的基础之上,从而巩固了联邦政府在教育改革中的地位和作用,便于引领各州在联邦政府所倡导的基调范围内开展改革,同时有助于联邦政府统筹教育资源的配置,促进教育公平的实现。

与布什政府不同的是,奥巴马政府的教育改革缺乏专项法律的支撑。布什政府在2002年颁布实施的《不让一个孩子掉队法》是引导同期美国教育改革的一项具有里程碑意义的法案,它为布什政府的教育改革政策提供了法律保障。而奥巴马政府的教育改革更多地停留在政策理念方面,改革往往是以项目的形式开展的,并未提升到法律层面,这不能不说是奥巴马政府教育改革的一项制度性缺憾。尽管社会各界对《不让一个孩子掉队法》的缺陷已经有了较为一致的认识,奥巴马也已经意识到教育立法对改革的巨大推动作用,他在2011年国情咨文中就曾提出

---

① State of the Union Address, 2012 Barack Obama [EB/OL]. http://stateoftheunionaddress. org/category/barack-obama. [2012-01-24].

② 高靓,等. 巧借"救市"推教改——有关专家解读美国总统奥巴马的教育新政[J]. 中国教育报. [2009-05-12].

"将用一个更为灵活、专注于用给我们的孩子带来最大益处的法律来取代《不让一个孩子掉队法》"①的设想,但由于政党竞争的利益博弈的复杂性,这一设想至今仍未实现。可以预见,加强与国会两党议员的沟通,制定更为完善和更具可操作性的教育法律,将是今后一段时期美国联邦政府教育改革所要努力的方向之一。

出于对提高教育质量的高度重视,奥巴马政府在其教育政策中提出了近乎严苛的标准。奥巴马任命的教育部长阿恩·邓肯(Arne Duncan)被称作"铁腕部长",其在担任芝加哥教育局长期间推动的"公司化"教育改革曾引起广泛争议。在担任部长之后,邓肯借鉴其在芝加哥的经验开展全国性改革,"冲顶赛跑"项目就是其中最具代表性的举措之一。尽管该项目的出发点是通过绩效管理的方式刺激各州提高教育质量,但过于苛刻的标准使很多州对联邦的经费诱惑望而却步,同时也招致美国全国教育协会的抨击,认为该计划"视野狭窄,依旧是布什政府由上到下的改革模式,实施之后,势必促使各州大力推行绩效工资制,使公共经费转到私人运作的特许学校,加上其他性质相似的措施,美国教育体系必将毁于一旦"②。在这种情况下,如何平衡提高教育质量与教育标准的可行性之间的关系,仍是当前美国教育改革须认真思考的重要议题。

进入21世纪后,突如其来的"9·11"事件让美国遭受到重大打击,其影响波及美国社会各个领域,教育也概莫能外,可以说,这一时期的美国教育深深地打上了"9·11"的烙印。以《不让一个孩子掉队法》的颁布为标志,布什政府发起了新一轮的教育改革,通过标准化考试和绩效问责等改革举措的实施,美国的基础教育质量有了明显提升,但同时也暴露出一系列问题。针对这些问题,奥巴马政府将教育改革进一步推向深入。可以预见,为了保持其全球领导地位,美国构建面向21世纪的现代教育体系的改革尝试将会不断持续。

① State of the Union Address, 2011 Barack Obama [EB/OL]. http://stateoftheunionaddress.org/category/barack-obama/page/2. [2011-01-25].
② 范国睿,何珊云.危机时代的教育变革——奥巴马政府的教育政策述评[J].教育研究,2011(2).

下　编

第七章
战后美国教育哲学与教育思想

伴随着教育实践领域的持续变革,战后美国的教育理论也有所发展。在实用主义、存在主义和分析哲学等西方现代哲学流派的基础上,永恒主义、进步主义、要素主义、社会改造主义和后现代主义教育哲学等得到不断的丰富与充实。这些教育哲学流派的发展,与科南特、布鲁纳和斯金纳等人对教育理论的深入探索与思考,对战后美国教育改革产生了深刻影响。

第一节　现代美国教育的哲学基础

西方现代哲学的主要流派包括实用主义、存在主义和分析哲学等。这些哲学流派在 20 世纪的美国流传广远,并构成了现代美国教育重要的哲学基础。

一、实用主义

实用主义也称经验主义或工具主义。19 世纪法国著名的实证主义哲学家孔德(Auguste Comte)和英国 19 世纪著名的生物学家达尔文(Charles Darwin)对实用主义哲学有重要的影响。孔德对实用主义产生影响的主要思想是认为科学能解决社会问题。达尔文的自然选择理论也对实用主义哲学产生了深远影响。在美国,皮尔斯(Charles Sanders Peirce)、詹姆斯(William James)和杜威则是实用主义哲学的主要提倡者。所有的实用主义哲学家都有一个共同的特点,就是强调经验的价值和作用。

与传统哲学家视实在为既定的观点不同,在形而上的问题上,实用主义者认为实在是一个事件、一个过程和一个动词。实在服从于永恒的变化,缺乏确定性;意义源自经验,而经验不过是个体与环境的相互作用。

在认识论上,实用主义者认为,真理不是绝对的,而是由其后果和功能所决定的。实际上,实用主义者避免使用真理这个词,至多说是暂时的真理,随着经验的积累,会不断出现新的真理。获取知识的途径是科学探究、试验、质疑和再试验,而且知识永远不会是终结性的。

与传统哲学主要关注形而上学和认识论问题不同,实用主义关注的主要问题是价值论或说价值观。与关于真理的认识一样,实用主义者认为价值观也是暂时的。价值观是由经验建构的,而且要不断地接受质疑和检验。在实用主义者看来,不管什么东西,只要管用,或者能够带来我们想要的结果,从伦理学或道德上看就是好的。当然,关注后果,并不意味着实用主义者只关心什么东西对自己有用。实际上,实用主义者极为关注社会后果。"什么东西管用"是指对较大的社区和社会管用。对杜威来说,民主是实用主义的核心要素。杜威确信,离开了社会,民主也就不存在了。民主不只是政府的运作方式,还包括一个能对政治、社会和经济机构产生影响的自由的社会,并影响公民的生活方式。

涉及审美价值观的时候,实用主义者认为不存在某种美的客观标准。我们说一个东西是美的,取决于我们看、感受和接触时所获得的经验。相应地,艺术是一种创造性的表达,是在艺术家和公众间进行分享的经验。

实用主义哲学的主要教育启示有如下几个方面。

(1) 教育目的:实用主义者认为,学校应该成为进步民主社会的典范。杜威指出,这样的民主社会在本质上是多元的,包括道德的、经济的、教育的和政治的目的。而教育的主要目的是通过问题解决和科学方法获取经验。

(2) 课程与教学:与传统哲学强调预定的一套学科不同,实用主义者热衷于将几门学科如历史、地理和科学结合在一起的课程。杜威建议课程应该使学生的经验"融入个人化的课程——这种课程就人类经验,尤其是他们的个人经验而言,是有意义的。像地理和历史这类关系尤其紧密的学科就可以当作制定人类活动计划或解决社会问题的例子"①。在教学方法上,实用主义者偏爱从做中学、问题解决、试验、手工活动、合作学习以及将演绎思维融合在一起的方法。实用主义者也非常重视需要社会交往和集体活动的教学方法。

(3) 学生的本质:实用主义者将学生视为能与其环境相互作用的、不断发展并具有主动性的存在,是能为自己制定学习目标的个体。学生们能一起工作解决共同问题,建立管理课堂的规则,有能力对促进他们学习和课堂生活的观念进行试验

① N. Noddings. *Philosophy of Education* [M]. Boulder: Westview Press, 1995: 37-38.

和评价。

(4) 教师的角色：实用主义者相信，教师应该成为获取和使用最可靠的知识即经验性知识的模范。在教学过程中，教师是研究或项目的指导者，向学生示范如何进行反省思考，如何对所有的设想、知识、事件和个人的思想过程进行质疑。实用主义也强调教师要注意运用科学方法，包括形成系统报告、对观察结果进行分析，以及对从观察中形成的假设进行反复检验等。

二、存在主义

存在主义产生于 19 世纪中期，其先驱是丹麦 19 世纪的哲学家和神学家克尔凯郭尔(S. A. Kierkeggard)。他反对科学的客观性，赞成主观性和个人选择。他既信仰上帝，又关心个人的存在。其他主要代表人物还有德国的雅斯贝尔斯(K. Jaspers)和海德格尔(M. Heidegger)、法国的萨特(J. Sartre)以及奥地利的布贝尔(M. Buber)等。

存在主义是对传统哲学惯用的数学、科学和客观性思维的一种反叛。存在主义的根本特征是把孤立的个人的非理性意识活动当作最真实的存在，并作为其全部哲学的出发点。存在主义反对任何导致社会控制或镇压的努力，自称是一种以人为中心的、尊重人的个性和自由的哲学。

就本体论即形而上学而言，存在主义者认为存在先于本质。在他们看来，物质世界无任何意义和目的，我们只是偶然来到这个宇宙中，在这里没有世界的秩序，也没有事物的自然规律。除了我们的存在，我们不把任何东西归功于自然界。存在主义者认为，因为我们是无目的地生存在这个世界上，所以我们必须创造我们自己的意义(meaning)。除了存在，选择在存在主义的形而上学中也是一个核心概念。确定我们是谁、是什么，就是确定什么是真。在存在主义者看来，我们按自己的选择来确定真实，我们不能逃脱选择的责任，包括选择如何看待我们的过去。

在认识论上，与他们关于实在的立场一致，存在主义者认为认识真理的方式是选择。个体自己必须最终确定何为真以及如何知其真。我们是选择逻辑、直觉和科学方法，还是我们的发现与事实一点关系也没有，这都不重要，重要的是我们最终必须做出选择。我们选择的自由意味着我们也背负着逃脱不了的巨大责任。因为没有绝对、没有权威，也没有达到真理的唯一的或正确的方式，所以唯一的权威就是自我。

在价值论上，存在主义者认为，不仅确定真实和获取知识是必须的，而且确定什么东西有价值也是必须的。一言一行都是选择,而且是创造价值的行为。存在主义者指出,这种选择存在一个悖论:因为没有供我们正确选择的规范、标准和确定性,所以选择总是令人失望,甚至有时令人恼怒。指望根据一种标准或尺子来确定什么是正确的、正义的或有价值的,往往比为我们的选择承担责任要容易得多。然而,存在主义者认为,这对我们自由的意志来说,是很小的代价。

存在主义对教育产生了重要影响。"二战"以后一些教育家开始将存在主义应用到教育理论中。例如,德国教育人类学家博尔诺夫(Otto Friedrich Bollnow)和美国教育家奈勒(G. Kneller)把存在主义应用于教育理论,形成了存在主义教育思想,前者著有《存在哲学与教育学》和《教育学的人类学考察方法》等著作,后者著有《存在主义与教育》和《教育哲学导论》等著作;20世纪60年代以后,美国一些著名教育家陆续出版了一些以存在主义为理论基础的教育著作,如约翰·霍尔特(John Holt)撰写的《自己教自己》、查尔斯·西尔伯曼(Charles Silberman)撰写的《课堂危机》,以及乔纳森·科索尔(Jonathan Kozol)撰写的《自由学校》和《野蛮的不平等:美国学校的孩子》。这些人都是20世纪60年代中期广泛流行的开放学校、自由学校等的支持者。目前存在主义教育理论的代言人是美国的教育家奈尔·诺丁斯(Nel Noddings),他认为,关注与我们的生活和命运密切相关的挑战是存在主义教育模式的核心。所以,他这样说:"作为人,我们关心我们发生了什么? 我们想知道是否有来生,是否存在一个关心我们的上帝,我们爱的人是否爱我们,我们是否属于某个地方;我们想知道我们会变成什么? 我们是谁? 我们能在多大程度上控制自己的命运。对青少年来说,以下的问题则是最为紧迫的:我是谁? 谁会爱我? 别人如何看我? 然而,学校却将更多时间浪费在了二次方程式上,而不是用于探究这些生存问题。"①

存在主义对教育的启示主要表现在以下几个方面。

(1) 教育目的:在存在主义者看来,学校应该发展学生对他们行为后果负责的态度,并学会如何处理他们行动的后果。相应的教育的目的就在于人的"自我发现"(self-discovery),并向学生解释自由选择和对自己的选择负责的重要意义。这就是说,教育应该让学生认识到应对自己的行为负责,应该成为一个对自己负责的人,是自己的选择及其行为后果使一个人成为一个人、成为自我。这种选择及其行为使学生自我发现、自我生成。正是在这一点上,存在主义者坚信,教育始于自我,

---

① N. Noddings. *The Challenge to Care in Schools*: *An alternative approach to education* [M]. New York: Teachers College Press, 1992: 20.

教育应该帮助学生成为他们想成为的人,而不是别人或社会认为他们应该成为的那样的人。

（2）课程与教学:在课程上,存在主义者强调以学生为中心,并提供各种各样的生存状况,来丰富和强化学生个人的切身体验。存在主义最重视的科目是人文学科,因为这些学科所提供的材料往往包含着人类的生存状况。存在主义者断言,通过对这些无意义和虚无的观念的集中学习,以及伴随着的焦虑和荒谬,最终我们能建立对自我的肯定并寻找到生活的意义。存在主义者认为,这样的课程能唤醒学习者的主观意识,他们称之为"存在的瞬间"。与传统哲学强调绝对真理的课程观不同,存在主义者的课程强调的是"个人真理"。在教学方法上,与进步主义强调小组学习不同,存在主义强调个体和个人学习。存在主义者偏爱的教学方法是非指导性的人类价值观教育,具体的方式是对学生的选择和生活经验等进行讨论和分析。这种个体学习的方式和苏格拉底的问答法有许多相似之处,所以存在主义者对苏格拉底式的对话教学非常推崇。他们相信这种方法能引导学生自知和自我发现。

（3）学生的本质:存在主义者相信,学生是能够做出真正的、负责的选择的个体;进一步,学生能够自律和自我发现,并对他们自己的学习负责。所以说,学生的任务是承担选择和行动的责任,学会树立个人的目标,并通过发展独立性、做决定和解决问题来实现个人所确定的目标。

（4）教师的角色:与学生的任务相对应,在存在主义者看来,教师的角色是创造让学生独立行动的环境以使学生做出选择并承担行动的责任,这就要求教师成为学生的真实的榜样。此外,教师的目标是帮助所有学生在争取自我实现的过程中使他们的潜力获得充分发展。存在主义教育家鼓励更多的个人性的和互动的师生关系。教师与学生个人的认知和情感的发展有密切的关系。因为存在主义强调寻求生活的意义的目标,所以教师应该是乐于内省和反省的个体,想象和洞察力也是存在主义者对教师的普遍要求。

作为一种教育理论,存在主义提出了许多不同于传统教育和进步教育的观点,有些具有积极的意义。例如,强调个性发展、强调学习者对自己的学习负责、重视建立积极平等的师生关系等,都是极为有见地的教育主张。

三、分析哲学

分析哲学又称哲学分析或语言分析,是一种关注澄清语义的哲学。分析哲学既批评传统哲学和现代哲学的观点，也批评这些哲学的表述方式。分析哲学家指出，这些传统的或现代的哲学往往只做说明性的标准化判断，呈现给世人的哲学陈述也往往是让大家摸不着头脑的行话，而且无法证实。

分析哲学运动发端于第一次世界大战时期。在"一战"期间，一些自然科学和社会科学家聚集在维也纳，成立了著名的维也纳小组（Vienna Circle）。这些学者将他们的注意力集中于对哲学家所使用的语言和概念的分析和澄清上。相应地，哲学分析运动不大关注传统哲学和现代哲学试图解决的关于实在、真理和价值观等方面的基本假设，而是更关注语言的意义、定义和澄清。

分析哲学运动早期的主要代言人是英国哲学家罗素（Bertrand Russell）。罗素重视对语言和实在关系的研究，主张实在可以被分解为"不能再分的元素或关系"。其他著名的分析哲学家还有美国的谢夫勒（Israel Scheffler）和索尔蒂斯（Jonas Soltis）。后两者都极为关注哲学分析对教师的重要影响。谢夫勒 1960 年出版著作《教育的语言》，研究的主要问题是哲学分析如何帮助教师形成他们关于教育问题的信念、主张和观点。谢夫勒认为，这些问题对教和学都极为重要。索尔蒂斯是美国当代分析哲学家，也极为重视哲学分析对教师的重要意义。他这样说："我们必须弄清（教育语言）的意思和含义，不能像吟诗作画一样摇摆模糊。分析的品质和技术对所有教育实践者都极为有用。可以帮助他们进行仔细和精确的思考，了解他们从理论家那儿究竟买到了什么货色。更为重要的，要知道他们应该追求什么，以及怎样有效地实现这些追求。"①

分析哲学家往往不关心形而上学问题，原因在于他们将"真理"、"实在"等视为一种理论问题，不是实践的，或者说可以经验的问题。他们主要关心的问题是，如何选择那些含义明确并可以用通用的、科学的或专业的语言表述的术语和词汇。

在认识论上，哲学分析家强调，语言应是对其直接意义的表述。这是因为，语言表述有其内在的逻辑，或者说，可以用经验性的术语明确其意义。而经验性的术语是可以证实和检验的。在分析哲学家看来，如果语言找不到证实的方法，就说明语言是没有意义的。我们使用的许多词汇和表述都是情感化的或者说是主观的，只对使用它们的人有意义。例如，适应、包含、调整、专业技巧、改革、成长和容忍等术语就有多种含义。像哲学表述如"存在先于本质"或"自我实现是人类的最高目的"等都是无法证实的，因而其价值极为有限。

---

① J. F. Soltis. *An Introduction to the Analysis of Educational Concepts* [M]. Reading：Addison-Wesley, 1978：88.

在价值论上,与传统和现代哲学家关注价值观的形成并鼓励某些特定的行为不同,分析哲学家对什么样的价值观是真的、什么样的行为是好的,或什么艺术是美的等这类问题并不关心。他们只关心这些价值观或行为能否由经验来检验,并做那些对读者来说有意义的事情。

分析哲学对教育的启示主要表现在以下几个方面。

(1)教育目的:由于分析哲学重视对教育概念、定义的澄清和分析,重视对语言意义的分析,因而,分析哲学家并不关心如何表述教育的目的,关心的是教育者在学校里使用的语言是清晰的还是模糊的,能否被公众和学生所理解。

(2)课程与教学:分析哲学家并不规定课程的内容,他们关心的是参与课程设计的教育者应该使用怎样的语言描述和实施课程。他们主张教师和课程编制人员应该将哲学分析当作一种工具,以避免使用那种模糊的、模棱两可的、容易混淆的术语。他们也主张应该让学生了解语言分析的价值和重要性,因为这是有效交流的基础。他们建议分析的各种工具应该早在小学各年级就介绍给学生,并在中等和高等教育阶段进一步强化。分析哲学偏爱的教学方法是教师向学生示范分析哲学家所使用的各种哲学分析和语义分析的方法。教师必须注意他们如何与学生、同事和公众进行交流。因为他们是学生的榜样,学生从他们身上可以学到获取清晰地、科学地分析各种概念、思想和事物的技能。

(3)学生的本质:分析哲学家坚信,所有年龄阶段的学生都能够理解、运用分析的程序和方法,所以学生的任务就是正确理解分析的程序和方法,并将之应用到学习和生活中去。另外,学生还应该通过实践不断强化所获得的良好的交流技巧。

(4)教师的角色:与学生在教育中的任务和角色相对应,在分析哲学家看来,教师的角色是示范如何运用语言和逻辑;并且,由于教育领域包含许多源于其他学科(如哲学、心理学、历史、社会学和宗教等)的观念,因此,教师应该非常精通这些学科如何对特定的语言和观念进行解释和定义。在分析哲学家看来,最重要的是,教师无论何时都应该注意选择那些对学生清晰的和有意义的术语。也就是说,教师是这方面的典范,跟学生交流应该清晰和有意义,同时又是学生学习的榜样。

第二节　当代美国主要的教育哲学流派

对美国教育实践有重要影响的教育哲学流派(有时也称教育理论)主要有五种,即永恒主义、进步主义、要素主义、社会改造主义和后现代主义(又称后现代建构主义)。每一种哲学流派的形成与发展都是对其所处时代的社会和教育环境的深刻反映。

一、永恒主义教育哲学

永恒主义是 20 世纪 30 年代在美国产生并对西方教育有重要影响的教育哲学流派,其代表人物有法国的哲学家夏提埃①(Emile Auguste Chartier)、天主教哲学家马利泰恩(Jacques Maritain),美国教育家赫钦斯、哲学家和教育家艾德勒(M. J. Adler)、哲学家布鲁姆(Allan Bloom,1930～1992)等。

夏提埃毕业于巴黎高等师范学校,曾在里昂、巴黎的几所中学任哲学教师,著有专门论述教育问题的《教育漫话》,其他方面的著作如《幸福论》、《政治论丛》等对法国社会也有广泛影响。

马利泰恩是最著名的宗教永恒主义的代言人。在马利泰恩看来,仅仅有智慧尚不能充分地理解宇宙。建立与上帝的关系也是必须的。

赫钦斯毕业于耶鲁大学,曾任芝加哥大学校长,是世俗永恒主义最著名的领袖。在任芝加哥大学校长期间,根据永恒主义教育哲学,从办学目的、课程设置,甚至教学方法等,都进行了一系列的改革。赫钦斯的主要教育著作《美国高等教育》(1936 年)、《为自由而教育》(1947 年)、《民主社会中教育的冲突》(1953 年)、《乌托邦大学》(1953 年)、《美国教育之考察》(1956 年)和《学习化社会》(1968 年)等。赫钦斯与马利泰恩一样,都主张理想的教育是发展心智的教育,教育的最高宗旨就是人的理性、道德和精神力量的充分实现,而课程应集中于西方文明的杰作。赫钦斯强调对全民实施发展人的本性的自由教育,正如他所说的:"教育意味着教学,教学包含着知识,知识就是真理,而真理在哪儿都是一样的。所以,教育无论在哪儿也应该是相同的。"②大概正是源于强调全民都应该接受相同教育的主张,赫钦斯还提出了"学习化社会"的主张,他也将其称为"学习化共和国",即"任何时候,不只是提供定时制的成人教育,而以学习、成就、人格形成为目的而成功地实现着价值的转换,以便实现一切制度的目标的社会"③。"学习化社会"概念的提出是赫钦斯对

---

① 即广为人知的阿兰(Alain)。
② Robert M. Hutchins. *The Higher Learning in America* [M]. New Haven：Yale University Press, 1936：66.
③ 赫钦斯. 教育现势与前瞻[M]. 姚柏春译. 香港：今日世界,1970：136.

西方教育,甚至是世界教育的重要贡献。这个概念提出后不久就引起整个世界的广泛关注。1972 年联合国教科文组织国际教育发展委员会出版的《学会生存》一书将学习化社会视为未来社会的基本形态。尽管人们对教育的理解不尽相同,但将学习化社会视为未来社会基本特征的认识却是一致的。赫钦斯于 1977 年去世后,艾德勒接过了永恒主义教育哲学的旗帜,并在 1982 年发表了标志着永恒主义教育哲学复兴的著作《派地亚①建议:一个教育宣言》②。

　　艾德勒毕业于哥伦比亚大学,曾在芝加哥大学、圣约翰学院任教,著有《当代教育危机》(1939 年)、《怎样读一本书——获得自由教育的艺术》(1940 年)、《教育革命》(1958 年)等。艾德勒与赫钦斯一样,反对将课程分门别类(如分为职业、技术的和学术的科目)的做法,主张民主社会所有的学生都应该接受高质量的、相同的教育。在这种相同的教育中,没有分组,也没有选修课,在整个 12 年的中小学教育中,所有学生都学习相同的课程。艾德勒将这种课程组成为三种不同的教学模式。他将第一种模式称为"知识获取"(acquisition of knowledge)。在这种模式中,教师使用说教的方法,让学生了解三个领域的基本知识:语言、文学和艺术;数学和自然科学;历史、地理和社会科学。第二种教学模式为"技能形成"(development of skill)。在这种教学模式中,教师扮演的是教练的角色,帮助学生学会怎样去做,即帮助学生获得听、说、读、写、观察、测量、估计和计算的基本技能。在这个领域中,他们将有一种唯一的选修课程:第二语言。第三种模式为"理解拓展"(enlargement of understanding),通过强调观念和价值的获取来体现永恒主义的核心主张。在这种教学模式中,教师不再使用说教或教练的方法,而是采用苏格拉底的提问和讨论的方法,组织研讨会。学生学习的不是教科书,而是代表人类最高成就的书籍和艺术形式。

　　为了推广永恒主义的教育哲学,并将永恒主义的教育主张应用到实践中,艾德勒牵头成立了派地亚协会,将他们的理想在公立学校的真实世界中进行试验。他们接管了亚特兰大、芝加哥和奥克兰等地的一些公立学校,对这些学校的教师进行培训,让学生学习永恒主义的课程。他们出版了《派地亚公告》,宣传学校的成功经验,并促使 100 多个学区的学校实施了某种形式的永恒主义教育课程。

　　永恒主义强调永恒不变的真理,强调持久性、秩序、确定性、理性和逻辑性。观

---

① 派地亚是希腊语 paideia 的音译,本指古希腊文化中培养理想城邦成员的教育制度。

② Mortimer J. Adler. *The Paideia Proposal：An Educational Manifesto* [M]. New York：Macmillan，1982.

念论、实在论和新托马斯主义是永恒主义的哲学基础。永恒主义坚信教育需要回到过去,也就是从普遍真理以及理性与信仰等绝对性中寻求支持。在永恒主义者看来,亚里士多德和阿奎纳的思想是最具有普遍性的教育哲学。尽管永恒主义与新托马斯主义和罗马天主教会教育联系甚密,但也获得了世俗教育的广泛支持。

永恒主义的基本教育主张可以概括为以下几个方面。

(1) 教育目的:不管是宗教的永恒主义,还是世俗的永恒主义,都主张学校教育的目的是培养学生的理性智慧,并传递关于终极真理的知识。永恒主义者相信,以理性为特征的人性是人类天性中共同的要素,教育必须关注这些"属于人之为人的东西"以及"人与人之间相通的东西",向学生传递关于终极真理的知识,使人的理性和智慧、使人的精神力量得到充分的发展。在永恒主义者看来,这种教育目的在任何社会、任何时代、任何国家都是相同的,是永恒不变的。不过,在教育的最高目的上,宗教的永恒主义和世俗的永恒主义存在差异。宗教的永恒主义者强调教育的最高目的是与上帝保持一致,世俗的永恒主义则强调发展人的理性和智慧。

(2) 课程与教学:宗教的永恒主义和世俗的永恒主义都十分强调教学内容的系统学习,因为对教学内容的掌握会训练学生的智慧,并解释终极真理。对哲学、数学(尤其是代数和几何)、历史、语言、美术、文学(尤其是杰作)和科学等知识的认知应该在课程中占据中心地位。此外,永恒主义者认为,品格训练和道德发展也应在课程设计中占有适当的位置。与世俗的永恒主义者相比,宗教的永恒主义者认为,基督教信条也是课程的重要部分。圣经、基督教问答集、神学和基督教教义的教学是最重要的部分。只要可能,神学著作永远优先于纯世俗著作的学习。世俗的永恒主义者则更加强调关注人类历史上一直必须面对的那些挑战。例如,艾德勒认为,通过听说读写、观察、计算、测量和预估等课程的学习,可以发展学生的智慧技能,教育必须关注千百年来一直困扰人类的那些难题和问题。

由于教育的目的是发展儿童的理性和智慧,学习的内容是经典的艺术和科学巨著,所以,永恒主义者非常强调运用教师的讲授和演讲来组织教学活动。尤其在学习古典名著时,只有在教师的指导下,通过教师的讲授、学生的阅读和讨论才能有的放矢,才能深刻理解名著的内容。艾德勒曾经提出了三种具体的教学方法:"一是通过演讲和分配教材的说教;二是养成赖以发展各种技能习惯的指导;三是通过发问并对所引出的答案进行讨论的苏格拉底式教学。"①这三种教学方法都强

① M. Adler. *The Paideia Program* [M]. New York: Macmillan, 1984: 8-9.

调教师的引导或指导作用。永恒主义者强调,在学习文学、哲学、历史和科学的名著之前,必须教给学生批判性思维的方法和发问的策略,以便学生与经典作家对话。而神学永恒主义者鼓励使用任何能使学习者与上帝进行交流的教学方法。

（3）课堂环境:永恒主义者极为强调营造集中于教学任务、精确和有序的课堂环境。永恒主义者不只是关注智慧的训练,也关注意志的培养。他们相信,教师有责任训练学生的坚强意志。在永恒主义者看来,专心于教学任务、精确和有序是培养学生意志的最合适的课堂环境。神学的永恒主义者则将体现祈祷和沉思的学习环境也作为良好课堂环境的一个指标。不难看出,永恒主义者把品格的养成视为教育的一项重要内容。

（4）教师的角色:永恒主义者认为教师应该在自由学科上获得良好训练,他们应该是掌握真理的权威,也是传播真理的仪器。很显然,如果教师是传播者,那么学生就是学习的接收器。所以,人们用"精神体操的控制器"来比喻永恒主义者理想的教师。另外一个描述永恒主义教师的比喻是"智慧教练",他们能引导学生进行苏格拉底式的对话。永恒主义的教师必须是一个拥有智慧和理性能力的模范,他们必须能进行逻辑分析、熟练使用科学方法、精通经典著作、记忆良好,并能进行最高形式的智力推理。由此不难看出,永恒主义者对教师有极高的要求。

（5）教学评价方式:客观的、标准化的测验是永恒主义者最喜欢使用的评价工具。但由于对经典著作的学习有助于促进观念和见识的交流,所以永恒主义者也使用论文式的测验方式。

作为一种教育哲学,永恒主义在教育理论上产生了一定影响,对大学和上层知识界影响更大一些。永恒主义的复古态度,对经典著作的过度重视,使这种教育哲学受到了很多人的批判。的确,永恒主义存在脱离现实和时代的弊端。

二、进步主义教育哲学

进步主义产生于 19 世纪末 20 世纪初的美国。一般认为,美国教育家帕克（Francis W. Parker）是进步主义的先驱,被称为进步教育之父。但是,杜威在芝加哥大学实验学校的工作为进步主义提供了实践基地。鉴于其在芝加哥大学和哥伦比亚大学师范学院的位置和立场,杜威被视为进步教育运动最主要的代言人之一。杜威在芝加哥大学的同事杨（Ella Flagg Young）因为极为重视试验和民主在课堂和学校中的中心作用,也被视为进步主义最重要的代言人。克伯屈（William H.

Kilpatrick)则通过引入以经验为中心的课程和使用项目方法(project method)①进一步促进了进步教育运动的发展。

第二次世界大战以后,由于国际政治、经济形势的变化和进步教育自身存在的一些弱点,进步主义教育哲学逐渐成为美国教育理论和实践舞台的配角。1955年6月,进步教育协会宣布解散,两年以后,《进步教育》杂志停办,这都标志着美国教育之进步主义时代的结束。但是进步主义教育哲学并没有随着进步教育协会的解散而从教育的领地消失。进步主义对传统教育的批评,对儿童兴趣、活动的重视等许多重要的主张,仍对美国的教育实践有深刻的影响。

就在进步教育协会宣布解散的那个年代末期,美国掀起了轰轰烈烈的教育改革运动,尤其在课程领域表现得尤为明显,试图消除进步主义对美国教育在学习内容上的负面影响。但由于忽视了儿童的发展水平等因素,并没有取得预想的成功,美国教育界呼吁重新重视儿童兴趣和需要的声音再一次响起。许多教育史学家将其称为"新进步运动"。除此之外,在这个时期及以后相当长的一段时期内,对杜威进行研究的兴趣一直维持在较高的水平上。正如美国学者所指出的:"在过去的86年中研究杜威及其著述的作品大约有2 200多份,每年平均为25种。但是从1973年2月到1977年1月这四年内已经出现了300多项关于杜威的研究,即平均每年为60多项……对于杜威研究的质量和深刻性也在不断增加。"②

在20世纪80年代和90年代早期的教育政策中,要素主义教育哲学成为主导性的教育理论。在这一时期,持有不同政治观点并处于不同党派阵营的人们都加入要素主义队伍中,似乎每一个人都是要素主义者。但批判理论和后现代主义的出现和传播,为进步主义的适度复兴提供了温床。进步主义教育哲学以多种多样的形式在教育实践中得以体现。磁石学校就是一个例子。马萨诸塞州劳维尔市的一所磁石学校的基本做法是将学校建成一个"微型社会",由学生运行这个社会的政治和经济系统。密西西比州杰克逊市(Jackson)一所选择性学校鼓励不同能力

---

① 我国学者从20世纪20年代即将"project method"译为设计教学法,显然不符合克伯屈的原义。克伯屈将"project method"定义为"whole-hearted purposeful activity proceeding in a social environment",译为"在社会环境中进行的全神贯注的有目的的活动"。"project"的确有设计的意思,而且完成"project"的确需要设计,但设计不是"project"最重要的要素。实施,即运用已经获得的知识去解决实际问题才是根本。所以,本文中将"project method"译为"项目方法",即用完成项目的方法进行教学或学习。如果延续过去将之视为教学方法的做法,也不妨译为"项目教学法"。

② 傅统先,张文郁. 教育哲学[M]. 济南:山东教育出版社,1986:366.

的学生组成一个工作团队,通过合作学习的方式进行各种教学活动。有些学校在鼓励学生利用各种感觉器官进行学习,而不只是依赖看和听。所有这些做法都反映了进步主义教育哲学的影响。

进步主义作为一种教育哲学,极为强调经验的价值和作用,认为儿童是经验中的有机体,有能力"从做中学"。实用主义哲学和以演绎推理为核心的科学方法是进步主义教育哲学的基础。进步主义鼓励学习者寻找有用的程序和方法,并积极采取能最好实现自己目的的行动。

进步主义的基本教育主张可以概括为以下几个方面。

(1) 教育目的:进步主义认为学校应该模仿生活,尤其应该模仿民主社会的生活。要使学生在民主制度和更大的民主社会中更好地生活,学校必须鼓励合作并发展学生解决问题和做决策的技能。

(2) 课程与教学:进步主义的课程是以经验为中心的课程,强调课程要与经验有关,要不断对经验进行反思。这样的课程将几门学科融合起来,但并不提供普遍的真理,即一种特殊的知识体系,或者说,并不提供一套指定的核心课程。相反,这样的课程提供的是学生要获取的一系列经验,要反映学生个体在不同环境中的需要和兴趣。进步主义者将其称为以儿童为中心的、以同伴为中心的、以成长为中心的、以活动为中心的、以过程和变化为中心的以及以平等为中心的课程。与要素主义者和永恒主义者强调课程要以过去的文化和历史为主不同,进步主义者强调,学生学习的内容应该与学生今天的生活密切相关,应该对学生今天的生活有意义。

对进步主义者来说,由于没有严格的教学内容,也没有知识构建的绝对标准,因此最适宜的教学方法包括团队工作和项目方法。进步主义者相信,在小学的第一年级(6 岁)就可以引入项目工作完成复杂的教学工作。与项目方法相适应的教学策略是科学方法。然而,与永恒主义者和要素主义者将科学方法视为检验真理的手段不同,进步主义者将科学方法视为检查经验的工具。

批判性思维、问题解决、决策和合作学习等是和进步主义课程融合起来的课堂活动。进步主义者也强调课程以社区为中心。例如,学生通过经常去博物馆和剧院体验艺术,通过与来自多样化的社会团体和社会状况的个体交往获取社会研究的经验,通过直接探究自然世界体验科学等,都是以社区为中心设计课程并充分利用了社区的资源。

(3) 课堂环境:进步主义者主张教师要在课堂里营造强调公民身份的民主气氛;学校管理上,教师要劝说父母参与学校的民主决策。进步主义者鼓励学生和家长形成他们自己的委员会和组织,去解决教育问题并推动社会改革。

（4）教师的角色：进步主义将教师视为学生学习的促进者或指导者。这样的教师既不是知识或真理的权威，也不是知识和真理的传播者，教师是帮助学生尝试直接经验来促进学生学习的向导。就其真正的本质看，进步主义是以社会为定向的，因而要求教师成为集体决策的合作伙伴，成为关心学生行为最终结果的合作伙伴。

（5）教学评价：由于进步主义强调小组活动、合作学习和民主参与，因此在评价方法上异于传统的评价方法。例如，进步主义强调使用形成性评价，即主张使用以过程为定向的评价，关注的是不断进行的过程中的反馈，而不是测量结果。观察学生在做什么、对学生仍然需要发展的技能进行评价、解决正在发生的难以预料的问题，是进步主义者最常使用的评价方法。

进步主义教育哲学在20世纪上半叶对美国教育实践产生了重要影响，在批判传统教育理论和实践方面发挥了积极的作用，给学校带来了许多方面的变革。可以说，进步主义开启了现代教育理论的新篇章。

三、要素主义教育哲学

要素主义是对世界各国中小学教育影响最大的教育哲学。尽管要素主义可以追溯到古希腊时期的柏拉图和亚里士多德，但要素主义作为一种教育哲学，进而发展为一种运动，则是进入20世纪以后的事情。在20世纪30年代末期，巴格莱（William Chandler Bagley）在批评美国学校放弃了严格的学术和道德标准的基础上，发起并领导了要素主义运动。他撰写的论文《要素主义者促进美国教育的纲领》被视为要素主义的经典文献，也标志着要素主义教育流派的正式形成。

20世纪50年代，一批相信要素主义的文科和科学教授，如阿瑟·贝斯特、里卡佛（Admiral Hyman G. Rickover）和詹姆斯·科南特等，成为要素主义运动的主力。50年代的这些学院批评家表达力强、语言生动，而且大部分在攻击美国教育的时候，内心怀有深深的痛苦。仅从他们的著作题目就可以看出来：贝斯特的《教育的荒原》和《学习的复兴》就是对莫蒂默·史密斯（Mortimer Smith）的《也论发疯的教学》和《智力的退化：公立学校平庸计划之研究》的极好补充。当然，科南特的《教育与自由：学校在现代民主主义中的作用》和《今日美国中学》对美国教育的批评相对温和得多。不管他们的语调是尖刻还是温和，学院批评家们在关键问题上的意见却是一致的。公立学校，由于信奉进步主义教育理论，试图满足每一位学生的每一项需要，已经偏离了在基本技能和理论学科方面提供智力训练这个主要目标。这些批评家认为，这种变化对所有的学生都造成了伤害，尤其对天才学生造成的伤害是最严重的。学校已经摒弃了杰斐逊所主张的不论学生的背景如何,要识别聪明学生并把他们培养成为国家的领导者这个使命。作为历史学教授的贝斯特和史密斯在他们为改革所确定的目标中特别重视人文学科的作用。在 1956 年,他们帮助组织成立了基础教育委员会,这个组织一直是美国要素主义最主要的倡导机构之一。在苏联于 1957 年把人类第一颗人造地球卫星送上天以后,美国人开始转而要求学校帮助自己的国家去赢得航天竞赛的胜利。美国国会于 1958 年通过了《国防教育法》,数学、科学和外语教师突然间发现他们成了急需的人才,整个国家的学生也认识到制定科学计划的重要意义。要素主义坐到了驾驶员的座位上。

而从 20 世纪 70 年代直到世纪末,要素主义的旗帜在美国又一次飘扬起来。从最低能力测验,到 1983 年《国家处在危险之中:教育改革势在必行》发起的教育优异改革运动,再到 1991 年联邦政府颁布的《美国 2000 年教育战略》,几乎都从要素主义那里获得了灵感。但这一时期的要素主义也有其特点,即教育者开始将行为主义与要素主义以强有力的新方式结合起来。这种结合所产生的新行为要素主义强调的是看得见的能够测量的结果。

随着 90 年代教育改革的逐渐展开,行为要素主义逐渐丧失了它的一些光彩。就其以自己的标准为标准的标准化测验分数来看,这一运动并没有获得大家都认可的成功。较高水平技能的测验分数在这一时期下降了,同时,10 多年来一直在增长的较低水平技能的测验分数开始停滞或者下降。行为要素主义陷入了困境。那些善于思考的要素主义的提倡者正努力为他们的理论设计尽可能的更有吸引力的形象,这种形象不免与要素主义的既有的主要思想存在尖锐的冲突。

进入 21 世纪以后,美国《不让一个孩子掉队法》的通过再次集中反映了要素主义的一贯主张。可以说,要素主义已经在很大程度上成为在美国基础教育领域占主导地位的一种教育哲学。

要素主义的哲学基础为观念论和实在论。观念论使得要素主义特别强调将人类视为一种宝贵,甚至是神圣的财富,如果教育适当,人就能过上完满、健康的生活。实在论则使要素主义重视物质世界。人在世上生活,就必须获取必要的知识和技能,因为人不只是要生存,而且要生活得好。

要素主义基本的教育主张可以概括为以下几个方面。

(1) 教育目的:要素主义者坚信,存在一些独立的共同的核心文化要素需要学生掌握,这是个人在社会正常生活的前提。教育的目的就是向学生提供共同的文化知识要素,促进学生文化素养的提高,同时也发展学生的智慧。而民主主义观念则被认为是人类共同文化要素中最重要的要素,所以教育必须为学生提供相应的知识和技能,以便学生成功地参与民主社会的生活,并确保民主社会的持续发展。例如,巴格莱指出,"民主主义理想是包含在要素主义者的纲领中的最重要的要素",而"美国教育的首要功能是保卫和加强这些民主主义理想,尤其要强调言论自由、出版自由、集会自由和宗教自由"①。实际上,每一个时期,虽然要素主义教育家都对美国教育提出了批评,但对民主观念的重视则是相同的。

(2)课程与教学:要素主义者相信,掌握人类文化的共同要素是学校教育的中心工作,也是课程的核心内容。但在共同文化要素的认识上,不同时期的要素主义者有不同的认识。例如,巴格莱认为,记录、计算和测量的技术一直是有组织教育的首选内容,它们是基本的社会艺术,所有文明社会都建立在这些艺术基础之上,并且一旦这些艺术丧失了,文明就总是不可避免地崩溃。超越个人直接经验之外的关于这个世界的知识是公认的普通教育的要素。随着社会的发展,巴格莱指出,研究、发明、艺术创作、健康教育、自然科学、美术和工艺等都应成为普通教育的要素。当代要素主义者对哪些是学生必须掌握的共同要素也给出了他们的答案。在小学低年级,这些共同的要素就是读写算,而在小学高年级还包括历史、地理、自然科学和外语。在中学阶段,课程的核心包括 4 年英语、3 年数学、3 年科学、3 年社会研究、半年的计算机以及与大学有关的外语。不难看出,要素主义者认为人类文化的共同要素随着时代的变化而有所调整。

由于要素主义者将人类文化的共同要素作为课程的核心内容,在教学方法上必然重视更为传统的教学策略,像演讲、背诵、讨论和苏格拉底对话法。口头和书面的交流也在要素主义学校中占有极为重要的地位。和永恒主义者一样,要素主义者也将书籍视为合适的教学媒介。另外,要素主义者还采用了其他许多支持其教育理论的教育技术,像详细的课程提纲和功课计划、目标明确的学习、以能力为基础的教学、计算机辅助教学和听力实验室辅导方法等,都是要素主义者能够接受的教学策略。总之,要素主义者偏爱的是教学材料程序化的教学方法,以确保学生知道他们要掌握什么内容。

(3)教师角色:要素主义者心目中的教育者往往被要求扮演两个角色,一是文化智力遗产的传递者(观念论),一是世界模式的示范者(实在论)。作为要素主义者的教师,必须精通自由艺术、人文科学和自然科学,必须是知识界受尊敬的成员,必须掌握各种交流形式的技能技巧,必须具备完成高效教学所要求的、高超的教育

---

① William C. Bagley. *An Essentialist's Platform for the Advancement of American Education* [J]. Educational Administration and Supervision, 1938(24).

教学技能,即教师在学生学习的环境中树立一个在各方面都杰出的典范。

（4）课堂环境:要素主义者不仅提倡智慧训练,而且认为道德训练和品格培养在课程中也应有重要的位置。相应地,要素主义者认为,应该营造有明确行为期望和尊重他人的课堂环境,这样的环境不仅有利于训练学生的智慧,使学生在有序的环境中掌握人类文化的共同要素,而且能培养尊重他人、有良好的品格、在民主社会中发挥积极作用的公民。

（5）教学评价:在所有的教育哲学中,要素主义是最愿意使用测验这种教学评价方式的流派。整个要素主义的课程都反映了测验运动的影响。智商测验、标准化成绩测验、诊断测验和以成绩为基础的能力测验,以及在美国目前盛行的由《不让一个孩子掉队法》所要求的高利害关系考试都是测验技术广泛应用的极好例证。能力、责任、掌握学习和以成绩为基础的教学获得了越来越多的公众认可,都是要素主义对教育实践影响的结果。

时至今日,要素主义作为一种教育运动,同时也作为一种教育哲学,已经走过了近一个世纪的历程。当代要素主义者与最初创建要素主义的教育家的主张已经发生了许多变化,但是,教育的基本功能和学生要掌握的基本技能和知识在任何时代都具有相对的稳定性。作为在美国(对西欧和苏联也有重要影响,实际上,在大多数国家,要素主义都有市场)中小学占支配地位的教育理论,要素主义的生命力在于,它将社会的稳定和有序发展作为教育的主要功能之一。同时,虽然要素主义者认为美国的民主主义理想和目标永恒不变,而且实现这个目标和理想的教育的要素具有稳定性,但这些要素并不是一成不变的。随着时代的发展,学生要掌握的基本技能和基础知识也会相应有所变化和丰富。有些批评者认为,要素主义作为一种强调稳定的教育哲学,已经不适应以计算机技术为主要特征的信息时代的要求了。这是因为,对于有关事实的内容和信息,只要敲击计算机键盘上的几个按键就可以很容易获得。因而,更为重要的不是运用智力去积聚信息,而是如何思考并使用它们。这种批评的确抓住了要素主义的命脉,但是迅速变化的时代和信息是一把双刃剑:一方面它意味着不可能把掌握大量的事实知识作为学生的主要任务;另一方面也暗示着,学生只能掌握一些相对稳定的知识和技能,而这正是要素主义的基本主张。

四、社会改造主义教育哲学

社会改造主义在 20 世纪 30 年代从实用主义和进步教育中逐渐分离出来,到 50 年代形成了自成一体的教育哲学。社会改造主义自称是进步主义的真正继承者,代表了进步主义中强调教育的社会作用的力量。因此,早在进步主义发生和壮大的时期,改造主义的思想就已经有所表现。20 世纪 20 年代,哥伦比亚大学师范学院陆续聚集了进步主义教育哲学的一些著名人物。这些人经常聚会,讨论学校对于工业化社会的关系,尤其是教育如何通过给予教师和学生一些必要的理智工具,使他们理解并指导社会的变化,以建立一个理想、更加平等的社会。这些人逐渐组成了以后社会改造主义教育学派的核心,如拉格(H. O. Rugg)和康茨(G. S. Counts)等人。杜威在他 1920 年出版的著作《哲学的改造》中首先使用了"改造主义"术语。

社会改造主义成为一种渐为人们熟知的教育哲学,主要得益于布拉梅尔德(T. Brameld)在战后出版了一系列有关阐述社会改造主义教育思想的著作。布拉梅尔德毕业于美国芝加哥大学,先后在长岛、明尼苏达、纽约和波士顿等大学任教,曾担任进步教育协会副主席,他的《教育哲学的模式》、《趋向改造的教育哲学》和《正在出现的时代的教育》等著作奠定了社会改造主义教育的根基。

在布拉梅尔德看来,进步主义、要素主义、永恒主义都是为了应付危机时代的比较习以为常的方式,都不能妥善解决当前的文化和社会危机。要解决当前的危机,教育要关心方法,但更要关心目的;教育要关心过程,但更要关心结果。布拉梅尔德等社会改造主义者宣称,当今是"改造的时代",应该根据现代科学知识重新解释西方文明的价值观点,并对过去的教育理论进行"改造",以便通过教育来改造社会,为创造一种新的世界文明开辟道路。

当代最著名的社会改造主义的代表是伊利奇(Ivan Illich)和弗莱雷(Paulo Freire)。伊利奇在他的著作《去除学校的社会》中指出,因为学校腐蚀了社会,所以要建立更美好的社会只有整体上废除各种学校,并寻找新的教育方式。弗莱雷出生在拉美,在拉美接受教育,并在拉美地区从事教学工作,他认为真正的教育来自学习者的日常生活经验。他在 1973 年出版的著作《被压迫者教育学》中指出,学生不应该受别人的控制或操纵,而应该是自己学习的主人。在弗莱雷看来,通过对经验的检查,通过与同伴、导师等交流经验,这些在社会、经济和政治上处于劣势的学生能够为他们的生活制定计划并采取行动。

现代社会改造主义者也受到了马克思主义哲学的一些影响。在马克思看来,资本主义及其对竞争的强调,以及财产高度集中于少数人手中,导致了大量被社会疏远的劳动者,他们几乎不能在自己的工作中发现意义和目的。马克思后来的著作建议,由工人阶级发动反对统治阶级的彻底的社会革命。

尽管几乎没有教育工作者承认自己是社会改造主义者,但现在有许多人在实践和执行着与社会改造主义有关的信念和价值观。此外,社会改造主义的许多原则在下文将要讨论的后现代主义教育哲学中也有体现。

社会改造主义对教育基本问题的认识大致可以概括为以下几个方面。

(1) 教育目的:在社会改造主义者看来,人们生活在一个处处是危机的时代,人们应该对社会状况负责,并通过改变社会秩序以改善生活质量。应用到教育上,则主张教师、学生和学校在改造社会和建立新的社会秩序以获取更有效的民主生活中起关键作用。不难看出,社会改造主义者将教育视为解决重要社会问题的手段,并因此促使民主的有效性和效率。教育的目的是对所有的文化和教育制度进行批判性的检视,并提出改造社会的建议。进一步,学校的目的是教学生和公众思考"什么是应该的"而不是确定"事实是什么"。学校要把学生培养成为社会变化的代理人。

(2) 课程与教学:由于大多数社会改造主义者极为重视民主的重要性,并认为学校是现代社会中最重要的机构,相应地,学校的课程应该反映民主理想,强调培养学生的批判素养并发展批判性思考的技能。这样的课程反对任何将政治排除在外的做法,并对所有不平等的权力关系提出质疑。社会改造主义的课程论反对迫使学生学习一门一门的独立学科,而是让学生思考那些重要的社会问题,如思考生物医学伦理学在改善生活质量中的作用、保护自然资源的必要性,以及外交政策和民族主义的关系等。社会改造主义者还强调,除了要重视正式的和官方的课程之外,还应注意"控制学校的主流社会团体和阶级的知识观和价值观"①。

由于社会改造主义者将改造社会视为教育的目的并反映在教学内容中,相应地,在教学方法上他们主张使用合作学习策略,以小组活动的形式解决问题,鼓励学生使用解决问题的技能。教学策略主要集中于问题解决并重视课外活动,如帮助需要帮助的同学学习、撰写社会评论,以及促进消费立法等。这类活动使得学生在学校里获得的技能运用于实践中,并帮助学生认识到这些技能的作用。改造主义者要求学生不只是阅读和研究有关的社会问题,还要投入社区中,了解和熟悉社区的问题,并提出可能的解决方案。他们对这些重要的问题进行分析、研究,并与社区的制度和结构,甚至是更大的社会联系起来;最后,他们要在此基础上,负责制定改革的计划并采取某些行动。

(3) 课堂环境:在社会改造主义者看来,课堂环境应该是探究性的。在这样的环境中,教师和学生一起对现状提出质疑,并对各种社会问题及其未来的发展趋势进行分析研究。这种课堂环境强调的是如何建立起有效的交流,而不是对学生进

---

① G. Gutek. *Philosophical and Ideological Perspectives in Education* [M]. New York: Allyn and Bacon, 2004: 319.

行管理或控制。在社会改造主义者看来,这样的环境最有利于分析、批评和行动研究。社会改造主义者主张,应该鼓励学生在世界观上存在差异,并容忍各种各样甚至存有矛盾的解决问题的方法。

(4) 教师的角色:"新社会的塑造者"、"转型的领袖"和"变革的代理人"是人们描述社会改造主义教师的恰当的比喻。社会改造主义者强调,教师应该乐意不断更新他们个人的和专业的生活;应该乐于对他们工作的环境提出批评和评价,并把他们的教育责任延伸到课堂和学校之外的社会;应该高度容忍各种不确定性,习惯各种不断的变化,并对形成他们思想的文化和精神力量进行思考;应该憎恨现状,并将学校视为处于发展中的特别的文化。此外,教师还应该将社会视为永远没有完结并不断变化的试验。最后,社会改造主义者必须乐于和社区团体、附近的各种组织、社会运动和家长们结成联盟,对学校的民主实践和学校政策提出批评和质疑。具体到学校中,教师则要帮助学生掌握确定、发现并解决上述种种问题,尤其是社会问题的技能。

(5) 教学评价:在社会改造主义学校中对教师和学生都适合的评价模式是"真实评价"。这种评价类型是一种形成性评价,强调学生与教师、学生与学生、教师与管理者以及社区与教师间的合作努力。在这种评价模式中,定期举行正式的或非正式的会议交流信息,而且,被评价的对象即学生或教师是评价过程的积极参与者。这种评价要求参与者有能力并且愿意用批判的方式进行思考,把主要的看法和实践呈现出来。而标准化测验,包括教师能力测验,只是相关法律要求的时候才使用。

五、后现代主义教育哲学

后现代主义又称后现代建构主义,它是一种哲学、意识形态,是一种运动,也是一种方法。它将实用主义、存在主义和社会改造主义几种哲学融合在一起,并使用了批判理论的技术①。后现代主义是在"现代主义"(科学主义、理性主义、工具主义、经济中心主义)的土壤中产生的,但是它却强烈批判现代社会的"现代性"。例如,后现代主义者认为不存在最终的、普遍的真理和价值观,认为真实是主观的,不

---

① 批判理论是一种对政治、经济、社会和教育制度进行分析和批判的方法。批判理论家提出关于这些制度的政治本质的设想或概括。他们通常提这样的问题:"谁控制学校?""谁选择课程?""谁雇用教师?""谁选择教科书?"以及"谁编写教科书?"等。简言之,"谁掌握权力?"通过分析,他们揭示主流文化和边缘文化之间的不平等。

是在遥远的过去发现的,而是在观者眼中。后现代主义者相信,每个人都是通过自己的经历建构自己的意义,历史自身也是一种建构。这种主题体现在许多后现代主义作家的著作中。后现代主义对"科学实在论"也提出质疑,指出科学实在论的认识论宣称科学(尤其是科学方法)是客观的和没有偏见的,这是站不住脚的。他们宣称,客观观察是不可能的,因为观察者必然对观察的对象产生影响。后现代主义者指出,我们获取知识的途径不应该只有科学一条路,我们可以检查"人类的过去和现在,看看发布的真理是如何产生、建构和表达的,看看这些真理产生了怎样的社会、政治和教育后果"[①]。他们对客观性、普遍解释、真理和理性的重要性也提出质疑,他们用批判性探究和政治意识、多样性、包容和多元,以及语言和词汇意义的有限性来代替这些现代社会普遍看重的知识和原理。

后现代主义教育哲学的主要代表人物是美国的批判教育学家亨利·吉诺斯(Henry A. Giroux)。吉诺斯曾在美国罗得岛州的一所城镇中学担任社会研究教师 6 年,之后在卡内基·梅隆大学获得博士学位。先后在波士顿大学、迈阿密大学和宾夕法尼亚州立大学任教。2004 年成为加拿大迈克马斯特大学英语与文化研究全球电视网络主席。迄今为止,吉诺斯已经出版 30 部著作和发表 300 多篇学术论文,对教育和文化有广泛而深入的研究。他对美国教育制度进行多方面的批判,并建立了自己的后现代主义教育理论,形成了他的批判教育学。其他著名的代表人物还有美国教育家迈克尔·艾普尔(Michael W. Apple)、斯坦利·艾罗诺威兹(Stanley Aronowitz)等。

后现代主义教育的基本主张可以概括为以下几个方面。

(1) 教育目的:后现代主义者主张,教育的目的是帮助学生发展对真理主观性的警觉和意识。在他们看来,那些呈现在人们面前的所谓"真理"很多都是一些荒谬的说法,甚至是永远无法证明的神话,是不可靠的、不可信的。学校教育的目的是让学生认识到这些所谓的真理具有多样性,时时都可能会发生变化,必须帮助学生形成这方面的警觉和意识。在教育领域里,像"教育机会平等"、"非政治化课程"、"公平竞争"以及"开放入学"等都是这类神话,是永远的神话。作为教育,就必须帮助学生形成一种意识,要时刻对社会、教科书等所提出的所谓真理存有一种绝对质疑的警觉性。

(2) 课程与教学:由于后现代主义者不相信有所谓的终极真理,材料中呈现的

---

① G. Gutek. *Philosophical and Ideological Perspectives in Education* [M]. New York: Allyn and Bacon, 2004: 130.

所谓真理很可能是一些极为荒谬的说法,所以,让学生尽量阅读不同来源的、各种各样的材料是其在课程上的必然要求。例如,后现代主义者也可能建议学生阅读经典著作。但是他们不是像永恒主义者那样将这些经典著作视为真理的模式和来源,而是当作一种材料和模式,用以对真理的形成过程进行质疑、批判和分析。在后现代主义者看来,只有广泛阅读各种不同的材料,才能帮助学生认识真理的多样性、认识真理的主观性、认识真理的荒谬性,才能帮助学生形成对真理质疑、批判和否定的警觉性和意识。

在教学方法上,后现代主义主张使用建构主义的教学方法,要求教师在课堂上向学生传递建构主义和解构的概念。建构主义是从认知发展研究中形成的一种学习理论,其创建者是瑞士的心理学家皮亚杰(Jean Piaget 和美国的教育家、心理学家布鲁纳。建构主义的基本主张是将学习视为学习者根据目前的和过去的知识主动建构新思想和新概念的过程;学习者选择和转换信息,提出假设,并做出有意义的决断;通过对自己经验的反省,学习者建构他们自己对这个世界的理解。

学生也进行解构或解码。这是一种深入解剖课文的方法,通过这种解码,确定课文如何呈现知识,课文的意义及其解释如何影响我们的思想和信念。解构或解码一篇课文时通常问这样的问题:"课文如何反映官方意欲传递的知识? 如何解释这些课文以便在不同的社会群体之间建立或维持各种权力关系? 何种课文(经验)被排除在外? 课文在撰写的时代是什么意思? 课文对今天的不同群体意味着什么?"通过类似问题的解答,学生可以获得关于建构主义和解构的概念,通过建构和解构的方法,学生完成对课程的学习。

(3) 课堂环境:后现代主义主张学生通过建构或解构的方法阅读尽可能多的材料,并对各种各样有冲突的主题或题目进行没有限制的讨论。这就要求在课堂上营造一种没有威胁的、安全的、开放的、平等的和支持性的环境。这样的环境鼓励学生对自己的经验进行反省,并和同学一起分享自己的故事及对故事的叙述。在后现代主义者看来,质疑和批评不是一种消极的活动或行为;相反,这种质疑和批评被视为导致变化的积极行动。后现代主义者相信,建构主义的学习环境可能刺激学生小组解决问题,进行合作性的、试验性的集体活动。

(4) 教师的角色:后现代主义者认为,教师的作用是在教学过程中实践批判理论,并向学生示范批判的程序和方法。具体而言,在后现代主义的课堂里,教师要实践并示范质疑、批评和分析的程序与方法,同时教师们要认识到,他们拥有对学生、学生的同伴和父母,以及更大的社区产生影响的能力,而且必须发挥这种能力,以对这些人产生积极的影响。作为专业人员,教师要不停地检视他们是如何与别人进行交流的,他们是否疏远或冒犯了其他人,是否始终尊重所有个体提出问题和表达不同意见的权利。不难看出,后现代主义希望在师生之间,大而言之,在人与人之间建立一种相互尊重、自由、开放、平等的对话和交流关系。

(5)教学评价:后现代主义教师使用的评价技术多种多样,其中学生和教师自评是最受重视的方法。后现代主义者鼓励学生写日志,对他们的进步进行记录并做出评价。教师不断地从学生那儿获得反馈。教师邀请学生对他们的教学效果及其与他人的交往进行评价。

第三节 科南特的教育主张与改革建议

科南特是美国著名的教育家、科学家和政治家,战后要素主义教育学派的主要代表。科南特在哈佛完成大学和研究生教育,1916年获哲学博士学位后留校任教,1931年起兼任化学系主任,1933年被选为哈佛第33任校长;1953年科南特卸任校长,先后担任美国驻联邦德国高级专员与大使;1957年结束外交生涯,在卡内基基金会的支持下潜心研究美国公立教育问题。科南特长期活跃于美国政界、科技界和教育界,"二战"期间任国防研究委员会主席、科学研究和发展办公室副主任,战后任美国原子能委员会总顾问委员会委员,参与"曼哈顿计划"及其他重大科技决策,协助成立美国国家科学基金会,并担任美国科学促进会和教育理事会会长,三度被选为美国全国教育协会政策委员会成员。

科南特的主要教育著作有《分裂世界的教育》(1948)、《教育与自由》(1953)、《知识的堡垒》(1956)、《今日美国中学》(1959)、《贫民窟和郊区:评大都会地区的学校》(1961)、《美国师范教育》(1963)、《教育政策的制定》(1964)、《综合中学:对感兴趣公民的第二个报告》(1961)等。科南特的教育主张具有强烈的现实感,建议具体、温和而有效,对20世纪50~60年代的美国公共教育改革产生了重大影响,被公众和专业界誉为"美国国家学校的总监"①。

一、科南特论教育的目的与途径

科南特以建立具有充分流动性的无阶级社会为政治理想,从实用主义哲学中

---

① Ronald Gross. *The Teacher and the Taught*: *Education in Theory and Practice from Plato to James B. Conant* [M]. New York: Dell Publishing Co. Inc. , 1963: 238.

汲取学术和实践的力量源泉,把教育置于社会改造的大环境中考量,认为教育是一个社会过程,学校与大学,既不在真空中运行,也不仅为特定的社区服务。① 这种强烈的现实感使其教育主张直接导向美国的民主传统与现实需求。他认为教育的目的就是延续自由民主的制度,教育的政治目标就是促进机会均等,最终建立无阶级社会。维护民主制度的延续与满足现实需求紧密相连,学校只有承担维护民主制度的责任,才能更好地展现美国社会的优越性,使之继续在西方资本主义世界充当自由国家的领袖与捍卫者。他一再强调,美国人应充分认识变革时代对教育提出的新要求,各级各类学校须意识到维护民主制度的神圣职责。为巩固美国国际霸权地位,教育还须服务于科技、经济与军事竞争,充分挖掘人力资源,培养更多优秀公民、政治领袖与科技精英。显然,身处冷战前沿的科南特把教育的根本目的指向了国家需求,将其作为维护资本主义制度和世界霸权的工具,具有明显的功利倾向,也终难摆脱冷战时期的思维框架。

为实现教育的最终目的,科南特提出了培养优秀公民的普通教育、开发人力资源的英才教育与强化民主引擎的公立教育等主张。

科南特在哈佛大学改革时期正式提出普通教育主张。他认为文化传统有不变的共同要素,如一个民族共同的历史文化遗产,一个国家共同认可的思想、规则等,这些是美国民主制度有效运行的基础,每个人须学习掌握,教育的核心就是将这些知识与观念要素传授给学生,使之成为具有完善人格、勇敢又有判断力的通识性人才。1945年科南特组织编写了《自由社会的普通教育》红皮书,希望用一种大家都接受的教育统领各学科,替代过时的古典学科的自由教育课程。红皮书的建议很快在哈佛付诸实施。科南特在红皮书"序言"中写道:普通教育的核心问题,就是自由传统与人文传统的延续②;普通教育与自由教育的不同在于应用于20世纪美国的普及教育体系,旨在造就自由社会的自由人,使之能有效思考与交流、确切判断与鉴别,并具有完整人格。科南特指出,把自由的、人文的传统融入整个教育系统,培养最大多数的未来公民,使之理解自己的责任和利益,因为他们是自由的美国人③。迈向大众的普通教育应与专业教育有机结合,培养既掌握专门职业技术又

① James Bryant Conant. *Education in a Divided World: the Function of the Public Schools in Our Unique Society* [M]. New York: Greenwood Press Reprint, 1948: 48.
② James Bryant Conant. *General Education in a Free Society* [M]. Cambridge: Harvard University Press, 1946: Ⅷ.
③ James Bryant Conant. *General Education in a Free Society* [M]. Cambridge: Harvard University Press, 1946: ⅩⅤ.

具有自由人和公民一般素养的人,两类教育虽曾为不同阶层服务,现在则须为所有人。科南特的普通教育主张体现了对教育机会均等的执著追求。

英才教育是科南特应对国际竞争的又一主张,既是杰斐逊精英教育思想的延续,也是对进步主义教育弊端反思的应对之策。他说如果教育机构不重视英才教育,最大限度地利用人类才能的丰富资源,就不能培养足够数量的科学家和工程师来配备工业和国防。早在任哈佛校长时期,他就致力于把哈佛建成具有一流学生、一流教师与一流管理的实力派研究型大学。他首次在哈佛设置广泛选择优秀学生的国家奖学金制度,并与亨利·昌西(Henry Chauncey)共同推动了 20 世纪 50～60 年代美国教育测验运动的发展,使教育测验成为人才鉴别的理想工具。1950 年在《天才儿童教育》"前言"中,科南特提到教育实践中少数天才多半未受重视。1956 年在《知识的堡垒》一书中,他进一步论述英才教育主张,呼吁人们以对待音乐天才的热情开发语文、数学等学科领域的天才,发现并教育那些智力超常的儿童。1958 年科南特担任在华盛顿特区举办的关注英才教育大会主席,再次强调对学术天才的教育安排。1959 年在《今日美国中学》中,他尖锐批评美国教育不区别对待高才生和普通学生所造成的教育失败,主张对约占学生总数 3% 的具有高度天赋的学生提供特殊安排,按能力和兴趣分组,设置个性化的课程精心培养。在科南特的影响下,1961 年,全国教育政策委员会通过了一项新声明《美国教育的中心目标》,把智力训练作为中学基本职能的新重点。1963 年他总结说:"有差别的教育和对天才青年的公共支持,逐渐获得广泛认可。"[1]他认为,除加强本国语、数学、社会研究等学科的教学,应重视外语学习,一个人如不能掌握一门外语,就会丧失通过他国语言领受教育的机会与体验,面对复杂的国际形势,竞争的成败很大程度上依靠能否派遣能干的语言学家,这同能否派遣能干的工程师和实业家一样重要。当然,科南特的英才教育思想已超越传统精英教育,不再强调出身和社会经济地位,而以才学或智力水平作为衡量尺度,实质仍是以机会均等促进社会流动。

为实现教育目的,科南特选择了美国公立教育作为制度支撑,认为公立教育保证了最小程度的阶级分化、最大程度的社会流动与不同职业群体间的相互理解[2]。他深谙美国历史与教育的发展历程,通过与澳大利亚、新西兰、英格兰中等教育对

---

[1]　James Bryant Conant. *Thomas Jefferson & the Development of the American Public Education* [M]. Berkeley：University of California Press，1963：61.

[2]　Ronald Gross. *The Teacher and the Taught：Education in Theory and Practice from Plato to James B. Conant* [M]. New York：Dell Publishing Co.，Inc. 1963：238.

比,断言美国 19 世纪和 20 世纪初吸收移民的成功,主要归功于公立教育系统,是它为多元文化的美利坚民族达到相互理解、融洽与统一奠定了基础,成为稳固美国社会的力量源泉,也是美国理想的具体体现和传承民主观念的基本途径①。他不止一次地要求巩固公立学校教育的根基,增强其社会效能。1948 年在《分裂世界中的教育》一书中,他对美国公立学校充满溢美之词,认为免费的、税收支持的学校是美国社会的动力源泉,是独特理想的产物,也是美国民主得以传承给未来公民的工具,共和国的力量最终与公立学校体制的盛衰息息相关②。中学阶段是形成人生观和世界观的关键时期,当入学人数达到普及化程度时,受教育群体实质维系着美国社会及其未来民主事业的成败。他把综合中学作为美国公立中等教育的理想模式,肯定其综合的功能与美国社会特色,将其作为在任何其他国家无一匹敌的机构③。1953 年科南特出版《教育与自由》,更多谈及仅发展于美国的独一无二的中等教育类型——综合中学,并在自传中承认:"的确,本书最后几页可代之以这一题目:为美国综合中学辩护。"④怀着对美国教育的满腔热忱,科南特在 65 岁高龄时做出了倾心调查美国公立教育的选择。

二、科南特对美国公立教育的调查与改革建议

1957 年科南特接受卡内基基金会资助,开始对美国中学及中小学教师培训等问题进行大规模调查研究,先后出版《今日美国中学》、《初中年代的教育》、《贫民窟与市郊》、《美国教师教育》等报告,对美国初中、高中、都市教育与黑人教育、中小学教师培训、政策制定等问题提出许多改革建议,尤其《今日美国中学》与《美国教师教育》引起强烈的社会反响,成为指导当时学校改革的纲领性文本。

科南特组织调查了全美最好的 26 个州的 103 所中学,1959 年出版调查报告《今日美国中学》,重点阐述理想的综合中学管理模式。之所以称为综合中学,是因为它在一种管理模式下,在同一校舍(或楼群),为一个城镇或社区几乎所有高中年

---

① 赵祥麟. 外国教育家评传:第三卷[M]. 上海:上海教育出版社,1992:145.

② James Bryant Conant. *Education in a Divided World*; *the Function of the Public Schools in Our Unique Society* [M] New York: Greenwood Press Reprint, 1948: 1.

③ James Bryant Conant. *The American High School Today* [M]. New York: McGraw-Hill, 1959: 7.

④ James B. Conant. *My Several Lives*: *Memoirs of a Social Inventor* [M]. New York: Harper & Row, 1970: 614.

龄的孩子提供中等教育①。综合中学有三重功能:第一,为所有的未来公民提供普通教育;第二,为准备就业的学生开设良好的选修课程,使他们学到谋生技能;第三,为准备升学的学生开设专门的高级文理课程②。科南特在报告中提出了 21 条改革建议,涉及课程设置、教学组织和学校管理等问题。

科南特认为合格的综合中学既能提供核心的普通教育课程,也能设置适合所有学生能力与兴趣的选修课程,应按社区所有青年受教育需要开设广泛的课程。他建议约一半以上课时安排全体学生的必修课程,即普通教育课程,包括 4 年英语、3 年或 4 年社会研究,社会研究要包括美国史在内的 2 年历史及 12 年级的社会研究课程,普通教育还包括 9 年级 1 年的数学,9 年级或 10 年级 1 年的自然科学,最好设生物和普通物理③。多样化的选修课程包括广泛的职业课程和学术性文理课程,选修计划要有核心,课程要有序列联系,要么以发展谋生技能为核心,要么以文理学科为核心。职业课程与社区紧密联系,学术性文理课程为擅长数学、自然科学及外语的学生提供,并要求评定文理选修课程学习成绩;要坚持高标准,无学习能力的学生不要轻易选修;还要阻止不及格的学生继续学习本序列课程④。

为使课程发挥最佳教育效果,科南特建议改革教学组织及管理环节。学生应在学科基础上按能力至少分为三组,分别针对能力全面、中等能力和需特殊辅导的低学习能力学生。他认为,学生分组应基于各学科能力,不同于一揽子式的分组(across-the-board grouping)方法,不把学生所有课程的学习固定在一个组内,而是根据各科学习情况区别对待⑤。为配合能力分组,科南特强调教师辅导,其首条建议就是建立学生辅导制度,要求辅导教师在选修课上配合家长为每位学生提出建议或忠告,对阅读能力迟钝的学生予以特殊照顾,为擅长文理科目的学生和有高度

---

① James Bryant Conant. *The American High School Today* [M]. New York:McGraw-Hill, 1959:Ⅸ.

② [美]科南特.科南特教育论著选[M].陈友松主译,北京:人民教育出版社,1984:10.

③ James Bryant Conant. *The American High School Today* [M]. New York:McGraw-Hill, 1959:47.

④ James Bryant Conant. *The American High School Today* [M]. New York:McGraw-Hill, 1959:48.

⑤ A. Harry Passow. *American Secondary Education:The Conant Influence*, *A Look at Conant's Recommendations for Senior and Junior High School* [M]. Reston:National Association of Secondary School Principals, 1977:11.

天赋的学生开设个别课程计划。全日制辅导员需具备当教师的经历,能熟练运用各种能力手段和学业成绩测验工具,熟知岗位职能。科南特要求为 15％的擅长文理科目的学生开设大学先修课程,建立文理学生学习报表和优等生光荣榜,以考察教师工作、鞭策学生学习。他认为办好一所中学必须具备三个条件:教育董事会组成人员应为明智、诚实且尽职的公民;明晰自己的职责是决策而不是行政;还要拥有一流的教育局长和优秀校长。如此,才能聘用出色的教师,因为教师质量直接决定教育质量。

1959～1960 年科南特继续对美国 23 个州的 237 所初中进行考察,提出 14 条建议,涉及必修课程与选修课程的设置、教学组织、课外活动、家庭作业、学生辅导与测验等问题,尤其强调初中在小学与高中间承上启下的过渡作用。此后,他继续考察大都市市郊与中心城区贫民窟的教育现状。1961 年出版《贫民窟与市郊》,描述城市贫民窟和富裕郊区教育的鲜明对比,预测贫民窟教育的落后和黑人青年失业对美国社会稳定的危害,指出社会炸药(social dynamite)正以社会青年失业的形式在我们的大城市积聚,尤其在黑人贫民窟。我们迫切需要来自每个街区准确而真实的信息[1]。他提出了 17 条改善建议,希望充分认识家庭和社会环境与学业成绩的相关性,考虑黑人在教育、经济和社会方面的不利地位,急切呼吁教室以外的变革,以实际行动改善他们的生活状况,创造更多机会促进经济与社会公正,最终医治美国黑人的教育痼疾。

科南特早在 1935 年就支持设置了加强教师教育的教学文硕士学位,该学位在 50 年代初得到推广。到 50 年代末～60 年代中期,许多大学纷纷采用和发展该课程计划,很快形成了全国性的改革浪潮[2]。随着对中学调查的深入,他切身体会到高质量教师的匮乏直接影响中等教育改革的成效。结束都市教育调查之后,1961 年他把目光转到教师教育问题上,1963 年发表调查结果《美国教师教育》。两年间科南特和助手考察了 22 个州的 72 所各类学院及 16 个州的州教育部门,与研究中学一样,他到班里听课,与学生、教师及行政人员交谈[3]。报告论述了教师教育的

---

① James Bryant Conant. *Slums and Suburbs: a Commentary on Schools in Metropolitan Areas* [M]. New York: McGraw-Hill, 1961: 146.

② J. D. Koermer. *The Miseducation of American Teachers* [M]. Boston: Houghton Mifflin Company, 1963: 169-172.

③ A. Harry Passow. *American Secondary Education: The Conant Influence, A Look at Conant's Recommendations for Senior and Junior High School* [M]. Reston: National Association of Secondary School Principals, 1977: 33.

课程计划与设置、教学实习,以及教师教育机构与管理等问题,详细反映了调查结果并提出 27 条建议。

在教师教育课程计划中,科南特既强调文理各专业领域的学术性,又注重教育职业的专业训练,认为教师教育的课程应当包括普通教育、集中专修科目和选修科目①。报告论述了教师的文理科基础训练,指出未来学校教师的文理科目学业成就应比现在更具广度与深度②。

科南特强调良好的普通教育基础,把教师教育培养的目标与中学教学需要联系起来,协调不同阶段的课程计划以达到有序与有效。在普通教育方面,他为未来从事教学的中学生制定课程计划(见表 7-1)③。在大学阶段,要学习两年普通教育,发展有关一般文理科目的学力,接受广博的文理科目学术性教育。尽管明了美国教师教育课程多样化的现实,他还是大胆规定了未来教师的普通教育课程(见表 7-2)④,认为在中学已学、大学继续学习的领域有文学、历史、政治学、数学、各门自然科学、地理、艺术和音乐,这些科目的学习应胜任 12 年级学生的教学,所有科目中数理化和英语最为重要,尤其数学,20 世纪的科学皆与数学有关。数理化领域的学习,如同在每天与人类发生关系的领域进行扫盲,这些课程要采用能力测验。

表 7-1　科南特为未来从事教学的中学生制定的课程计划

英语(包括经常的写作练习)	4 年
外语(一门连续学习的外语)	4 年
数学(最好是四年)	3 年
自然科学	3 年
历史和社会研究	3 年
艺术和音乐	2 年

---

① 曹延亭. 现代外国教育思潮[M]. 长春:东北师范大学出版社,1989:185.
② James Bryant Conant. *The Education of American Teacher* [M]. New York:McGraw-Hill, 1964:73.
③ James Bryant Conant. *The Education of American Teacher* [M]. New York:McGraw-Hill, 1964:84.
④ James Bryant Conant. *The Education of American Teacher* [M]. New York:McGraw-Hill, 1964:99.

表 7-2　科南特规定的教师教育的普通教育课程

在中学已学过的科目	课程数	相当于学分小时数
英语和作文	2	6
西方世界文学传统	2	6
历史（至少一半不是美国史）	3	9
艺术欣赏和音乐欣赏	2	6
数学	2	6
科学（有顺序地学习物质科学和生物科学）	4	12
在中学没学过的科目	课程数	相当于学分小时数
普通心理学导论	1	3
社会学和人类学导论	1	3
哲学问题导论	1	3
经济学导论	1	3
政治科学导论	1/20	3/60

　　关于未来教师的任教科目专门化问题，科南特设置了集中专修科目和计划，大学生可选择集中专攻某一科目或在广泛的课程计划的若干范型中选择一种，如领域主修、组类主修、普通课程、跨学科课程等。集中专攻课程针对中等学校教师培养，因为中学教师不应只获得扩展范围的肤浅知识，而应在广博的知识基础上用大部分时间学习任教科目。这就是科南特所提倡的"精深教育"。提到精深教育课程计划，他采用"集中专攻"或"一个或若干领域的集中专攻程度"来替代"主修"和"副修"两个易混淆的名词。他认为，未来小学教师 36 学期小时的集中专攻课程是四年制教师教育课程所能容纳的极限，而未来中学教师则要达到约 48 学期小时。

　　在教育学专业课程方面，科南特认为不存在一门教育科学或一门教育学科，因为教育和医学一样，建立在多科学基础之上，他把这些科目称为各门教育科学或学科。科南特论述发展教学技能具备的心理素质，特别要求未来教师不仅有责任发展学生的态度、养成学生的品格，还要具备社会心理学家的素质，对学生的各种社会行为进行研究，掌握学生生长和教学原理的相关知识。他不同意某些批评家取消教育学科而代之以普通文理课程的意见，相反承认教育学科的某种价值，主张精简教育理论课程，删去空泛重复的教材，增加切实可用的科学内容，提高教育课程的学术水平，慎选教师，由对教育感兴趣的哲学家、社会学家、历史学家和心理学家来教授。在整个教育计划中,小学教师必修教育课程不超过 1/4,中学教师必修教育课程不超过 1/8。科南特强调心理学与教学工作的密切联系,尤其是儿童心理学、教育测验与教法课程。在教师培养中,教学实习无疑是专业训练最基本的因素。科南特按斯坦福大学罗伯特·布什(Robert N. Bush)教授的意见,称指导教学实习的教育学教授为"教育临床教授"(clinical professor of education),建议各院校担任指导和评定教学实习的教授应具有更多实践经验,地位类似医学院临床教授。

　　教师检定是教师培养与管理的关键环节。科南特重点研究了检定方法和程序,他认为不能仅依靠教育家,州教育局、地方学校董事会与教师培养院校也是影响教师教育改革计划的根本因素,一般社会人士,作为学校董事会、大学评议会、州议会或任何公共团体的负责人,都应当起到积极的作用①。各州教师检定政策有很大差异,但都对培养年限、专业教育学科、普通教育和集中专攻科目授课总时数有要求,有些州把取得学士学位作为领取检定证书的标准,有的以教学实习为先决条件。科南特指出,一些州通过考试进行教师检定是有缺陷的,应重点考核教学技能和教师素养,对各院校毕业生的实际教学进行评估,找出关键因素来检验教师教育质量。他提出两点共识:第一,未来教师需有机会在周密的指导和监督下进行教学实习,然后才能管理公立学校的教室;第二,州教育厅要把好最后关口,准确判断一个人是否胜任教学。这样可充分调动各州教育厅和院校的积极性,激活院校间的竞争。科南特把教学实习作为检定教师的依据,重视实习计划的规范性,他说:"一个教师培养院校的教学实习计划,如果检定教师或培养教师的目的不合理,就不能得到各州主管教师检定机关的批准。"②各院校应与一个或一个以上的公立学校订立教学实习合同,在州教育厅、教师教育院校和公立学校间建立有效合作关系,地方学校董事会要认真落实,充分认识所负责任的持久价值,指派最佳协作教师,随时汇报实习情况。

　　科南特还对教师入职和进修提出建议,要求在教师最初试用期内,地方学校董事会应采取具体步骤对新教师尽力给予帮助,保证教师顺利过渡,并要求全国科学基金会对卓有成效的教师提供资助,开办在职进修学校和暑期讲习班。他主张以教师实际教学能力作为评价教师和制定薪金等级的依据。科南特是在职进修的有

---

① James Bryant Conant. *The Education of American Teacher* [M]. New York: McGraw-Hill, 1964: 14.

② James Bryant Conant. *The Education of American Teacher* [M]. New York: McGraw-Hill, 1964: 62.

力倡导者,"若美国前哈佛校长科南特于 1963 年在其所著《美国师范教育》报告中强调:中小学教师应紧追着时代,充实自己,尤在急遽变迁的社会,学校董事会应与师资训练机构密切合作,举办短期研习班,以供教师在职进修"①。科南特改进教师进修的主张,尤其暑期学校建议和学位进修,成为之后美国教师进修的主要方式。

三、科南特教育报告的影响及要素主义本质

在科南特对中等教育进行的一系列调查中,《今日美国中学》影响最大,获得了极高评价,很快成为关于教育问题的第一大畅销读物。作为美国公立学校尖锐而友好的评论者,从大众媒体看,科南特关于中学的建议获得了广泛关注和普遍认可。他成功避开可能激起的言辞反驳,用大量组织严密的事实扮演成和平的改革者,因此在改进教育上拥有巨大能量②。他的建议在实践中也产生了重要影响,10年内,为符合科南特建议的标准,学校管理人员和学校委员会对中学做了巨大调整。他们通过增加课程和设备来满足广度要求,通过允许和鼓励跨学科选修来满足灵活性的标准,在趋于综合性方面,许多学区的中学取得喜人成绩③。总体上看,因报告较为稳妥地处理了当时亟待解决的许多问题,其改进建议成为当时很多中学改革的依据,许多观点也一直影响着此后美国中学教育的发展。

1963 年 9 月,科南特出版《美国教师教育》,成为 20 世纪最后 25 年讨论最广泛的关于教育内容的书④。此书因正面触及了教师教育政治学的实质,引起了极大争议。由于科南特的显赫地位,本报告提升了教师教育的声望⑤。科南特获得了广泛的尊敬,许多学校校长、教育学教授和其他具有良好声誉的人断言:"我们的学院(或我们的州立大学),可能比任何人都愿意采纳科南特先生的建议。"⑥大量州

---

① 台湾师范大学学术委员会. 明日的师范教育[M]. 台北:幼狮文化事业公司,1980:92.

② Fred M. Hechinger [N]. The New York Times,1959-2-15.

③ Joseph F. Callahan, Leonard H. Clark. *Innovations and Issues in Education* [M]. New York:Macmillan, 1977:226.

④ Robert M. Weiss. *The Conant Controversy in Teacher Education* [M]. New York:Random House, 1969:3.

⑤ Robert M. Weiss. *The Conant Controversy in Teacher Education* [M]. New York:Random House, 1969:158.

⑥ Robert M. Weiss. *The Conant Controversy in Teacher Education* [M]. New York:Random House, 1969:163.

已在会议和评论中展开对科南特报告及其计划的分析与讨论,对其教师教育计划产生了实质性影响。内布拉斯加州的认证长官提供了一个典型评价:科南特博士对教师教育做出了重大贡献,可以肯定,他的许多建议会被采纳,当报告发表时,科南特的其他建议正在筹划或初步实施阶段①。马萨诸塞州也有评论者认为,科南特博士的声望值得公众和专业人士关注,可督促其努力纠正现行计划的不足。当然,科南特的教师教育主张也引起了一些学者的批评,认为其极力强调临床经验,把教育看得更像手艺或行业,而不是专业。泰勒(Harold Taylor)认为,科南特最大的贡献在于详细安排了教师准备过程的教学实习环节,但在掌握观念体系、提高学术造诣上并不同意科南特的方法。② 对科南特的评论是复杂的,但无论怎样,其结果都达到了研究的初衷,即引发公众和专业人士对教师教育的公开讨论。

科南特是"二战"后要素主义的主要代表,他的教育主张与要素主义教育理论都是美国政治、经济发展的产物,是对进步主义教育批评和对社会危机反思的结果。在思想渊源上,科南特与要素主义教育理论一样,不属任何单一哲学派别或体系,而主要依据现实主义和观念主义,认为客观世界的实在性不可侵犯,具有不容质疑的先验规律和秩序,人应在服从社会规律和秩序的基础上对其进行小的修正或改善。在认识论上,他认为真理是事实与判断的一致,强调学生的理智训练和真理的传授过程。科南特对美国社会结构的分析和对美国传统的坚持,表明其对外界环境的依附和对秩序的遵守。要素主义认为,学校教育应传递共同的文化要素,以学科为中心,注重学习的系统性。科南特普通教育课程思想及对学校正规教育的重视,与要素主义观点契合。要素主义把教师放在教学过程的核心地位,强调对学生进行智力训练,强调严苛的纪律约束。科南特对教师素质的重视和教师教育的研究,正是其重视教师核心地位的表现,而他主张的严格的学术训练和天才教育也与要素主义主张一致。要素主义教育家没有从哲学上寻找依据来阐述一般的思辨性基本原理,而是针对教育实际中的不适应,在教育内容、方法、目标以及体制上探求解决问题的出路。科南特提出的所有教育主张,主要涉及学校教育的具体目标、内容、方法、管理、政策和体制等问题,具有较强的现实感和可操作性。

当然,科南特的教育思想也有自己的特色,如在对学生进行智力训练方面,他

① Robert M. Weiss. *The Conant Controversy in Teacher Education* [M]. New York: Random House, 1969:172.

② Robert M. Weiss. *The Conant Controversy in Teacher Education* [M]. New York: Random House, 1969:114-115.

指出了学生间的智力差异,主张能力分组;在知识观上更注重人文知识与自然科学知识的结合,主张设立综合课程;在教学过程中重视教师的作用,但并未忽视学生的智力水平、学习兴趣和动机;在教育方法上,肯定直接经验的重要性,尤其肯定进步主义教育主张的合理性,应该说"他的观点居于要素主义和进步主义的中间地位,他的著作带有一定的调和色彩"①。

总之,科南特不朽的历史贡献不容置疑,在其显赫的一生中,教育从未离开他的视线,他对美国初中、高中及教师教育的每个方面,都进行了详细调查和认真衡量,并提出行之有效的改革建议,虽有理论与时代局限性,仍不失为美国当代最为著名的教育家之一。

第四节 斯金纳新行为主义教育理论及应用

伯哈斯·弗雷德里克·斯金纳(Burrhus Frederic Skinner)是操作条件反射理论的创始人,新行为主义教育流派的主要代表。斯金纳一生致力于新行为主义的研究与应用,主宰美国心理学界几十年,并积极探索在教育领域的应用,批评课堂教学实际,提出程序教学的改革方案,对美国 20 世纪 50~60 年代的学校教育产生了重要影响,被誉为"程序教学之父"和世界性的伟大教育家。

斯金纳 1904 年生于宾夕法尼亚州的一个中产阶级家庭,天资聪颖,喜好创造,起初学习文学,但因偏好可测量的科学描述最终弃文转修心理学。1928 年他进入哈佛大学学习心理学研究生课程,1930 年获硕士学位,次年获哲学博士学位。毕业后他留校工作 5 年,1936 年到明尼苏达大学任教,1938 年出版《有机体的行为》,确立了在行为科学研究领域的重要地位。1945 年他到印第安纳大学担任心理学系主任;1948 年完成小说《沃尔登第二》;同年重返哈佛,受聘心理学系终身教授,进入学术创造巅峰时期,在实验心理学领域取得了巨大成就,建立了系统完整的新行为主义学习理论。1953 年,他出版《科学与人类行为》,并将心理学引入教育领域,陆续完成《学习的科学和教学的艺术》(1954 年)、《强化的程式》(1957 年)、《今日的强化》(1958 年)、《教的技术》(1968 年)、《超越自由和尊严》(1971 年)、《论行为主义》(1974 年)等著作。

---

① [美]科南特.科南特教育论著选[M].陈友松主译,北京:人民教育出版社,1984:7.

一、斯金纳的新行为主义学习理论

斯金纳深受操作主义与实证主义影响,认为操作分析的方法可保证科学体系的严密性和精确性,认识客观实在的过程应是一种可见行为的活动过程,任何有意义的真实陈述须可证实,心理与教育科学也如此。他发展了华生(John B. Watson)的旧行为主义和巴甫洛夫(Ivan P. Pavlov)的条件反射学说,更为直接地将心理学称为行为科学,以条件反射为行为单位,揭示刺激与反应间的规律性关系,以此预测和控制人的行为。正如斯金纳指出的,整体环境变化中的整体行为变化是无法研究的,为了测量,甚或记录,有必要选择行为的某些部分。当主体行为预测部分随环境部分改变而改变,就说明变化的环境部分为刺激①。由于斯金纳强调操作行为中强化对有机体行为的塑造,其理论也被称为操作—强化学说。

操作性条件反射是斯金纳新行为主义学习理论的核心。他继承改造古典条件反射理论,避开有机体内部因素的影响,通过自制的动物实验装置"斯金纳箱"(Skinner box)控制行为条件、分析刺激反应间的关系。根据实验,他证实了有机体行为多受操作条件反射控制,并进一步阐述了操作条件反射的基本原理。斯金纳箱是用于动物学习实验的自动记录装置,在约 0.3 立方米的箱内设有杠杆与食物盘,杠杆可供动物按压并有记录装置。实验中,斯金纳把饿鼠放入箱内,老鼠偶然压动杠杆牵动装置得到食物,箱外装置记录动作频次。实验发现,经多次食物对压杠杆行为的奖励训练之后,老鼠再次置于实验情境中会形成压杠杆取食的条件反射,斯金纳称之为操作条件反射。他还用鸽子、猫等动物多次实验,发现操作性条件反射总伴随强化,动物行为后果会影响行为的再次发生;有机体反应如导致强化刺激,则反应可能性或频率增加,操作上的增加反应就是学习。

操作性条件反射是指强化有机体自发活动而形成的条件反射,与经典性条件反射由已知刺激引起的应答性行为不同,是无已知刺激条件下有机体自发的操作反应。而且,经典性条件反射中的个体不自由,条件反应与无条件反应的性质相同、时间接近,而操作性条件反射源于偶然对某一刺激做出的反应,此后主动对该刺激进行反应,操作反应的效果为后续行为的条件,且不存在条件反应与无条件反应刺激替代现象。可见,操作性反应更适于较高级的心理过程和中枢神经系统。

---

① James T. Todd & Edward K. Morris. *Modern Perspectives on B. F. Skinner and Contemporary Behaviorism* [M]. Westport: Greenwood Press, 1995: 29.

他认为完整机体的行为大部分是属于操作性的,人类行为主要由操作性反射构成,学习情境更具代表性①。

斯金纳通过实验,发现操作性条件作用过程包括强化、塑造、消退、刺激泛化和辨别过程,每个环节都与强化相关,因此操作性条件作用的规律又称为强化学说。操作性条件反射的特点是:强化刺激既不与反应同时发生,也不先于反应,而是随反应发生。有机体须先作出所希望的反应,然后得到报酬,即强化刺激,使这种反应得到强化。斯金纳认为,强化并非增强特定反应,而是影响将来同类反应发生的概率,学习就是反应概率的变化。当一定行为带来某种结果时,该行为极可能再次出现。具有这种作用的结果被称为"强化物"②,欲控制行为,需明确影响概率的强化物。

斯金纳把凡能增强某反应概率的刺激均称为强化物,并分为两种:一是当在环境中增加某刺激,有机体反应概率增加,这种刺激就是正强化物,如食物能增加白鼠按开关的次数,食物为正强化物;二是当某刺激在有机体环境中消失时,反应概率增加,这种刺激便是负强化物,负强化物是有机体力图避开的厌恶刺激。无论正负强化物其结果均导致反应概率增加。根据强化物来源,强化可分为一级强化与二级强化:一级强化源自无条件的初步强化物,如食物、水、安全、温暖等满足生理需要的条件;二级强化源自有条件的派生强化物,如金钱、奖品、爱好活动等,二级强化对高级动物的学习更有价值。

斯金纳认为强化作用的模式包括连续强化、间隔强化和比率强化等,按照这些模式可塑造近似理想的反应行为。如强化停止,便会出现反应消退,但并非随时间发生的遗忘,而是因强化因素所致。斯金纳特别提出,惩罚只影响反应概率,并不减弱操作反应的强度,因此教育活动不提倡过多消极处罚。除强化,斯金纳还注意到内驱力和情绪对反应的影响,但为保持理论体系的客观性,他将内驱力和情绪列为操作行为函数分析中的第三变量。强化学说应用到教育中,强调学习者不应为引诱物而学,而应为满足求知欲去学,因在无约束和压力的情境下学习,效果最佳。

二、斯金纳"操作—强化"学习理论在教育中的应用

斯金纳并非象牙塔中的学者,他对于把自己的行为强化理论应用于现实生活,

---

① 章益.新行为主义学习论[M].济南:山东教育出版社,1983:297.
② [美]斯金纳.超越自由与尊严[M].王映桥,栗爱平译.贵阳:贵州人民出版社,1988:26.

表现了极大的热情①。他用操作性条件反射原理解释人类复杂的心理活动和行为，并将其应用于教育领域，取得了丰硕成果。1954 年和 1958 年他先后发表《学习的科学和教学的艺术》及《教学机器》两篇论文，坚持学习是一门科学，教学是一种艺术，针对美国学校教育中长期存在的诸多弊端，如行为塑造中滥施惩罚、缺乏直接及时的强化、缺乏明确的行为目标与实现目标的程序、缺乏有效的评估手段等，提出了自己的改革建议，尤其由他倡导的程序教学运动深刻影响了美国及其他国家的学校教育改革。

斯金纳认为，学习的本质不是刺激替代，而是反应改变，强化是教育机构为了建立条件作用而安排的一种手段②，可影响或改变人的反应，教育就是一种专门通过各种强化安排来改变反应模式、逐渐习得最终行为反应的塑造活动。所谓塑造，就是指通过小步反馈逐步达到行为目标。在学习过程中，要放弃大量不适当的无效反应，逐步确立期望反应，因此塑造的关键是对环境刺激进行适当控制。他建议采用连续接近法对趋于目标行为的反应给予强化，直到引出所需新行为。塑造既可使有机体逐渐形成新的复杂技术，也可通过有差别的强化使有机体逐渐学会对类似刺激做出区别反应，使行为更加精准。

在行为塑造中，要恰当运用惩罚，改正不良或惩戒失范行为，要在不良行为反应后立即给予惩罚，延迟可能失效，可利用反应抑制期强化其他反应行为，抑制不良行为的发生。斯金纳认为，惩罚就是企图呈现消极强化物或排除积极强化物去刺激某反应，仅是治标而非理想方法，对被惩罚者和惩罚者均不利。实验证明，惩罚只暂时降低反应率，减少或抑制不良行为发生，并未使之消除，甚至还会导致攻击性行为和逆反心理等负面效应，因此剥夺奖励刺激的惩罚方式更可取。斯金纳对惩罚的科学研究，改变了人们对盛行欧美的体罚教育的认识。

在课堂教学中，刺激—反应是行为的基本单位，如果一个操作发生之后，接着给予一个强化刺激，那么其强度就会增加③，教育者提供特定刺激便可引起学生特定反应，加强刺激与反应间的联结即可引起反应概率的变化。因此，斯金纳认为教学的目标要具体，要能分解成具体可察的行为，并进一步转化成各门学科的具体目

①　乐国安. 从行为研究到社会改造——斯金纳的新行为主义[M]. 武汉：湖北教育出版社，1999：43.
②　乐国安. 从行为研究到社会改造——斯金纳的新行为主义[M]. 武汉：湖北教育出版社，1999：326.
③　[美]普莱西，斯金纳. 程序教学和教学机器[M]. 刘范等译，北京：人民教育出版社，1964：71.

标、大纲、学程和学习活动,最终分解成简单可表述的具体行为。教师借助各种强化物,如语言、表情、分数、奖励、体罚等手段,按强化序列,使学生一步步形成复杂行为,最终达到教学目的。斯金纳采用"强化列联"表示反应与强化间的关系,"强化列联是指一个反应接着一个强化刺激组成的序列"①。教学成功的关键就是精确分析强化效果并设计特定的强化列联。强化物的选择,要考虑学生差异,可采用"普雷马克原则"(Premarck principle),用高频活动作为低频活动的强化物,或用喜爱活动去强化不喜爱活动。在强化序列安排上,要注意即时强化,不要延缓,从而增强反馈信息的价值,但在学习初期不应过分追求完美,要强化每一步较正确的反应,消除期望外行为,逐渐过渡到间隔强化,保证行为塑造的正确方向。

1953年,斯金纳以家长身份访问女儿学校,看到很多违背学习规律的荒谬做法:行为塑造的强化物多为厌恶刺激,如不悦、批评、嘲笑、低分、威胁,甚至体罚等,后果导致学生为逃避惩罚而学;对学生正确行为的有效强化次数严重不足,且间隔时间过长,破坏了强化效果、降低了教学效率;没有将学习任务进行合理分解,缺乏一个通过一系列递进的近似结果向所要求的最终复杂行为前进的巧妙程序②。针对以上缺陷,他认为必须设计一种新的教学理论来改进课堂教学。1958年和1968年他分别发表《教学机器》和《教学技术》等著作,提出机器教学和程序教学理论,并设计提高算术、阅读、拼写及其他学科教学效率的机器装置,被称为"教学机器"或自我教学装置。

普莱西(Sidney Pressey)是美国最早提出程序教学思想的心理学家,斯金纳与之合著《程序教学和教学机器》,成为新行为主义教育流派程序教学的代表作。教学机器是指装有程序教材、能够显示问题、指出正误并提示下一步如何学习的机器。早期形式是通过呈现一些数字组合来教加法,儿童在加法器键盘打上答案,如正确则随机器运转呈现下一问题,并作为正确答案的强化信号。教学机器后来发展成一种盒式装置,内有精密电子和机械仪,构造包括输入、输出、贮存和控制四部分。按循序渐进原则,教学材料被分解成有机联系的问题框,学生正确回答后可开启下一框面,答错需纠正后再到下一框面,框面左侧标出上一框面答案提示,一个程序学完,再学下一程序。斯金纳认为,教学机器与传统班级教学相比可即时强化正确答案,反馈学习效果,增强学生学习动力与主动性,便于学生按自己能力选择

---

① 滕大春.外国教育通史:第6卷[M].济南:山东教育出版社,1994:121.
② 华东师范大学教育系,杭州大学教育系.现代西方资产阶级教育思想流派论著选[M].北京:人民教育出版社,1980:321.

进度,因材施教,培养自学能力,也便于老师监督学生学习与修改错误,提高教学效率和效果。而且,教师按程序设计教学内容和强化列联,增强了某些学科学习的整体性与逻辑性。

斯金纳提出了程序设计的五条原则:积极反应、小步子教学、即时反馈、自定步调与最低错误率。程序教学以问题形式呈现知识,便于学生在学习过程中通过写、说、运算、选择、比较等做出积极反应;程序教学教材分成若干小的、有逻辑顺序的单元编程,难度间隙小,便于理解掌握,提升学生自信心;程序设计最常用的强化方式是即时知道结果;程序教学鼓励学生按最适宜的速度学习并通过不断强化获得稳步前进的诱因;教学机器有记录错误装置,编程者可根据记录了解学生实际水平并修改程序,使之更适合学生程度,真正由浅入深、由已知到未知,把错误率降到最低。斯金纳按以上原则创造了直线式程序,认为教学机器很多方面胜过普通教师,一定程度上克服了课堂教学的缺陷,对逻辑性很强的自然学科非常适用,且随计算机的发明与应用,为计算机辅助教学在教育中的运用开辟了道路。

三、斯金纳新行为主义教育理论的评价及影响

斯金纳是当代心理学界最重要和最具影响的人物之一,美国心理学会评价其是一位有想象力和富于创造力的科学家,很少有美国心理学家对心理学的发展有过如此深刻的影响[1]。的确,斯金纳操作性条件反射与强化原理,与同时代的其他学习理论相比,经受住时间考验并很快得以流行,不仅在实验情境中获得成功,且在广泛的社会实际情境中得到应用。

斯金纳突破传统行为主义的"没有刺激,就没有反应"的错误观点,更接近人的复杂行为和学习活动,比经典型条件反射更重视有机体自身操作行为带来的效果刺激,因此其学习理论较之以往突出了学习者的主动性和探索性。同时,斯金纳的"强化程序"原理客观可靠,具有可操作性,可通过技术和程序随意塑造有机体行为,为外在控制条件影响学习提供了前提,在心理治疗与教育教学中具有广泛的适用性。其程序教学的优越性包括按逻辑顺序编排教学内容,组成序列化教材体系,符合学生认知特点和传授知识的规律,有助于系统科学文化知识的学习和掌握;向学生提出连续的需积极反应的问题,有助于激发学生尤其差生的主动性和积极性;能最大程度地提供反馈信息,让学生所有反应得到及时强化,减小学习难度、提高

---

[1]　施良方.学习论[M].北京:人民教育出版社,2001:132.

学习效率,教学机器是教师用来节省时间和劳动的绝妙装备……它可以比以前教更多的学生①;不统一要求学习内容和学习速度,强调自定步调和自主学习,有助于适应学生个别特点;程序教学有助于电子计算机技术走进课堂、服务教育教学,使教育工作走向现代化与科学化。

斯金纳把教育看成科学的技术学的重要分支,肯定其对每个人生活的影响,因此热衷教育改进,他说:"我们不能长此容忍实际情况中的困境阻碍本可达到的巨大改进。实际情况必须予以改变。"②他的学习心理学对充实教育理论、指导教育教学实践的价值更加突出,在教育科学化的道路上提供了可靠范式,促进了教育学的精确化、客观化、科学化,同时又不忘其构建理想社会的终极目的。斯金纳集卓越心理学大师、文学家、发明家和社会改革家、思想家于一身,其行为主义思想体系实际成为构建理想社会的哲学基础,这一点心理学史上少有人与之比肩。

当然,斯金纳新行为主义教育理论的局限性也不容忽视。从学习理论来看,斯金纳把人类学习视为单纯的外部操作行为,认为"可按照物理学和生物学的途径,直接探讨行为与环境的关系,而不必去理睬臆想的心理中介状态"③。简单搬用动物学习规律与动物行为解释人的学习,将人类学习看成消极的机械操作强化过程,忽视学习主体的内部过程、条件与意识的能动性,具有简单的生物化倾向和机械主义还原论色彩。在《程序教学与教学机器》一书中,他甚至旗帜鲜明地提出"人是机器"的命题,否认存在独立的意识研究领域,避免涉及有机体的内部状态,认为人的认知与情感、思维与行动、个性特征与社会交往等方面的复杂性和微妙性绝非强化原理所能解释清楚,从而陷入机械唯物论和不可知论的怪圈。他的程序教学设计也非完美无缺,虽体现了个体需求,但并不利于独立思考能力、创造性思维和智力技能的培养及情感与人格的全面发展。尤其对教学过程和学习控制的机械线性思维与刻板实施策略,把教材分解得支离破碎,无法答疑解惑、激发创新,更无法与老师、同伴交流探讨,缺乏互动与情感参与,不利于人格教育,只能充当自学方法或教学辅助,在人文社会学科学习中的适用性和有效性更具争议。由于未能完全科学反映人类学习的基本规律,因此程序教学也很难取得预想效果。

客观地说,斯金纳在教育领域的可贵探索一定程度上推动了世界教育理论和实践的发展。他没有从事中小学教学,也没有描述减少学生问题行为的教学或课

---

① 吴式颖. 外国现代教育史[M]. 北京:人民教育出版社,1997:463.
② 王承绪,赵祥麟. 西方现代教育论著选[M]. 北京:人民教育出版社,2001:378.
③ [美]斯金纳. 超越自由与尊严[M]. 王映桥,栗爱平译. 贵阳:贵州人民出版社,1988:13.

堂实际,然而他的操作行为条件或行为塑造研究,在教室管理领域产生了深远的影响①。瓦腾伯格(William Wattenberg)认为"众多教师相信斯金纳行为矫正方法在学生行为塑造中的潜力"②。斯金纳赋予行为主义心理学以新的内容和科学性,使程序教学有了坚实的心理学基础,成为 20 世纪 50～60 年代风行于美国乃至世界许多国家的程序教学运动的指导思想。60 年代初,程序教学运动开始波及苏联、英国、日本、中国及其他一些欧洲国家和发展中国家,这些国家对斯金纳的行为主义程序教学进行试验改进,并广泛用于英语、数学、统计、地理、科学等学科教学中。作为一种教育思潮,新行为主义的一些思想和方法仍渗透于今日的教育理论与实践中,激励人们不断求索学习的科学与教学的艺术。

第五节 布鲁纳的结构主义教育理论与实践

新行为主义考察纯客观的实验控制反应,忽视了有机体的内部心理过程,尤其人的认知性理解、概括与迁移等,因此并不能科学反映学习的基本规律,在实际生活中的应用受到限制。到 20 世纪 50 年代末,新行为主义学派的主流地位开始动摇,研究智力发展、探索认知特征与机制的认知理论开始兴起。杰罗姆·布鲁纳是第一代认知革命的先驱,他以结构主义哲学为基础,兼容不同领域的研究成果,探究人的心理发展与知识建构,提出了著名的结构主义教育理论,并直指教育实践,对美国 60 年代的教育改革产生了很大影响,被誉为杜威之后对美国教育最具影响力的人物。

布鲁纳出身纽约中上层家庭,先后就读于杜克大学与哈佛大学,1941 年获得心理学博士学位。毕业后曾参与"二战"心理战术研究,战争结束后任教哈佛并于 1960 年协助创办哈佛认知研究中心。作为心理学教授,布鲁纳先后担任美国科学院教育委员会主席、总统教育顾问小组成员、美国心理学会会长等职,1962 年荣获美国心理学会杰出贡献奖、1969 年获美国教育研究会和教育出版机构联合奖。布

---

① Katherine T. Bucher. *Exploring the Foundations of Middle School Classroom Management*：*The Theoretical Contributions of B. F. Skinner, Fritz Redl and William Wattenberg, William Glasser, and Thomas Gordon, All Have Particular Relevance for Middle School Educators* [J]. Childhood Education, 2001(2).

② Katherine T. Bucher. *Exploring the Foundations of Middle School Classroom Management*：*The Theoretical Contributions of B. F. Skinner, Fritz Redl and William Wattenberg, William Glasser, and Thomas Gordon All Have Particular Relevance for Middle School Educators* [J]. Childhood Education, 2001(2).

鲁纳著述丰富,主要有《思维研究》(1956 年)、《教育过程》(1961 年)、《论认识》(1964 年)《教学理论探讨》(1966 年)、《教育的适合性》(1971 年)、《心的探索》(1984 年)、《意义行为》(1990 年)、《教育的文化》(1996 年)等,其中《教育过程》为其教育思想的代表作。

一、布鲁纳结构主义教育理论的产生及心理学基础

布鲁纳结构主义教育理论的产生基于当时的社会需求及各学科领域研究的成果。美国社会对现代科技人才的紧迫需求、知识爆炸对人的认识发展及课程教学的冲击、行为主义弊端的显现、人文社会科学与计算机科学的新进展,尤其结构主义心理学的发展都为布鲁纳结构主义教育理论的产生奠定了基础。

"二战"后世界科技迅猛发展,各领域新知识倍增,更新速度加快,知识的有效传授与掌握成为亟需解决的问题,学校被迫考虑知识整合与学科重组问题。随着美苏冷战积聚的教育危机感与责任感愈加强烈,1958 年美国颁布《国防教育法》,政府拨款加强科技人才的培养,并动员组织各领域的科学家、教育家共商教育改革问题,研究如何将心理学、教育学最新成果应用于当前的课程与教学,激起对教育质量与智育目标的广泛关切。此时,曾受进步教育影响的学校教育质量下降,新行为主义教育理论又因忽视儿童内部因素而使改革成效日渐乏力,迫切需要一种能弥补其弊端的新的心理学理论,同时强调关系组合的结构主义哲学已渗透到各学科,尤其是心理学领域,认知心理学悄然兴起。布鲁纳作为智力教育的先驱者,在早期心理实验中设计各类实验探索思维中先验的认知模式。1952 年他任哈佛大学教授,对人类知觉特性、概念获得及思维过程进行全面探索。1956 年,他与人合著《思维研究》,从知觉入手研究概念获得。1959 年美国科学院召集各领域专家在伍兹霍尔召开教育改革会议,布鲁纳任主席,会后他将讨论成果与先期研究结合发表《教育过程》。1960 年他与心理学家乔治·米勒(George A. Miller)创办哈佛大学认知研究中心,逐渐成为认知心理学领域的领军人物。

布鲁纳结构主义教育理论的哲学预设是结构主义系统论。结构主义思想首先被费尔迪南·德·索绪尔(Ferdinand de Saussure)运用于语言学,强调语言意义和声音间的关系网络与纯粹的关系结构,到 20 世纪 60 年代,许多重要学科都与之相关,结构主义思潮达到鼎盛。结构主义不仅是传统意义上的哲学学说,也是人文与社科领域共用的一种研究方法,强调整体对部分的逻辑优先性,坚持只有通过存在于部分间的关系才能适当解释整体与部分,其方法本质在于研究联结与结合诸要

素关系的复杂网络,而不是研究整体中的诸要素,目的是使人文科学和社会科学像自然科学一样精确而科学。结构主义在人类学、社会学、史学、文学及心理学、教育学等领域产生了重要影响,经历了从哲学到心理学、再到教育哲学的发展过程。布鲁纳是结构主义的代表之一,他认为人类知觉、思维及记忆运算体系皆以结构为基础、概念为认知元素,无限分类的概念可构建结构系统。另外,在哲学上,布鲁纳还承继经验主义、实证主义和理性主义的部分内容,他曾在《思维研究》一书中认为人类高级思维过程存在先备的认知系统,只不过行为主义将其外化为可测知的刺激反应模式,他则将外部行为与内部认知进行整合,用客观的实验方法分解心理元素,从而获得认知的思维规律。

　　布鲁纳对儿童认知发展的早期探索主要受皮亚杰的结构主义认知框架影响,他借鉴改造皮亚杰的认知阶段理论研究教学与课程结构,逐渐形成结构主义的教育思想。到后期,为避免认知走向纯粹计算主义,布鲁纳转而寻求文化主义支撑,肯定文化语言及语境对认知的意义,逐渐走向注重认知意义的文化轨道。布鲁纳后期更多接纳维果斯基(Lev Vygotsky)的文化认知理论,但对皮亚杰的理论并未全盘否定,而是进行统合再造,承认两者本质的复合性与不可或缺性,即前期皮亚杰的认知主义重计算与因果解释,后期维果斯基的文化主义重意义建构与诠释。布鲁纳还融合吸纳各学科理论精华,借鉴乔姆斯基(Avram N. Chomsky)对语言习得的理解,将学习过程看成自我在实践中的创作与发展过程;借鉴格式塔心理学及信息加工理论解释思维过程,强调知识习得是一个构造过程,包括信息组织、记忆检索等复杂有序的思维过程。

　　布鲁纳探索人的知觉、学习、思维、记忆等一系列问题,核心是智慧生长,围绕这一理论,他探索智慧生长的表征系统、思维过程与策略等问题。布鲁纳提出思维生长或智慧生长比生理生长更重要,生长的力量是人类认识、改造自然和社会的动力,因此应重视生长的科学,考察人类智慧生长的方式与原则,为教育促进智慧生长提供依据。他摒弃皮亚杰纯生理阶段划分模式,提出用再现模式表现不同阶段的认知发展水平。再现模式就是人们再现自己关于世界的知识经验的方式,按不同认知阶段再现知识的方式即表征系统,依次可分为动作性再现、印象性再现和符号再现,三者相互作用构成人类认知表征系统。动作性再现模式具有操作性特点,发生最早,是智力发展的初级阶段;印象性再现模式开始把时间、空间和定向结构的知觉转化为表象,进行概括,从而扩展感觉能力,是知识掌握的第二级水平;符号再现模式可扩展概括和推理能力。在布鲁纳看来,人类智慧发展始终沿着三种表征系统顺序前进,不能相互取代,每个人一直在连续不断地使用这三种表征系统。

为促进智慧生长,还需了解思维程序和策略。主体作为积极的信息加工者,能系统地对环境信息加以选择和抽象概括,把感觉到的东西转换成意识、知识、情感或其他事物。在他看来,归类功不可没,不然人会被复杂的环境压垮。归类实际就是习得概念,概念是思维过程的核心。他最早系统地提出了概念假设—检验理论,对概念形成和获得进行区分,认为:概念形成是指学生知道某些东西属于这一类别,其他东西不属于这一类别;概念获得则是指学生能够发现可用来区别某一类别的成员与非同一类别的事物的各种属性。布鲁纳除探讨概念和概念获得外,还对编码系统做了深入研究。编码系统是人们对环境信息加以分组和组合的方式,按布鲁纳的观点,人若要超越直接感觉材料,所涉及的不仅仅是把感觉归入某一类别,并根据这一类别进行推理,且要根据其他相关类别做出推理。正是这些相关的类别构成了编码系统,编码就是对相关类别做出层次结构的安排。

布鲁纳要求把心理学研究和教育研究结合起来,甚至强调一种关于发展的理论,必须既能与一种知识论,也能与一种教学论联系起来,否则它会注定成为平凡而不足道的理论①。

二、布鲁纳结构主义教育理论的主要内容

布鲁纳的结构主义教育理论包括教育教学目的与内容、教学过程与原则、教学方法等主要内容。

在教育和教学目的上,布鲁纳把促进学生成长与发展作为首要问题,指出教学说到底是一种帮助或促进人的成长的努力,一个教学理论实际上就是关于怎样利用各种手段帮助人成长和发展的理论②。他认为,教学不仅要使学生掌握必要的知识技能,更重要的是促进学生智力发展,追求成绩优异不仅要教育成绩优良的学生,也要帮助每个学生获得最好的智力发展。他和科南特一样将教育同国家安全和前途命运相关联,肯定学生智力的充分利用是民主国家生存的重要条件。他说学习就是认知结构的重新组织,任何学习活动的首要目标,在于它能为我们的将来服务,而非学习本身带给我们的快乐③。学习一门学科不仅是学会什么,掌握信息

① [美]布鲁纳.布鲁纳教育论著选[M].邵瑞珍译,北京:人民教育出版社,1989:114.
② [美]布鲁纳.布鲁纳教育论著选[M].邵瑞珍译,北京:人民教育出版社,1989:94.
③ [美]布鲁纳.布鲁纳教育文化观[M].宋文里,黄小鹏译.北京:首都师范大学出版社,2011:32.

本身并非学习目的,重要的是学会如何学习,超越所给信息而形成一种能力,这种能力的形成依赖迁移,包括技能迁移、原理和态度的迁移。因此,布鲁纳要求在整个教育教学过程中,从制定教学原则、组织课程和选编教材到设计教学方法,都指向利于迁移、利于智力发展。有效的迁移依赖教学结构和方法,因此教学目标就是帮助学生理解学科基本结构,提高对知识的掌握、转换和迁移能力。布鲁纳认为,儿童使用的表征系统类似于人类生产工具的历史演进过程①,三个表征系统可部分相互迁移,架起知识与知识增长的桥梁,为学习发展与教学理论提供连接点。

为促进智力发展,布鲁纳强调理解每门学科基本的知识结构。在他看来,所学的知识若没有用足够的结构连接起来就极有可能遗忘②,知识结构的价值取决于简化、产生新命题和增强运用的能力大小。任何一门学科都有基本结构,即具有内在规律性,必须使学生理解基本概念、基本原理和规律,凭借这一结构,将相关概念、感觉、事实、数据等组成一个统一可识的领域。学习学科基本结构是因为基本原理有助于理解整个学科、便于记忆保存和重新构思、提高迁移能力、缩小知识间隙等。因此,知识概括性越高,对学习者越有用,学到的观念越基本,对新问题的适用性就越宽广。

布鲁纳认为,认识是一个过程,而不是一种产品,学习的主要目的不是要记住知识内容,而是要参与建立该学科的知识体系的过程,包括新知识获得、旧知识改造与转换、知识检查评价三个几乎同时发生的过程。在教学中,学生不是被动的知识接受者,而是积极的信息加工者。这样,教学的过程就变成学生主动求知的过程、帮助或形成学生智慧或认知生长的过程。在教学过程中,布鲁纳强调了反映教学本质的几条原则,包括学习准备和动机原则、结构和程序原则、反馈与强化原则等。

学习准备主要指学生年龄特征和智力发展水平达到适应某些学科学习的程度。布鲁纳认为,我们始于这样的假设,任何学科以一定的知识的正当形式,能有效地教给处于任何发展时期的任何儿童③。教学要向儿童提出具有适度挑战性的课题,以促进认识的发展,使其尽早、尽快学习基础的学科知识,因此他提倡儿童的

---

① Jerorne S. Bruner. *Pacifier-Produced Visual Buffering in Human Infants* [J]. Developmental Psychology, 1973(6).

② [美]布鲁纳. 布鲁纳教育文化观[M]. 宋文里,黄小鹏译. 北京:首都师范大学出版社,2011:41.

③ Jerorne S. Bruner. *The Process of Education* [M]. Cambridge: Harvard University Press, 1960:33.

早期学习。学习准备不应仅理解为儿童年龄的成熟,还包括文化与教育基础,他列举了各学科基本概念如何用儿童接受的方式进行学习。结合学习的早期准备,他强调学习中心理倾向和动机非常重要,对学生的选择性探索活动具有重要影响,是教学成败的首要因素。他指出,学习的良好心理准备与学习植根于内在动机,包括好奇心、获取胜任力及互惠性驱动力,谋求胜任的驱动力会产生巨大的激励作用,增强人的活动力。互惠性指来自群体成员相互影响的学习驱动力。在布鲁纳看来,所有这些内驱力引发的内在动机远比奖赏、竞争、谴责和惩罚等外在学习动机形成的激励强度大、时效长、效果好。教师在教学中须以不确定的学习课题激发学生的探索热情,培养学习自信心、责任感和独立能力,还要维持探索热情,确定正确的方向和具体目标加以引导。布鲁纳内部动机的观点明确指出了人类学习主要受认知需要的驱使,这是人类学习与动物学习的本质区别。

结构原则就是将大量知识组织起来,使学习者易于掌握的一种方式。布鲁纳提出了三条结构组织原则:表现方式的适应性原则,即学科知识结构的呈现方式需与不同年龄学生的认知学习模式相适应;表现方式的经济型原则,即任何学科的知识范围,都应将要点按最经济的原则进行排列,简约而又利于掌握;表现方式的有效性原则,即经过简约的知识结构要具有衍生价值,便于学生的学习迁移,必须允许事物共同的基础结构进行某种形式的转化来解决不同意义的后果①。课程设计和编写教材一定要基于儿童的学习准备,根据其再现表象情况将知识改造成与儿童智慧发展相适应的形式,注重学科基本概念和原理的连续性,课程的发展应不断重现基础观念,以此为基础直到学生掌握与之相关的完全正规的结构②。他提出螺旋式课程概念,以便将基础知识转化或改写成不同年龄阶段的学生所能理解和接受的形式,使认识不断深化。布鲁纳将认知发展与教学有机结合在一起,在他看来,没有教学理论的认知心理学是无的放矢,忽视儿童认知发展的教学理论也将是一无所得③。

布鲁纳采纳斯金纳的程序教学原则,要求设计最有效的教学程序,充分考虑学生原有知识背景、智力发展阶段、教材性质及个人智力素质的差异等要素,以经济

---

① Jerorne S. Bruner. *Actual Minds*, *Possible Worlds* [M]. Cambridge: Harvard University Press, 1986: 19.

② Jerorne S. Bruner. *The Process of Education* [M]. Cambridge: Harvard University Press, 1960: 13.

③ 吴式颖. 外国现代教育史[M]. 北京:人民教育出版社,1997:465.

有效的方式做出安排,既遵循智力发展进程,又有利于促进智力进一步发展。布鲁纳并未指出最佳的教学程序标准,但要求考虑"学习速度,同遗忘作斗争,把已经学得的知识用于新事例的迁移的可能性,把所学的内容加以表达的表现形式,根据所学的内容给予学习者的认知负担的经济原则,根据所学的内容产生的新假设及其组合的有效力原则"①。

布鲁纳认为教学在刺激反应和纠正反应中进行,反馈是教学的重要环节。教师需随时捕捉来自学生的反馈信息,仔细观察学生的不同反应,让学生及时了解学习成败结果,贯彻奖励、惩罚的性质和步调,给予学生矫正性反馈与有效评定。在他看来,学生学习的效果,取决于适时反馈与纠错。反馈原则实际强调了教学中强化的形式与步调,需要考量学生利用矫正性信息的能力与他们的内部状态,采取适当措施,将学生最终导入自行矫正的学习中去,尽量避免矫正性反馈导致学生对教师指正的过分依赖。

在教学方法上,布鲁纳提倡发现法。对于学生来讲,就是发现学习,即用自己头脑亲自获得知识的一切形式;对于教师来讲,就是发现教学。他认为,发现是教育儿童的主要手段,在教学过程中,学生是积极的探究者,教师要营造学生能独立探究的情境,让其自己思考,积极主动地参与知识获得的过程。发现教学和发现学习相辅相成,教师启发引导,学生积极探索,是教学双边活动的两个方面。学校中的发现学习除对未知世界的发现,更多是引导其凭借自身力量对人类文化知识进行再发现,实质就是把现象重新组织或转换,使人超越现象进行再组合,获得新的领悟,寻找正确结构和意义。运用发现法要注意鼓励学生积极探究,激发内在动机,寻找新旧知识的联系,并大胆鼓励学生运用假设解决问题的能力,同时强调学生直觉思维的重要性,帮助学生形成丰富的想象。他认为应该在特定的训练中促使儿童表现完善的分析效能,同时又使他既在智力活动中又在日常生活中保持健全的运用直觉思维的意识②。

三、布鲁纳结构主义教育理论的评价及影响

以布鲁纳为代表的结构主义教育思想是战后科技发展的产物,它注重学生知识结构形成和认知能力的发展,强调培养学生的独立思考、直觉思维和创造能力,

①　[美]布鲁纳.布鲁纳教育论著选[M].邵瑞珍译,北京:人民教育出版社,1989:141.
②　吴式颖.外国现代教育史[M].北京:人民教育出版社,1997:469.

倡导学生主动学习、发现学习,这契合了现代社会的人才需求,具有鲜明的时代感。这种思想以智力增长为目的、以掌握学科结构为手段,鼓励学生积极参与,重视教学的有效原则和方法,阐释了为什么教、教什么、如何教和学什么、怎样学的问题,在发展学生智力方面提出了诸多合理化创见,符合学习和教学的一般规律和本质特征,对教学具有重要的实践指导意义,并直接促成了 20 世纪 60 年代美国中小学以课程革新为中心的教育改革运动,获得了广泛的国际声誉。

布鲁纳的教学思想并非完美无缺。他虽强调概念和原理学习,却缺乏从事原理学习的实验研究,因此许多课程因设计不切实际而难以实施,未能达到发起者的预定目标,只培养了少数拔尖学生,多数学生适应不良,导致教育质量普遍下降。课程改革失效的原因:一是结构主义教育理论自身的不足,过分强调学科知识结构,既忽视与社会现实生活的联系,又脱离了学生与教师的实际;二是教学理论应用的不当,过分夸大发现法,片面强调学生的主观能动性及否定学科基本结构的相对稳定性,导致教师可任意设计、编订教材和课程计划,这些极端、片面的做法终不可取。尤其是发现法的广泛运用在一定程度上否定了教师和接受学习的作用,违背了学生认识活动的特点,既耗时又费力。布鲁纳认知革命的最初意图是反对行为主义的纯客观的动物式研究,将心理重新纳入人类学之中探索与意义形成有关的认知因素,不幸的是却朝向了信息处理、计算机化发展。为弥补缺憾,把认知革命恢复到原来的正确轨道,布鲁纳晚年选择了文化心理或民族心理作为突破口,另辟新径建设文化心理学。

不论如何,布鲁纳教育思想的影响是广泛而深远的,他的结构教学论打破了自杜威进步教育运动以来教学理论长期徘徊的局面,《教育过程》被誉为划时代的著作,是有史以来教育方面最重要、最有影响的一本书[1]。在其影响下,美国掀起席卷全国的教材、教法改革运动,出版了大量研究学科知识结构、学生认知结构、教学过程、教学方法的书籍和文章[2]。随着《教育过程》的转译,他的思想被传播到苏联、日本、西欧和一些不发达地区,布鲁纳因此蜚声全球。西方甚至有人认为,布鲁纳也许是杜威以来第一个能够对学者和教育家们谈论智育的人[3]。在其他欧美国家,课程改革运动几乎与美国同时进行,随后发展中国家也开始了类似的课程试验。尽管这场课程改革以失败告终,但布鲁纳的结构主义思想至今仍有一定的生

---

① 朱镜人.外国教育思想简史[M].合肥:安徽教育出版社,2011:230.
② 吴式颖,任钟印.外国教育思想通史:第十卷[M].长沙:湖南教育出版社,2002:49.
③ 吴式颖,任钟印.外国教育思想通史:第十卷[M].长沙:湖南教育出版社,2002:88.

命力。1983 年美国重新兴起科学教育改革,结构主义改革中的某些教材经修改后重被使用,这再次证明了结构主义教育思想的历史价值。有学者曾评价道:布鲁纳不仅是这一时代最重要的教育思想家之一,也是一位有灵感的学者和老师,他深具感染力的好奇心启发了所有人,无论年龄与背景都可参与,逻辑分析、技术论文、丰富而广泛的多学科知识,及不断扩展的信息渠道、直觉的灵动、富有意义的解谜源源不断从其口中与笔下倾泻,恰如布鲁纳所说:"智力活动的发生随时随地,不论在知识前沿,还是 3 年级的教室。"①

客观地说,无论是各教育哲学流派的发展与演变,还是诸多教育家的理论思考与探索,都深刻反映战后美国教育实践领域生动而复杂的变革历程。科南特、斯金纳、布鲁纳等教育家的活动历程,充分体现教育思想与教育理论的丰富和发展对教育实践的指导作用,也为世人呈现美国教育在发展进程中的理论自觉。尽管任何教育思想和教育理论都不可能毫无瑕疵,其对教育的影响也不可能总是正面和积极的,但无可否认的是,它们的存在和成长,本身就是对教育的最大贡献。

---

① H. Gardner. Jerome S. Bruner [A]. J. A. Palmer. *Fifty Modern Thinkers on Education. From Piaget to the Present* [C]. London:Routledge, 2001:94.

第八章
战后美国教师教育改革

为提高教师参与教育改革的能力,使其成为美国教育改革的主旋律和主要推动者,为美国社会经济发展提供源源不竭的动力,美国社会自"二战"之后对教师教育给予了越来越多的关注,实施了四次较大规模的教师教育改革:1945～1965 年的学者型教师教育改革,1966～1980 年的"二元化"教师教育改革,1981～2000 年的专业化教师教育改革,2001 年以来的高质量教师教育改革。

第一节　1945～1965 年的学者型
教师教育改革

"二战"结束后,在经济复苏的大背景下,美国经济、军事和科技实力都得到了较大发展,并与苏联展开了激烈的科技和军事竞争,美苏进入冷战格局。20 世纪 50 年代末 60 年代初,美国开始了第一次教师教育改革。此次改革以对教师教育传统理论与实践的批判为基础,围绕培养"学者型"教师全面展开,试图解决"学术性"与"师范性"相统一的问题。

一、学者型教师教育改革的背景

(一)苏联人造卫星上天事件的冲击

战后,以美国为代表的资本主义阵营和以苏联为代表的社会主义阵营相对峙,世界进入冷战格局。1957 年 10 月,苏联发射了第一颗人造卫星,美国朝野为之震惊。在美国尚未成功发射卫星之际,苏联又发射了第二颗卫星。苏联卫星的多次成功发射与美国形成了鲜明对照,引发了美国教育界的轩然大波。为在激烈的竞争中取得优势,美国更加注重教育事业的发展。1958 年《国防教育法》即在此背景下颁布。该法为美国 60 年代及之后的教育改革提供了法律依据。《国防教育法》以重视科学技术教育、培养尖端人才为立足点,规定拨款 8 亿多美元资助学校进行教育改革;加强现代技术教育;对高等学校教学和科研经费给予大量补助;发放大学生贷学金;设置国防奖学金。1964 年美国政府又将《国防教育法》实施期限延长到 1968 年,要求改进地理、历史、公民、外语等学科内容以增强美国学生的国家观念;增加学生贷款和学生奖学金,贷款数由原来的 1.35 亿美元,逐年增加到 1968 年的 1.95 亿美元,奖学金名额到 1965 年增加为 3 000 名,次年增到 6 000 名,1967 年和 1968 年各为 7 500 名[①]。《国防教育法》颁布之后,随着教育改革的深入开展,与教育改革密切相关的教师质量问题开始成为全社会重要的关注对象。

(二) 课程改革运动的影响

1958 年《国防教育法》的颁布以及联邦政府对教育实施的诸多改革使美国掀起了课程改革运动的高潮。改革过程中,布鲁纳领导的课程改革和科南特倡导的中小学教育改革与教师教育改革密切相连。1959 年,美国教育科学院在布鲁纳主持下,召开由 35 位科学家和心理学家参加的会议,会议目的是要在全国范围内重新确定课程内容体系。会议以布鲁纳的结构主义课程理论为指导,强调心智训练的价值,重视课程、教材的结构与儿童智力发展结构相吻合。同年,科南特出版《今日美国中学》,提出在综合中学中实施能力分组,加强天才教育,设置数学、科学和外语作为必修核心课程的改革建议。课程改革强调基础知识教学,重视学生智力发展,加深课程内容深度,并将高深知识内容逐级下放。这一改革回应了 50 年代美国社会对公立学校的批评,呼吁"回到学业标准",求得"学生优异"。课程改革中课程难度的加大,加剧了与原有教师教育学术标准低下之间的矛盾,产生了教师的学术性问题。

(三) 教师教育自身的危机

该时期教师自身发展危机主要面临三方面的挑战。首先,战后婴儿潮使教师面临短缺挑战。战后美国婴儿潮导致入学人数增加,学龄儿童由 1930～1950 年的 2 800 万增加到 1960 年的 4 200 万。中学教育从选拔教育转变为普及教育。战前

---

① 郭爱丽. 美国 20 世纪 50～70 年代教师教育改革研究[D]. 华南师范大学,2007:20.

中学生人口占适龄人口总数的 51％，到 1960 年该比例提高到 80％①，该状况使得教师面临严峻的局面。其次，教师待遇太差导致教师流失的挑战。战后受教师职业地位低下以及中等教育扩张的影响，美国教师教育地位与教师职业地位偏低之间出现了巨大反差。再次，学术水平不高导致教师质量的挑战。中小学入学人数的增加、教师较高的流失率和教师资格标准的提高使得该时期很多教师在没有接受充分岗前培训的情况下匆匆上岗。由于师资力量不足，为适应中学发展的需要，教师除了要担任所有的自然科学课程教学之外，还要担任 1～4 门非自然科学教学课程，该情况在一定程度上降低了高等师范院校学生基础教育知识的掌握水平。高等院校在教师教育课程设置方面，不得不让师范生同时学习多门课程，这一做法降低了学校对普通教育的重视以及教育科目设置的粗略化，影响了教师的培养质量。

二、学者型教师教育改革的措施

（一）三位教育家的具体改革措施

1. 贝斯特的教师教育改革思想

阿瑟·贝斯特是美国历史学家、教育评论家，1956 年担任美国基础教育协会会长，其对教师教育的改革建议散见于著作《教育的荒原》（1953 年）和《学习的恢复》（1956 年）。贝斯特认为："真正的教育就是智力训练"②，专业教育者应该承担公立学校出现的反智主义倾向的责任；教授应从学术视角对教育事务形成自己的判断，并将这种判断传递给学校管理者、学监、校长和课堂教师；教师也应该将自己视为某个学科的专家。在此基础上，贝斯特提出了具体的教师教育改革建议。首先，学术学科内容应成为教师教育的主要内容。"教师教育新课程不应该建立在教学的职业技能上，而应当严格地建立在文理学科之上"③，教师教育可分为本科和

---

① Geraldine JonCich Clifford, James W. Guthrie. *Ed School: A Brief for Professional Education* [M]. Chicago & London: Uiversity of Chicago Press, 1988: 170-171.

② Arthur Bestor. *Educational Wastelands: The Retreat from Learning in Our Public Schools* [M]. Urbana & Chicago: University of Illinois Press, 1953: 3.

③ Arthur Bestor. *Educational Wastelands: The Retreat from Learning in Our Public Schools* [M]. Urbana & Chicago: University of Illinois Press, 1953: 137.

研究生两个阶段。本科阶段主要实施文科和理科领域的教育,研究生阶段主要是对基础学术学科进行深入探究①。其次,教师教育课程由学术教授负责实施。大学中开设的中小学科目教学课程应该安排在与该课程关联度紧密的院系进行,真正体现出良好的学术原则。教育课程的教学工作也应由学术学科的教授来担任,这样能够避免教育课程的专业主义和教条主义。最后,改革教师教育组织制度,使教师教育成为全大学的责任。为公立学校培养教师,应成为美国大学最重要的功能之一②。文理科教员要高度重视教育类课程,要重新定位教育学院的功能,监督学生教学实习,为新入职教师提供培训③。

2. 科尔纳的教师教育改革思想

科尔纳(J. D. Koerner)是麻省理工学院教授。1963 年,科尔纳出版了《美国教师教育的失误》一书,指出提高教师教育质量是美国教育的最佳途径。首先,科尔纳通过大量的调查研究发现美国教师教育的问题:一是教师教育内部意见很多、批评不断,改革教师教育呼声呈现越来越强的势头;二是专业教育设置的目标与其毕业生实际水平存有较大差距,专业教育效果不够明显;三是教育作为一个学术学科缺少自身的核心内容,依赖性过强;四是教育行政管理跟不上,阻碍了教育改革的实施;五是教育学科的大学教师和学生在智力素养上处于劣势;六是教育类课程平庸,缺乏创新,课时太多;七是在教师教育的诸多内容中,学术方面的培训差强人意④。针对上述问题,科尔纳建议:①为确保学术学科学者在整个教师教育事务中发挥主导作用,建议成立全校范围内的"教师教育委员会",委员会有制定教师教育大政方针的权力;②调整课程学时数,压缩普通教育和专业教育学时,增加学科专业教育学时;③转型教师教育机构,设定标准的教师培养模式,标准的教师培养模式为 4 年制本科,不主张将教师的培养水平上升到研究生层次;④提高教师教育项目的入学标准和研修要求,保障高质量的新教师进入教学专业,对教师教育计划中的学生入学进行严格管理,同时在中期筛选中着重考察学生的心理和情感素质,以

① Arthur Bestor. *Educational Wastelands：The Retreat from Learning in Our Public Schools* [M]. Urbana & Chicago：University of Illinois Press, 1953：138.
② Arthur Bestor. *Educational Wastelands：The Retreat from Learning in Our Public Schools* [M]. Urbana & Chicago：University of Illinois Press, 1953：137.
③ Arthur Bestor. *Educational Wastelands：The Retreat from Learning in Our Public Schools* [M]. Urbana & Chicago：University of Illinois Press, 1953：142.
④ James D. Koerner. *The Miseducation of American Teachers* [M]. Boston：Houghton Mifflin, 1963：15-96.

保证良好的生源素质①。

3. 科南特的教师教育改革思想

科南特是美国著名的科学家、外交家和教育家。1963 年科南特出版《美国教师教育》一书,系统而全面地描绘了美国教师教育的新蓝图②。其改革主张包括:①制定鼓励措施,提高师范生素质。建议尽可能地吸引全国中学毕业生中成绩最优秀的 30％攻读师资培训计划。各州在学生贷款政策上应给予相应的鼓励措施③。②改革教师资格证书制度。科南特提出获取教师资格证书的条件:一要具有正规学院或大学颁发的学士学位证书;二要申请者需证明自己成功地完成了教学实习;三要学院或大学颁发的教学证书④。③制定教师教育计划。科南特提出了达到教学专业训练根本目的的改革方案,即拓展普通教育、加深任教学科教育、精简教育课程、强化教学实习等⑤。④注重实践教学环节,加强教学实习。科南特重视教学实习对于教师培养的作用,认为"教学实习无疑是专业训练中最基本的因素"⑥。"临床教授"是教学方法和教材方面的专家,应负责实习指导并讲授教学法课程,指导和评价师范生的教学实习⑦。⑤加强中小学教师培养,鼓励在职进修。科南特大力支持中小学教师的在职教育,尤其提倡硕士学位的进修计划。

(二)"教学文硕士"计划

20 世纪 50 年代末至 60 年代中期,三位教育家的教育改革思想对美国教师教育的发展和变革产生了十分重大的影响,美国掀起了加强学术、培养"学者型教师"的以教师教育课程改革为重点的教育改革浪潮。五年制"教学文硕士"计划的采用和发展是教师教育课程改革的主要内容。

---

① James D. Koerner. *The Miseducation of American Teachers* [M]. Boston: Houghton Mifflin, 1963: 270.
② 马骥雄. 战后美国教育研究[M]. 南昌:江西教育出版社,1991:183-186.
③ J. B. Conant. *The Education of American Teachers* [M]. New York: McGraw-Hall Book Company, 1963: 82.
④ J. B. Conant. *The Education of American Teachers* [M]. New York: McGraw-Hall Book Company, 1963: 58-60.
⑤ J. B. Conant. *The Education of American Teachers* [M]. New York: McGraw-Hall Book Company, 1963: 73-108.
⑥ [美]科南特. 科南特教育论著选[M]. 陈友松主译. 北京:人民教育出版社,1988:282.
⑦ J. B. Conant. *The Education of American Teachers* [M]. New York: McGraw-Hall Book Company, 1963: 62.

五年制"教学文硕士"计划又名"第五年修业计划",是指学生学习完四年某个专业的所有学分取得本科学位后,再完成一年的教育学科专业训练的五年制教师教育项目。该项目招收各专业本科毕业生,以硕士水平的教育专业训练为教育内容,以专业研讨会和教学实习为教学形式。学生学习期满成绩合格后即可授予教学文硕士学位。五年制"教学文硕士"计划改革方案具有如下特点:①前四年侧重文理基础教育,专攻任教学科课程,解决学生的"教什么"问题;②第五年解决"如何教"的问题,集中时间和精力专攻教育和心理专业课程;③该计划的实施使学术学科体系更加全面地参与教师教育,鼓励学术学科的教员提高对教师教育的兴趣;④该计划将教师的文理基础知识以及专业教育列为重点,同时包括教育实习和实践,实现学术性与师范性的有效结合。

(三) 教师教育大学化

教师教育大学化是指教师职前培养、入职指导以及在职培训的专业化和一体化。其中,大学化的载体是学科门类比较齐全、研究层次较高、学术声誉较好的综合性大学。大学建立教育学院、教师学院或教育系都是"教师教育大学化"的重要表现。教师教育大学化是该时期美国教师教育改革的主要内容之一。

美国教师教育大学化形成具有四种路径:大学直接建立的教育学院;从师范学校到教师学院再到大学教育学院;文理学院建立的教育系;从大学教育讲座制到教育系再到大学教育学院。19世纪末,美国综合性大学开始注重发展教师教育。早在1832年,纽约大学就开设了教育哲学讲座。1850年,布朗大学正式成立师范教育部,美国其他大学步其后,也纷纷成立师范教育部,并逐渐更名为教育系。1890年3月,纽约大学建立了教育学院。1889年,培养教师的纽约学院经特许得以设立,1892年改为教师学院,不久后与哥伦比亚大学合并,成为哥伦比亚大学教师学院。1904年,美国的芝加哥师范学院并入芝加哥大学,这是师范学院并入综合性大学的肇始。1930年以后,在师范学校向师范学院升格的同时,师范学院也开始向多目标的文理学院和综合大学转型。美国"到1940年,'师范学校'已经过时……州立教师学院也经历了很短的时间,从60年代开始发展成为多目标的州立学校或州立大学,既颁发人文学科学位,也颁发教育学位"①。据统计,1930～1950年,美国有33所州立师范学院转为州立学院;1950～1960年,有73所州立师范学院转为州立学院或州立大学。1960年左右,绝大多数师范学院都已转为综合性大学的教育

---

① 黄葳.教师教育体制国际比较研究[M].广州:广东高等教育出版社,2003:8.

学院或教师学院。与此同时,其他综合性大学也纷纷设置教育学院或教育系。自此,美国多元化、开放型的教师教育体系形成。到 1961 年底美国仅有 15 个州还拥有公立师范学院①,到 1967 年美国只剩下 20 所师范学院(包括 9 所公立师范学院和 11 所私立师范学院)②。

三、学者型教师教育改革特征

(一)教师学术水平受到高度重视

教师的学术性培养是该时期教师教育思想的核心内容,主要表现在:第一,教师教育的主要内容是学术学科内容,无论是本科阶段还是研究生阶段,未来教师都应以接受文科和理科领域教育为主,研究生阶段是对基础学术学科的深入提升。第二,确保学术学科的学者在整个教师教育事务中发挥主导作用,突出学术权力。师范生学习中小学所开设的有关科目时,应由与这些科目关联度紧密的文理学院专家讲授,教育课程的教学工作也应由学术学科的教授担任,大学要成立"教师教育委员会",充分发挥专家在课程设置等方面的作用。第三,制定教师教育计划,强化学术训练的宽泛性。拓展普通教育、加深任教学科教育、精简教育课程、强化教学实习来达到教学专业训练的根本目的。普通教育体现学术训练的宽泛性,学科教育则体现深厚性。

(二)出现新的培养机构和培养模式

此时期的改革使得教师培养机构由单一向多元发展。教师教育大学化以后,美国的教师教育模式从封闭型教师教育模式转变为开放型的教师教育模式,打破了师范院校独成体系的模式,建立了综合性大学、文理学院和其他高等院校共同培养教师的开放型模式。在此情况下,单一建制的师范院校逐渐萎缩,改组为综合性大学或进行职后培训。教师培养途径呈现多元化的发展方向。这种开放式的教师教育模式是以综合性大学、文理学院和其他专门的高等院校为载体,以教育学位课程为基础,以国家和地方的教师任职资格为依据。从以上教师教育发展演变看,教师培养机构由单一向多元变迁更是社会进步的一种必然产物,它将发挥大学学术上的高标准优势,突出学术性,进一步提高教师教育质量。

---

① Paul Wooding. *Normal Education 100 Years* [J]. School & Society, 1962(5).
② 李克军. 战后美国教师教育改革与发展研究[M]. 保定:河北大学出版社,2013:46.

（三）课程内容的丰富和学位层次的延伸

该特征是在教师教育大学化的推动下产生的。教师教育大学化以后,由于大学是综合性、学术性机构,学院设置较为齐全,通识教育可以依托文理学院为师范生提供,专业知识可交给专业学院向师范生传授,要想进一步深造取得硕士、博士学位,则由研究生院为师范生搭建学习平台。与此同时,教师教育学位层次还呈现由学士向硕士延伸的倾向。在该时期,美国教师教育培养课程从两年或三年发展成为四年,并逐渐发展为研究生水平的五年教师教育计划。在教师教育大学化的影响下,师范生的教育内容得到扩充,教育时间得到延长,学位层次也突破本科的局限,一定程度上推动了教师质量的提高。

第二节　1966～1980 年的"二元化"教师教育改革

20 世纪 60 年代中期～70 年代末,美国科技发展迅速,社会不安定因素增加,多元文化逐步形成。在教师教育的改革过程中,重学术、轻教育专业训练以及教师培训机构重科研、轻教学的倾向有所抬头。在此情况下,美国开展了能力本位与多元文化相结合的"二元化"教师教育改革。此次改革的实质是解决教师教育过程中长期存在的"知识与能力"、"理论与实践"的有机结合问题,同时以多元文化为导向改革教师教育,加强少数族裔教师队伍建设,保障多元文化教师教育的顺利开展。

一、"二元化"教师教育改革的背景

（一）美国社会问题的日益错综复杂

20 世纪 60 年代的美国社会充斥着种族暴乱、校园骚乱等动荡与不安。随着上述事件接二连三的发生,美国民众对美国的社会制度提出了质疑。60 年代中期～70 年代初,美国旷日持久地卷入越南战争,许多年轻人对美国社会越来越不满,开始以不同的表现形式显露出来。自 70 年代初始,受中东战争和随之而来的石油危机影响,美国出现了通货膨胀,面临着结构性经济危机特别是经济滞胀的困扰,美国经济繁荣戛然停息。几次经济危机的爆发结束了美国现代史上第二次经济高速发展时期(1939～1969 年)和美国称霸资本主义世界的黄金时代,这也促使了文化反叛运动的高涨,使社会不稳定因素增加。此外,20 世纪 50～60 年代,种族矛盾成为美国社会的一个重大问题,"熔炉论"思想,即希望通过同化或改造等方式使外来移民以及不同种族的群体文化,融入美国以盎格鲁撒克逊为代表的主流文化及价值体系之中,开始受到少数族裔群体的排斥和拒绝,要求体现非主流文化群体的文化价值开始抬头。与 50 年代末一样,人们将此时期社会的不安定归罪于教育,认为教育中创造性的欠缺以及教师实际指导能力的缺乏是社会出现不安因素的重要原因。

(二)"生计教育"向"回归基础"运动的转变

20 世纪 70 年代,美国的教育改革主要表现为针对国内经济的"生计教育"和矫治学科结构运动偏差的"回归基础"运动。"生计教育"主要是为了解决 60 年代美国普通教育与经济发展之间不相适应的问题,提高学生的社会适应能力,缓解由于失业带来的社会问题。"生计教育"是一种综合性的教育计划,其重点放在人的全部生涯,即从幼儿园到成年,按照生计认知、生计探索、生计定向与生计准备、生计熟练等步骤逐一实施,使学生获得谋生的技能,并形成个人的生活方式①。"生计教育"运动对缓解社会问题起到过一定的作用,但由于片面强调学生就业能力的提高,忽视基础知识教学,加剧了教育质量的下降。从 70 年代中期开始,美国教育界掀起了"回归基础"运动,"学术化"教育取向重新成为改革的主流。新一轮的改革仍然强调基础技能的训练、强调教师的主导作用,加强纪律管理等,但在肯定传统基础课程的同时,将大量的先进科学技术引入课堂,注重个别化教学。此次改革针对上次改革中忽视读、写、算的基本训练和系统知识的教学而进行,将教师教育再一次推向了改革的前沿。

(三)教育革新对教师提出的新要求

第三次科学技术革命发生后,美国工业社会发生了巨大的改变,教育新技术和教育新成果不断涌现,如微格教学、程序教学、电视教学以及计算机辅助教学等新方法开始广泛应用于教学实践。一些年轻的教育家主张教师在成为学科专业学者的同时还要成为教育专业学者,提倡将系统论、控制论和信息论的研究成果融入教师教育之中,使教师成为教育"临床专家"②。正因如此,学校教师要承担起上述新

---

① 梁忠义.七国职业技术教育[M].长春:吉林教育出版社,1990:126-127.
② 成有信.十国师范教育和教师[M].北京:人民教育出版社,1990:150.

方法在实际教学中灵活应用的责任。而当时的教师教育重理论、轻教育专业训练，脱离了中小学的教学实践的基本要求。此外，从教师教育本身发展来看，学者型教师教育改革虽然加强了教师的学术性，但却在重视文理的基础上由一极走向了另一极。美国教师培养机构将学生课程的学习和学分的获得作为主要任务，学生在修完规定年限课程、获得足够学分情况下，毕业后就可走上教师工作岗位。此种培养方法无法保障教师的工作热情，导致社会对注重学时和学分的教师教育范式的强烈批判。在当时很多人认为教师教学能力的不足是引起教育质量下降根本原因的背景下，要求提高教师教学能力的呼声越来越强烈。为此，美国教育界开始实施能力本位与多元化相结合的教师教育改革。

二、"二元化"教师教育改革的措施

（一）能力本位教师教育改革

1. 能力本位教师教育的概念和理论基础

能力本位教师教育，又称表现本位教师教育，是出现于美国 20 世纪 60～70 年代的一种新的教师教育模式，在教师教育改革思想中具有重要影响力。能力本位的教师教育由美国联邦教育署研究所于 1967 年最先提出，主张以能力标准作为评价教师培养的尺度[1]。能力本位教师教育以行为主义为理论基础。行为主义提出程序教学理论，要求教师制定每一节课的教学目的、行为目标以及测量、检查学生学习效果的标准等。行为主义的代表人物——斯金纳在学习过程中融入操作性条件反射原理，根据这一原理，行为主义心理学形成了一种很成熟的培训模式，能力本位教师教育计划的开发和实践正是根据行为主义心理学相关原理及培训模式展开的。

2. 能力本位教师教育的实施及其特点

能力本位教育是指"根据预先的详细规定，职前教师或在职教师获得能够促进学生达到预期教育目标的教学表现、倾向和能力的教师培训"[2]。由此可以看出，教师表现、倾向和能力构成能力本位教师教育的三要素。教师表现是可以看到的行为，包括言语行为和非言语行为，倾向和能力都是通过掌握的程度进行评价。而

① 张丽玉. 美国能力本位教师教育运动研究[D]. 福建师范大学，2007：1.
② K. Ryan. *Teacher Education*：*The 74th Yearbook of the National Society for the Study of Education* [M]. Chicago：University of Chicago Press，1975：145.

且,教师表现的倾向和能力的界定可依据其对学生成绩的作用程度进行判断。除此之外,还有两个关键点:一是学生的学习是衡量教师行为的理想标准。教师表现从假定能促进学生学习的外显的教师行为概念衍生而来。二是能力本位的教师教育常常是在一个系统的、可控制的、个人化的教学模式下进行,该模式适合每个受训者的需要①。

能力本位教师培训项目的步骤大致如下:第一,设计有效教师的表现倾向和能力模式;第二,针对此模式分析主要行为目标;第三,具体描述项目内容以形成具体的行为步骤;第四,开发全面的培训系统,将各部分内容连接起来,从而在培训项目结束时能够形成整合的表现;第五,开发项目的管理系统,以便根据师范生的个体差异进行调整,并且获得持续的反馈和评价;第六,开发具体的步骤指导师范生,帮助其适应从培训机构到真实的教学环境的转变②。

能力本位教师教育的主要特点是以培养"临床专家"为目标;分析、归纳教育"临床专家"应该具备的技能、技术和教学行为标准;通过训练方式,培养学生教育工作中的分析、诊断、解决问题的能力等;强化实践,用个体训练代替集体授课;强调以学校或现场基地来培养教师,做到理论联系实际;运用现代教育技术手段,分析改正教学行为;改变传统考试办法,逐个考核师范生的实际能力;学生掌握各个教学环节的教学技能;学生要通过实践训练掌握教育理论③。

3. 能力本位教师教育的影响

发端于 20 世纪 60 年代末、兴盛于 70 年代的能力本位教师教育改革浪潮席卷了整个美国。尽管 80 年代以后,能力本位教师教育模式逐步退出历史舞台,但是,这种观念仍在实践中广泛应用。能力本位教师教育改革波及世界各地,不少国家的教育家参与能力本位教师教育方案。即使在当代,英国和澳大利亚等国仍在教师早期培养阶段广泛应用能力本位教师教育模式。

(二) 多元文化教师教育改革

1. 多元文化教师教育的内涵

"简单地说,多元文化教师教育就是要培养多元文化教师,就是使未来教师具

---

① 刘静. 20 世纪美国教师教育思想的历史分析[M]. 北京:北京师范大学出版集团,2009:147.

② K. Ryan. *Teacher Education: The 74th Yearbook of the National Society for the Study of Education* [M]. Chicago: University of Chicago Press, 1975: 140.

③ 马骥雄. 战后美国教育研究[M]. 南昌:江西教育出版社,1991:192.

备所需的多元文化知识、性格、教学技巧,在语言、文化多元化的课堂中成为文化回应实践者。"①多元文化教育可以塑造职前阶段教师更深层次的世界观和价值,"成为多元文化教师意味着成为多元文化的人"②,这样的教师懂得如何与不同文化的学生进行接触。因此,教师多元文化的发展一直是美国多元文化教育的重点。

2. 多元文化教师教育的内容

第一,注重跨文化教师的培养。多元文化教师教育在跨文化方面主要培养教师的以下资质:通过对少数民族学生进行多元文化教育,使其能够正确认识本民族文化;通过对不同文化学生进行人际关系教育,使其能够正确认识异民族学生文化;通过对不同民族学生进行文化专题教育,使其能够正确认识种族歧视的错误原因;通过对学生社会文化问题进行社会重构教育,使其能够学会倾听来自不同文化背景的声音。

第二,关注社会的公平公正。美国多元文化教师教育认为种族主义必须是教师教育改革的最核心问题,并将社会的公平公正问题作为贯穿多元文化教师教育发展的意识形态。多元文化教师教育认为,教师教育应该纠正社会的不公平现象。因此,教师要对每一个学生持相同的态度,在教学过程中要考虑如何发展学生的自身技能以及对社会的认识和批判能力,使自己的教学行为成为真正符合社会发展的政治行为。

第三,推崇多元文化的教师职前培养与职后培训。在教师职前培养方面,美国大多数学校都开设了诸如多元文化教育、多元社会中的教育、多元文化的教育哲学、多元文化教育与研讨、多元文化教育与人类关系等多门多元文化课程。在教师职后培训方面,美国多元文化教师教育的重点是双语教师的培训,其目的是使教师成为推动移民尽快融入美国社会的主要力量。

第四,倡导少数族裔教师队伍的建设。为了解决少数族裔学生和教师在数量上的巨大差距问题,美国多元文化教师教育加强了少数族裔教师队伍的建设:责成相关综合大学或社区学院主要承担培养少数族裔师资任务,社会学术文化机构也承担一定培养任务;中小学实行从学前到 12 年级 3 个不同阶段的教师岗位资格证书制度;鼓励在职少数族裔教师利用假期时间提高学历水平,攻读硕士或博士学

---

① G. Pritchy Smith. *Desegregation and Resegregation after Brown*: *Implications for Multicultural Teacher Education* [J]. Multicultural Perspectives,2004(4).

② S. Nieto. *Affirming Diversity*: *The Sociopolitical Context of Multicultural Education* [M]. New York:Longman,2000:26-32.

位;开办暑期少数族裔教师短期培训班,拓展其能力和水平①。

3. 多元文化教师教育实施的效果

第一,确立了教师多元文化的教育理念。美国多元文化教师教育是在美国民族和种族构成不断变化、"民权运动"蓬勃发展、少数族裔学生客观要求不断增长的情况下兴起与发展起来的,它树立了教师的多元文化理念,提高了与少数族裔学生进行沟通的资质能力,在教师与学生之间创造出一种互相理解的氛围。

第二,界定了教师多元文化教育的培养目标。明确的目标和发展指向性贯穿美国多元文化教师教育产生与发展的全过程,保障了美国多元文化教师教育的顺利开展。

第三,提升了教师的多元文化专业素质。美国多元文化教师教育职前培养阶段,主要培养教师多元文化教育的认识、技巧以及态度等,通过对多元文化教师教育项目的实施,使教师更加透彻地把握多元文化教育的目标、课程、评价方式等多元文化教育理论知识。

三、"二元化"教师教育改革的特征

(一)能力本位教师教育的核心特征

20世纪70年代盛行的能力本位教师教育主要是在社会问题严重、基础教育改革、教育技术现代化手段的出现以及"学者型"教师教育改革的矫枉过正等诸多因素影响下催生的产物,其目的是通过强调培养未来教师或在职教师的行为表现和实际能力,以提升学生的成绩,促进教育质量提高。"能力本位"特征体现在教育目标的确立、教育内容的选择以及教育课程的实施方面。从影响的区域范围上看,能力本位教师教育运动波及世界各地。它使教师胜任工作的认知能力、表现能力、情感能力和探究能力等都有不同层次的提高,切实起到了提高教育质量的作用。能力本位认证是伴随着能力本位教师教育运动发展起来的,在其教育理念中有很多可资借鉴的内容,如明确的培养目标、重视教学技能、强调个性化、反馈及时、评价客观、理论与实践有机结合等②;但也存有明显的缺点与不足,如教育目的与理想容易被忽略、流于机械的教育方式、高昂的实施经费、教育内容缺乏完整体系、单

---

① 张学强,富婷. 面向多元文化教育的教师[J]. 外国教育研究,2009(3).
② 张丽玉. 美国能力本位教师教育运动研究[D]. 福建师范大学,2007:79.

元教材不适用于所有师范生、为考试而教仍难避免、短期间评鉴教育效果失去其准确性、忽视在职教育、不重视教师角色的培养等问题。正因为这些缺点,导致20世纪80年代能力本位教师教育模式被"优异教师教育运动"所取代。

(二)多元化教师教育的核心特征

20世纪70年代,美国主要以能力本位教师教育改革为主,但多元文化教师教育改革也是一股新生力量,且至今仍是美国教师教育的一项重要内容。由于美国是移民国家,自20世纪初开始,美国中学生中少数族裔群体数量呈上升趋势,而教师的人口构成单一化现状却未得到有效改善。由于缺乏多元文化教师,少数族裔学生的学业水平与主流群体学生差距越来越悬殊。为了提高教师的文化素养,推动少数族裔学生和主流群体学生的共同提高,社会对作为施教者的教师提出了多元文化知识要求,多元文化教师教育应运而生。多元文化教师教育有十分明确的目标、方法及内容。从宏观上看,美国多元文化教师教育将国家民主以及教育平等作为追求目标;从微观上看,美国多元文化教师教育在态度、知识、教学技巧等方面都有具体的要求。多元文化教师教育包括对教师进行跨文化理念培训、少数族裔教师队伍建设、多元文化为导向的教师培养等重要举措,其实施满足了多元文化教育教师数量和质量的要求。教师通过灵活的教学方式和有效的教学手段,提高了有色人种学生和其他边缘群体学生的学业成绩,完善和发展了少数族裔学生的人格,同时也为不同文化背景群体之间的相互了解提供了良好的契机。但随着成绩的取得,教师教育改革自身还受合作教师专业水平、标准化运动等因素困扰,留下了一些亟待解决的问题。

第三节　1981～2000年的专业化教师教育改革

20世纪80年代初至90年代末是美国教师教育的第三次改革时期。从整体上看,该时期的教师教育改革可以分为三个阶段:80年代初至中期是外部研究机构的非强制性改革时期、80年代中期至90年代中期是教师教育机构主动参与的改革时期以及90年代中期至末期是政府、教师教育机构及其他社会机构共同参与的改革时期。此次教师教育改革的实质是解决教师教育发展过程中长期存在的质与量的问题,实现教师的专业化发展。

一、专业化教师教育改革的背景

（一）满足国际竞争对教育改革提出的新要求

20世纪80年代以来,美国经受了一场席卷全球、难以遏制的新科技革命冲击,这使美国经历了经济大萧条以来的最严重衰退。美国工业、商业、科学和技术发明的世界领先地位正在受到全世界竞争者的挑战。一些后起的发达国家,如日本和西欧各国在经济和科技上的崛起,对美国构成了严重的威胁。日本的汽车制造业、电子工业发展的逼人之势,使美国产生深重的危机感。国际竞争的日益激烈使得美国的世界综合霸主地位开始松动。提高劳动者的素质,造就一支能够在全球经济中参加竞争的新劳动大军,成为刻不容缓的课题。与此同时,美国由工业社会向信息化社会快速转变,工业生产由原来的劳动密集型向知识密集型转变。劳动方式和生产方式的变化对劳动者的科学技术和文化技术水平提出了更高的要求。在新科技革命的影响下,美国公众充分理解教育的重要性,将教育视为民众福祉、美满生活、社会进步、经济强大、文明开化和国家安全的基础。所以,美国社会将提高劳动者素质、重振美国经济霸主地位的希望再次寄托于教育的发展,教师作为教育中的最活跃因素也再次成为改革所关注的焦点。

（二）适应社会变革对教师教育提出的新挑战

20世纪80年代之后美国社会的急速变化使得教师教育面临着新的挑战。一是为适应社会提出的新挑战,美国历届政府均大力推行教师教育改革。从50年代始,教师教育改革从未间断,但由于各级政府对教师教育改革缺乏长远规划,很多长期遗留的问题并未得到彻底有效解决,教师教育改革中还存有许多问题。二是20世纪80～90年代的美国公立学校学生种族构成变化使得公立学校注册人数发生了变化,这对教师提出了新的挑战。在美国的公立学校中,1/3的学生属于少数民族或者是近期移民,这些学生面临语言障碍;1/4的学生来自贫困生活线以下的贫困家庭,需要社会帮助;超过1/2的学生来自单亲家庭。显然,这些学生并不具备接受学校教育的良好基础①。这些都对教师处理问题的专业能力提出了新的要求。三是受美国文化中"个性解放"价值观念的影响,美国社会出现了厌学、辍学、

---

① 周红安,郑颖.美国教师教育改革与发展的历史探析[J].内蒙古师范大学学报,2004(9).

逃学、早恋等现象，还有一些学生沾染不良嗜好，如酗酒、抽烟、吸毒等，这些都不利于学校教学工作的开展。四是适龄儿童的不断增加以及外部移民的大量涌入带来的美国学校教师短缺现象。学校在教师的任用上不得不降低标准，从而导致教师专业素质的缺乏。

（三）解决美国中小学教师所面临的新问题

在美国社会急剧变化的影响下，该时期美国中小学教师现状出现了诸多问题，主要表现在：①新入职教师的职业准备不够充分。在新入职的教师中大约有 12％的教师没有经过专门训练，15％的教师根本没有达到相应州的专业标准，全美只有 1200 所教育学院能够勉强适应当时的教师专业标准。②在职教师专业素质能力偏低。有 25％的教师不知如何促进学生的发展以及自身专业素质能力的提升，有近 1/4 的教师没有修完与所教学科领域相关的副科，高中生中有近一半对数学、物理教师专业素养产生质疑。③专兼职教师比例不协调，专职在下降，兼职在上升。据统计，专职教师的比例从 1950 年的 70％下降到 1993 年的 52％，而缺少教学经验的兼职教师比例则上升至 40％。④教师工作任务增多，但工作时数却在不断减少。据统计，小学和高中教师每课时的工作量中能够做教学准备的时间分别为 8.3 分钟和 13 分钟。有些州的高中教师每天需要承担 100 名学生的工作任务，有的州竟达 200 名。⑤能够胜任现代化教育工作的教师数量短缺。据美国全国教育中心统计调查，仅有 20％的教师有确凿的把握会用现代化教育技术从事教育教学工作，以及英语交流和特殊教育①。

二、专业化教师教育改革的措施

（一）外部研究机构的非强制性教师教育改革建议

1. 美国优异教育委员会改革报告

1983 年《国家处在危险之中：教育改革势在必行》报告的公布震惊了全美。该报告在分析美国教育现状的基础上提出了具体的教师教育改革建议，以使教师成为有魅力的职业。具体包括以下建议：未来教师要达到教育上的高标准，培养师资的教育机构要根据毕业生符合标准的程度给予成绩；增加教师工资，逐步提高稀缺

---

① 谌启标.美国教师面临的问题与改革策略[J].教学与管理,2001(9).

人才的待遇,同时进行同行评议以推动教师能力的提高;教育委员会与教师签订
11 个月合同制度,为有特殊要求的学生安排学习计划并适当提高待遇;教育委员
会、行政管理人员和教师共同建立教师职称制度;大量雇用社会上的人力资源,解
决数学和科学教师的短缺问题;通过物质刺激的手段吸引高水平学生从教;教师应
该参加制定教师培训计划,并监督实习期间的教师。

2. 卡内基教育和经济论坛报告

1986 年,卡内基教育经济论坛发表了《国家为培养 21 世纪的教师作准备》报
告,对教师教育提出了以下建议:

(1) 建立全国专业教学标准委员会,制定教师专业教学的高标准,为达到标准
的教师颁发资格证书;改组教师队伍,在学校中推出“精英(领导)教师”;将文理科
学士学位的获得作为教师专业的前提条件,建议废除教育学士学位;教育研究生院
以教学理论为基础;从国家角度出发致力于青年少数民族教师的培养;将学生成绩
与教师奖励挂钩;提高教师待遇,使教师的工资能够达到从事同等职业人员的
水平。

(2) 教师可以决定采用最好的方法制定学生培养目标、选择教材和教学方法、
聘用教职人员、聘用学校顾问以及物资的分配使用等问题;给教师配备教辅人员和
必要的设备;教师在聘用行政管理者、参与学校预算、去学校官僚化等方面具有相
当权力,但同时要承担更大的责任。

(3) 改革教师教育结构。各州和高等院校应废除教育学士学位,教师在获得
文理学学士学位之后才能进入教师教育的培养课程。

(4) 刺激、成绩和经济效益。对教师的物质鼓励必须与教学成绩以及学校效
益结合。行政管理部门应给学校更多自主权,考核目标实施激励制度,奖优罚劣;
建立能够使各州、地方当局和学校认为都适用的共同标准。

(5) 教师工资和福利。建立有竞争力的工资制度,使教师和未来的教师看到
经济收入稳步提高的行业前景①。

(二)教师教育机构主动参与的教师教育改革

1. 霍姆斯小组的教师教育改革政策

1985 年 11 月,霍姆斯小组正式成立,其成员主要包括哥伦比亚大学、密歇根

---

① 卡内基教育和经济论坛. 国家为培养 21 世纪的教师作准备[A] // 吕达,周满生等. 当代外国
教育改革著名文献·美国卷第一册[C]. 北京:人民教育出版社,2004:286-318.

州立大学、特拉华大学等 96 所具有专业教育计划的研究型大学。霍姆斯小组认为,美国教师培养在教师教育机构认定、教师资格认证、大学对教师教育的重视程度以及教师待遇方面存在着严重问题,应进行改革。具体改革建议主要体现在该小组公布的《明日的教师》和《明日的教育学院》两份报告之中。

(1)《明日的教师》。《明日的教师》由霍姆斯小组发表于 1986 年 5 月。该报告明确了美国教师教育的改革目标:学科专业知识和教学技能以及教学经验是未来教师的必备要素;改革教师专业结构,提高入职标准、教学要求和知识水平,把教师分为三个等级;建立教师专业考试制度;加强教育学院与中小学校的联系;加强教师之间的交流;尝试新的教学和实习方式,建立专业发展学校;改进学校的内部结构和工作环境①。关于教师教育改革的具体内容,报告建议:实施教师等级制,按照职能、工作能力将教师分为初任教师、专业教师和终身教师;改革教师培训课程,制定教师教育的文理核心课程,提供更多学科方面的专精课程,取消大学里的本科教育专业;从事教育专业的教师必须懂得本学科的教育学,并能高质量进行良好教育;建立学术课程标准,使本科生能够掌握有关本科的范围和智力结构,避免知识零碎化;在教育学院或教育系设置系统的教育学方面课程;学院和大学必须开辟与中小学建立联系的新途径,依托中小学建立专业发展学校,推动教师的专业成长。

(2)《明日的教育学院》。1995 年,霍姆斯小组发表了《明日的教育学院》报告,其为教育学院选定了五个投入方向、确立了七个目标、规划了三大主要任务。在投入方向方面,报告建议:通过博雅教育,提高教师的教学研究能力;承认实际学校中教师所需知识和技能的差别性;发展多样性评价工具测验教学能力;改进教学方式,促进大学教师、学校教师以及行政人员伙伴关系的形成;使学校成为教师实习及学习的最佳场所②。在目标方面,报告建议:教育学院应为教师教育专业学生开设高质量课程;教育学院的主要任务是开展中小学与社会的优秀教学活动,为大学的教师教育者和中小学及社区中的教师架起沟通的桥梁;教育学院要培养学生的团队精神和相互理解,以满足 21 世纪以学习者为中心教育的需要;教育学院的首要任务是为未来教师提供高质量的教育;教育学院必须提高其所在州的教育质量,

---

① The Holmes Group. *Tomorrow's Teachers* [M]. East Lansing: The Holmes Group, Inc. 1986.

② The Holmes Group. *Tomorrow's Schools of Education* [M]. East Lansing: The Holmes Group, Inc. 1995.

遏制不合格教师从教的现象。在主要任务方面,报告建议:教育学院的三大任务是发展知识、发展专业、发展政策。发展知识应以学生的学习过程为出发点,以基础与应用相结合的形式,将理论与实践有机结合;发展专业应充分发挥教师的作用,使其在教学过程中能够进行专业的思考、判断、决定、适应等;发展政策应积极配合政府和社会各界,同时要充分利用教育学院进行教学研究①。

2. 全美教学与美国未来委员会的教师教育改革政策

全美教学与美国未来委员会成立于 1994 年,是一个常设的非营利性机构,由洛克菲勒基金会和卡内基公司资助,办事机构设在哥伦比亚大学的教育学院。为推动教师教育的发展,该委员会相继发表了《什么最重要:为美国未来而教》和《做什么最重要:投资于优质教学》两个报告。

(1)《什么最重要:为美国未来而教》。《什么最重要:为美国未来而教》发表于 1996 年。报告提出了教学提高目标:所有中小学教师都要具备扎实的技能以及指导学生的技巧;废除不符合标准的教学课程计划,制定符合教学标准的教育课程计划;为全体教师创设专业发展机会;依据教师的知识和技能给予教师薪金②。同时提出了实现上述目标的具体建议:第一,学生和教师要符合标准要求。成立专业标准委员会以实施严格的教师教育标准;坚持对所有教育学院进行专业认证;将全美专业教职标准委员会的标准作为衡量教学成功的基准。第二,重新规划教师专业发展。按照高标准要求发展教师教育;开展并落实好研究生层次的教师发展计划,保证未来教师一年期教学实习;创新教师专业发展途径,充分利用教师学术会、伙伴关系、网络等资源,使教师专业发展走向常态化。第三,改革教师聘用方式。对经济落后学区教师支付费用要给予补贴;将学区一级的聘用工作正规化;各州应设立可携带养老金并保证调入的有经验教师能拿到全额工资制度;积极提供激励措施,为急需教师的学区和紧缺学科的学校招聘教师;拓宽教师来源途径,将社会有才之士吸引到教师岗位。第四,对有能力的教师进行奖励。建立生涯连续统一体,将其与养老金制度相连;通过教师的同行评议和帮助,开除不合格教师;在每一个学区设定目标和实施激励措施以鼓励本区教师获取全美专业教职标准委员会的资格证书。

---

① The Holmes Group. *Tomorrow's Schools of Education* [M]. East Lansing: The Holmes Group, Inc. 1995.

② National Commission on Teaching & America's Future. *What Matters Most: Teaching for America's Future: Summary Report* [R]. New York: NCTAF, 1996: 77-78.

(2)《做什么最重要：投资于优质教学》。《做什么最重要：投资于优质教学》发表于 1997 年。报告阐述了"教学为什么重要和如何重要"的核心观点。其主要内容包括：第一，改善招聘制度并留任少数族裔教师。根据《高等教育法》的相关规定，要为贫穷学区教师制定招聘计划和灯塔伙伴关系计划，从而建立贫穷学区的中小学与教师教育机构、中小学与全美高等教育机构两种新型伙伴关系，培训及留任来自各族裔的高素质教师。第二，倡导严格的教师评价标准。全国专业教学标准委员会在教育部的支持下，建构优秀教师标准，设置审视教师标准评价措施，以奖励教师自我提升专业能力。第三，支持并推广教师素质提高研究。为此，美国教育部在西雅图华盛顿大学成立了"教学与政策研究中心"，并实施"教学卓越暨绩效责任伙伴计划"。前者主要探讨如何改善招聘制度并留任高素质教师、发展教师的知识与技能、提高教学效能和增进学生学习；后者研究如何有效提升中小学教师教育、辅导系统及教师专业进修。第四，增进社会大众对教师专业发展的认知。美国教育部预计每年公布一项《全国教师素质报告书》，将其作为评价全国教师教育机构对教师招聘、留任的依据指标[①]。

（三）政府、教师教育机构及其他社会机构共同参与的教师教育改革

1. 老布什政府的《美国 2000 年教育战略》

1991 年 4 月 18 日，乔治·布什（为示区别，以老布什代称）总统推出了振兴美国教育的方案——《美国 2000 年教育战略》。该战略主张从四个方面对美国教育进行改革：一是为学生创办更好的学校；二是为明日的学生创办新型美国学校；三是为其他人构建一个皆学之邦；四是使社区充满学习氛围。在教师教育方面，战略主要涉及以下内容：成立"培训教师的州长学院"，由联邦政府兴办，主要针对优秀教师、新教师的辅导教师、核心课程教师以及在条件恶劣地区工作的教师；为"教师和校长另立证书颁发制度"，以吸引优秀人员到教师岗位；设立"总统优秀教育奖金"，主要用于表彰和奖励在核心课程教学中成绩优秀的教师。

2. 美国大学校长行动方案

1998 年 11 月，美国教育咨询委员会成立了由大学和中小学校长组成的教师教育大学校长特别工作组，其主要职责是拟订大学校长行动方案，以推动大学改革的发展。大学校长行动方案主要包括以下内容：第一，大学校长负责教师教育的领

---

① National Commission on Teaching & America's Future. *Doing What Matters Most：Investing in Quality Teaching* [R]. New York：NCTAF, 1997：37-38.

导和战略部署,使教师教育成为大学的中心任务之一,并把教师教育的重要性与整个学校联系起来。第二,大学校长要牢固树立教师教育质量评估观。大学校长和管理委员会应当设立一个严厉、定期、独立的大学教师教育质量评估机构。第三,大学校长要统筹教师教育课程、教育技术手段和经费。大学校长应该确保教师教育方案中有充足的资金和合理的培训来使教师掌握现代教育技术。研究型大学校长负有使教师教育达到研究生化、学术化和研究化的特殊责任。第四,大学校长要加强教师教育与其他机构的合作,保证中小学教师得到大学的专业支持。第五,大学校长要与教师和其他各界领导者制定教师教育政策。大学校长应提供优厚的待遇,以使学校制度改革有利于雇用和留住有才能的教师①。

3.克林顿政府的《2000 年目标:美国教育法》

为了回应美国公众对教育的批评,1993 年 4 月 21 日,刚上任的克林顿总统宣布了《2000 年目标:美国教育法》,试图从国家层面来促进教育改革。《2000 年目标:美国教育法》涉及教师教育改革方面的内容包括:为满足学生在教育、社会和健康方面的要求,所有教师要不断参加培训以推动职业能力的发展;为更好驾驭富有挑战性的教学工作,所有教师要善于捕捉不断获取额外知识和技能的机会;为保障教师以及其他教育者获得提高职业能力的机会,州和学区应该制定综合策略;加强与教育机构、企业、团体之间的联系,促进教师职业的发展。除此之外,《2000 年目标:美国教育法》还提出加强教育研究的主张。在其影响下,教师质量问题研究和改革措施的探索受到了各级政府和教师专业团体的重视②。

4.《科学教师师范教育改革建议》

1998 年,美国科学促进协会发布《科学教师师范教育改革建议》,其立足于社会对新时代教师的要求,提出了改变科学教师培养方式的建议:第一,形成具有科学素养的宽阔视野。现代社会的不断发展要求教师能够加强科学与社会、科学与历史、科学与哲学背景之间联系的理解,不断拓宽自身的认识视野。第二,重视教学专业性。教师教育要培养教师对所学专业的深刻理解,而不是机械地模仿其他技术人员。第三,教师教授对象的普遍化。现代社会的教师教学要克服个性差异的限制,才能适应美国未来社会的发展。第四,改善大学教学。教师职前培养阶段应该以课堂讨论或者是"习明纳"的方式进行教师培养教育。第五,提高教师学习性。教师培养课程必须加强与教学第一线的联系。第六,改善教师招聘。学校教

---

① 教育部师范教育司.教师专业化的理论与实践[M].北京:人民教育出版社,2001:363-366.
② 秦立霞.美国教师资格认证制度研究[M].北京:教育科学出版社,2010:59.

学质量的提高在于教师资质的提高,这就需要将社会上的有识之士吸引到教学领域。

三、专业化教师教育改革的特征

(一)学术性和师范性的兼顾

回顾"二战"后美国教师教育改革的历程,美国教师教育的三次改革实现了由教书匠到学者、由学者到"临床专家"、由"临床专家"到"反思型教师"的转变。在第一、二次教师教育改革中,"师范性"与"学术性"始终不能做到很好的兼顾。"反思型教师"意味着教师是专业人员、是发展中的个体、是研究者、是教学知识的构建者。培养"反思型教师"就必须根据上述内容制定教师教育计划,从教师培养目标、教师教育内容、教师教学方法以及课程设置等方面入手进行创新性改革。20世纪80年代以来美国教师教育的改革目标在于实现教师的专业化发展,促进教师专业水平和专业地位的上升。因此,在课程设置方面,要将学科专业课程和文理科课程摆在突出位置,促进教育课程学科化的发展,加强教育专业课程和学科专业课程的结合,提高教师待遇,吸引优秀人才从事教师行业。也正因此,教师教育的师范性与学术性得到了很好的兼顾,走向了融合、均衡和协调。

(二)教师数量和质量的双重提高

美国教师数量短缺、质量不高一直是制约教师整体水平提升的瓶颈。所以,此阶段的教师教育改革,针对教师专业地位低下问题,着重改善教师待遇,增加教师福利;改善教师的工作环境,用物质刺激,如补助或贷款等激励政策吸引优秀人才加入教师行列;解决培养、选择和认证及留用制度中存在的问题,实施选择性教师资格证书制度等,来扩大教师数量。同时,为提高教师教育质量,采取提高教师专业标准,将教师界定为一种专业职业,实施教学专业等级制度,提高教师教育项目的录取和毕业标准。霍姆斯小组建议教师教育要立足学科专业知识、教学的系统知识和反思性的教学实践来培养教师,取消本科层次的教育专业,建立专业发展学校,加强大学与中小学的密切合作;卡内基报告建议改革教师教育学位制度;全美教学与美国未来委员会的报告建议构建教师质量保障体系;这些建议和措施,对提高教师教育质量起到了很好的作用。

（三）教师职前、入职和职后教育一体化的实现

近 20 年的美国教师教育改革突出的成果之一就是建立了教师专业发展学校，搭建了大学与中小学的伙伴关系。此项改革备受世界各国关注。专业发展学校融教师职前培养以及教师在职进修于一体（有时还能承担入职教育），推动了教师教育一体化的发展。同时，教师专业发展学校强调以学校为基础进行教师教育改革，力争使学校成为教师学习和工作的良好场所。大学与中小学合作关系的加强，改善了教师的职前培养水平，提高了师范生的实践操作能力。"学校为本"的培训模式强调高等院校的教育学院、学区教育当局和中小学三个方面密切合作。该模式一改之前教师培训中"以大学系科为基地"的培养模式，使中小学真正成为教师实习的积极参与者。这种模式是教师职前培养和在职培训一体化的首次尝试，在很大程度上提高了教师的专业发展能力以及实际指导能力，促进了教师的专业发展。

第四节　2001 年以来的高质量教师教育改革

进入 21 世纪，全球化的国际竞争更加激烈，美国教师队伍面临严峻挑战。乔治·W. 布什（以小布什代称）总统为确保美国的每一位儿童接受一流的教育，制定了《不让一个孩子掉队法》，要求各州在 2005～2006 年年底之前在所有教室配备"高质量的教师"。2009 年 2 月，奥巴马总统签署《美国复苏和再投资法》，并开始推行包括教师教育改革在内的教育改革新政。从两位总统的教育政策中可以看出，21 世纪初美国教师教育改革正朝着更加注重提高教师教育质量的方向发展。

一、高质量教师教育改革的背景

（一）美国教师教育的潜在危机

进入 21 世纪以来，美国教师队伍建设并未随着新纪元的开始得到良好改善，教师的整体素质以及人员流动等方面潜在的危机越来越大。在教师的整体素质方面，美国《2000 年教育素质调查》报告显示，全国 50 个州中，没有一个州的教师的综合素质达到国家规定的教育质量标准中的"B＋"级水平，更谈不上达到"B＋"级以上或"A"级水平。各州教师队伍素质普遍低下的状况令美国各界人士深为担忧。在教师的人员流动方面，受教师地位低下、待遇偏低等因素的影响，美国中小

学普遍缺少教师。据 2000 年公布的研究报告显示:新教师在最初工作的四年里平均有 20％的人离开教师岗位,在条件恶劣的学校,该数字竟达 50％。21 世纪初的近几年里,战后婴儿潮一代的教师将陆续达到退休年龄,美国中小学教师青黄不接现象将日益严重化。在教师专业化水平方面,由于美国教师危机始终未能得到根本解决,教师职前培养质量难保证、在职培训实效性差,导致教师教学水平不高、教学效果欠佳,造成学生学习成绩下降。据美国官方统计 1999 年全国只有 41％的 8 年级学生获得过专业数理化任课教师的指导,这个数字远远低于全世界平均 71％的水平①。

(二) 美国基础教育的问题繁多

近年来,美国基础教育的教育质量在发达国家中一直处于最低水平,美国中学生在参加历届国际奥林匹克数学、物理、化学竞赛中的成绩平平。中小学效率低下,师资质量不合格,中小学教育标准落后且辍学率居高不下,白人学生与非裔和拉丁裔学生之间教育差距悬殊,中学生对未来丧失信心、缺乏责任感等诸多问题一直困扰着基础教育的发展。美国越来越意识到国际竞争归根到底是人才的竞争。能否在 21 世纪抢占世界经济制高点,从根本上取决于新一代青少年素质,而青少年素质的提高,其关键取决于高质量的教师队伍。但 21 世纪初基础教师队伍整体状况令人堪忧。从 1950 年起,美国历届政府多次进行教师教育改革,但始终未能解决中小学学生读、写、算能力低下的问题。另外,受 2008 年金融危机的影响,美国 50 个州中有 46 个州面临财政预算危机,各州和学区的教育经费缺口巨大,成千上万的教师面临解聘局面。许多学校由于得不到政府拨款而被迫提高学费,金融危机造成大量工薪阶层失业,高额的学费加重了工薪家庭的经济负担,使其无法承受②。鉴于上述问题的解决最终需要教师综合素质的提高,美国进入了教师教育的又一次改革时期。

(三) 总统对教师教育的重视

在领导教育改革中,身为德克萨斯州州长的小布什曾经创造过"德州教育神

---

① William G. Bowen, Martin A. Kurzweil, Eugene M. Tobin. *Equity and Excellence in American Higher Education* [M]. Charlottesville:University of Virginia Press, 2005:51.
② 刘学东,程晋宽. 艰难的时代,艰难的选择——奥巴马政府基础教育政策的两难抉择[J]. 外国中小学教育,2010(2).

话"。在当选总统后和等候就任的近 2 个月过渡期内,小布什践行承诺,将教育视为第一要务,召见各界要人,讨论即将提出的教育法案;在上任第二天即提出《不让一个孩子掉队》计划,并顺利于 2002 年 1 月 8 日签署生效。《不让一个孩子掉队法》旨在提高美国基础教育的水平,让每个学生在读写方面都取得较大进步,促进美国教育的公平。法案勾勒出新世纪美国教育改革与发展的蓝图,成为小布什总统上任伊始教育改革计划的一个亮点标志。

奥巴马总统的成长经历及个人理念注定其重视教师教育。奥巴马作为美国第一位非裔总统,切肤的生命体验和成长历程,使其格外重视教育。奥巴马曾在拉美裔商会上讲道:"决定学生成功与否的最重要因素不是其肤色或父母的收入,而是教师。2009 年《美国复苏与再投资法》将确保几十万教师和工作人员不被解聘,因为他们所从事的工作不仅仅是他们自身不能失去的,更是国家所不能失去的! 美国的未来取决于教师,我呼吁年轻人能够走进课堂。如果你想要改变我们国家的现状,如果你想最大限度地发扬才干和献身精神,如果你想在历史长河中留下印迹,那么,加入教师职业吧。美国需要你们! 美国的郊区需要你们! 美国的小镇需要你们! 美国的老城区需要你们! 美国的每一间教室需要你们!"①

二、高质量教师教育改革的措施

(一)《不让一个孩子掉队法》

2002 年 1 月,面对美国教育所存在的深刻危机,美国总统小布什上任伊始就大刀阔斧地发起了以《不让一个孩子掉队法》为标志的教育改革。在该法案中,小布什勾勒了新世纪美国教育改革与发展的蓝图,旨在提高美国基础教育的水平,让每个学生在读写方面都取得较大的进步。在教师教育改革方面,法案主要涉及以下内容:①高质量教师及其标准。法案第 4 条款提出"高质量教师"的相应标准。所谓"高质量教师"指教师必须获得州颁发的全职教师资格证书或通过所在州的教师执照考试,仅特许学校可以例外。中小学教师必须具有学士学位,通过教师所在州的执照考试证明其在英语、阅读与语言、艺术、数学、科学、外语等基础性学术课程方面应有的知识和技能。从 2002 年起,新雇用的教师必须符合这些规定①。②提高教师入学和资格制度标准。根据对"高质量教师"的要求,教育学院通过新的入学考试,提高未来教师入学标准,以响应"考试为中心"的绩效制,其重点在于考查学科知识和基本技能知识。新标准通常与现行的 K-12 年级学生的课程标准和未来教师评价标准相关联。2001~2004 年,新教师获得州初级证书人数平均每年 30 万人左右,逐年在增长。据统计,至 2004 年已有 49 个州改进了未来教师的质量标准,有 43 个州和地区制订了与教师资格要求相关的政策,全国各个州都制定了相关的教师标准②。③扩大教师责任,拓宽教师口径。为充实高质量教师队伍,美国优质教师认证委员会实行了专业教师认证体系和优秀教师认证体系。这一方面为有志于从事教师工作的人提供了新的途径,另一方面建立了一套考核有经验教师的严格评价指标。

(二)《教育战略规划 2002~2007》

《教育战略规划 2002~2007》是美国教育部基于全方位贯彻落实《不让一个孩子掉队法》推出的,主要目的是重新谋划美国教育战略布局,科学设计精细的教育框架,凸显教育服务国家利益的特点。规划包括六项核心战略目标,其中与"改革和提高教师与校长的质量"相关的内容包括:①为高素质的个人从事教学工作扫除障碍。支持"从军人到教师"和"转到教学行业"项目,鼓励各州依据《高等教育法》,改造教师资格制度,为高素质的人才申请教师职位提供便利。②支持教师在基于研究的教学工作中获得专业发展。确保教育部资助的所有教师专业发展项目,关注基于研究的教学实践。③提高教师职前培养项目的质量。推动开展情景阅读教学培训以及其他教学法。检查教师资格证书考试,使问责制度成为现实。④鼓励创新性的教师补偿和问责制度。鼓励发展替代性补偿制度和与学生成绩相联系的问责制度。⑤开发新的领导培训模式。鼓励发展创新性的培训模式,使教师或非教师能胜任领导角色。⑥提高学校的效能。确保教师和校长有进行高水平专业发展的机会,鼓励高素质教师和校长继续提供有价值的服务。⑦加强研究。教育部加大投入力度,更好地制定政策,提高教师职前培养和校长培养以及专业发

---

① 陈蕊,刘晖. 美国 NCLB 法案对教师教育的影响[J]. 中国教师,2008(10).
② U. S. Department of Education. Building on Results：A Blueprint for Strengthening the No Child Left Behind Act［EB/OL］. http：// www. eric. ed. gov/PDFS/ED495309. pdf. ［2007-01-10］.

展的水平①。《教育战略规划 2002～2007》的实施将"平等"和"卓越"并列为新战略的中心使命,强调"平等"的背后是追求"卓越",是为"卓越"而服务的"平等",凸显鲜明的"功利"倾向。

(三)《迎接高质量教师的挑战》

2002 年 4 月,美国教育部向国会提交《迎接高质量教师的挑战》报告,就改革美国现行教师培养和资格证书制度提出建议。报告指出目前美国教师资格证书制度存在的主要问题是"低标准,高障碍"。在此基础上,美国联邦教育部制定了改革教师资格证书的政策:①突出资格认证的重点,提高资格证书对教师学科专业知识的要求。根据《不让一个孩子掉队法》对高质量教师的要求,提出资格认证的重中之重应该加大教师的语言能力和学科专业知识的培养。②简化资格认证程序,降低资格认证要求。应尽量降低资格认证的要求,各州在资格认证过程中要抓关键、重实际,将重点放在教师语言能力、学科专业知识和前景调查上。对是否毕业于教育学院和无报酬的教学实习不作硬性要求。③制定评价体系,提高教师评价标准。为了确保教师质量,研究制定有关语言能力和学科专业知识方面的评价体系,并确定高的合格分数线。④资格认证重心下移,给予中小学更多选择和自治机会。报告认为,可将州一级的资格认证权力下放到中小学校长,充分尊重和调动校长对学生学业负责和出台好的聘用政策的工作积极性。⑤改进选择性资格认证模式,实现真正意义上的选择性。要简化繁琐环节,增强实效性和可操作性,消除申请人要花几年的时间和高额经费的官僚性规定②。

(四)奥巴马政府的教师教育改革政策

教师是奥巴马极力推崇的职业,美国的未来取决于教师。为提高教师质量,奥巴马提出了包括招聘、留住、培养、奖励、绩效工资五项教师教育改革措施。①教师招聘。奥巴马政府设立"教师服务奖学金计划",奖学金将覆盖 4 年本科及两年研究生教师教育,包括高质量的在一个高要求的领域和职位上工作至少 4 年以上的

① 吕达,周满生,等.当代外国教育改革著名文献·美国卷第四册[C].北京:人民教育出版社,2004:241-242.
② United States Department of Education. Meeting the Highly Qualitied Teachers Challenge: The Secretary Annual Report on Teacher Quality [EB/OL]. http://www2.ed.gov/about/reports/annual/teachprep/2003title-ii-report.pdf. [2002-06-01].

在职人员①。②教师培养。奥巴马政府提出要把所有的教育学院都建成符合要求的、高质量的教师教育机构，并建立一个基础性的全国成绩评价系统，以确保每一个新的教育者都能受到培训。继续实行专业发展学校模式，政府提供1亿美元用于推动教师教育改革。出台"教师实习计划"，打造优质师资，每年将有30 000名经过扎实训练和充分准备的应聘者从事教学工作。③教师合作。奥巴马政府计划加强对教师的指导，将经验丰富的教师与新教师配对开展工作，并通过在平常计划时间中给教师报酬的方式来鼓励教师合作分享实践经验。各学区将通过政府资助设计一些计划，对在乡村或城市中心地区服务的教师给予更多的报酬。如果教师在课堂教学上一贯表现优异，其工作也将被认可，并获得额外报酬。④教师奖励。奥巴马政府认为应根据学生进步来奖励教师，奖励那些指导新教师的资深教师、不断提高自身教学技能的教师、在教学中持续取得进步的教师以及服务于偏远地区或者数学、科学等特定学科的教师。对于不合格的教师将采取惩罚措施②。⑤绩效工资。绩效工资方案主张评价教师不能仅依据学生的标准测验成绩，还应参考同事意见、课堂评估结果及其他指标。奥巴马政府努力寻求教师的配合，尊重教师的权利，使他们在绩效工资制度的制定和实施过程中可以发出自己的声音，并把实施教师绩效工资的学区再增加150个。③。

三、高质量教师教育改革的特征

（一）改革是总统高度重视教育的体现

小布什总统和奥巴马总统都高度重视教育，教育政策既有很强连续性又有独到的创新性，都以提升教育质量为目标。小布什政府执政以来，对美国教育特别是中小学教育给予前所未有的重视。美国于2002年1月通过并实施了一项在美国教育史上具有里程碑意义的《不让一个孩子掉队法》，并取得初步效果。随着时间推移，该法案实施过程中出现了诸如忽视非考试学科、联邦援助不足等问题。奥巴马上台后，提出了以K-12阶段为主要对象的"全面教育改革计划"，并对《不让一个孩子掉队法》的实施策略进行了调整，力求教育在国家生活中的基础性作用得到巩

---

① 徐曼.美国奥巴马政府的教育行动议程及启示[J].当代教育科学,2009(17).
② 乔鹤.奥巴马教育新政解读[J].比较教育研究,2009(9).
③ 乔鹤.奥巴马教育新政解读[J].比较教育研究,2009(9).

固。小布什任职期间,无论从教育经费所占比例还是教育经费年增长率,都在逐年大幅提升。据美国白宫管理预算办公室统计:2001 年联邦实际教育总经费比 2000 年增长了 37％,2005 年财政预算比 2001 年增加 172 亿美元(2001 年 401 亿美元、2005 年 573 亿美元),是美国历届政府增长幅度最大的一年①。奥巴马政府在 2010 年财政年度中教育预算增加近两倍,其中教育部预算为 1 278 亿美元,而这一数字在 2009 财年仅为 462 亿美元,《美国复苏与再投资法》也将 1 000 多亿美元投向教育。两届总统政府的教育投资体现出他们都是"教育总统"。他们并非简单地向教育领域注入美元,在实施过程中都有相应的提升教育质量的具体而严格的要求,都有提高教师质量的重大举措。

(二) 将教师教育作为教育政策的手段

两届政府都高度重视教师教育,通过提高教师质量的途径来实现提高教育质量的目的。小布什政府的教师教育政策主要体现在《不让一个孩子掉队法》中"高质量教师",涵盖强调高质量教师及相关标准、提高教师标准的教师资格制度、提高教师教育专业入学标准、提高教师质量的资金支持、扩大教师责任、拓宽教师口径等内容。美国教育部制定的《教育战略规划 2002～2007》的第二项战略目标也提出提高教师和校长的质量。奥巴马政府提出包括招聘、留住、培养、奖励、绩效工资五项教师教育改革措施。两届政府都认识到美国的未来取决于教师,都非常重视教育质量及人才质量,他们都将教育质量亦即教师质量提高到战略的高度来认识并付诸改革,在此过程中,确实将教师教育作为教育政策手段,将教师教育质量的提高作为国家整体教育质量提升的根本途径。

(三) 将教师教育上升为教育政策目标

美国联邦政府利用教师教育作为政策工具,以达到改革国家教育、提升国家竞争力的目的。在美国教育发展中,联邦政府起初对教育一直采取不干预的原则,到 20 世纪 90 年代,教师质量问题已经成为联邦政府参与教育改革的重要议题。自 2002 年美国联邦政府通过了《不让一个孩子掉队法》,其中对未来教师的"高质量"要求成为一项重要内容,"9·11"事件后重新颁布了《教育战略规划 2002～2007》。以上法案和规划将教育的标准和责任承担上升到联邦一级,重新定位联邦政府在

---

① Budget of the United States Government: Fiscal Year 2005 [EB/OL]. http://www.gpo.gov/fdsys/pkg/BUDGET-2005-BUD/pdf/BUDGET-2005-BUD-15.pdf. [2012-05-10].

教师教育政策方面的角色,美国联邦政府开始强制干预全国教育事务,并逐步主导教师教育发展方向。在2009年2月奥巴马总统签署的《美国复苏与再投资法案》中,用于教育和培训的投入超过1000亿美元。从这个意义上讲,该法案也是一项重要的教育法案。在奥巴马新政中教师问题更为抢眼,要想实现经济的复苏,教育改革就是应对战略的重要内容;要想提升国家竞争力,教育改革是主要途径,而这些都取决于教师教育改革、取决于教师的质量。为此,联邦政府将教师教育上升为最终的教育政策目标加以考虑。

　　战后美国进行的四次大规模教师教育改革,始终与教育改革特别是基础教育改革相伴。推动改革的力量来自各个方面,其中联邦政府在改革中的主导作用有明显增强的趋势。由于教师教育本身的复杂性,因此任何一场改革都不可能一蹴而就,战后美国教师教育领域不断掀起的改革浪潮充分体现了这一点。可以预见,随着教育改革的深入,对教师教育的改革探索还将持续下去。

第九章

战后美国少数族裔的教育

美国是一个由多种族、多民族组成的移民国家。按联邦预算和管理办公室的界定,这些种族和民族一般分为五大类,即白人、黑人、亚裔或太平洋岛人、西裔或拉丁裔、印第安人或阿拉斯加土著。20世纪,美国的种族成分发生了很大变化,但白人依然在人口构成中占据多数的位置,其他族裔则属于少数族裔。因此,我们所探讨的美国少数族裔的教育是指除了白人族群之外的所有其他族群的教育。在美国历史上,争取平等的教育权利是所有少数族裔长期所坚持的重要诉求。进入20世纪以来,特别是"二战"结束之后,美国的少数族裔在争取平等的教育权利方面进行了不懈努力并获得重大成就。当然,争取权利的路途是曲折的,各种族所付出的代价及取得的成就也有所不同。

第一节　印第安人的教育

印第安人是美洲大陆的原住民,欧洲人到达时印第安人的数量在 500 万～700 万,到1900年印第安人的人口只剩下 23.7 万人。在 2000 年的人口普查中,有 250 万人把自己归为纯美洲印第安人/阿拉斯加土著;410 万为印第安人/阿拉斯加土著与另一人种混血,这个数字占美国总人口的 1.5％。作为美洲大陆的原住民,印第安人有着自己的传统文化和教育体系。白人到来之后,印第安人被贴上了"野蛮人"的标签,被迫走上"文明开化"的道路。在这个过程中,印第安人失去了自己的生活方式、失去了家园、失去了语言和宗教、失去了部落认同、失去了家庭一体。尽管20世纪印第安人不断追求教育自决的权利,但其不断被剥夺的历史为其取得教育权利制造了很大的障碍。

一、战前印第安人教育发展概述

欧洲人自踏上美洲大陆便开始了对印第安人的同化,不管是教会的学校,还是美国政府为印第安人开办的学校,都成了同化印第安人的主要工具。到 19 世纪后期,美国政府对印第安人采取强制性的同化政策,为此专门为印第安人建立了两种类型的学校:走读的日校和寄宿制学校。

日校是印第安人事务办公室(印第安人事务局下属部门)所设想的联邦印第安人教育系统的重要组成部分。根据当时的设想,印第安人儿童在当地的日校开始正规教育,在 10 岁左右进入保留地寄宿学校,16 岁左右离开保留地接受进一步的教育。当然,这种设想并没有实现,但在 19 世纪后期到 20 世纪 20 年代,有 15%～20% 的印第安儿童在当地的日校接受教育①。

日校有个非常单一的目的,即将印第安人改造成美国人。用白人的文化和价值观将印第安人融入所谓的主流社会。其课程主要包括三个方面:学术性课程、手工劳作和道德教育。所谓学术性课程主要是基本的读写算;手工劳作是课程的主要部分,女孩学习缝纫、烹调、洗熨和一些简单的护理,男孩学习耕作、牧场经营、乳制品制作、木匠、机械;道德教育主要是基督教教育。孩子们白天来学校上课,晚上可以回到家里。

支持日校的白人认为,日校可降低学校运营费用,而且可以把对孩子的教育辐射整个印第安人社区。反对日校的人认为,儿童与家庭在一起削弱了学校教育的影响,因此要想彻底改造儿童,必须使他们远离家庭。在这种观念的支持下,寄宿学校应运而生。

寄宿学校分为两种:一种是在保留地的学校,一种是保留地之外的学校。寄宿学校大多以 19 世纪 70 年代末布拉特(Lt. Richard Henry Pratt)在宾夕法尼亚州卡莱索建立的学校为榜样,其目的为"消灭印第安人,拯救人"②。到 20 世纪初,全美各地的寄宿学校大概有 150 所③。

---

① Roger L . Nichols. *The American Indian：Past and Present* [M]. Norman：University of Oklahoma Press, 2008：208.

② Lorraine Hale. *Native American Education：A Reference Handbook* [M]. Santa Barbara：ABC-CLIO, 2002：22.

③ Kathie Marie Bowker. The Boarding School Legacy：The Contemporary Lakota Women Tell Their Stories [EB/OL]. http：// etd. lib. montana. edu/etd/2007/bowker/BowkerK1207. pdf. [2011-04-10].

寄宿学校的首要目的是把印第安人纳入美国主流社会,割断他们与部落文化的联系,因此儿童一入学便通过改名、换服装和发型、禁止说母语等方式消除其对自己文化的认同。汉姆莱(Jeffrey Hamley)总结了当时美国印第安人寄宿学校的共同特点,包括:开展基本的读、写、算教育;用英语教学,而且英语是学校生活的唯一语言;男女同校;军事化管理,强调爱国主义和公民意识;简单的职业训练,男孩学习各种手艺、女孩学习家政,男女都学习农业;艰苦的手工劳作(学生们每天要工作半天);基督教化①。

作为强制同化的工具,寄宿学校并没有取得像其支持者预想的那样成功,它不断受到印第安人家长的抵制以及社会上有识之士的批评。很多印第安人在接受这种强制同化的教育之后被夹在自己的部落文化和白人文化之间,无法适应任何一边的社会,由此给其个人和社会带来了更多的问题。有学者认为,目前美国印第安社会中的一些心理—社会问题都可以追溯到寄宿学校制度以及其对儿童不人道的教育上②。从某种意义上看,美国政府强制同化的教育政策也培养了自己的掘墓人。一些接受白人教育的印第安人较好地融入了现代社会,他们努力保持自己的文化认同,了解其他部落的文化,培养了领导能力。这些人在20世纪初成立了"美国印第安人协会"(Society of American Indians),为印第安人争取平等的政治和教育权利。

在这一时期,除了印第安人保留地的日校和保留地内外的寄宿学校,部分印第安人儿童也进入了公立学校,但公立学校大多秉承"隔离但平等"的原则,印第安人的公立学校普遍缺乏经费、教师水平低、学生的辍学率高,教育水平很难与白人学校相比。

20世纪强制同化的教育政策失败后,联邦政府不得不寻求新的政策和措施。此阶段教育领域的进步主义运动方兴未艾,政治领域少数族裔争取民权的运动风起云涌,印第安人的教育自决意识日益增强,联邦政府开始承认印第安人的文化价值,教育领域出现了跨文化教育的尝试,印第安人逐渐迈向教育自主。

20世纪20年代末,联邦政府委托一个机构对印第安人的社会和经济状况进行了调查,1928年以调查主持人梅里安(Louis Meriam)名字命名的研究报告《梅里安报告》发表。报告揭示了两个重要事实:一是印第安人被排除在管理自己事务

---

① Lorraine Hale. *Native American Education：A Reference Handbook* [M]. Santa Barbara：ABC-CLIO, 2002：22.

② Brief History of American Indian Education [EB/OL]. http：// etc. umn. edu/resources/briefhistory. htm. [2011-05-09].

之外；二是印第安人从政府获得的服务（卫生和教育）质量很差。报告对联邦政府的教育制度进行了尖锐批评，宣告了同化教育政策的失败。报告的发表引起强烈的社会反响，也迫使政府重新审视和设计针对印第安人的新的教育政策。1933年，罗斯福就任总统后，任命支持印第安人教育的埃卡斯（Harold Ickes）为内政部长、科利尔（John Collier）为印第安人事务局局长。1934年，联邦政府颁布了《印第安人安置法》和《约翰逊·奥马利法》，在一定程度上恢复了印第安人的自治权利，将部分管理教育的权利让渡给各州。在新的时代背景和新教育政策下，印第安人教育在这一时期出现了一些新气象。

第一，改造、关闭寄宿学校，建立社区学校。为了取得保留地印第安人对教育的理解和支持，印第安人事务局开始在保留地内开办社区学校，改造并关闭一些寄宿学校。1928～1933年，12所印第安人寄宿学校被关闭。1933年，10所寄宿学校被关闭或改为社区学校。寄宿学校的规模日趋萎缩，1932年有学生22 000人，1933～1934年减至17 500人，到1941年有14 500人①。1933～1941年保留地建立了近100所社区学校，1941年在校生达到15 789人，超过了寄宿学校②。30年代以后，寄宿学校的条件也得到显著改善，军事化管理没有了，完全剥夺印第安人文化认同的做法也逐渐被废弃。

第二，改革教育内容。科利尔认可印第安文化，他的教育政策强调使教育与印第安人生活相关，培养对其文化遗产的自豪感，为此他重视印第安人学校中的职业教育和农业培训，强调编制符合印第安人文化和生活需要的课程并采用双语教材。这些措施虽然在实施中遇到了很多困难，但为后期印第安人的教育自决奠定了基础。

第三，鼓励公立学校的发展。1934年《约翰逊·奥马利法》颁布后，联邦政府为各州在公立学校中教育印第安儿童提供资金补偿，此法促进了公立学校印第安学生的人数不断增加。1930年，联邦学校中印第安学生占其总数的39%，而公立学校占53%。到1970年，公立学校印第安学生人数已经是1930年的3倍，由38 000人增长到129 000人，占在校印第安学生人数的65%；而同一年联邦学校的学生仅占26%，大约51 000人③。公立学校的印第安学生与白人子弟在同

---

① 李剑鸣.美国印第安人与白人文化关系的历史考察[D].南开大学，1994：60-73.

② Margaret Szasz. *Education and the American Indian：The Road to Self-Determination* [M]. Albuquerque：University of New Mexico Press，1999：61-62.

③ Margaret Szasz. *Education and the American Indian：The Road to Self-Determination* [M]. Albuquerque：University of New Mexico Press，1999：61-62.

等条件下接受教育,有利于培养他们今后参与主流生活的品质和能力。但进入公立学校对印第安学生也有弊端,因为他们在课程中完全不能接触自己种族的文化和历史。

二、战后初期印第安人教育的积极变化

"二战"期间,印第安人的教育受到重创,很多学校因为经费缺乏而关闭。但由于大批印第安人走出保留地入伍或进入战时工厂,使得他们看到了教育给他们带来的好处,对教育有了新的憧憬;但战后联邦政府对印第安人采取了终止关系和服务的政策,把对印第安人的责任和管辖权转给州政府,印第安人的教育在一定程度上又回到了《梅里安报告》之前。

(一) 首先,公立学校成为印第安儿童主要的受教育场所

"二战"后联邦政府的印第安人教育目标是"培养一个好的美国人,而不是好的印第安人",因此建在保留地的社区学校受到批评,认为它们不利于印第安儿童接受白人文化而融入现代社会。一段时间内,保留地外的寄宿学校有东山再起之势,在校生甚至超过社区学校学生。随着 20 世纪 50 年代联邦政府"终止政策"的推行,印第安人事务局于 1952 年关闭了爱达荷、密歇根、华盛顿以及威斯康星州的联邦政府学校,大批印第安人涌入公立学校。1952 年公立学校的印第安学生有 52 960 人,1961 年增至 64 987 人,1971 年达到 103 885 人①。公立学校可以为印第安人日后进入主流社会生活创造条件,但同时也会使印第安人丧失传统文化。公立学校对印第安人的这种双重影响恰好符合白人同化的主张,因而鼓励印第安人孩子上公立学校,公立学校成为印第安儿童接受教育的主要场所。

(二) 印第安人的职业培训受到重视

为使印第安人走出保留地后能适应城市的生活环境,配合联邦政府对印第安人的重新安置计划,印第安人事务局制订了印第安人职业培训计划。这些培训有在学校进行的职前培训,也有在职培训,印第安人事务局为在职培训计划的雇主支付一定的费用。1952～1957 年,参与职业培训的印第安人总数从最初的 442 人上

---

① Francis Paul Prucha. *The Great Father*: *the United States Government and the American Indian* [M]. London: University of Nebraska Press, 1984: 289.

升到 52 855①。职业培训在一定程度上使印第安人获得了适应城市生活的能力。

（三）中学后教育初露端倪

尽管在殖民地时期教会和慈善机构就有过帮助印第安人接受高等教育的努力，19世纪印第安的一些部落也尝试过建立高等教育机构，但让印第安人接受高等教育一直不是联邦政府的教育目标，因为政府的目的是把印第安人培养成农民。20世纪以后，有些印第安人通过自己的努力和各方面的帮助接受了高等教育，但这部分人的数量极少，据统计1932年只有52个人获得大学学位，为印第安学生提供奖学金的学校只有5所②。"二战"后，联邦政府颁布 G. I. 法案，资助复员士兵接受高等教育，有部分印第安士兵也从中获益，到1957年，有近2 000名印第安人进入大学，提供奖学金的部落也达到近20个③。到60年代，接受高等教育的印第安青年进一步增加，但由于他们大多基础比较差，再加上学校里的种族歧视、文化差异以及经济等方面原因，辍学率高达90％以上。奇高的辍学率也促使联邦政府再一次审视、调整针对印第安人的教育措施，印第安人也在寻找符合自身发展的自决的道路。

三、20世纪60～80年代争取教育自决的努力

20世纪50年代，印第安人便开始了追求教育自决的努力，60年代一些教育工作者专门成立了全国印第安教育协会来推进这方面的工作。此阶段全国少数族裔争取民权的运动声势浩大，多元文化观念开始深入人心。1969年发表的《肯尼迪报告》将印第安教育称为"国家的悲剧"，这些都促使联邦政府重新考虑印第安人政策。1968年3月6日，林登·约翰逊总统提出把印第安人自决作为印第安人政策的新目标；1970年，尼克松政府宣布鼓励印第安人自决的政策，根据这一主导精神，美国通过了一系列有关印第安人的立法，试图在联邦政府与印第安人之间建立真正意义的"政府对政府"的关系。自此，印第安人进入了"自决时期"，教育发生了很大变化。

印第安人教育自决运动得到了联邦政府的立法支持。20世纪70～80年代，

---

① Paul Stuart. *Nations within a Nation：Historical Statistics of American Indians* [M]. Westport：Greenwood Press，1987：86.

② David R. M. Beck，*American Indians Higher Education Before* 1974：*From Colonization to Self-Determination* [J]. The Australian Journal of Indigenous Education，1999(2).

③ David R. M. Beck，*American Indians Higher Education Before* 1974：*From Colonization to Self-Determination* [J]. The Australian Journal of Indigenous Education，1999(2).

美国联邦政府通过了一系列印第安人教育法，这些法案对印第安人的教育产生了很大影响，其中 1972 年颁布的《印第安人教育法》和 1975 年颁布的《印第安人自决和教育援助法》最具代表性。

《印第安人教育法》的目的是为印第安人提供平等的教育机会。主要内容包括：第一，为地方教育当局和部落学校按生均份额提供补助金；第二，为部落当局、组织以及州和地方教育当局的特殊教育项目提供弹性拨款；第三，为成人教育提供资金；第四，建立由联邦教育署监管的印第安人教育办公室。此法案在 1974 年和 1978 年进行了两次修订以扩大范围和实效。

《印第安人教育法》是半个世纪以来联邦政府为印第安人制定的第一部教育法。它要求印第安人积极参与对自己教育系统的管理，特别指出："此法资助的所有项目必须在与各部落、家长和学生的合作下开发和实施，以便印第安人的教育未来由印第安人的愿望和决策来决定。"[1]《印第安人教育法》是印第安人教育发展的里程碑，此后印第安人逐步加强了自己对教育的领导。

《印第安人自决和教育援助法》主要包括两方面内容：一是确立了各部落与印第安人事务局就管理其教育和社会服务项目谈判合同的权利，也规定了联邦为帮助各部落承担联邦项目提供直接拨款；二是通过保障印第安人家长参与学校委员会的管理来提高家长对教育的参与度。此法案在 80 年代和 90 年代都进行了修订，进一步提高印第安人的自治范围和能力。

联邦政府制定的一系列印第安人教育法案，不仅帮助印第安人接受了基本的教育，而且还使越来越多的印第安人成为掌握现代通信技术、政治和工业等各学科专门知识的大学生和研究生。

(一) 受教育人数增加，受教育程度提高

1961 年印第安在校生为 112 746 人，1971 年增至 163 174 人，到 1990 年猛增至 383 028 人。主要成就体现在：一是受教育人数增加，二是受教育程度提高。1990 年在 25 岁以上的美国土著人中 66％高中毕业、9％拥有本科或以上学历、3％拥有研究生或专业学位[2]。但与其他族裔相比，印第安人的受教育水平依然较低，因为

---

① The Indian Education Act of 1972 [EB/OL]. http://www.uintahbasintah.org/papers/indianeducationact.pdf. [2011-06-22].

② D. Michael Pavel. American Indians and Alaska Natives in Postsecondary Education [EB/OL]. http://nces.ed.gov/pubs98/98291.pdf. [2011-06-30].

25 岁以上全国人口上述教育水平的数字分别 75%、20% 和 9%。

（二）出现了印第安人自己管理的学校。

20 世纪 60 年代以后，美国政府开始尝试由部落自己行使教育管理权。如 1966 年，联邦印第安人事务局、经济机会办公室与纳瓦霍（Navajo）保留地领导人签订协议建立拉夫罗克（Rough Rock）示范学校，联邦以合同形式把学校交给部落管理。拉夫罗克示范学校是第一所由当地印第安人政府委员会管理的学校，它把纳瓦霍文化和语言融入课程，支持社区经济的繁荣和发展。到 1973 年另外 11 所学校和印第安人事务局签订协议成为当地管理的社区机构。这些签约学校的资金来自联邦，但是由社区制定管理政策。西部的罗克巴伊（Rocky Boy）、风河（Wind River）、红云（Red Cloud）和瑞马什（Ramah）以及拉夫罗克成为社区管理学校的代表。

20 世纪 70 年代以后，高等教育领域掀起了部落学院运动。1968 年建立的纳瓦霍社区学院是第一个部落学院，随后其他部落学院纷纷创立，部落学院的目的是提高印第安人自决意识能力和保护部落文化，为没机会上大学的学生服务。它们不仅教学生文化知识，而且指导学生提高在保留地的生活质量。因为在主流学院里印第安学生成功率低，而在部落学院他们可以学习部落专门课程，所以印第安人入学人数不断增加，1994 年，8% 的印第安大学生在部落学院求学①。

（三）研究印第安人教育的机构迅速崛起

在联邦政府的推动下，1967 年成立全国印第安教育咨询委员会。委员会鼓励印第安人参与和领导，成立之初有 15 位成员来自部落。1968 年，约翰逊总统创立全国印第安机会委员会，鼓励印第安人自决。但是在 60 年代末，这些联邦倡导的组织遭到印第安领导人的批判，印第安人渴望建立自己的组织。

1969 年 11 月在明尼苏达州举行第一次全国印第安教育协会，在第三次会议上重申了自决的重要性，会议领导人指出全国教育会议由印第安人为印第安人着想。全国教育会议为教育家提供了交流思想和展示各种实验的机会，同时他们表示印第安人参与和领导刚刚开始。1971 年 12 月，来自几个印第安人学校的代表组成印第安人管理学校委员会联盟，许多印第安人管理的学校和组织关心教育改

---

① D. Michael Pavel. American Indians and Alaska Natives in Postsecondary Education [EB/OL]. http://nces.ed.gov/pubs98/98291.pdf. [2011-06-30]

革,他们强烈表示如果印第安人作为一个民族存在,他们就必须发展和管理他们自己的学校。

在各界人士的共同推动下,有关印第安人教育的研究机构开始迅速崛起。其中较有代表性的机构如亚利桑那州立大学 1954 年成立亚利桑那州印第安教育中心以及 1967 年新墨西哥大学成立的美国印第安人法律中心等。这些机构在探索印第安人教育发展路径等方面开展了一系列研究活动,极大地推动了印第安人教育的发展。例如,新墨西哥大学美国印第安人法律中心成立之后,在满足印第安人对本族裔律师的需要方面进行了不懈努力,取得显著成效:1966 年时,全美仅有 12个印第安人律师,在该中心的推动下,到 1971 年时全国已有 76 个印第安人进入专门的法律学校学习法律。

四、20 世纪 90 年代以来印第安人教育的改革探索

20 世纪 90 年代,美国印第安人在教育上虽然取得了一些成就,但与其他族裔相比,教育水平依然处于最低状态,而且贫困和其他社会问题长期困扰着他们。针对印第安人所存在的问题,联邦政府出台了相关法律,呼吁全面的印第安教育。印第安人教育在这一时期再一次成为社会关注的焦点。

(一) 印第安人教育存在的问题

20 世纪末,印第安人的教育依然存在很多问题,这些问题表现在以下几个方面:

(1) 绝大多数儿童没有做好入学准备。根据 2000 年的人口调查,印第安和阿拉斯加土著 3～4 岁儿童中有 54% 没有接受过任何正规的学前教育①。没有良好的学前教育做基础,这给很多土著儿童,尤其是那些双语或身心发展有些障碍的儿童带来很多学校适应的困难。

(2) 学业成绩总体上低于全国平均水平。以数学为例,在全国教育成绩评价(NAEP)测验中,印第安学生在 1990 年、1992 年、1996 年以及 2000 年的成绩分别为 208、211、216、216(4 年级),246、255、264、255(8 年级),279、293(12 年级,只有

---

① Susan C. Faircloth. State of the Field in the Early Childhood Education of American Indian and Alaska Native Children [EB/OL]. http://www.ksde.org/LinkClick.aspx?fileticket= j3OMDlum55g%3D&tabid=352&mid=12867. [2011-07-10].

1996 年和 2000 年成绩); 而全国的平均成绩为 213、220、224、228(4 年级),263、268、272、275(8 年级),294、299、304、301(12 年级)①,与白人和亚裔相比,印第安人的成绩明显落后。

(3) 辍学率高。印第安学生由于各种原因完成中学学业的比例要低于其他族群。以印第安人口比较集中的明尼苏达州为例,2000 年印第安学生的高中毕业率为 42.6%,白人为 82.8%。同一年印第安学生的中学辍学率是 34.4%,而白人是9.2%②。高辍学率导致很多印第安青少年无法找到适合的工作,从而引发很多社会问题。

(4) 印第安学生比较多的学校大多处于比较偏远的农村地区,学生上学路途较远,经常要花费大量时间。

(5) 印第安青少年接受高等教育的比例很低。1990 年在 25 岁及以上年龄的印第安人口中,只有 9.3% 拥有本科及以上学历,全国的平均比例为 20.3%。尽管2000 年的比例上升到 11%,但与白人(27%)相比差距仍然相当大③。

造成印第安人教育落后的原因是多方面的,其中美国历史上长期对印第安人的文化剥夺以及种族歧视的影响不容忽视,因此 20 世纪 90 年代以来印第安人的教育改革主要从尊重印第安人特有的文化入手,为印第安人提供适合于他们的教育。

(二)"危险中的印第安部落":印第安人教育改革的理论指导

1991 年,受联邦政府教育部委托,"危险中的印第安部落"调查小组公布了题为《危险中的印第安部落:教育行动策略》的报告。报告分析了印第安人教育面临的主要问题,并提出了到 2000 年要实现的十项教育目标④:

(1) 做好上学准备:所有印第安儿童都获得良好的学前教育,为中小学以及成人生活奠基好基础。

---

① NCES. The Nation's Report Card 2000 [EB/OL]. http://nces. ed. gov/nationsreportcard/ pdf/main2000/2001518. pdf. [2011-07-10].

② Brief History of American Indian Education [EB/OL]. http:// etc. umn. edu/resources/ briefhistory. htm. [2011-07-10].

③ American Indians/Alaska Natives: Education Issues [EB/OL]. http:// www. nea. org/home/ 15596. htm. [2011-07-10].

④ US Department of Education. Indian Nations at Risk: An Educational Strategy for Action [EB/OL]. http:// www. tedna. org/pubs/nationsatrisk. pdf. [2011-07-10].

（2）保持土著语言和文化：为所有印第安学生提供保持和发展其部落语言的机会，创造多元文化环境。

（3）读写能力：所有印第安儿童获得与其个体发展水平相适应的读写能力，获得英语听说读写的技能。

（4）学生学业成就：所有印第安学生都能掌握一个有教养公民应具备的英语、数学、科学、历史、地理和其他具有挑战性的学术技能。

（5）高中毕业率：所有印第安学生都能完成高中学业，掌握在现代部落、国家以及世界范围内成为有责任感的公民所具备的技能。

（6）高质量的土著和非土著学校工作人员：学校中土著教育工作者的人数将翻倍，高校将培养能在不同文化包括印第安文化中有效工作的教师。

（7）安全的、没有酒精和毒品的学校：每个学校都有责任教育印第安学生远离酒精和毒品，为学生提供安全设施和有利于学习的环境。

（8）成人教育和终身教育：每个印第安成人都将有机会学会读写并掌握获得工作和践行公民权利和责任所需的学术的、职业的和技术方面的知识和技能。

（9）学校重建：所有为印第安学生服务的学校将重建，以满足学生文化的、精神的以及社会性的需求。

（10）家长、社区和部落的合作关系：每个教育印第安学生的学校要给家长、部落领导提供机会，让他们帮助规划和评价教育项目的管理、运行以及成果。

为切实保障上述目标的实现，报告还有针对性地提出了五项改革建议，分别是制定综合性的教育计划；重视学前教育，在中小学促进部落语言和文化的应用；培养土著教师，加强部落学院及印第安人事务局开办的学院；建立各级部门管理人员能够实现这些目标的机制；建立各部落与各级政府（地方、州、联邦）之间相互理解的关系①。

（三）印第安人教育改革的主要举措

针对印第安人教育存在的问题，结合《危险中的印第安部落：教育行动策略》提出的建议，20 世纪 90 年代以来美国在印第安人教育改革方面主要采取了如下举措。

1. 强调部落语言和文化价值，采用与土著文化相适应的课程和教学方法

目前美国政府承认的印第安部落（含阿拉斯加部落）一共有 562 个，在长期的

---

① US Department of Education. Indian Nations at Risk: An Educational Strategy for Action [EB/OL]. http://www.tedna.org/pubs/nationsatrisk.pdf. [2011-07-10].

教育同化政策下,大部分部落的语言和文化已经或正在消失。为保持和继承部落语言和文化,很多学校采用浸入式方式让印第安儿童学习自己部落的语言。在教学方面,一些地方开发适应土著文化的课程。例如,华盛顿州为提高印第安儿童的阅读能力,专门编写了一套早期读写的课程(从幼儿园到 2 年级),课程反映所在地区印第安和阿拉斯加部落的三大文化主题,鼓、独木舟、篮子都成了课程的组成部分①。在教学过程中,采用与印第安人传统和习惯相统一的方法,如与学生建立一对一的关系,为学生确立学习榜样,给学生提供具体直观的例子,采用合作学习等。

2. 培养了解土著文化的土著和非土著教师

培养了解土著文化的教师对印第安和阿拉斯加儿童来说非常重要,他们不仅了解学生的需要和学习风格,还是学生的榜样以及与社区沟通的桥梁,他们对学生有更高的期望,对学生能进行更有效的教学。部落学院与一些州立学院和大学合作,共同培养土著教师。由于进入大学的印第安和阿拉斯加的学生有限,选择教师专业的又不是很多,土著教师的数量依然不足,因此培养非土著教师是另一个解决教师不足的途径。为使非土著教师了解土著文化,阿拉斯加土著的一些教师教育专家与当地大学的教授们合作开发了一个学期的文化之旅课程,使未来的教师熟悉土著文化②。教师培养对于城市学区的公立学校来说依然是个难题,因为很多城市学校中的土著儿童来自不同部落,语言和文化不同,而且在数量上可能不是多数,因此如何使教师具备教育多种类型学生的能力对教师教育机构确实是个很大的挑战。

3. 吸引社区和家长参与孩子的教育

传统上由于学校是同化印第安人的工具,因此印第安人家长对公立学校怀有敌意,这也导致社会上形成了刻板印象,觉得印第安人家长不关心孩子的教育。实际上,很多研究表明印第安人家长很乐于参与孩子的教育③。现代研究表明家长参与孩子的教育对孩子的成长会产生积极的影响,因此鼓励印第安社区和家长参

① Octaviana V. Trujillo, Denise A. Alston. A Report on the Status of American Indians and Alaska Natives in Education: Historical Legacy to Cultural Empowerment [EB/OL]. http://www.nea.org/assets/docs/HE/mf_aianreport.pdf. [2011-07-10].

② Octaviana V. Trujillo, Denise A. Alston. A Report on the Status of American Indians and Alaska Natives in Education: Historical Legacy to Cultural Empowerment [EB/OL]. http://www.nea.org/assets/docs/HE/mf_aianreport.pdf. [2011-07-10].

③ Carol Robinson-Zanartu, Juanita Majel-Dixon. *Parent Voices: American Indian Relationships with Schools* [J]. Journal of American Indian Education, 1996(1).

与学校教育成为提高印第安和阿拉斯加青少年学业成绩的重要措施。社区和家长参与学校教育有多种方式,如参与学区的教育管理,在学区教育委员会以及其他教育机构任职,在各种教育决策中发出自己的声音;参与学校的事务,甚至到课堂上帮助教师对儿童进行教学,在家庭中参与孩子的学习。联邦政府、州以及学区在鼓励社区和家长参与孩子教育方面还设立了很多项目,如 1990 年印第安人事务局在 44 所其资助的学校启动了"家庭和儿童教育"项目,旨在使作为儿童第一任教师的印第安父母能更好地参与自己孩子的教育,密切家庭—学校—社区的联系。印第安社区和家长对学校教育的参与对提高儿童的学业成绩发挥了很好的作用,这在近些年来的研究中已经得到证实。

第二节　黑人教育

"二战"后对美国黑人来说是非同寻常的时代。20 世纪初,获得了自由之身的黑人依然处于种族隔离的藩篱之下,但"二战"后黑人掀起了轰轰烈烈的争取平等权利的斗争。这些斗争不仅使黑人教育发生了巨大的变革,也使得整个战后美国教育日益走上民主化和平等化的道路。目前黑人与白人之间依然存在一定的教育差距,但其取得的教育成就也是有目共睹的。

一、战后种族隔离持续时期的黑人教育(1945～1953 年)

黑人教育起步于南北战争后的重建时期,随着 19 世纪后期各州义务教育制度的实施,到 20 世纪初黑人教育已经有了很大的发展。"二战"后,随着全国教育水平的普遍提升,黑人教育更是达到了初等教育普及、中等教育逐年扩充、黑人高等教育机构被各地区高校联合会认可的局面。但是由于 19 世纪末美国确定了"隔离但平等"的社会生活准则,黑人教育在种族隔离的环境中很难取得与白人相同的成绩,而种族隔离制度直到 1954 年的布朗案才被触动。

（一）黑人教育的成绩

"二次"大战以后,美国经济进入高速发展时期,随着整个社会经济水平的提高,黑人的社会经济状况发生了很大变化,各级教育也取得了很大的成绩。

20 世纪初美国绝大多数州都已推行义务教育制度。作为义务教育的受惠者,"一次"大战后黑人的初等教育得到普及,中等教育也发展迅速,1939～1940 年中学生的入学率达到 10.5%[①]。黑人初等和中等教育的发展不仅体现在入学率提高,而且在学生的巩固率、学年长度以及教师数量方面都有很大提升。由于初中等教育的发展,黑人人口中的文盲率也由 1900 年的 44.5% 下降到 1952 年的 10.2%[②]。

在这一时期,黑人高等教育也有很大发展。传统的黑人高校逐渐成熟起来,在"二战"后很多学校获得各地区资格认定机构的认可,成为名副其实的高等教育机构。1953 年,私立黑人高校的在校生达到 32 000 人,公立的达到 43 000 人,有 3 200 人在这些机构接受研究生教育[③]。黑人高校在种族隔离的时代承担着为黑人培养教师、教士、医生和律师的任务,它们在引领黑人争取平等权利方面发挥了重要作用。

(二) 黑人与白人教育的差距

黑人所取得的教育成就如果从纵向上与自己种族比,进步是明显的,但如果横向上与白人比,差距仍然很大。据 1950 年美国人口调查局的调查,18～24 岁国民受教育的平均年限接近 12 年,25 岁以上人口达 9.3 年。与此相比,黑人 25 岁以上人口的平均受教育年限为 6.9 年,同年龄组中 31% 的人为"功能性文盲"(所受学校教育低于 5 年的人),全国的平均数字为 10.8%;同年龄组中完成 4 年中等教育的黑人比例为 8.1%,全国的平均比例为 21.4%;2.1% 的黑人完成 4 年或 4 年以上的高等教育,全国的平均比例为 6%。尽管在 5～24 岁年龄组中差距相对较小,但黑人平均受教育年限比全国的平均值低 1～1.5 年[④]。黑人在高中及高中以上教育层次上与全国的平均差距惊人,尤其在专业教育领域差距更为明显。对 11 种典型专业进行研究分析表明,各专业领域中黑人从业人员的比例大大低于全国的平均水平,如:教师是 1:2、会计和审计是 1:35.6、建筑师为 1:17.6、设计师和绘图师为 1:22.3、工程师为 1:34.2、测量员为 1:16.4、律师为 1:12.7、药剂师为 1:7、医生

① Florence Murray. *The Negro Handbook*, 1944 [M]. New York: Current Reference Publications, 1944: 51.

② Thomas D. Snyder. 120 Years of American Education: A Statistical Portrait [EB/OL]. http://0-nces. ed. gov. opac. acc. msmc. edu/pubs93/93442. pdf. [2011-07-10].

③ U. S. Department of Education. Historically Black Colleges and Universities and Higher Education Desegregation [EB/OL]. http://www2. ed. gov/about/offices/list/ocr/docs/hq9511. html. [2011-07-10].

④ Virgil A. Clift, Archibald W. Anderson, H. Gordon Hullfish. *Negro Education in America: Its Adequacy, Problems, and Needs* [M]. New York: Harper & Brothers, 1962: 174-175.

（包括牙医）为 1:4.7、护士为 1:3.1。①

黑人与白人之间的教育差距是多年种族歧视和压迫的结果。与白人相比，南北战争后黑人才获得教育的权利，尽管 19 世纪后期各州开始相继颁布义务教育法，但到 1900 年还有 9 个南方州没有对义务教育采取任何行动②。实施义务教育后，由于黑人大多居住在南方各州最为贫困的地方，其所在地区资源少，导致其获得的教育机会和教育质量受到很大影响。而且由于黑人家庭大多经济地位低下，一般情况下黑人家庭的平均收入只有白人家庭的一半，这也在很大程度上影响了黑人受教育的机会。众多研究表明，一个孩子受教育水平的高低与其家庭成员的职业和收入有着极高的相关性，即教育机会取决于受教育者父母的经济水平。当然，最主要的原因还是黑人与白人隔离的教育制度，导致黑人学校在资金、师资、设施等各方面劣于白人学校，这直接影响了黑人学校教育质量，使得黑人无法获得与白人同样的教育成功的机会。

二、1954 年布朗案及其影响

自 1896 年联邦最高法院裁决普莱西案，确立"隔离但平等"的原则之后，黑人便一直生活在"隔离但不平等"的环境中。黑人为此进行了长期的抗争。抗争的结果最终导致了 1954 年联邦最高法院对布朗案做出了关键性裁决，推翻了"隔离但平等"的法律原则。从此黑人教育掀开了新的篇章。

（一）布朗案

布朗案实际上是 5 个类似案件的统称，它们都是黑人争取与白人同等教育权利的案件。布朗案涉及的 5 个案件全部指向"隔离但平等"这一原则。黑人原告最初只是希望在全国有色人种促进会律师的帮助下，寻求在学校设施及服务等方面与白人真正的平等，但以古德·马歇尔（Thurgood Marshall）领导的律师团对"隔离但平等"的原则本身发起了攻击。他们想通过布朗案使各州无法再利用种族作

① Virgil A. Clift, Archibald W. Anderson, H. Gordon Hullfish. *Negro Education in America: Its Adequacy, Problems, and Needs* [M]. New York: Harper & Brothers, 1962: 174-175.

② Michael S. Katz. A History of Compulsory Education Law [EB/OL]. http://www.eric.ed.gov/PDFS/ED119389.pdf. [2011-07-10].

为制定各项政策的标准,在教育上建立新的公平分配的机制,使黑人教育的质量达到白人教育的水平,最终的目的是使黑人真正获得宪法第十四条修正案所赋予的权利。这次正义站在了黑人一边。最高法院于 1954 年 5 月 17 日做出裁决,宣布 1896 年确定的"隔离但平等"的原则违宪,实施种族隔离的公立学校为不合法。

布朗案是黑人在争取平等权利的斗争中最具有决定意义的胜利。虽然最高法院只是对公立学校中的种族隔离做出了违宪的裁决,但它的中心问题是平等,它从官方的角度认可个人要求被当作"个体"对待的权利,而非皮肤的颜色或其先辈的种族。法院认为种族因素与一个个体应进入哪所公立学校无关,这也就意味着种族不是确定或限制公民权利的正当基础。因此,该裁决虽然只针对公立教育领域里的种族隔离,但却是对美国南方长期固有的生活方式的挑战。判决不仅使南方黑人的教育思想和方法发生了变化,也激发了北部和西部存在事实性隔离地区的教育工作者的自我分析和重新评价。它的影响远远超出了学校,使得人们对平等公民权的认识进一步深化。它成了以后一系列重大社会关系和政策发生变化的催化剂,为全国范围内种族状况的改变奠定了法律基础。

(二)布朗案裁决后各州对取消种族隔离的反应

布朗案的裁决只针对在公立学校中实施种族隔离政策的 17 个州和哥伦比亚特区,对此裁决人们的反应是不同的。黑人积极拥护,大多数白人群众也相当克制,但坚持白人优越论的种族主义者坚决反对。各州也形成了不同的阵营,在初中等教育领域,积极响应的州有肯塔基、马里兰、密苏里、俄克拉荷马、西弗吉尼亚和哥伦比亚特区,这些州在最高法院裁决后很快采取了取消学校种族隔离的行动。一分为二的州有阿肯色、特拉华、田纳西、北卡罗来纳和德克萨斯,这些州对取消种族隔离的态度呈两个极端,有些地方积极响应,有些地区却坚决反对。以阿肯色州为例,查里斯顿学区在 11 个原来的南部联邦州中成为布朗案后第一个实施种族合校的学区,但小石城却出现了州长奥维尔·福伯斯动用州国民警卫队阻止黑人学生进入白人中学的事件。第三个阵营是抵制的州,佛罗里达和弗吉尼亚属于此类。佛罗里达采取"象征性取消种族隔离"进行消极抵抗;弗吉尼亚甚至在有些地区关闭了公立学校,为白人开办起私立学校,州及地方对其提供学费补助。第四个阵营是顽固的州,这些州主要是黑人最为集中的南卡罗来纳、乔治亚、阿拉巴马、密西西比和路易斯安那,即使在 1964 年《民权法案》颁布后,这些州中黑人在黑白合校中的比例分别为:阿拉巴马 0.43%、乔治亚 2.6%、路易斯安那 0.69%、密西西比 0.59%、南卡罗来那 1.46%①。高等教育中的取消种族隔离行动实际上早在 1954 年布朗案裁决前就开始了,由全国有色人种促进会律师们代理的黑人接受研究生和专业教育的诉讼在很大程度上动摇了盛行于南方及邻近各州种族隔离的教育制度,但全面取消公立高校中的种族隔离依然是 1954 年以后的事,而且进程也并非一帆风顺。

三、取消学校种族隔离时期的黑人教育(1955～1983 年)

1954 年最高法院对"隔离但平等"违宪的裁决以及 1955 年最高法院要求各地以"审慎速度"取消学校中的种族隔离揭开了黑白合校的序幕。尽管在很长一段时间内黑白合校遭到抵制而收效甚微,但黑人在民权领域所取得的重大胜利促使这一进程不断加快。1964 年《民权法案》第 6 条给予联邦政府通过资金杠杆来强制取消学校种族隔离;1965 年,国会通过《初等和中等教育法》《高等教育法》,指拨大量经费奖励和推动取消学校种族隔离;此后联邦法院不断加强对取消种族隔离的司法介入,先后在 1968 年和 1977 年确立了评判学校取消种族隔离的标准——"格林要素"和阿丹姆斯标准(Adams Criteria)。在各方面的努力下,种族合校在70 年代达到高峰。虽然 80 年代取消种族隔离出现了些许的倒退,但制度化的种族隔离已被彻底打破,适龄黑人青少年接受各级各类教育的比例已接近白人。

(一)黑人民权运动与 1964 年《民权法案》

1.黑人争取民权的斗争

"二战"后美国所面临的新问题是少数种族尤其是黑人不再甘于被歧视、被压迫的地位,他们奋起争取各领域的平等权利。黑人争取民权的斗争不仅使美国社会的种族关系发生了深刻的变化,同时也推动了黑人教育的变革,因为民权运动的一个主要目标便是取消学校种族隔离,改善黑人教育。因此伴随着黑人民权领域中获得的胜利,取消学校种族隔离也成了这一时期黑人教育的主旋律。

黑人的民权运动兴起于 20 世纪 50 年代。1954 年联邦最高法院裁决种族隔离的学校违宪之后,1955 年阿拉巴马州蒙哥马利市黑人在马丁·路德·金的领导下开展了反对公共汽车上种族隔离制度的运动。运动以美国最高法院判决公共汽车上的种族隔离违宪而取得胜利。1957 年,南部基督教领导联合会组成,马丁·路

---

① Harry A. Ploski. *The Negro Almanac* [M]. New York: Bellwether, 1967: 507.

德·金任主席。1960 年,南部各州普遍开展在公共场所的"入座示威运动"(sit-in movement),迫使许多公共场所向黑人开放。1961 年开展"自由乘客"(Freedom Riders)运动,抗议州际交通运输中的种族隔离。在黑人民权运动的压力下,国会于 1957 年和 1960 年先后通过专门法案给予黑人选举权,但并没有落到实处。1963 年运动达到高潮。当年 4 月,在种族隔离最严重的阿拉巴马州伯明翰市,爆发黑人抗议示威斗争,迫使当局接受黑人要求;8 月,在华盛顿举行该市有史以来规模最大的示威游行,25 万黑人和白人同情者举行争取就业和自由的"自由进军"。在民权运动的巨大压力下,美国国会于 1964 年通过《民权法案》、1965 年通过《选举权利法》,正式以立法形式结束美国黑人受到的在选举权方面的限制和各种公共设施方面的种族歧视及种族隔离制度。

2.《民权法案》与取消学校种族隔离

《民权法案》是"二战"后美国国会在支持种族平等方面所颁布的意义最深远、内容最广泛的法案。该法不仅废除了在公用设施中的种族歧视和隔离,还宣布因种族、肤色、宗教、性别或民族而实行就业上的歧视为非法。同年,成立了平等就业机会委员会,授权政府不得对实行种族歧视的公共机构提供资金,授权司法部长保证选举权的实施和结束学校的种族隔离。《民权法案》主要强调的是黑人的选举权,但其第 6 条对各地取消公立学校中种族隔离发挥了巨大的作用。该条规定不能因种族、肤色或民族而排除或剥夺任何人享受联邦资金资助项目的权利,对拒绝执行规定的机构,结果将是"终止或不予资助"。为保证第 6 条的有效实施,教育署于 1967 年专门成立了民权办公室。

《民权法案》第 6 条的重要意义表现在两个方面:首先,它使得联邦政府可以将资金作为杠杆,影响地方教育政策的制定,进而调控全国的公立教育。资金调控对于联邦政府来说是一个极为有力的武器,因为通过国家科学基金会以及《国防教育法》,已经有大量联邦资金流入全国的教育机构。其次,它彻底改变了联邦教育署与州及地方学区的关系,使其由单纯的服务机构转变为决策机构。它不仅要判断学校系统是否实行种族隔离,而且还要制定规章以确保第 6 条的实施,这意味着教育署既是法律的解释者又是法律的执行者。以往教育署总是力求避免有任何联邦控制之嫌,而第 6 条使其承担起在全国范围内保护公民宪法权利的责任。

《民权法案》颁布的直接后果便是加快了南方取消学校种族隔离的进程。在法案颁布之前的 10 年中,人们将种族合校的速度形容为"蜗牛爬行",南方有些州采取各种措施阻挠或延缓取消学校的种族隔离。尽管人们可以通过法庭对种族隔离提起诉讼,但由于地方法院的白人法官们普遍怀有根深蒂固的种族偏见,起诉南方学校种族隔离的案件很难在法庭上胜诉。而《民权法案》第 6 条为取消南方学校中的种族隔离提供了法律依据和手段，它规定对实行种族隔离的学校，联邦将撤回资助的资金。这对实施种族隔离的学区极具威慑力。因为南方的地方学区非常需要资金，为此它不得不遵从教育署的规定，向教育署递交取消学校种族隔离的计划。尤其是 1965 年《初等和中等教育法》增加了对各州公立学校的资助额后，南方各学区更是加快了黑白合校的进度。但《民权法案》具有很大的局限性，它只是针对公立学校系统中的种族隔离，并未宣布取消广大私立学校的种族隔离，因此这就使得实行种族隔离的学校依然有生存和发展的空间。

3. 1965 年《初等和中等教育法》

《初等和中等教育法》是战后最具影响力的联邦教育法案之一，它是以消除贫困为目标的社会经济改革的组成部分，因此，处境不利的贫穷家庭的孩子成为此法案被关注的对象，而黑人在这个群体中占了大多数。

该法案分五个部分，其中最重要的是第 1 条。该条款规定联邦政府向那些所在州提交的取消种族隔离计划获得教育署批准的地方学区提供资金，每个公立学校可以获得的资金数为州生均经费的一半乘以学区内家庭年收入在 2 000 美元以下的学龄人口数，非公立学校也可获得援助。在法案生效的第一年，国会将 7.75 亿美元拨付给各州和各学区，这部分资金占了总资金的 78%[①]。第 1 条的目的是为那些教育上处于不利的孩子提供帮助。该条款特别指出："国会藉此宣告美国的政策是提供财政援助……通过各种途径扩大和改善教育计划……特别要满足处于教育不利地位的孩子的特殊需要。"[②]其他的条款也从不同的侧面对第 1 条予以支持。

1965 年的《初等和中等教育法》在美国教育史上具有非常重要的意义，一方面它扩大了联邦控制教育的范围，另一方面它意味着消除教育隔离。它通过对实行种族合校的学校增加资金援助的方式使 1964 年《民权法案》第 6 条的规定得以强化，有力地促进了取消学校种族隔离的进程。对于普遍处于经费紧张的公立学校来说，这是一条极为奏效的措施，因而在该法案颁布后，种族合校的速度进一步加快。

（二）取消中小学校种族隔离

众所周知，1954 年最高法院对布朗案的裁决虽然使得取消学校种族隔离成为

---

① 　Harry A. Ploski. *The Negro Almanac* [M]. New York：Bellwether, 1967：510.

② 　Joel Spring. *American Education* [M]. New York：Longman, 1978：154.

不可逆转的历史潮流,但最高法院并没有为各地提供取消学校种族隔离的具体办法。在1954~1964年,南方许多州和邻近州将自由选择计划作为取消学校种族隔离的手段,结果依然是白人上白人学校,黑人上黑人学校。为此,联邦法院和政府的一系列介入,使取消学校种族隔离落实到了实处。

1. 联邦法院对取消种族隔离的司法介入

1966年,联邦第五巡回上诉法院在"美国诉杰弗逊县教育局案"中裁决学校委员会对实现学校一体化负有积极的责任,而不仅仅是停止隔离的做法。1968年在"格林诉新肯特县教育局案"中,最高法院裁决自由选择计划违宪,要求学校委员会立即承担起取消学校种族隔离的职责,并确定了有效的学校一体化计划的标准——格林要素(包括学生安置、全体教职员、交通、设施、课外活动等)①。法院将从学校委员会的具体行为,即对这些要素的统计数字来评判其取消学校种族隔离的工作是否遵循了法院的要求。格林要素的确定对南方学校一体化的进程产生了实质性的影响。1969年,"美国诉蒙哥马利县教育局案"对消除教师中的种族隔离产生了广泛的影响,法院使用定量标准为学校委员会规定了教师安置的种族比例。同一年,"星格顿诉杰克逊市属独立学区案"也为教师安置确立了"星格顿标准"(Singleton Standard),即学区中每所学校黑人教师的比例要与学区中黑人教育工作者的总比例一致。1971年,最高法院在"斯万诉夏洛特—迈克兰伯格教育局案"中对取消学校种族隔离又做出了里程碑式的裁决,即将校车作为取消学校种族隔离的工具。

总之,在司法部、教育署成为1954年布朗案及1964年《民权法案》的执行机构之后,大规模的实质性的取消学校种族隔离才开始。1968年,有55个学区递交了符合《民权法案》第6条要求的学校一体化计划,这些学区中有黑人学生35 815名,其中31 089人(86.8%)进入白人为主的学校。同年,全国的比例是23.4%,11个南部州为18.4%,黑人最集中的阿拉巴马、乔治亚、路易斯安那、密西西比、南卡罗来纳等州的比例也达到10.5%②。1972年,学校一体化达到高峰,当年几乎所有黑人最集中的南部各州学区都开始遵循联邦法院取消学校种族隔离的命令。1974年,卫生、教育、卫生和福利部的一份统计报告表明,全国980万少数民族学生中有320万在非隔离公立学校就读③。布朗案之前的那种全黑人学校

① Harry A. Ploski. *The Negro Almanac* [M]. New York:Bellwether, 1967:536.
② Harry A. Ploski. *The Negro Almanac* [M]. New York:Bellwether, 1967:523
③ Charles V. Willie, Antoine M. Garibaldi, Wornie L. Reed. *The Education of African-Americans* [M]. New York:Auburn House, 1991:34.

不复存在了。

2. 校车计划

当南方取消种族隔离的进程进展缓慢的时候,人们需要找到一种更有效的办法。在取消隔离普遍受到抵制的情况下,强制的校车计划似乎是唯一可行的途径。1971 年,最高法院对"斯万诉夏洛特—迈克兰伯格教育局案"的裁定为校车计划的普遍实施揭开了序幕。法院宣布校车为实现学校一体化的工具,学区不仅应该用校车接送黑人儿童上种族混合学校以达到种族平衡,白人孩子也应该如此。校车计划一开始便遭到白人家长的反对,抗议活动在各地屡屡发生,最为严重的是1974 年波士顿采用校车计划时导致了种族骚乱。

校车计划在取消学校种族隔离的过程中一直是争议最大的问题,同时对校车计划的效果,学者们也是众说纷纭。有学者认为校车计划使白人大量搬迁到郊区,结果造成更严重的种族隔离;也有学者所做的研究表明在减少学校的种族分离方面,强制的校车计划要比自愿的措施更有效[1]。20 世纪 90 年代以后,校车计划逐渐被其他的计划所取代。

(三) 取消高校中的种族隔离

与中小学一样,高校中种族隔离的取消也经历了一波三折的过程。尤其是布朗案后 10 多年的时间里,白人对取消种族隔离或消极抵抗,或公开反对。但历史的潮流是阻挡不了的,20 世纪 60~70 年代伴随着联邦一系列法律和政策的出台,高校中的种族隔离被纷纷打破。

取消高校中的种族隔离也得益于 1964 年的《民权法案》。法案第 6 条规定所有实施种族隔离的大学和学院将失去获得联邦资助的资格,而且任何人受到大学或学院正式或非正式的歧视都有权向联邦政府申诉,联邦政府通过日常监察如若发现制度化的歧视存在,将撤回资助项目的资金。但高校取消种族隔离的标准是什么,法律并没有具体规定。1977 年,基于阿丹姆斯案,民权办公室在联邦地区法院的要求下制定了取消高校种族隔离的指导性标准,又称"阿丹姆斯标准",这些标准包括:

(1) 任何一州黑人高中毕业生进入两年制和四年制高等教育机构的比例要与白人高中毕业生的比例相同。

---

① Erwin V. Johanningmeier. *The Foundations of Contemporary American Education* [M]. Scottsdale: Gorsuch Scarisbrick, 1987: 121.

（2）传统白人四年制高等教育机构中的黑人每年都要有一定比例的增长。

（3）到 1982～1983 学年传统白人院校中黑白学生比例之差至少要减少 50％。

（4）各州中黑人居民毕业于本科和进入研究生院的比例要等同于白人居民相应比例。

（5）增加进入传统黑人院校的白人比例①。

"阿丹姆斯标准"公布后，阿丹姆斯州高校的黑人入学率有较大幅度的增长，黑人在原来较少涉足的专业中人数增长的幅度明显。1980 年黑人高中毕业生进入大学的比例达到 27.6％，同期白人为 32.1％②，但获得学士学位的占其同龄人口的 11％，与白人的 23％相比还有很大差距③。

经过争取民权的斗争和近半个世纪的取消学校种族隔离，美国教育已基本实现了学校种族一体化，黑人在争取平等教育机会的道路上也取得了巨大的进步，但与白人以及其他族裔相比，黑人在教育成就方面依然处于落后地位，因此追求教育优异成为 20 世纪末黑人教育的目标。

四、追求教育优异时期的黑人教育（1983～2000 年）

20 世纪 80 年代以后，以《国家处在危险之中：教育改革势在必行》的报告为契机，美国教育整体上进入追求教育优异的时期。尽管黑人在初中等教育方面的入学率和毕业率与白人的差距已经不大，但教育过程中的差距依然很大。以 1986 年为例，在全国性的标准化测验中，13 岁年龄组数学方面达到基本要求的黑人只有 49％，白人的比例为 80％，拉丁裔为 55％。在阅读能力方面，在受过同样年限教育的人中，黑人与白人之间的差距为 4 年④。因此进入 80 年代后，黑人教育也以追求质量为目标，力求实现真正意义上的教育平等。

---

① Charles V. Willie, Antoine M. Garibaldi, Wornie L. Reed. *The Education of African-Americans* [M]. New York：Auburn House，1991：112.

② U. S. Department of Commerce. Current Population Survey [EB/OL]. http：// www. nces. ed. gov/pubs98/condition9809a01. html. [2001-05-10].

③ Pelonomi K. Khumoetsile-Taylor. Access to Higher Education for African Americans [EB/OL]. http：// www. bhcc. mass. edu/media/03-documents/TFOTHigherEducAfricanAmeric. pdf. [2011-07-10].

④ William P. O'Hare. African Americans in the 1990s [EB/OL]. http：// www. eric. ed. gov/PDFS/ED338735. pdf. [2011-07-10].

(一) 择校计划

择校计划是 80 年代美国教育改革的组成部分,其目的是引用市场因素促进公立学校之间的竞争,以提高公立学校的质量。在择校计划中,最受黑人青睐的是教育券计划和特许学校计划。

所谓教育券,是指学区按生均教育经费给予学生教育经费代金券,学生可自由选择公立或私立学校,学区在学生注册时根据教育券为每所学校兑现教育经费。实施教育券最早的是威斯康星州的密尔沃基,黑人家长不满于公立学校的低劣质量,要求学区给予教育券以便家长为孩子选择质量好的学校。黑人的要求最终在 1989 年得到满足。90 年代,教育券计划在全国铺开,它尤其受到黑人的推崇。以俄亥俄州克利夫兰市为例,1996 年该市提供了 2 000 个学额,结果有 6 300 名学生提出了申请,几乎全部都是黑人,最终获得学额的学生中有 1 410 人进入了教会学校①。

特许学校是由公费举办的自治学校,一般不受政府直接控制,但须达到政府规定的办学标准。许多州的特许学校法律都要求这些学校要达到种族平衡或反映社区种族构成的多样化,有些州要求特许学校必须主要为处境不利的学生服务。特许学校规模一般不大,师生比小,强调纪律和学习,重视家长参与,总体上黑人学生的比例要大于公立学校(2000~2001 学年为 33% 对 17%)②。有研究表明,特许学校的黑人学业成绩好于城市公立学校的黑人。进入 21 世纪后特许学校依然受到黑人家长的重视,支持率也在不断上升③。

(二) 种族隔离重来

经过 40 多年的努力,取消学校中的种族隔离取得了很大的成果,但到 20 世纪 90 年代,取消了的种族隔离重又出现,而且还出现了新的形式,这使得黑人教育的未来又蒙上了一层阴影。

90 年代,最高法院裁决的三个案子使取消种族隔离出现了回潮。这三个案子分别是 1991 年的"俄克拉荷马教育委员会诉德外尔案",1992 年的"佛瑞曼诉皮慈

---

① Nina Shokraii. *Free at Last: Black America Sign up for School Choice* [J]. Policy Review, 1996 (Nov-Dec).

② Goodwin Liu, William L. Taylor. *School Choice to Achieve Desegregation* [J]. Fordham Law Review, 2005(2).

③ *African-Americans for Charter Schools* [N]. The Wall Street Journal. [2010-08-03].

案",以及 1995 年的"密苏里诉翟金斯案"。这三个案子的裁决导致很多大型学区逐渐取消了学校一体化的计划。到 90 年代末,美国最大型的学区中 85%以上都不是白人。以 1996～1997 学年为例,底特律学区中 90.1%为黑人,5.2%为白人,其他为拉丁裔和亚裔;其他学区的情况如下:孟菲斯 86.6%,15.1%;巴尔的摩 85.1%,13.4%;新奥尔良 90.7%,5.5%;华盛顿特区 87.3%,3.9%①。

第二代隔离(Second Generation Segregation)是指学校内通过诸如分流、能力分组等手段造成的种族隔离。与 1954 年以前存在的隔离不同的是,这种隔离可以出现在种族人口均衡的学校内。在这样的学校中,可以通过将白人学生全部分流进学术轨,将黑人或其他种族的学生分流进其他轨的方式来达到种族隔离。这种隔离方式全国普遍存在,且这种隔离并非出于偶然,而是有意为之。这种普遍存在的学校内部的种族隔离与学校外部的社会经济秩序是一致的,分轨使得大量黑人学生在毕业后无法获得平等的经济机会。

纵观战后美国黑人教育的发展历程,可以看出黑人一直在为争取平等的教育权利而努力。尽管这些努力取得了很大的成就,但真正的平等并没有完全实现。实际上,黑人所追求的平等的教育权利,并不仅仅是一个教育问题,因此也绝非仅仅通过教育就能真正得以解决。

第三节　拉丁裔教育

在美国,拉丁裔(Latino)是对来自墨西哥、中美、加勒比海以及南美等地的族群的统称。由于这些族群主要说西班牙语,因此又称为西裔(Hispanics)。根据 2000 年的人口普查,拉丁裔人口为 3 530 万,占总人口的 12.5%。作为美国人口增长最快的族群(1990～2000 年人口增长约 60%)②,拉丁裔对美国社会生活的方方面面都产生了重要的影响。与其他少数族裔一样,"二战"后拉丁裔的教育史也是一段争取平等教育权利的历史。

---

① Gary Orfield, John T. Yun. Resegregation in American Schools [EB/OL]. http://course. cas. sc. edu/germanyk/post1945/materials/orfield_Resegregation_American_Schools99. pdf. [2011-07-10].

② Amaury Nora, Gloria Crisp. Hispanics and Higher Education: An Overview of Research, Theory, and Practice [EB/OL]. http://www. hacu. net/images/hacu/OPAI/H3ERC/2012 _papers/Nora%20crisp%20-%20hispanics%20and%20he%20overview%20of%20research_ theory_practice%20-%20published%202009. pdf. [2011-07-15]

一、"二战"前拉丁裔教育概述

20 世纪初,美国的拉丁裔人口构成比较简单,主要是墨西哥裔、古巴裔和波多黎各裔,其中墨西哥裔的人口最多。1910~1930 年,由于美国西南部发展需要劳动力,大量墨西哥人涌入美国,在西南部五州,墨裔群体从 1910 年的 15.9 万人增至 1930 年的 128.3 万人,其占这些州人口总数的比例也由 4.2% 升至 10%①。古巴裔在 20 世纪初大约有两万人,他们大多居住在佛罗里达。波多黎各裔人数更少,不到 500 人,主要在北方城市②。由于"二战"前古巴裔和波多黎各裔人口增加不多,因此这一时期拉丁裔的教育主要是墨西哥裔的教育。对以白人为主的美国主流社会来说,这一时期对墨西哥裔教育的目的就是使其美国化,而对墨西哥裔来说,抵制美国化,保持其文化特性是他们追求的目标。

(一) 种族隔离的教育

20 世纪上半叶,美国各州虽然没有为墨西哥裔制定像黑人一样的"隔离但平等"的法律,但他们与白人实际处于"隔离但不平等"的状态。他们被认为是"疾病的携带者"、"偏离正常社会标准的人"以及"社会福利的负担"③,被隔离在社会一隅,成为被用白人的标准改造的对象,而教育作为主要的手段,在 20 世纪早期在复制社会分层以及墨西哥裔美国化方面发挥了关键性作用。

从 19 世纪末起,"美国人"学校就拒绝接收墨西哥裔学生。20 世纪以后,随着墨西哥裔人口逐渐增多,一些州的地方教育委员会更是制定了种族隔离的教育政策。20 年代以前,隔离主要限于小学阶段,但 20 年代以后隔离逐渐扩展到中学阶段。有研究表明,到 30 年代中期,西南部有 85% 的学区直到高中都存在某种形式的种族隔离④。

---

① Grilbert G. Gonzalez. *Chicano Education in the Era of Segregation* [M]. Philadelphia: the Balch Institute Press, 1990: 18.

② Enrique G. Murillo Jr. *Handbook of Latinos and Education: Theory, Research, and Practice* [M]. New York: Routledge, 2010: 28.

③ Grilbert G. Gonzalez. *Chicano Education in the Era of Segregation* [M]. Philadelphia: the Balch Institute Press, 1990: 20.

④ Grilbert G. Gonzalez. *Chicano Education in the Era of Segregation* [M]. Philadelphia: the Balch Institute Press, 1990: 20-21.

学校中的种族隔离有两种形式:一是建立专门的墨西哥裔学校,二是在种族混合学校中设置隔离班。与白人学校相比,墨西哥裔学校往往资源匮乏、设备简陋,教师待遇低、水平差,教学质量低。在种族混合的学校,学校以墨西哥裔学生英语差或学习能力低等理由与白人隔离。以 20 年代洛杉矶的一所初中为例,80 名进入慢班的学生中有 60 名是墨西哥裔。在其他四所学校内,处于慢班的墨裔学生比例最低为 33%,最高可达 55%①。这种通过智力测验给儿童分班的做法对墨西哥裔儿童造成了极大的伤害。

实行种族隔离的学校教育不仅强制对墨西哥裔儿童进行"美国化"的教育,其家长和社区也被剥夺了参与教育的权利。1873~1874 年,在墨西哥裔聚居的新墨西哥州,77% 的县教育局长为墨西哥裔,到 19 世纪末,这个比例降到 33%,到 20 世纪 30 年代,在教育领导位置上几乎没有了墨西哥裔的身影②。

(二) 拉丁裔争取平等教育权,抵制"美国化"的斗争

面对隔离且不平等的教育、面对公立学校对拉丁裔儿童文化特殊性的忽视,拉丁裔没有逆来顺受,而是进行了积极的反抗和斗争。

为抵制公立学校对拉丁裔儿童的"美国化",拉丁裔尤其是墨西哥裔采取了让儿童进教会学校以及建立社区学校两种做法。如 19 世纪 90 年代后期,墨西哥裔就在德克萨斯的希布伦维尔开办了一所小型的社区学校,主要目的是帮助社区保持文化认同,这所学校一直开办到 20 世纪 30 年代。另外,墨西哥裔还于 1906~1911 年在德克萨斯不同地方开办了旨在提高文化认同、挑战文化同化的其他社区学校。20 年代,西南部的部分州也开办了类似的学校③。

为争取平等的教育权利,墨西哥裔美国人也拿起法律武器争取自己的权利。在墨西哥裔的争取下,1909 年,新墨西哥州立法要求在厄尔瑞图建立西裔美国人师范学校,为公立学校培养西裔教师④。1929 年拉美公民统一联合会成立,在布朗

---

① Grilbert G. Gonzalez. *Chicano Education in the Era of Segregation* [M]. Philadelphia: the Balch Institute Press, 1990: 126.

② Enrique G. Murillo Jr. *Handbook of Latinos and Education: Theory, Research, and Practice* [M]. New York: Routledge, 2010: 29.

③ Enrique G. Murillo Jr. *Handbook of Latinos and Education: Theory, Research, and Practice* [M]. New York: Routledge, 2010: 33.

④ Enrique G. Murillo Jr. *Handbook of Latinos and Education: Theory, Research, and Practice* [M]. New York: Routledge, 2010: 33.

案之前,联合会针对学校种族隔离提起了多起诉讼案①。这些讼案在当时的社会背景下墨西哥裔的要求虽然未得到法院的支持,但也初步显示了拉丁裔争取自己合法权利的力量。

20世纪早期,为提高拉丁裔学生的学业成绩,也有一些学者做出了努力,如台尔曼(Lloyd Tireman)在20世纪30~40年代为拉丁裔儿童建立社区学校,进行提高学校教育质量的改革。但作为一个群体,拉丁裔的教育在20世纪上半叶以培养"美国人"为目的,是种族隔离教育的牺牲品。

二、战后至20世纪70年代的拉丁裔教育

"二战"后美国拉丁裔的人口骤增。鉴于战后劳动力缺乏,大量的合法和非法移民进入美国,据估计在1941~1964年,仅合法进入美国的墨西哥人就多达600多万②。"二战"后,波多黎各人开始向美大批迁徙,每年的移民都有数万人,至1970年,美国本土的波多黎各人达到150万③,超过古巴裔成为拉丁裔中的第二大族群。古巴裔人口的变化主要是1959年卡斯特罗推翻巴蒂斯塔的独裁统治之后,大量古巴人以政治原因移民美国。在这一时期,中美和南美的拉丁裔也纷纷进入美国,使美国拉丁裔族群构成日益多元化。

"二战"后到70年代,美国社会发生了巨大的变化,尤其是少数族裔争取民权的斗争,使得美国拉丁裔的教育呈现新的色彩。

(一) 拉丁裔争取平等教育权的法律诉讼

拉丁裔在"二战"前就曾为种族隔离的教育制度进行过法律抗争,在屡战屡败之后,拉丁裔依然坚信法律的力量,"二战"后先后有多起案件挑战不平等的教育制度。这些案件与其他少数族裔的案件一起,最终结束了种族隔离的教育制度。

1. 20世纪40年代的诉讼案件

在20世纪40年代的诉讼案件中,最为有名的是"门德兹诉威斯特敏斯特等学

---

① Victoria-Maria MacDonald. *Demanding their Rights: The Latino Struggle for Educational Access and Equity* [EB/OL]. http://www.nps.gov/latino/latinothemestudy/education.htm. [2011-07-15].

② Enrique G. Murillo Jr. *Handbook of Latinos and Education: Theory, Research, and Practice* [M]. New York: Routledge, 2010: 28.

③ [美]托马斯·索威尔. 美国种族简史[M]. 沈宗美译. 南京:南京大学出版社,1992:294-295.

区案"。在门德兹案件中,5 位原告代表他们的孩子以及在农业社区种族隔离式学校学习的其他墨西哥裔儿童控告威斯特敏斯特、埃尔蒙特、加登格罗夫和圣安娜学区,对学区中存在的种族隔离状况提出抗议。1946 年 2 月 18 日,联邦法院做出裁决,指出对墨西哥裔学生的种族隔离违反了宪法第十四条修正案,其中并没有特定的州法律条文规定由当地学区自行管理墨西哥裔学校。加利福尼亚州的教育法规仅允许对印第安和亚裔儿童实施种族隔离,其中并不包括墨西哥裔儿童。学校委员会将墨西哥裔儿童安置在种族隔离式学校被认为是一种"法律程序之外的专制行为"①,不仅违反了州的法律,而且也是对美国宪法中平等条款的否认。联邦法院这一裁决于 1947 年 4 月 14 日得到了旧金山第九上诉法院巡回审判区法庭的认可。门德兹案件正式结束了加州针对墨西哥裔学生实施的法律上的种族隔离。

1948 年,在德克萨斯州的"德尔加顿诉巴斯特罗普独立学区案"中,法院裁决学区的隔离行为违反了宪法第十四条修正案,州内没有相关的法律规定对墨西哥裔学生实施种族隔离,并强令当地校方停止这一行为。至此,德克萨斯州法律上针对墨西哥裔学生的种族隔离制度宣告结束。

这两个案子虽然没能推翻 1896 年"隔离但平等"准则,但却为 1954 年布朗案的裁决奠定了基础,也标志着拉丁裔在争取平等教育权方面的初步胜利。

2. 20 世纪 50~70 年代的诉讼案件

1954 年布朗案裁决后并没有马上改变种族隔离的教育制度,一些学区把拉丁裔安置在黑人学校中,以此作为取消学校种族隔离的办法,黑人和拉丁裔受到的依然是不平等的教育。1955 年,加利福尼亚州的墨西哥裔家长们在"罗摩诺诉韦克利案"中对此种偷梁换柱的做法进行了挑战,但此案在庭外解决,无果而终。直到1970 年"西斯内罗斯诉科泊斯克里斯蒂独立学区案"时,这种做法才被制止。这个案件的重要意义还在于法院第一次从取消公立学校种族隔离的目的出发宣布墨西哥裔是少数民族,而且这也是第一个巡回法院宣布坚持布朗案中的原则也同样适用于拉丁裔的案例。

1973 年,在科罗拉多的"凯斯诉科罗拉多丹佛第一学区案"中,最高法院宣布与白人相比,拉丁裔和黑人在待遇上遭到同样的歧视,尽管此案由黑人提起,但一些干预者将拉丁裔的歧视引入补救阶段,最高法院对此做出裁决,结果同西斯内罗斯案相同,认为墨西哥裔美国人是一个统一的少数民族群体,并且按照宪法规定此

---

① Carlos Tejeda, Corinne Martinez, Zeus Leonardo. *Charting new terrains of Chicana(o)/ Latina(o) education* [M]. Cresskill: Hampton Press, 2000: 74.

种做法是为了达到废除种族隔离的目的,学校不得将拉丁裔看作白人,掩人耳目,继续实施种族隔离。至此,拉丁裔争取教育平等、废除种族隔离制度的斗争取得了阶段性的胜利。

(二) 双语教育兴起

语言一直是拉丁裔教育中的核心问题。在 20 世纪早期语言成为拉丁裔儿童被隔离的理由之一,许多拉丁裔儿童由于在学校里讲西班牙语而受到惩罚。在争取平等教育权的过程中,语言被拉丁裔看成是保持自己文化特性的重要标志和手段,因此平等教育权也意味着双语教育。在拉丁裔以及其他族群的努力下,1968年国会通过了《双语教育法》,双语教育逐渐成为学校教育中的常态。

1967 年,德克萨斯州参议员亚巴罗(Ralph Yarborough)提交了议案,建议为学区提供资金以帮助英语能力不足的学生。该建议只针对拉丁裔学生,提出把西班牙语作为母语进行教学,把英语作为第二语言教学,以便拉丁裔学生能欣赏自己祖先的语言和文化。此建议与其他 37 个议案一起最终成为《双语教育法》。这是联邦首次认可英语不足的学生有特殊的教育需求,出于教育机会平等的目的,联邦要提供资金上的支持。根据《双语教育法》的规定,联邦政府拨付的资金以竞争形式直接给予地方学区,资金用来为教育项目提供资源、培训教师和教师助理、开发和传播资料、支持家长参与学校教育[1]。《双语教育法》在 20 世纪 70~80 年代多次修订,拉丁裔成为双语教育的直接受益者。

(三) 拉丁裔的教育状况

随着拉丁裔争取平等教育权利运动的深入,也伴随着美国整体教育的发展,拉丁裔教育在这一时期发展也较为迅速。1970 年,拉丁裔的高中毕业率达到32%,与黑人持平,1980 年毕业率升至 44%、黑人为 52%。1970 年,拉丁裔的高等教育毕业率为 5%、黑人为 4%、白人为 11%;1980 年这三个族裔的数字分别是8%、8%和 17%[2]。随着越来越多的拉丁裔进入高等教育机构,一些大学也开始陆

① Gloria Stewner-Manzanares. The Bilingual Education Act: Twenty Years Later [EB/OL]. http://www.ncela.gwu.edu/files/rcd/BE021037/Fall88_6.pdf. [2011-07-15].

② Marta Tienda. Hispanicity and Educational Inequality: Risks, Opportunities and the Nation's Future [EB/OL]. http://www.ets.org/Media/Research/pdf/PICRIVERA1.pdf. [2011-07-15].

续建立墨西哥裔和波多黎各裔学习与研究中心,其中旧金山州立大学在 1969 年建立的民族研究系被公认是此领域的第一个。拉丁裔的第一代博士也从 70 年代开始进入学术界。但从总体上看,拉丁裔的教育不但与白人差距大,与黑人也存在差距。

　　拉丁裔教育总体落后的原因是多方面的,其中依然隔离的教育难辞其咎。20世纪 60～70 年代对拉丁裔的隔离教育主要体现在混合学校设置的隔离班上。拉丁裔儿童或是以英文不好或是以学习障碍为由被隔离在单独编排的班级里。1968年,拉丁裔学生在中小学中的比例只有 14%,但被安排在"心理障碍课程"中的学生的比例高达 40%①。这种源于种族歧视而非真正的种族差异的安排,是导致大量拉丁裔学生辍学的主要原因之一。低质量的中学教育也使得部分拉丁裔学生在进入大学后因基础差跟不上学业而退学。

三、20 世纪 80 年代以来的拉丁裔教育

　　20 世纪 80 年代,拉丁裔的教育目标不仅是教育机会的平等,更追求教育质量的优异。由于拉丁裔占学龄人口的总比例在逐年增长,拉丁裔教育质量的提高不仅关系拉丁裔自身,也影响美国总体教育水平的提高。

(一)拉丁裔各级教育的概况

1. 学前教育

　　学前教育主要是针对 5 岁以下的儿童,为满足儿童身心健康发展需求提供相应的教育服务,并为今后的发展奠定坚实的基础。美国联邦及各级州政府在这一领域投入力度很大,每年投入资金总额高达 100 亿美元,但拉丁裔学前教育状况却始终不尽如人意。

　　与其他种族相比,5 岁以下的拉丁裔儿童接受学前教育的比例很低。1998 年,拉丁裔 3 岁儿童接受教育的比例只有 20%,而白人为 42%,非裔 44%。4 岁儿童中虽有近 60% 的接受教育,但比例仍不及白人(67%)和非裔(73%)。同期,城市和郊区的拉丁裔儿童在接受教育方面的比例大致相同(城市为 48%,郊区为42%),相比而言,非裔城市儿童接受教育比例(55%)高于郊区(32%)。白人则与

---

①　Karen Salerno. Timeline for Education of Latinos [EB/OL]. http://sitemaker.umich.edu/educationalequity/latino_timeline. [2011-07-15].

之相反,郊区比例为 62%,城市为 19%。到 2001 年,3～5 岁的拉丁裔儿童接受学前教育的比例仅为 40%,而其他族裔儿童比例为 60%①。

拉丁裔儿童接受学前教育的比例与家长受教育程度呈正相关,家长受教育程度的提高有助于儿童在学前教育阶段的发展。然而,1997 年,25 岁及 25 岁以上的拉丁裔完成高中学业的人数低于非裔和白人——拉丁裔为 55%、非裔为 75%、白人为 86%②。与此同时,研究表明,随着家庭收入的增加,3～4 岁儿童入学率将会提高。但事实上,1998 年,拉丁裔的家庭平均收入为 2.8 万美元,低于全国 3.9 万美元的水平,6 岁以下儿童有 36% 处于贫困状态③。经济基础的缺失势必影响拉丁裔儿童受教育状况。

研究表明,如果儿童在上学前有人给读、写、听,将有助于小学阶段的学习。而拉丁裔只有 65% 的 3～5 岁儿童有人教读、写、听,黑人有 75%,而白人的这一比例高达 90%。同时,拉丁裔学前教育教师资源缺乏,大约有 70% 的学前教育教师承认他们没有接受充分的培训以满足英语水平有限或者来自不同文化背景的儿童的需要④。教师培训的不足严重影响了拉丁裔儿童学前教育的质量。

2. 初等和中等教育

20 世纪 80 年代以来,拉丁裔处于学龄期的儿童数量成倍增长,从 1978 年～1998 年,公立小学中拉丁裔入学人数增长了 157%,而黑人增长了 20%,白人 10%。至 2001 年,基础教育阶段拉丁裔入学人数达到 840 万,占在校学生总数的 16%⑤。2000 年,本土出生的拉丁裔高中毕业率达到 60%,比 1970 年增长了 20 个百分点。但从学业成绩上看,拉丁裔学生一直低于全国平均水平,这种差距始于幼儿园且持续到高中。例如,拉丁裔儿童在 9 岁时的阅读、数学和科学等平均成绩普遍低于非拉丁裔儿童,超过 1/3 的 15～17 岁拉丁裔学生成绩低于正常年级水平。17 岁拉丁

① *Latinos in Education：Early Childhood，Elementary，Secondary，Undergraduate，Graduate* [R]. Washington, D. C.：White House Initiative on Educational Excellence for Hispanic Americans，1999.

② *Latinos in Education：Early Childhood，Elementary，Secondary，Undergraduate，Graduate* [R]. Washington, D. C.：White House Initiative on Educational Excellence for Hispanic Americans，1999.

③ *Latinos in School：Some Facts and Findings* [R]. ERIC Digest Number 162，2001：2.

④ *Latinos in School：Some Facts and Findings* [R]. ERIC Digest Number 162，2001：2.

⑤ *The Pew Hispanic Center*. Hispanics：A People in Motion [EB/OL]. http：//pewhispanic. org/files/reports/40. pdf. [2011-07-15].

裔学生在全国教育进步评价（National Assessment of Educational Progress）中的阅读、数学和科学平均成绩均明显低于白人同龄人。

2000 年时，仅有 31％的拉丁裔高中毕业生学习了微积分、三角以及其他高级数学课程，而非拉丁裔白人的比例是 47％；56％的拉丁裔修读了高级科学课程，其白人同辈的比例是 64％①。修读高级数理课程是进入大学并完成大学学业的重要前提，这方面的不足也导致拉丁裔在高等教育方面的一些问题。

与其他族群相比，拉丁裔辍学率居高不下。根据有关统计数据，与其他白人学生相比，在完成高中学业之前，拉丁裔学生更易辍学。2000 年，16～24 岁拉丁裔辍学率为 28％，而黑人为 13％，白人 7％，这就导致拉丁裔高中毕业率较其他种族要低，只有 64％，而黑人为 84％，白人 92％②。同时，拉丁裔群体中拥有高中文凭的人口比例增长缓慢。例如，1980～1999 年，25 岁及 25 岁以上拥有高中文凭的非裔人口比例增长了 25.8％（达 77％），白人增长了 15.5％（达 84.3％），而拉丁裔仅增长了 12.1％（达 56.1％）③。

3. 高等教育

20 世纪 80 年代以后接受高等教育的拉丁裔增加很快，1980 年 18～24 岁的拉丁裔青年有 16％进入高校，2000 年的比例达到 22％。这与高中生毕业率的上升是同步的。1985 年拉丁裔高中毕业生进入高校的比例是 27％，到 2000 年上升至36％。此比例虽然比白人的 39％低，但却高于黑人的 31％④。

伴随高校入学人数的增加，拉丁裔获得各级学位的人数也逐渐增加。据统计，1980～1981 学年到 1990～1991 学年，拉丁裔获得学术学位的比例增加了 68％，1990～1991 学年到 1999～2000 学年增幅高达 105％。在硕士和博士层次，增加的幅度也很大，其中硕士学位增加了 128％，博士学位增加了 76％⑤。不过，尽管拉丁

---

①　The Pew Hispanic Center. Hispanics：A People in Motion [EB/OL]. http：// pewhispanic. org/files/reports/40. pdf. [2011-07-15].

②　NCES. Status and Trends in the Education of Hispanics [EB/OL]. http：// nces. ed. gov/ pubs2003/2003008. pdf. [2011-07-15].

③　Carlos Nevarez, Mexican Americans and Other Latinos in Postsecondary Education：Institutional Influences [EB/OL]. ERIC ED459038. http：// www. ericdigests. org/2002-3/ mexican. htm. [2011-07-15].

④　NCES. Status and Trends in the Education of Hispanics [EB/OL]. http：// nces. ed. gov/ pubs2003/2003008. pdf. [2011-07-15].

⑤　NCES. Status and Trends in the Education of Hispanics [EB/OL]. http：// nces. ed. gov/ pubs2003/2003008. pdf. [2011-07-15].

裔高等教育的发展比较快,但他们所获各级学位的比例依然远低于自己族群在总人口中的比例,与白人相比,也依然处于落后状态。在专业选择上,拉丁裔主要集中在商业、社会科学、教育、心理学等领域。虽然拉丁裔高等教育入学率在增加,但最终完成学业的比例并不高。在 25~29 岁完成学士或更高学位的人群的比例从 1975~2000 年一直在 8%~11% 之间徘徊①。

(二) 拉丁裔教育存在的问题及面临的挑战

正如前文所述,拉丁裔教育在一个世纪的发展中取得了很大的成绩,但与其他族裔尤其是与白人相比,很多教育指标还处于落后状态。拉丁裔教育存在的问题和面临的挑战还很多。

1. 以拉丁裔为主的中小学教育经费不足

目前,美国已不存在历史上曾出现过的、实施隔离的拉丁裔或墨西哥裔学校,但是以拉丁裔为主的学校仍大量存在。研究表明,近 80% 的拉丁裔学生所在的学校为少数族裔学生为主的学校(50% 以上的学生为少数族裔),1/3 以上的拉丁裔学生所在学校的学生 90% 以上为少数族裔,而白人进入这两类学校的比例不到 12% 和 1%②。少数族裔为主的学校主要集中在城市学区,尤其是城市中心,这与白人大量搬离到郊区有关。城市中心的学校往往经费缺乏、设施不足,生均经费要比少数族裔少的学校低③。高贫困学校往往对学生的学业成绩产生负面影响,因为这些学校不仅师资设置不足,而且学生缺乏同辈的积极影响。拉丁裔学生正是这类学校的受害者。

2. 合格教师和拉丁裔教师不足

困扰拉丁裔教育的另一个问题是合格教师不足。有近 56% 的公立学校教师的班级里至少有一名母语不是英语的学生,但只有 20% 的教师接受过教育这类学生的培训。少数族裔尤其是拉丁裔学生为主的学校大多在大型的城市学区,而

① NCES. Status and Trends in the Education of Hispanics [EB/OL]. http://nces.ed.gov/pubs2003/2003008.pdf. [2011-07-15].

② Gary Orfield & Chungmei Lee. Why Segregation Matters: Poverty and Educational Inequality [EB/OL]. http://bsdweb.bsdvt.org/district/EquityExcellence/Research/Why_Segreg_Matters.pdf. [2011-07-15].

③ Richard Verdugo. A Report on the Status of Hispanics in Education: Overcoming a History of Neglect [EB/OL]. http://www.nea.org/assets/docs/HE/mf_hispaniced.pdf. [2011-07-15].

80％的城市大型学区缺乏受过专业训练的教师①。由于很多教师不了解拉丁裔文化，无法对拉丁裔学生的需求做出及时准确的反应，这也在一定程度上影响了拉丁裔学生的学业成绩。

另外，公立中小学中拉丁裔教师不足。1987年拉丁裔教师占教师总体的比例为2.84％，1993年上升到4.26％，到1999年进一步增加到5.62％，但1999年拉丁裔学生占整个中小学生群体的比例达15.6％②。学校拉丁裔教师的缺乏使学生缺少学习的榜样，同时导致拉丁裔学生与其他族裔教师关系松散。不仅拉丁裔教师不足，管理层面拉丁裔所占比例甚微。据1995年统计，美国中小学校校长中白人占89.3％，拉丁裔仅占2.9％③，这也使得学校的教育决策较难反映拉丁裔学生的需要。

3. 高辍学率

高辍学率是拉丁裔教育的一个顽症。高辍学率导致拉丁裔在进入职场时遭遇更多的困难，无法获得报酬良好的工作。经济上的困难又会产生连锁反应，使很多拉丁裔在社会生活中步履维艰，处处碰壁，由此造成的问题又直接影响拉丁裔的教育，形成恶性循环。

除上述问题以外，幼儿教育不足、学业成绩低下、高等教育层次顶尖学位及顶尖专业人数过少、双语教育欠缺、拉丁裔内部不同族群之间的差异以及新移民与美国本土出生的拉丁裔之间教育差异等问题也是拉丁裔教育面临的巨大挑战。造成拉丁裔教育问题的原因是多方面的，既有历史的，又有现实的；既有政治经济的，又有文化和教育的；既有政府和社会方面的，也有拉丁裔自身的，因此与其他少数族裔一样，拉丁裔教育的发展和提高要依赖社会整体的改革。

第四节　亚裔教育

亚裔美国人主要指祖籍为东亚、东南亚以及印度次大陆的人。在2000年的美国人口普查中，亚裔人口为1190万，占总人口的4.2％。亚裔是一个拥有多民族

---

① Richard Verdugo. A Report on the Status of Hispanics in Education: Overcoming a History of Neglect [EB/OL]. http://www. nea. org/assets/docs/HE/mf_hispaniced. pdf. [2011-07-15].

② Richard Verdugo. A Report on the Status of Hispanics in Education: Overcoming a History of Neglect [EB/OL]. http://www. nea. org/assets/docs/HE/mf_hispaniced. pdf. [2011-07-20].

③ 刘宝存. 美国少数民族高等教育进展、问题、前瞻[J]. 比较教育研究，2001(7).

的族群,其中印度裔、华裔、菲律宾裔和越南裔占了 80％,其他较大的族裔包括来自日本、柬埔寨、老挝、巴基斯坦以及泰国等国的移民及其后裔。作为少数族裔,目前亚裔在教育、社会以及经济方面都取得了巨大的成绩,被称为"模范少数民族",但是在这个光鲜的称呼背后,是亚裔长期在美国社会遭受的歧视和不公平的待遇,是亚裔的抗争和艰苦的奋斗。亚裔所取得的成就与亚裔重视教育不无关系,但"二战"后的亚裔教育与其他少数族裔一样也是充满了艰辛。

一、"二战"前亚裔教育概述

与其他少数族裔相比,亚裔是较晚来到美国的。自亚裔踏上这片土地,他们便一直被蔑视、被忽视、被隔离。进入 20 世纪,他们的命运并没有多少改变,但亚裔不管在什么样的恶劣环境中都非常重视对下一代的教育,因此为获得平等的教育权,亚裔一直没有放弃抗争和努力。

最早的亚裔移民是伴随着 19 世纪 40 年代的"淘金热"来到美国的,主要是中国人。到 1865 年大约有 5 万中国人住在加利福尼亚州(简称加州),大部分在旧金山。出于对中国人的歧视,1859 年旧金山开办了只收中国人的公立学校,但即使这所学校与白人完全隔离,学校委员会还是于 1871 年将其关闭,此后华裔不允许上旧金山的任何一所公立学校。1884 年一对华裔夫妇向这种制度发起了挑战,他们对温泉谷小学拒绝接收他们的女儿向法院发起诉讼,这就是"泰普诉荷雷案"。州法院命令校长接收他们的女儿,而且也得到了加州最高法院的支持①。但其女儿并没能去白人学校,因为另一所专收中国人的隔离学校又开办了。到 19 世纪末,日裔来到美国从事农业生产,1900～1910 年,日裔从 25 000 增长到 72 000,其中41 000 在加州②。与华裔一样,日裔依然不能上白人学校,只能上华裔隔离学校。1907 年,一些日裔美国人对旧金山的学校隔离政策发起诉讼,但此案由于政治原因被撤销,对亚裔的隔离在旧金山一直持续③。

"一战"之后,美国对华裔和日裔的排斥不但没有减轻,还有加强之势。1924

---

① NEA. Beyond Black and White：API Students and School Desegregation [EB/OL]. http：//www. nea. org/assets/docs/HE/mf_apifocus08. pdf. [2011-07-20].

② Don Toshiaki Nakanishi, Tian Yamano Nishida. *The Asian American Educational Experience：A Source Book for Teachers and Students* [M]. New York：Goutledge, 1995：14.

③ NEA. Beyond Black and White：API Students and School Desegregation [EB/OL]. http：//www. nea. org/assets/docs/HE/mf_apifocus08. pdf. [2011-07-20].

年的移民法限制所有亚洲地区的移民,在美国的亚裔依然生活在种族隔离的阴影之中。20 年代,密西西比的华人又一次挑战种族隔离的教育制度。1924 年,9 岁的卢马莎(Martha Lum)被当地的白人中学拒绝,她的父亲为此提起了诉讼。1927 年案件最终到达美国最高法院,但法院裁决白人中学拥有宪法赋予的维持"隔离但平等"的学校制度的权利。这一裁决影响到所有亚裔,直到 1954 年布朗案"隔离但平等"才被撼动。

二、争取平等的教育权利("二战"后～70 年代)

20 世纪 60 年代是美国各少数族裔争取平等公民权利的时期,也是美国进行社会改革的时期。这一时期伴随着新的移民潮出现,亚裔的人口有了很大增加,族群的力量也有所增强,亚裔在教育领域通过自己的奋争也取得了一些胜利。

(一)大学校园的抗争与少数族裔研究的兴起

60 年代,受黑人争取民权斗争的鼓舞,亚裔也纷纷组织起来为自己的权利而斗争。在这期间,大学校园的亚裔发挥了重要作用。加州大学洛杉矶分校的亚裔成立了亚裔政治联盟,并在东海岸的耶鲁大学和哥伦比亚大学成立了分支。中西部的亚裔也在伊利诺伊大学、奥博林学院、密歇根大学成立了学生组织。到 70 年代,类似的组织达 70 多个,它们以"亚裔美国人"命名,表达了鲜明的新的政治和社会态度[1],即与其他族裔一样,亚裔是"美国人",应该受到平等对待。1968 年和 1969 年,旧金山州立大学和加州大学伯克利分校的亚裔分别参加了要求在学校中开设少数民族研究课程的罢课,最终导致旧金山大学设置了少数民族研究学院、伯克利设置了少数民族研究系。随后其他大学也纷纷开设少数民族研究课程,进行相关研究,使长期受到忽视的少数族裔文化、历史受到关注。目前,旧金山州立大学和加州大学伯克利分校在少数族裔研究方面处于领先地位。

(二)劳诉尼库拉斯案与平等教育机会

1968 年《双语教育法》颁布后,各地对实施双语教育的热情并不高。华裔聚居

---

① Nadra Kareem Nittle. The Asian-American Civil Rights Movement [EB/OL]. http://racerelations. about. com/od/historyofracerelations/a/RevisitingtheYellowPowerMovement. htm. [2011-07-20].

的加州尽管在 60 年代初应华裔的要求开展了双语教育,但仅仅是象征性的,对学校中英语能力不足的华裔没有任何帮助。1970 年 3 月 25 日,金妮·劳(Kinney Kinmon Lau)和 12 位华裔学生(一半以上在美国出生)代表近 3 000 名华裔向旧金山联邦地区法院提交了诉讼状,抗议旧金山教育委员会在双语教育方面不作为,要求法院判决教育委员会提供配备双语教师的特殊英语语言课程。原告的要求并没有得到地区法院的支持,地区法院认为他们已经获得了与其他学生一样的条件和待遇。1974 年案件上诉到联邦最高法院。最高法院第一次认可了英语能力不足学生的特殊教育需要和权利。针对"表面平等",最高法院指出:"仅仅提供给学生同样的设施、课本、教师和课程并没有平等对待可言,因为不懂英语的学生实际上任何有意义的教育都得不到。"①最高法院认为旧金山学区没有为华裔学生提供英语教学是剥夺了他们接受平等教育的权利,要求学区必须采取得到法院认可的"适当的救济手段"。

劳诉尼库拉斯案的胜利不仅在于为华裔争得了接受良好双语教育的机会,更重要的是它使人们对教育平等的认识更加深刻。教育平等绝不仅仅是入学机会的平等,真正的平等是为每个人提供适合他的教育。

三、"模范少数民族"的神话(20 世纪 80 年代以来)

20 世纪 80 年代以后,越来越多的亚裔进入美国,使亚裔成分越来越多样化。亚裔通过自己的艰苦努力,在经济和教育方面取得了令人瞩目的成就。亚裔整体的受教育水平以及家庭经济收入水平都跃居各族裔前列。1999 年美国家庭平均收入为 56 644 美元,其中:白人为 59 696 美元,亚裔则为 67 734 美元②。在教育方面,在 25 岁以上人口中高中毕业、专科、本科以及研究生等指标,亚裔只是在高中毕业这一项上低于白人(亚裔 80.4%,与全国平均水平持平,白人 85.5%),其他各项指标都远远高于其他族裔③。亚裔的成就换来了"模范少数民族"的称号,但这

---

① Don Toshiaki Nakanishi, Tian Yamano Nishida. *The Asian American Educational Experience: A Source Book for Teachers and Students* [M]. New York: Goutledge, 1995: 58.

② Ed Welniak, Kirby Posey. Household Income: 1999, Census 2000 Brief [EB/OL]. http://www.census.gov/prod/2005pubs/c2kbr-36.pdf. [2011-07-20].

③ Kurt J. Bauman, Nikki L. Graf. Educational Attainment: 2000, Census 2000 Brief [EB/OL]. http://www.census.gov/prod/2003pubs/c2kbr-24.pdf. [2011-07-20]. [2011-07-20].

个看似恭维的称号带给亚裔的并不是利益，而是压力和阻力。

（一）亚裔的教育成就

亚裔中的两大群体来自东亚和南亚，这两个地区历来有重视教育的传统。"二战"后是美国教育大发展的时期，亚裔经过不断的努力，在教育领域取得了突出的成就。

根据全国教育进步评价机构 1998 年发表的《幼儿教育纵向研究》报告，在进入小学 1 年级之前的幼儿园阶段，亚裔在阅读和数学方面就超过包括白人在内的所有其他族裔①。这意味着亚裔大多在入小学之前就做好了准备，为以后的学业成功打下了坚实的基础。

在中小学阶段，亚裔的成绩也较为优秀，这在全国性的标准化测验中有所体现。以数学、英语和科学为例，在全国教育进步评价的标准化测验中，亚裔的数学成绩一直遥遥领先。1990 年，4 年级、8 年级、12 年级亚裔学生的成绩分别是 228、279、311，白人学生为 220、270、301，全国的平均成绩为 213、263、294。2000 年，8 年级和 12 年级的成绩分别为 289、319，白人为 286、308，全国平均成绩为 275、301②。在语文方面，根据全国教育统计中心的报告，1992 年 4 年级、8 年级、12 年级学生的全国平均成绩为 217、260、292，亚裔为 214、270、292，白人为 225、267、298；1998 年全国平均成绩是 217、264、291，亚裔为 225、271、289，白人为 227、272、298③。亚裔的成绩略低于白人，而且几年间的进步不大，甚至有退步。在科学方面，亚裔的成绩也是低于白人，高于其他族裔。1996 年这三个年级的全国平均成绩是都是 150，2000 年的成绩分别是 150、151、147；1996 年和 2000 年白人 8 年级和 12 年级的成绩为 159 和 162、159 和 154，亚裔的成绩是 152 和 156，149 和 153，成绩有一定增长④。如果深入到教育内部，我们还会发现在中学阶段有更高比例

---

① Kim M. Lloyd, Marta Tienda, Anna Zajacova. Trends in Educational Achievement of Minority Students Since Brown v. Board of Education [EB/OL]. http://theop. princeton. edu/reports/misc/trends_in_ed. pdf. [2011-07-20].

② NCES. The Nation's Report Card 2000 [EB/OL]. http://nces. ed. gov/nationsreportcard/pdf/main2000/2001518. pdf. [2011-07-20].

③ Patricia L. Donahue. NAEP 1998 Reading Report Card for the Nation and the States [EB/OL]. http://nces. ed. gov/nationsreportcard/pdf/main1998/1999500. pdf. [2011-07-20].

④ Christine Y. O'Sullivan. The Nation's Report Card: Science 2000 [EB/OL]. http://nces. ed. gov/nationsreportcard/pdf/main2000/2003453. pdf. [2011-07-20].

的亚裔修读高级课程以及先修课程,这些都为亚裔进入大学做好了准备。

在高等教育方面,亚裔取得的成就更令人瞩目。1976年,亚裔学生占全部本科生的比例为2％,1995年升至6％,超过了亚裔在总人口中的比例(4％)。亚裔不仅高校入学率在增加,更引人注目的是一流大学中的亚裔面孔越来越多。到1990年,在全国最顶尖的学院和大学中亚裔学生的比例分别是2.8％和4％①。这种现象在90年代后更为明显。据2000年美国人口普查结果,25岁以上人口中,44％的亚裔拥有本科(或本科以上)学历,高于24％的全国平均水平②。

(二) 亚裔的教育问题

亚裔教育成就的取得为他们赢得了"模范少数民族"的称号,但这个称号掩盖了诸多光鲜成绩背后的问题。

在过去的一个世纪里,亚裔为获得平等的教育权利而与偏见、排斥以及制度化的歧视作艰苦斗争。当他们经过长期的努力获得一定成就的时候,却被标榜为成功地克服了种族主义,通过教育实现了美国梦的"模范少数民族"。这样标榜的结果是让亚裔觉得他们再也不会经历歧视,再也不需要任何诸如双语教育这样的帮助。对政客来说,标榜亚裔是"模范少数民族",不仅是推卸政府在完善亚裔民权方面的责任,也是他们用来指责其他少数族裔的借口。另外,在"模范少数民族"的光环下,人们会觉得亚裔都是一样的,都是成功的。实际上如果深入亚裔教育的内部,会发现许多统计表明,亚裔依然承受着种族不平等以及制度化的歧视,模范少数民族不过是个神话。

1. 族群内部教育差异悬殊

正如前文所述,亚裔是一个拥有多个民族的族群,这些民族在历史、移民模式、文化、宗教、语言等方面存在着种种差异。在教育方面南亚裔和东亚裔成就较高,而东南亚裔的则很低,有些指标低于全国平均水平。

根据2000年人口普查的数据,亚裔中印度裔的教育水平最高,在25岁以上人口中,近64％拥有本科或本科以上学位;其次是巴基斯坦裔,比例为54.3％;第三

---

① Meyer Weinberg. Asian-American Education：Historical Background and Current Realities [M]. Mahwah：Lawrence Erlbaum Associates, 1997：319.

② Terrance J. Reeves, Claudette E. Bennett. We the People：Asian in the United States：Census 2000 Special Reports, 2004 [EB/OL]. http：// www. census. gov/prod/2004pubs/censr-17. pdf. [2011-07-20].

为华裔,为 48.1%。另外日裔、韩国裔以及菲律宾裔都在 40% 以上。与此相对应的是 25 岁以上人口中,53.3% 的柬埔寨裔、49.6% 的老挝裔以及 38.1% 的越南裔的教育水平低于高中,其中柬埔寨裔及老挝裔拥有本科及以上学历的比例都在 10% 以下①。

亚裔学生虽然在标准化考试中取得不俗的成绩,在大学预修考试中的成绩也遥遥领先,但亚裔内部也有很高的辍学率,1994～1995 年度旧金山联合学区亚裔的辍学率为 27%②。

与其他族裔一样,亚裔的教育水平与其社会经济地位紧密相连。辍学的青少年往往来自低收入家庭,而低收入家庭在东南亚裔中比例非常高。1999 年,全国生活在贫困线以下的人口比例为 12.4%,柬埔寨裔家庭为 29.3%、苗人为 37.8%、老挝裔为 18.5%③。

在高等教育领域,一个广泛的错觉是亚裔在一流学校中占有极大的比例,但另一个事实是大量亚裔就读于社区学院。1992 年就读社区学院的亚裔比例是 43.2%(28.9 万),这还不包括另外 10 万非美国居民的亚裔也在社区学院④。

导致亚裔族群内部教育差距的原因是多方面的,其中一个不容忽视的原因是新移民,尤其是父母的教育水平低下的移民在适应美国社会时遇到的种种困难。学生面临文化和语言的双重障碍,而且往往就读于少数族裔占多数的高贫困的城区学校。他们在生活中会遇到各种有形和无形的对亚裔的歧视,这些都会导致一些亚裔学生丧失求学信心而辍学,而辍学则会给他们适应美国生活带来更大的困难。

2. 双语教育亟待加强

双语教育作为 20 世纪 60 年代民权运动的产物,对推动美国多元文化的发展

---

① Terrance J. Reeves, Claudette E. Bennett. We the People: Asian in the United States: Census 2000 Special Reports, 2004 [EB/OL]. http://www.census.gov/prod/2004pubs/censr-17.pdf. [2011-07-15].

② Sau-Fong Siu. Asian American Students at Risk: A Literature Review [EB/OL]. http://www.csos.jhu.edu/CRESPAR/TechReports/report8.pdf. [2011-07-15].

③ Terrance J. Reeves, Claudette E. Bennett. We the People: Asian in the United States: Census 2000 Special Reports, 2004 [EB/OL]. http://www.census.gov/prod/2004pubs/censr-17.pdf. [2011-07-15].

④ Meyer Weinberg. *Asian-American Education: Historical Background and Current Realities* [M]. Mahwah Lawrence Erlbaum Associates, 1997: 319.

发挥了关键性的作用,美国政府也多次修订《双语教育法》来保证双语教育的顺利进行。但80年代以来,一些学者质疑双语教育的有效性,致使双语教育在有些地区出现了倒退。例如,1998年加州通过了《为了移民孩子的英语教育提案》(227号提案),要求取消原来的双语教育计划,改为为所有英语水平有限的学生提供一年的英语浸入式学习计划,一年后全部转入主流课堂。此提案不是对双语教育的加强,而是再一次将母语与英语对立起来。加州是亚裔集中的地方,此提案对亚裔势必会造成消极的影响。2000年人口普查表明,69%的亚裔出生在美国之外(全部人口的比例是11%),有一半以上的亚裔学生第一语言不是英语,79%的5岁及以上儿童在家不说英语,90%以上的柬埔寨裔、苗裔、老挝裔、巴基斯坦裔以及越南裔的儿童在家不说英语①。可以设想,在一年的英语教育浸入学习之后,英语能力有限的亚裔儿童在适应学校生活方面该有多大的困难。

不管是加州还是其他地方,在双语教育方面普遍缺乏合格的教师。在教师的整个队伍中,亚裔教师普遍缺乏。亚裔占学龄人口的4.4%,但亚裔教师的比例只有2%。在亚裔聚居的纽约市,亚裔学生比例高达10%,但亚裔教师比例只有2.8%。亚裔教师少的原因一是亚裔本身选择做教师的少;另一原因是教师通过资格考试的比率低于其他族裔。缺少双语教师以及亚裔教师,使亚裔学生在与父母为代表的自己的文化、主流文化、学校文化以及同辈文化间寻求平衡变得异常困难,由此导致学业上的失败。

"二战"后的几十年间,美国的印第安人、黑人以及拉丁裔和亚裔等少数族裔在争取平等的教育权利、追求高质量的教育方面进行了长期不懈的努力,取得了令人瞩目的成就。但是,在看到成绩的同时,人们也必须清醒地认识到,美国争取各族裔平等教育的进程仍很漫长,还有很多难题需要全社会共同应对,其最终解决有赖于通过包括教育在内的社会各领域的深入改革。

① Terrance J. Reeves, Claudette E. Bennett. We the People: Asian in the United States: Census 2000 Special Reports, 2004 [EB/OL]. http://www.census.gov/prod/2004pubs/censr-17.pdf. [2011-07-20].

第十章
战后美国女子教育

第一节　战后初期美国的女子教育

第二次世界大战打破了美国"孤立主义"外交传统,从 1942 年正式参战到 1945 年战争结束,美国前所未有地调动起各种社会力量以求战争胜利,女性亦成为国家积极开发的人力资源。据统计,美国参战期间女性占劳动力的比例由战前的 25% 上升至 36%,战争结束时女性劳动力增加了 60 万人左右[①]。可以说,战争为美国塑造出一个全新的女性群体——"铆工罗西"(Roise the Riveter),爱国、独立、敬业的"罗西"们在全面参与社会经济活动的同时,也令女性力量为社会所认可。"二战"对美国教育的影响亦十分明显。研究表明,美国参战期间其学校教育一度出现凋敝——教师大量流失、学生辍学率升高、教学时间和内容被大幅压缩,大学也不可避免地卷入为战事服务的洪流中。由于男生大批奔赴沙场,大学里男女生比例一度缩小,但女生总量始终少于男生。战争后期,女大学生辍学就业、入伍或参加外围反战活动的人数也在不断增加,战时美国女性高等教育实际上处于一种收缩的状态。尽管开发女性人力资源成为战时美国朝野的共识,但它始终没有得到严肃的对待。联邦政府下设的妇女咨询委员会形同虚设,因为当局认为,"当危机结束时,女子和男人一样,要再一次发挥她/他们的'正常'作用"[②],结果性别导向型课程备受当局追捧。米尔斯学院教授琳·怀特的观点就很有代表性,即要"保持男女社会性别的差异性,以便让他(她)们各自学习和掌握与自己性别'相适宜'的知识和技能,满足社会对他(她)们的不同期待",提倡为女性提供烹饪、幼儿心理学、

---

① 王恩铭. 20 世纪美国妇女研究[M]. 上海:上海外语教育出版社,2002:140.
② [美]洛伊斯·班纳. 现代美国妇女[M]. 侯文蕙译. 北京:东方出版社,1987:213.

看护、教育、文秘等课程①。战后,在保守主义强势回归的背景下,这种性别本质主义取向的教育理念极为盛行,成为美国女性全面参与社会生活的一大障碍。

一、性别导向型教育及其影响

性别导向型教育,是一种因性别差异而导致的男性和女性在教育机会获得、学习内容、毕业出路等方面有所不同的教育理论与实践,其核心是性别本质主义和性别偏见。从女子教育史上看,性别偏见者支持性别导向型教育的依据有二:一种是以生物决定论为基础,认为女性存在生理劣势,故无法接受教育或接受与男子同样的教育;二是社会决定论,以传统的社会性别分工合理为前提假设,认为只有男女有别的教育才能满足社会对两性的要求,才能保持社会的正常发展。从历史上看,生物决定论的影响主要集中在女子教育起步阶段,到 19 世纪末 20 世纪初,女大学生和职业女性的增多令这一理论不攻自破。相比之下,社会决定论的影响就颇为持久和微妙,并每每随着社会风气的右转而反弹。令人惊讶的是,在当代女权主义理论提出之前,人们,包括女性自己都将女性的不利地位归于个人能力素质的欠缺,而不是性别导向型教育所造成的危害。"二战"后,受到弗洛伊德主义和各种保守思想的影响,美国学校教育颇具性别导向型色彩,对女性平等参与教育产生了广泛的消极影响。

(一)女性入学权的不平等

平等的入学权是一个人全面参与教育的逻辑前提,然而,受到性别偏见的影响,直到 20 世纪 60 年代中期美国女性依然被大批精英院校拒之门外,或接受配额制的制约。1965 年,包括耶鲁大学、普林斯顿大学、约翰·霍普金斯大学、弗吉尼亚大学等精英院校在内的 200 多所高校本科部依然拒绝招收女生。与此同时,很多学院限制女性的比例,常春藤盟校中布朗大学和哥伦比亚大学当时女生比例最高为 36%,哈佛大学最低为 20%。除此之外,女生的录取成绩比男生高,很多研究生院对女性实行配额制,如女生只能占法学专业学生总数的 10%,不得超过医学专业学生总数的 11%②。究其原因不外乎教授们认为社会不需要那么多女性专业

---

① 王恩铭. 20 世纪美国妇女研究[M]. 上海:上海外语教育出版社,2002:163.
② Susan Faludi. *Backlash:The Undeclared War against American Women* [M]. New York: Doubleday Dell Publishing Group, Inc. , 1991:235-236.

人员，与其将教育资源浪费在出门便嫁人的女生身上，不如多培养几个有前途的男学者。

以传统社会性别分工为基础的性别导向型教育强化了性别刻板印象，即女性对科学、技术、工学和机械类学科及专业教育的疏离，加重了专业教育和职业的性别隔离。美国当代女权运动旗手——贝蒂·弗里丹(Betty Friedan)在20世纪60年代初通过调研发现，"以性别为指导方向的教育对(美国)中学一级的影响或许比对大学的影响更为隐蔽有害"①。很多中学职业指导教师不鼓励甚至劝阻女生放弃专业教育和微积分、高等物理那样的艰深课程。职业兴趣登记表也有鲜明的性别区分，这种表格在当时有蓝色和粉色两种，蓝色给男生用，粉色给女生用。蓝表中提示有某种兴趣的男生可以成为医生，而粉表则提示有相同兴趣的女生可以做护士②。从表10-1可以明显看出，在性别导向型教育盛行的时代学科/专业性别隔离的严重状况。

表 10-1　1956 年美国女性在主要学科领域获得学位的百分比③

学位名称	女性占比(%)	学位名称	女性占比(%)
工程学	0.3	建筑学	5.3
林学	0.4	药学	10.7
牙科	1.2	教育	63.7
兽医	1.8	社会工作	65.8
法律	3.7	图书馆学	77.4
医学	5.2	护理学	99.1

(二) 教育内容及课堂教学中的性别偏见

与入学权利相比，课程及课堂教学中存在的性别歧视就隐蔽得多。20世纪70年代很多研究表明，教育内容与儿童性别刻板印象的形成密切相关，学生接触性别歧视的教育内容越多越久，其对性别刻板印象的认同和内化就越深刻。总的来看，教育内容中的性别歧视体现在两方面：①数量差异，即女性在教学内容中出现的次数和频

---

① [美]贝蒂·弗里丹. 女性的奥秘[M]. 程锡麟等译. 广州：广东经济出版社，2005：168.
② 时春荣. 美国教育中性别歧视的改变[J]. 妇女研究论丛，1995(2).
③ Mabel Newcomer. *A Century of Higher Education for Ameircan Women* [M]. New York：Harper Press, 1959：179.

次都低于男性。如一项针对学龄前儿童读物的研究发现,书中以男性为主角和以女性为主角的比例为 7:2,书中插图男性有 261 张,女性仅 23 张,比例为 11:1①。②性别角色形象差异,即教学内容所体现的基本都是刻板的性别形象。比如,一位美国学者曾对美国小学课本中"珍妮在看迪克赛跑"②进行性别分析,她指出男孩迪克"在跑",是行为的主动者,而女孩珍妮"在看",是旁观者和辅助者,因为她在给迪克加油,很符合社会性别规范。此外,还有一些教学内容明显存在性别歧视,如幼儿园里经常使用的童谣"女孩,女孩,滚一边儿。工作、运动都不占先儿"③,就很不利于女孩自信心的培养。

教学过程是性别偏见集中的另一个重灾区,而这点丝毫没有因为男女同校而发生实质性变化。正如女性主义学者玛琳娜·萨拉塔(Melinda Salata)所言:"今天,大多数男女学生都进入同一所学校,坐在同一间教室,读着同样的课本,但在平等的入学权背后,不公平依然存在。虽然学校最终为女性敞开了大门,她们终于坐在教室里,却仍然只是二等公民。"④通过对 100 多所中小学课堂教学的观察,教育学者迈拉·萨德克和大卫·萨德克(Myra and David Sadker)夫妇发现,教师对待男女学生态度和行为有着明显的差别,对于相同的行为,教师给男女生的评语并不一致,男生获得教师具体评语的几率更高。美国大学妇女联合会的调研则发现,教师对男生的期望值往往高于女生,男生获得教师的关注和发言的机会比女生多。在大学教室里,沉默的学生中有 2/3 是女生⑤。从女性主义的角度看,生物决定论是课堂性别偏见形成的主要原因之一。

战后初期,受到性别导向型教育的影响,美国女性专业选择范围较窄、层次不高,造成女性专业人员和高级人员储备不足,进一步导致了职业性别隔离的加剧。教学工作女性化是最为典型的例子。据统计,1946～1956 年,步入学龄的战后"婴儿潮"一代对公立教育产生了持续 10 年的冲击,幼儿园和小学的入学人数增长了

①   阎广芬. 当代美国女子教育改革[J]. 比较教育研究,1999(2).
②   阎广芬. 当代美国女子教育改革[J]. 比较教育研究,1999(2).
③   Jeana Witenberg et al. *Sex Equity in American Education* [J]. Educational Leadership, 1981(1).
④   Melinda Salata. Gender Equity in the Classroom: The Unfinished Agenda [EB/OL] http://jan. ucc. nau. edu/hdh9/e-reserves/Salata_-_Gender_equity_in_the_classroom_PDF. pdf. [2012-12-20].
⑤   王珺. 解读高等教育的性别符码[D]. 华中科技大学,2005:151-152.

37％,从1770万增至2430万,社会对教师的需求量大增①。1947～1948年,美国中小学教师中女性占81％②,达到战后最高水平,此后女教师的比例始终保持在75％左右,直到60年代中期以后才逐渐降低③。其主要原因有二:首先,受保守风气的影响,美国女性往往选择和传统女性角色相关的职业,教师显然是很好的选择。其次,由于战后政府大力支持退伍军人接受高等教育,女大学生所能选择的学科相当有限,她们往往大量集中在教育、看护等专业。不过,受传统观念影响,女教师数量上的绝对优势不仅没有为她们带来较高的经济收益和社会地位,反而强化了教学劳动中的性别分工和"教学工作女性化"。学校管理也颇受社会性别分工及人们对教师刻板印象的影响,体现着鲜明的父权制特征。其表现之一就是女性与学校管理的疏离。据统计,1928年美国55％的小学校长是女性,1971年降至22％④,女性管理人员数量不足直接影响女教师表达和维护自身权益,并进一步加剧学校工作的性别隔离。

二、G.I.法案与战后初期女子高等教育的滑坡

如果说性别导向型教育降低了女性继续深造的意愿,1944年G.I.法案则直接减少了她们受教育的机会。客观地讲,G.I.法案是影响战后美国教育最重要的法律之一,它不仅有效避免了战后军人大批退伍可能带来的经济和社会问题,而且进一步打破了美国高等教育的精英教育模式,推动了高等教育的普及。据统计,1945～1953年,联邦政府共为退伍军人提供了超过148亿美元的教育培训经费,到1956年最后一批"二战"老兵从大学毕业时,G.I.法案共为223.2万退伍军人提供了不同程度的高等教育机会。但其中只有约6.4万人为女性,不足所有服役女兵的35％。所以,从数量上看,G.I.法案并没有对退伍女兵产生整体性影响。尽管该法案促进了美国高等教育的民主化和多样化,但从性别维度分析,其消极影响亦很明显。

---

① [美]L.迪安·韦布.美国教育史:一场伟大的美国实验[M].陈露茜,李朝阳译.合肥:时代出版传媒股份有限公司/安徽教育出版社,2010:262.

② Thomas D. Snyder. *120 Years of American Education：A Statistical Portrait* [M]. Washington, D. C. : NCES, 1993：46.

③ Thomas D. Snyder. *120 Years of American Education：A Statistical Portrait* [M]. Washington, D. C. : NCES, 1993：29.

④ 刘静.70年代以来西方教师教育中的社会性别问题研究述评[J].比较教育研究,2003(7).

(一) 退伍军人优先权对女性高等教育入学的影响

不论出于社会道义还是出于对联邦慷慨拨款的青睐,战后绝大多数院校都开足了马力吸纳退伍军人入学,并制定了一系列优惠政策。为了给退伍军人腾出足够的录取名额,一些学校甚至另外设置"平行"的教育机构来招收普通学生,但这些"平行"机构的教育质量大多不尽如人意。由于政府提供学费,退伍军人往往倾向于选择最好的学校,加上大学普遍优先考虑退伍军人的需要,以至于女生能够接受优质高等教育的机会明显减少。以密歇根大学为例,1946~1952年该校对女性实行定额录取,每年不超过新生总数的1/3①。而在康奈尔大学,"二战"期间该校女生数量还略多于男生,但学校招收退伍军人之后,女生占在校生的比例骤然降至20%②。其次,因为 G.I. 法案规定凡接受资助的退伍军人必须选择就业前途良好的专业,所以很多普通人无法选择自己心仪的科目,对女生而言这种情况更为严重,她们只好到层次较低的院校念个还算满意的专业。事实上,20世纪50年代,美国各类职业学校、护士和秘书培训机构重新挤满了女生。根据美国官方数据统计,退伍军人占大学新生的比例最高曾经达到 49.2%(1947年)。G.I.法案在极短的时间内改变了美国大学生的性别构成,不仅使男大学生在数量上占了绝对优势,而且加剧了高等教育专业的性别隔离,促成了战后美国高校的"男性化"倾向③。

(二) 退伍军人优先就业权对教育领域内女性从业者的影响

国家对退伍军人优先安置的政策导致很多女性被迫离开工作岗位或遭到降职,教育部门也不例外。以印第安纳州立大学为例,战后,该校共接纳了 5 000 名退伍军人,校方为此专门设立了新的学生事务部,并任命一名上校为主任,原任该职务的一名女性职员则被降职为"主任助理级女生事务高级顾问"。类似的事情时有发生,女教工常因校方所说的"缺乏经验或能力不足"而遭到不公正待遇。为此,美国大学妇女联合会和全国女学监联合会多次发起抗议活动,但均未成功。从这个

① Linda Eisenmann. *Higher Education for Women in Postwar America*, 1945-1965 [M]. Baltimore: The Johns Hopkins University Press, 2006: 49.
② 王恩铭. 20 世纪美国妇女研究[M]. 上海:上海外语教育出版社,2002:161.
③ John R. Thelin. *A History of American Higher Education* [M]. Baltimore: The Johns Hopkins University Press, 2004: 267.

意义上讲,G. I.法案造成了大量高级女性人力资源的浪费。而女性在高等教育领域就业前景的不乐观又直接降低了她们继续深造和谋取教职或教育管理职务的意愿,进而间接影响女性高级人才的养成与储备。

　　总之,20 世纪 40～50 年代的美国学校教育浸淫在"因性施教"的模式中,显性或隐形的教育性别隔离现象屡见不鲜,人们身处其中却不自知。直到 1957 年美国人力资源委员会发布《女性人力资本报告》后,决策层才开始关注女性人力资本被极大浪费的事实和影响。当美国女性沉溺于中产阶级家庭生活和消费文化的同时,"苏联每年都有 13 000 名女工程师毕业上岗,美国却连 100 名都没有"①。1957年苏联卫星上天事件震惊美国朝野,由此美国开始大力培养高科技人才以应对危机。1958 年《国防教育法》鼓励女性接受科学教育,社会对女性从事专业工作的态度也日渐宽松。然而众多研究表明,不论学校教育还是科学领域内的就业环境,对女性而言都是"寒意十足的"(chilly climate),所有这些都导致美国女性专业人员的流失。可见,女性人才的养成与维持仅靠政策已难以完全实现,从根源上肃清社会各领域内的性别歧视已刻不容缓。

第二节　20 世纪 60 年代以来美国女权运动与反性别歧视教育改革

一、当代女权运动的兴起及其教育实践

　　20 世纪 50～60 年代,美国女性在大量涌入劳动力市场的同时,不得不面对传统性别角色的限制。对教育程度较高的中上阶层女性而言,她们困在家中,学无所用;对劳动阶层女性而言,则饱受男女同工不同酬的歧视性待遇。故而,不论精神上的压制,还是经济上的困顿,都成为美国女性迫切要求变革的理由。受到民权运动的鼓舞,美国女性解放运动于 20 世纪 60 年代早期开始复苏。学界通常认为,这场运动以 1963 年贝蒂·弗里丹出版《女性的奥秘》为起点,运动的影响力在 70 年代中期达到顶点,1982 年《平等权利修正案》失败后趋于平静,但其影响远未结束。受到后现代理论的影响,当代女权运动正向更多元的方向发展。女权斗士们不断

---

① Linda Eisenmann. *Higher Education for Women in Postwar America*, *1945-1965* [M]. Baltimore：The Johns Hopkins University Press, 2006：18.

质疑美国社会制度和价值观念,向法律、就业、教育等领域长期存在的性别歧视发起了挑战①。

(一) 推动和敦促反性别歧视法律的制定与执行

西方女性解放运动向来重视"行动",这一点从美国全国妇女组织的《使命宣言》可以清楚地看到:"(全国妇女组织将)在政府、商业、行会、教会、政党、司法部门、工会、教育、科学、医学、法律、宗教及美国所有重要领域,发起或支持行动来打破性别偏见与歧视。"②《使命宣言》特别提到了当时女性高等教育的凋敝,希望女性能够得到更多接受专业教育和研究生教育机会,呼吁女性积极从事高级教育管理工作。随着女权运动在美国的深入发展,20 世纪 60 年代后期很多专业女性组织陆续成立,其中影响较大的当属 1968 年成立的妇女平等行动联盟。该组织旨在通过为女性提供法律援助,保护她们在就业、教育、晋升、同工同酬等方面享有与男性同等的权利。1971 年,妇女平等行动联盟成功代理了具有划时代意义的"桑德勒诉马里兰大学案",随后又依据 11246 号总统行政令禁止性别歧视的相关规定,对全美超过 250 所高等教育机构发起集体诉讼,直接推动了"肯定性行动"在教育领域的全面实施。在女权运动的影响下,20 世纪 70 年代,美国接连颁行了多项保护女性教育权利的法案,这些法令有的侧重于全面保护女性在教育领域内的权益,如 1972 年《教育法修正案》第 9 条;有的侧重于维护某个领域内的教育性别平等,如 1976 年《职业教育法》;有的侧重于解决微观层面的教育性别歧视,如《妇女教育平等法》。作为当代女权运动精神的承载者,这些法律文本蕴含着当时最先进的女权理论。以《妇女教育平等法》为例,其对性别刻板印象、传统教学过程与社会性别角色再生产、学生与教师的自我解放的诠释,如一盏盏聚光灯使教育性别歧视无处可遁。正因如此,它才受到保守主义者尖刻的抨击:"它(《妇女教育平等法》)是代表女权主义政策和政治实践的重要手段,站在女权主义协作网的顶端支持激进的

---

① 学界对当代女权运动的分期存在不同意见。一种意见认为,第二次女权运动从 20 世纪 60 年代中期兴起,到 1982 年《平等权利修正案》失败结束。受到后现代理论的影响,于 80 年代末步入第三阶段;一种意见认为,第二次女权运动并未终结,相反由于当代女权主义者"致力于创造理论,而且设法使理论成为制度",而使"第二次浪潮一旦升起就永远不会退潮"(约瑟芬·多诺万,2000 年)。笔者赞同第二种分期法,并将 20 世纪 60 年代以来发生的妇女解放运动统称为"当代女权运动"。

② Betty Friedan. The National Organization for Women's 1966 Statement of Purpose [EB/OL]. http://www.now.org/history/purpos66.html. [2012-12-20].

女权思想。"①

（二）女权主义教育理论与实践

西方女性解放运动的另一个特点是重视理论建设。根据指导思想的不同,当代女性解放运动可分为不同的派别,其中以自由主义女性主义、激进女性主义、后现代女性主义对美国教育的影响力最为明显和深远。

1. 自由主义女性主义

在西方女性主义思想史中,自由主义女性主义是形成最早的一系,它以西方自由主义启蒙思想为哲学依据,强调"自由、平等、博爱"乃是天赋人权,并藉此反对性别歧视。自由主义女性主义主张通过立法手段保护女性的平等权益,但她们并不打算打破既有的社会体制和法律体系。这从第一次女权运动的《情感宣言》和谋求选举权的实际行动中可见一斑。美国当代最大的妇女解放组织——全国妇女组织也秉承自由主义女性主义理念,并因此被称为"稳健派"或"温和派"。具体到对教育的影响,自由主义女性主义致力于解决"起点平等"或曰"入场券"的问题。具体成果表现为:(1)20 世纪 60 年代末 70 年代初,美国精英男校开始广泛招收女生,男女合校高等教育得以普及;(2)数学、科学和工学等传统男性学科内女生比例提高;(3)医学院、法学院取消针对女生的招生配额制,获得专业学位的女性数量大幅增加;(4)担任学校高级管理职务的女性不断增多。

2. 激进女性主义

激进女性主义形成于 20 世纪 60 年代,与自由主义女性主义不同,激进女性主义要求社会结构的根本性变革。一方面,它认为自由主义女性主义虽然帮助女性获得了"平等"参与社会的"入场券",但后者所谓的"平等"乃是以男性为标准,是以"像男性一样"要求女性,即使女性能够取得社会、经济、政治方面的成功,这种成功也不是真正的解放;另一方面,它认为国家及其附属机构并不是性别政治的中心议题,国家只不过是男权压迫的工具,因为父权制不仅植根于社会、经济制度,而且存在于知识生产和男尊女卑的价值观念中,所以只要"父权制"价值观依然存在,女性已经取得的平权成果就随时有可能被颠覆。只有打破父权神话、发现并尊重女性价值、改变女性的"他者"地位,才能实现真正的男女平等。正如激进女性主义学者加比·维纳(Gaby Weiner)所言,"平等机会"策略(自由主义女性主义)旨在于现存

---

① Susan Faludi. *Backlash: the undeclared war against American women* [M]. New York: Anchor Books, 1991: 260.

教育结构中改进女孩和妇女的利益;"反性别歧视"(激进女性主义)策略则致力于挑战在学校结构和课程中传输父权制的不平等的两性权力关系①。激进女性主义对教育实践的影响主要集中在以下几方面:①批判课程和教材中女性经验的缺失,要求尊重女性经验;②批判教学过程中对女性的"失语"和"他者化",要求尊重女性的认知规律;③批判教学评价标准的男性化,要求给予学生更多的"关怀"而不是激烈的竞争。

3. 后现代女性主义

20 世纪 70 年代以来,后现代理论逐渐成为西方一大显学并对女性主义理论建设产生深刻的影响。首先,在批判性别本质主义的过程中,后现代女性主义提出了"社会性别"(gender)概念,并将之与生理性别相对,指的是两性在社会文化的建构下所形成的性别特征与差异,其要旨乃是"女人不是天生的,而是形成的"。其批判性意义在于可以揭示性别歧视的来源,即"因生理差异而存在的体力或智力现象被放大,以便维持父权制权利秩序,并在妇女中间造成一种意识,即她们事实上更适合'家庭角色'"②。社会观性别理论的分析工具"性别角色"(sex role)和"刻板印象"(stereotype)常常被用来分析教材、课程、课堂教学及教学产出等方面的性别歧视问题。其次,后现代女性主义反对宏大叙事、反对"单一"和"真实"。如果说自由主义女性主义关注"平等多于差异",激进女性主义关注"差异多于平等",那么后现代女性主义关注的则是"差异的平等"。具体而言,后现代女性主义加强了性别与种族、阶层、性取向等形式的联系,关注不同社会背景人群的诉求,以便对教育不平等现象的分析更加充分。后现代女性主义的这一理论取向尤其受到少数族裔的认可。第三,受到福柯"话语即权力"学说的影响,后现代女性主义深信权力的实施创造了知识,知识本身又产生了权力,而话语组成了权力。因此,后现代女性主义对父权制知识的来源、形成及表述方式发起挑战,并最终为女性研究(又称女性学)争得了合法的学科地位。

除上述三种女性主义理论外,当代女权运动还包括社会主义女性主义、文化女性主义、生态女性主义、第三世界女性主义、心理分析女性主义等多种理论流派,这些理论不仅为人们全面了解性别现象提供了视角,而且为去除教育领域的性别歧视提供了内在理论依据。

---

① 张旭. 当代西方女性主义教育——理论与实践[D]. 陕西师范大学,2000:7.
② Jane Pilcher & Imelda Whelehan. *50 Key Concepts in Gender Studies* [M]. London: SAGE Publications Ltd. , 2004:56.

二、女性学及其对高等教育的影响

（一）女性学及其学科化过程

女性学是女权运动向学术界延伸和渗透的产物。女性学早期的研究目的、内容来源及教学方法直接受到女权运动的影响，而女性学的研究成果又往往为女权运动提供事实和理论依据，因此女性学"既是女权运动的结果，又是它的工具"①。女性学的出现和发展对女子高等教育产生了全方向的影响。

具体来讲，女性学是"从妇女的角度出发进行理论与实践研究的跨学科领域，它包括教学与研究，包括对女性研究理论的丰富、发展与推广"②，致力于"从向传统的学术研究和教学中注入对女性的关注，到努力寻找新的研究方法，开发新的分析类别，重新定义教学法，更新学术机构间的关系"③。女性学兼具学术性与行动性，并且有着很强的现实动机，全国女性学联合会的《使命宣言》便清楚地说明了这一点："推动和维持'能够突破现有意识和知识系统的教育策略'，从而达到'改变'个人、制度、人与人之间的关系，并最终'改变'整个社会。"④因此，美国女性学者不仅注重知识生产，而且尝试通过各种途径为师生提供服务。

从历史上看，伴随女权运动的兴衰，美国女性学的发展大致可以分为三个阶段：起飞阶段（20 世纪 60 年代中期）、膨胀阶段（20 世纪 60 年代末期至 70 年代中期）和成熟阶段（20 世纪 70 年代中期以来）。从最初的几所学校、几门课程到 60 年代末广泛涉足人类学、经济学、历史、文学、政治学、心理学以及科学和工程学在内的众多领域，女性学从个别学者的研究兴趣转变为一种学术现象，有些高校甚至需要建立妇女研究中心以便对女性学的教学及科研进行统一管理。1970 年，圣地亚哥州立大学创建了美国第一所妇女研究中心；康奈尔大学妇女研究中心紧随其后，于 1970～1971 学年成立；1974 年《妇女教育平等法》的颁布为女性研究提供了政

---

① 余宁平,杜芳琴.不守规矩的知识:妇女学的全球与区域视界[M].天津:天津人民出版社,
　2003:241.

② 刘霓.西方女性学:起源、内涵与发展[M].北京:社会科学文献出版社,2007:1.

③ [美]玛丽琳·J.波克塞.当妇女提问时:美国妇女学的创建之路[M].余宁平等译.天津:天
　津人民出版社,2006:3.

④ 余宁平,杜芳琴.不守规矩的知识:妇女学的全球与区域视界[M].天津:天津人民出版社,
　2003:50.

策和资金支持;1976 年《职业教育法》要求各州政府必须设置专职人员督导性别平等教育。一时间,学术研究、课程编写、教师培训、学校性别问题咨询等都急需精通性别问题的人才,女性学获得了前所未有的发展机遇。

如果说 70 年代中期以前,美国女性学的发展是外延式的规模扩张,那么 70 年代中后期则将发展重点放在谋求学科地位合法化与进入主流上。按照华勒斯坦等人的研究,一门学科的制度化主要包括两部分:学科训练的制度化和研究的制度化。前者要求系统化的课程与学位授予标准;后者则以专业期刊、学科学会、学科图书的收藏与出版等确立学科学术研究的合法地位。具体到女性学,1970 年,全美只有康奈尔大学、圣地亚哥州立大学、斯坦福大学、耶鲁大学等 17 所知名高校可以提供正规的女性学课程。1974 年,绝大多数四年制高校都已开设女性学课程。到 1980 年,全美高校共开设近 3 万门女性学课程,内容涉及历史、教育、文学、政治等多个领域。与此同时,女性学人才培养规格也在不断提高:1972 年,乔治·华盛顿大学率先设立妇女学硕士学位;1982 年,克拉克·亚特兰大大学设立非洲妇女学博士学位。自此,美国女性学完全实现学科训练的制度化。从研究的制度化来看,1977 年,全国女性学联合会成立;同年,妇女研究与教育研究所成立,并成为“国会妇女问题决策委员会”的智库,在妇女研究与公共政策制定之间搭起了一座桥梁;1982 年,全国妇女研究委员会成立,委员会最初由 28 所大学的女性研究中心和一些政策与教育联盟机构组成,为女性学提供了一个资源共享、科研协作和课程研发的全国性平台。从学术成果出版来看,早在 1972 年美国著名女权活动家、教育家佛罗伦斯·豪便(Florence Howe)创办《女性学季刊》,随后又创建“女性主义出版社”,推出了大量女性主义学术著作。到 80 年代末,全美已有 30 多种女性学杂志和数十家女性主义出版社,有效促进了女性研究成果的出版与传播,女性学的学术威信与影响力随之不断提升。可以说,到 80 年代,美国女性学已经完成学科制度化;与此同时,由于女权运动渐衰,女性学的政治性开始减弱,而学术性则日渐增强。

(二)女性学对高等教育的影响

1. 对高等教育性别不平等的批判

从社会性别视角出发,女性主义学者对近代以来的整个学术传统进行重新审视和批判。在这个过程中,她们首先发现高深知识的生产与传播并非性别中立,而是以男权为主导的社会文化建构的产物,女性的历史和经验被遮蔽、扭曲甚至完全忽视;其次,学科划分亦非价值中立,而是“社会性别符号系统中劳动的性别分工在学术和高等教育领域内的体现",关于女性的知识和女性创造的知识都被有意或无意地贴上"低价值"的标签;第三,女性虽然身在高校,却与高等教育有种莫名的疏离。因为不论教学内容、认知方式,还是课堂权力结构、学校科层制度都没有照顾女性的特点和需求,女性长期成为高等教育的旁观者。

2. 女性主义知识生产与高等教育课程改革

女性主义学者首先按照后结构主义对传统课程进行了批判,认为传统课程"符合男性中心的价值体系"并与"父权制文化之间有着内在的同盟关系"。从批判教育学的再生产理论出发,女性主义学者认为传统教育通过严重偏向的课程体系,传递和加强了男尊女卑的社会体制。因此,必须通过重新编写教学和阅读材料来消解教学内容的性别偏向,不仅要发现和添加女性的声音,还要打破传统女性的刻板印象;发现和重新评价女性历史和经验成为知识生产的主要途径,并使女性研究成为一门新学科。具体来看,20 世纪 90 年代以前女性研究的重点集中在人文社会领域,历史是女性主义批判和重新建构的首要目标。女性主义学者首先审视"他史"(history)是否存在女性以及女性以何种形象存在其中,然后主动寻找并研究历史中的女性——不仅记录她们的经历,而且分析她们缘何被"他史"忽视、刻板化甚至歪曲,最后整合为"她史"(herstory),即性别视角观照下的历史。在这种知识生产方式的影响下,包括人类学、文学、政治学、教育学、社会学和经济学在内的人文社会学科都各自展开女性研究,并取得丰硕的成果。正如原杜克大学校长柯念兰(Nannerl O. Keohane)在谈到女性学对政治学的影响时所言:"(20 世纪 70 年代)人们学到的关于妇女和政治的内容比这个学科历史上所有时期加起来的还要多。"[①]

当然,女性主义知识生产和课程建设绝非在各门课程中"加入妇女,然后炒一炒"这么简单,而是以批判的眼光审视原有教学内容,分析传统课程对女性的忽视甚至扭曲,对女性和人类整体发展的历史和现实产生怎样的影响。以哈佛大学为例,该校每年共开设 180 余门性别课程,几乎覆盖各个学科领域。通过这些课程讨论的中心话题,我们可以清楚地看到社会性别分析对知识生产和课程的实际影响,如:"'性别'和'种族'的刻板印象如何影响我们对自我和他人的定义?""如何从女性主义、现象学和后结构主义的电影理论看待性别、种族和性问题?""'母婴保健'应该包括哪些内容,如何在社会制度、历史和法律、精神健康及教育政策等语境下

---

① 余宁平,杜芳琴.不守规矩的知识:妇女学的全球与区域视界[M].天津:天津人民出版社,2003:67.

研究这一问题?""性别在人类发展、文化和教育中的作用,它如何与种族、民族、阶级和性问题交汇在一起?"等①。可以说当代美国女性学对高等教育课程的影响范围广、力度大,并充分渗透主流学科中,从理论、现实和政策层面全方位地展开科研与教学。其课程内容不仅关注历史,而且关注现实;不仅反映学科目前关注的性别问题,而且反映世界妇女生活和发展中遇到的问题。

3. 女性主义教学法与教学民主化

女性主义向来重视教学,除了教育学专业,没有哪个专业的学术年会像女性学那样,在会议日程中花那么多时间讨论教学问题和课堂中的事情。这一方面反映女性主义学者对女性知识传播的热情,另一方面也折射通过女性学"有效提升性别意识"对教学方法的新要求。随着高校性别课程的增多,女性主义学者们逐渐摸索出适合女性学讲授的课堂教学理论、策略和主张。

首先,质疑传统教学过程的真理性、客观性,质疑教科书权威。传统教学论认为教学就是知识的传递和学生受教化的过程。然而,从女性主义认识论的角度来看,知识本身存在价值取向,是一种社会构建,故不存在"真理性和客观性"的教学内容,而传统教学乃是对主流社会制度(包括性别制度)的再生产。另外,在传统教学过程中,教师的职责就是传递知识,学生的任务就是接受知识。女性主义并不认可这样的教学策略;相反,女性主义认为教学应该以促进学生发展为目的,不仅传授知识更要发挥学生的潜能。因而,教学过程应当是"解放的过程,'充能'的过程,创造知识、建构知识的过程"②。

其次,质疑传统的师生关系,质疑教师权威。女性主义认为,传统的师生关系存在明显的权力等级差别,"教师中心论"或"儿童中心论"均是如此,即教师提供知识、解释知识,并以对知识的掌握为主要标准评价学生。"学生为中心,教师为指导"虽然对学生的身心特点和学习规律有所观照,但教师依然扮演着权威的角色。正如女性主义教育学者佩甘萝(Jo Ann Pagano)所说:"拥有知识的人是强大的,而界定知识的人则是最强大的,所以教学在本质上就涉及到权力问题。"③由于教师一味要求学生接受来自优势群体的经验与观念,就对学生形成"强制与压迫"。只有通过对学生"赋权",承认学生的经验,使学生把知识与个人经验相结合,把课堂营造成创造知识的场所,才能最大限度地发挥学生的潜能。这样的课堂所形成的

① 肖巍.哈佛大学性别课程讨论的 130 个问题及其启示[J].妇女研究论丛,2005(6).
② 王珺.解读高等教育的性别符码[D].华中科技大学,2005:153.
③ 王珺.解读高等教育的性别符码[D].华中科技大学,2005:154.

师生关系才是平等的、互动的、相互赋权的。

第三节 美国反性别歧视教育立法及其影响

一、美国反性别歧视教育立法的背景

从历史上看,美国教育领域普遍存在性别歧视。从殖民地时期文实学院排斥女生,到 20 世纪中期精英高校刻意提高女生入学成绩、推行限制女性数量的配额制或者干脆拒收女生,可见女性的入学机会受到限制;从教学内容忽视女性经验、教学法忽视女性认知和思维规律,到学校分拨给男女生的体育经费明显不公,可见教育过程的性别歧视;从女教师多数执教小学、工资少、职务低,可见女性在教育领域发展事业颇为受限;而从更大的就业背景分析,与男性相比,女性则过多地集中在低声望、低收入行业,可见教育结果的性别歧视。

早期民权立法在教育的性别平等保护方面存在漏洞。20 世纪 60 年代之前,限于美国宪法对教育事务管理权的规定,学校教育一直是美国仅有的几项反性别歧视法律无法涉及的领域,女性难以找到合适的法律途径维护自身权益。直到民权运动兴起之后,女性的民权状况才有所改善,但教育依然是个例外。例如,1961年肯尼迪总统签署的 10925 号总统行政令,尽管它规定了"与联邦有合同关系的雇主不得因种族、信仰、肤色或族裔差别,而在招募和雇员待遇上实行差别对待",但"性别"不在受保护范围之列;又如,开创了反性别歧视立法精神之先河的 1963 年《男女同酬法》,虽然提供了反性别歧视的依据和申诉平台,但最初并未涉及教育机构。而对美国女性反对性别歧视意义深远的《民权法案修正案》第 7 条只是侥幸通过的附案(1964 年,"禁止雇主以性别为由歧视申请者"),虽然将反性别歧视纳入民权精神之内,但并不适用于教育机构。由此可见,直到 60 年代中期前,美国依旧缺少保护女性教育权和消除教育领域性别歧视的外部机制。

60 年代中期,在民权运动和学生运动中受挫甚至受到歧视的高学历女性和其他受到性别压迫的女性群体一起踏上了追求全面性别平等的征程。1966 年,由贝蒂·弗里丹担任主席的全国妇女组织成立,提出了"个人的就是政治的"运动口号。在对美国社会各个领域性别歧视现象进行梳理的同时,接连发起谋求平等的立法斗争。具体到教育领域,她们一方面收集、整理美国教育领域内的不平等现象,如:男女教师工资不平等,"男宽女紧"的助学金申请政策,医学、法律、工程学科限制女

性录取名额,等等;另一方面对这些现象做出分析,揭露其性别歧视的本质。在此基础上,通过成员的政治力量,就教育机构中的性别歧视现象进行上诉,游说国会通过禁止教育领域性别歧视的提案。

联邦政府对"社会公平"问题的态度发生转变。20 世纪 50~60 年代随着苏美冷战的不断升级,如何取得意识形态的胜利、如何取得全球道德领导地位,成为不亚于军备竞赛的重要问题。与苏联体制性的自上而下废除性别歧视和民族歧视、以宪法形式确立形式平等相比,美国对这些问题的处理就显得不够积极。为了改善对外形象,也为了应对国内沸腾的民怨,联邦政府开始较为广泛地关注和解决社会不公平问题。不过,这种解决问题的出发点必然与黑人、女性或其他弱势群体的平等权利诉求有所出入。比如 1970 年,面对大学女教师接二连三地根据 11246 号总统行政令控诉高校性别歧视,美国劳工部发布了一系列指令,要求与联邦政府有合同关系的单位停止性别歧视。但这些指令最初既没有设定目标,也没有确定时间表,更没有相应的资金支持,结果这些缺乏操作性的行政指令近乎"一纸空文",女权主义者只能继续斗争。

二、反性别歧视教育立法及其主要内容

在女权领袖和广大普通女性的共同努力下,20 世纪 60~70 年代成为美国反性别歧视教育法律制定和施行的"黄金时代"。这一时期出台的有利于消除教育领域性别歧视的大小立法有 10 多项,既有议会立法也有总统行政令和行政部门规章等。这些立法旨在解决以下两方面的问题:第一,女性平等参与教育的问题;第二,消除学校教育中微观层面的性别歧视。1972 年《教育法修正案》第 9 条通过后,美国各级法院受理的有关教育性别歧视的案件不断增加,并由此形成大量具有实践意义的判例法,与相关成文法一起构成了较为完整的反性别歧视教育法体系。

(一)与教育反性别歧视相关的主要立法

(1)美国宪法第 14 条修正案。修正案规定:"凡在美国出生或归化美国的人,均为合众国的和他们居住州的公民。任何一州,都不得制定或实施限制合众国公民的特权或豁免权的任何法律;不经正当法律程序,不得剥夺任何人的生命、自由或财产;对于在其管辖范围内的任何人,不得拒绝给予法律的平等保护。"其核心是"平等保护"。

（2）1964 年《民权法案》。法案规定,所有接受联邦资助的项目,包括教育项目都应禁止基于种族、肤色和族裔的歧视,但性别不在其中。同时法案还禁止基于种族、肤色、性别、族裔或信仰的就业歧视。

（3）"肯定性行动"。泛指在就业、教育等领域内与政府有合同关系的单位所应实行的各种消除歧视的自愿性和强制性行动。根据肯尼迪总统签署的 10925 号总统行政令,联邦事务承包商应采取积极行动,以确保申请人不因种族、信仰、肤色或族裔而在申请和受雇期间遭到差别对待。1967 年由林登·约翰逊总统签署的11246 号总统行政令进行修订,"性别"项获得追加。1972 年民权办公室颁布11246 号总统行政令之高等教育指导方针,在高等教育领域正式全面推行肯定性行动。该指导方针指出,全美接受联邦资助的高等院校(包括私立院校)需在招生、招聘、雇员晋升中全面禁止种族歧视和性别歧视,且必须雇用一定比例的女性和少数民族教师。

（4）1971 年《公共健康服务法修正案》。该法第 7 条和第 8 条规定:"所有接受联邦资助的卫生健康培训项目在招生中必须禁止性别歧视。"违反法案反歧视条款者,美国健康、教育和福利部将延迟发放本法第 7 条和第 8 条经费,甚至完全取消违反者的受资助资格。该法堪称美国联邦政府正式颁布的第一部明文禁止招生性别歧视的法律①。法案禁止性别歧视的模式亦成为 1972 年《教育法修正案》第 9条的蓝本。

（5）1972 年《教育法修正案》第 9 条。法案规定:"任何一位美国人都不应因为性别而无法参与接受联邦财政资助的项目和活动,或无法从(上述项目和活动)中获得利益,或(在上述项目和活动中)受到歧视。"②该法既是美国教育法律体系中针对性别体系的专项法,又是一项覆盖面广的综合性法律,对于反对教育领域的性别歧视具有不可替代的作用。

（6）1974 年《妇女教育平等法》。该法是 1974 年修订《初等和中等教育法》时补加的一项特别拨款案,目的是要建立地方级和国家级的性别平等基础结构,为第9 条提供支持、消除教育中的性别刻板印象。该法对于设置课程、教师培训、学术研究等教育微观层面消除性别歧视意义深远。《妇女教育平等法》与"肯定性行

---

① Margaret C. Dunkle, Bernice Sandler. *Sex Discrimination against students: Implications of Title IX of the Education Amendments of 1972* [M]. Washington, D. C.: Association of American Colleges, 1975: 2.

② http://www.dol.gov/oasam/regs/statutes/titleix.htm [EB/OL] 2012-12-2.

动"、《教育法修正案》第9条一起被称为第二次女权运动在教育界的标志性成果。

(7) 1976年《职业教育法》。规定各州政府必须设置专职人员开展性别平等教育,审核所有职业教育法案中的性别歧视措施,并为每个州拨款5万美元设置这个岗位。

(8) 1978年《妊娠歧视法》。该法规定:雇主因雇员怀孕、分娩或其他相关医疗状况而拒绝对其进行录用、晋升,拒绝给予其津贴、医疗保险,甚至对其降职、解雇或强迫其自动离职等,均构成雇佣歧视。该法出台之前的司法判例往往将怀孕视为一种生理状况,而不是性别因素,因此女性无法以"性别歧视"为由提起诉讼①。《妊娠歧视法》适用于教育机构,可以保护女性教职工孕产期间的合法权益。

(9) 1994年《2000年目标:美国教育法》。该法明确提出要显著提高美国大学的本科生和研究生人数,尤其要增加女性和少数民族学生获得数学、科学及工学专业的人数。

(10) 2002年《不让一个孩子掉队法》。尽管法案没有直接提及反性别歧视的条款,但该法的基本精神就是要保障处于地位不利儿童的平等教育权利。

(二)《教育法修正案》第9条及其影响

1.《教育法修正案》第9条的演变

1970年,针对高等教育内部存在的性别歧视问题,美国资深民主党议员艾迪斯·格林召集并主持了长达7天的听证会。面对数量庞大、形式多样的性别歧视问题,格林向国会发出疾呼并成功营造出有利于教育性别平等的政治氛围,他将"在所有接受联邦经费的教育机构中禁止性别歧视"的条款(即第九条的草案)增补至即将提交国会讨论的政府对高校增加拨款的一项提案中。经过艰苦的游说,1972年6月23日禁止性别歧视的附加条款和拨款议案同时通过国会审议,并于同年7月1日正式颁行,即1972年《教育法修正案》第9条(简称《第9条》),成为美国当代女性解放运动的地标性事件,尽管当时人们并没有意识到《第9条》将在日后覆盖多大的范围。

在接下来的几年里,由于担心《第9条》对男子竞技体育产生消极影响,不少人开始想方设法限制《第9条》。1974年,提出纳税型的体育项目应该从《第9条》得到豁免的《托尔修正案》没有通过国会审议,但主张"《第9条》的规定有待商议,必须根据特殊体育项目的性质而做出合理的规定"的《贾维茨修正案》通过了国会审

---

① 张修慧. 美国学校教育中性别平等法律保护研究[D]. 沈阳师范大学,2011:21.

议。1977 年美国法院将性骚扰归入性别歧视范围,并将其加入《第 9 条》中。1979
年,最高法院裁定个人有权依据《第 9 条》发起申诉。1982 年,最高法院支持《第 9
条》对禁止就业性别歧视进行司法操作。1988 年《民权复原法》通过国会审议,《第
9 条》的适用范围重新覆盖到所有接受联邦资助的教育机构、项目和活动。1996
年,美国政府问责办公室认为单一性别学校和教育项目违反宪法、违反《第 9 条》。
2006 年,美国教育部公布新的规定,扩大学校在提供单一性别项目方面的自主
权①。2011 年,美国民权办公室发布《第 9 条》执行指南,指出学校有义务阻止被
《第 9 条》所禁止的性骚扰、性暴力(包括教师对学生,学生与学生),并对这些违法
事件负有法律责任。经过 40 年的演变,《第 9 条》的条文越来越详尽,监督范围也
越来越广。

2.《教育法修正案》第 9 条的主要内容

经过多次修订,到 20 世纪 70 年代末,《第 9 条》已经基本成型,主要由"主要概
念界定"、"执行方式"、"司法审查"等 8 款条文构成。除了开篇那条著名的反对教
育领域性别歧视表述外,《第 9 条》还有很多对司法产生深刻影响的规定,如第 1681
款第 2 项体现《第 9 条》在反性别歧视问题上采取肯定性行动取向:无论何种原因,
如果某项联邦资助的教育项目中女性或男性参与者不足/有限,《第 9 条》允许教育
机构在无法证明性别歧视确实存在的情况下就采取肯定性行动,使代表不足的一
方获得"优先权或差别待遇"。该项规定不仅使《第 9 条》更具操作性,而且传达联
邦政府改善甚至彻底消除教育性别不公平的积极态度。

《第 9 条》适用于各级各类公立学校——从幼儿园到中等后教育,以及所有接
受联邦资助的私立教育机构。以下几种情况除外:宗教机构、军事院校(以培养军
事服务人员或商用舰队为目的的项目可豁免,其他项目如后备军官培训不在豁免
范围)、单一性别学校、社会互助会或联谊会、男生会或女生会、亲子活动(父子或母
女活动,但仅为某一性别准备这种活动将被视为不合理)以及选美活动(靠个体气
质、形体、相貌等资质的竞选活动)。对于违反者,联邦政府将会采取推迟资金下
拨、撤销已下拨资金或取消违法机构未来享受联邦资金资格等措施②。

---

① 自主权的增加并不意味着基于性别歧视合法,依照美国宪法和《教育法》修正案《第 9 条》,任
何存在性别歧视的单一性别教育项目、活动依然是违法的。National Coalition for Women
and Girls in Education (NCWGE). *Title IX at 40*: *Working to Ensure Gender Equity in
Education* [M]. Washington, D. C. : NCWGE, 2012:48.

② 丁坤. 美国女子高等教育史:1837-2000[D]. 河北大学,2011:104-105.

3.《教育法修正案》第 9 条对美国教育反性别歧视的影响

虽然根据《第 9 条》发起的诉讼大多集中于体育,但《第 9 条》的司法案例实际涵盖了几乎学校教育的方方面面。新生招募、入学标准、奖学金、学生管理规则、住宿规则、性骚扰、如何对待怀孕和带小孩的学生、健康保健、就业、课程和教材等都是《第 9 条》覆盖的问题。

(1) 体育。在美国,体育与大学录取和奖学金的申请高度相关,因此体育上的性别歧视很可能影响女生的高等教育入学机会。另外,发达的美国校级联赛对女生的限制则很可能影响到女生收入和未来的就业机会。此外,最近研究表明,体育对女生提高学业成就、远离高风险行为、提高女生的自信、领导力和健康都有积极的影响。这也是为什么关于体育的性别歧视诉讼层出不穷的现实来源。《第 9 条》反性别歧视最有成效的领域便是体育。具体来讲,1972 年《第 9 条》通过之前,女生只占全美高中运动员总数的 7%,如今这一比例达到了 41%。1971~1972 学年,参加高校校级比赛的女大学生不足 3 万,2010~2011 学年这一数字上升为 19 万;1972 年女子体育仅占学校体育预算的 2%,而 2009~2010 学年女生拿走了 48% 的体育奖学金①。可以说体育虽然一直是《第 9 条》司法实践中最受争议的,却也是最富有成效的部分。

(2) 职业教育。受到性别角色刻板印象和社会性别分工体制的影响,职业教育向来是性别歧视的重灾区。《第 9 条》通过"不接受教育机构按性别为学生分配'适合其性别'的课程"来消除职业技术教育内的性别歧视,并进一步要求学校积极解决因性别隔离所造成的男女生选课按性别扎堆的问题。1997 年,美国旨在推动性别平等的职业教育项目超过 1 400 个。在《第 9 条》的影响下,越来越多的男生开始选择能够带来高收入的传统女性课程如护理,当然也可以选择儿童保育这样低收入的课程。2006 年,有 6 个州的报告显示,中等教育阶段,女生在非传统性别职业教育课程中占 40%;有 5 个州的报告显示,中等后教育阶段,这一比例达到 45% 甚至更高②。

(3) 课程和教材。《第 9 条》颁布之前,美国各级各类学校的课程和教材中都存在"女性角色"欠缺,或者被扭曲的现象,课程和教材成为社会刻板印象再生产的重要媒介,滋生性别歧视的土壤。鉴于此,《第 9 条》设置了对教材出版商的监管制

---

① National Coalition for Women and Girls in Education (NCWGE). *Title IX at 40 : Working to Ensure Gender Equity in Education*[M]. Washington, D. C. : NCWGE, 2012 : 8-11.

② National Coalition for Women and Girls in Education (NCWGE). *Title IX at 40 : Working to Ensure Gender Equity in Education*[M]. Washington, D. C. : NCWGE, 2012 : 30.

度,但旋即遭到出版商的抗议,后者以为这样的规定违反宪法对"言论自由"的保护。最后,《第9条》不得不放弃对教材出版的强制监督,并回避了规定或建议什么是"适宜的教育内容"。然而,这不等于《第9条》完全放弃了对微观层面的管理。首先,《第9条》要求教育机构建立以检讨教材和课程中可能存在性别歧视的内部管理机制;其次,在教师培训中加入有关性别平等的内容;再次,借助《妇女教育平等法》所提供的资金引导去性别歧视的课程开发和教材编写;最后,由于《第9条》对两性应当"平等参与"和"给予代表不足者优先权"的规定,都是间接敦促教育机构在教学实践中纠正性别歧视的动力。

(4)如何对待学生怀孕和带孩子的学生。在这个问题上,《第9条》为上述群体带来的保护是划时代性的。《第9条》实施前,怀孕或抚养孩子的年轻学生往往被视为二等公民而受到歧视和隔离,怀孕的学生则通常遭到学校的驱逐。《第9条》规定以上做法都是违法的,学校应当为怀孕的学生单独制定与其他教学计划程度相当的计划,但不得强迫当事人参加。不过,这种单独开课的做法会增加教学成本,由于《第9条》没有为此划拨专款,所以推广效果有限。尽管如此,《第9条》依然为这一群体提供了司法依据和申诉途径。

三、反性别歧视教育法案的特点

(一)注重"实质性"的性别平等诉求

尽管运用法律手段可以实现竞争规则的平等,但过分强调形式平等只能带来司法公平的假象,对弱势群体改善自身境遇作用不大。所以"肯定性行动"和《教育法修正案》第9条都采取了一种以谋求实质平等为出发点,不拘泥于形式平等的立法取向,以规则上的"不平等",借助"补偿"和"优先考虑"的形式,最大限度地纠正历史和现实的不平等。不仅要求终止歧视行为,而且要重新分配机会,为弱势群体提供"实质平等"。

(二)可操作性强

一般来讲,一项法律、政策的目的越明确,涉及范围越小,可操作性越强。美国的反性别歧视教育法律就有很强的目的性。如1971年美国健康、教育、福利部颁布的11246号总统行政令之高等教育指导方针主要解决高等教育入学机会和高校就业的性别平等问题;《妇女教育平等法》则以打破性别刻板印象为目的,重点督导课程、教科书、教师培训和科研方面的性别平等。操作性强还表现为法案文本术语简洁、明确。以《第 9 条》为例,除了导论部分从宏观角度表述立法主旨外,其他条款都在明确阐述法律所涉及的各种事项,对适用范围、豁免对象、资助形式、资助与惩戒标准等进行明确界定,从而减少文本模糊可能造成的司法混乱。

(三)综合运用多种政策手段

由于各项立法侧重的问题不同,充分发挥其效力的手段也有所不同。总的来看,反性别歧视教育立法的实施主要依靠三种政策工具:纠正型政策工具、平等权利保障型政策工具和教育公平促进政策工具。纠正型工具往往利用拨款以提高解决特定问题的能力作为目的;权利保障型工具则强调政府干预,强调基本需求的满足;公平促进型工具则强调社会公平与公正的价值取向,不限于基本权利的满足,而是希望更直接地保护弱势群体,并进行利益再分配。根据政策工具的不同,其所采用的具体方法也有不同。

第四节 "男孩危机"——20 世纪 90 年代以来
美国教育的性别平等问题

在论述这个问题之前,我们先来看一组统计数据:1979 年,女生占大学入学总人数的 50.9%;1979~1980 学年,女性占硕士学位授予总量的 49.4%;2004 年,获得专业学位的女性数量与男性持平;2006~2007 学年,获得博士学位的女性略多于男性(30 365:30 251);1970 年获得工商管理学士学位的女生仅占学位授予总量的 9%,2000 年这一比例上升至近 60%;1970 年获得工程学学位的女生仅占学位授予总量的 0.7%,2000 年这一比例上升至 20.4%[①]。由此可见,"二战"后美国女性不仅教育成就斐然,而且大有全面赶超男性之势。对女权支持者而言,这些成就既为她(他)们带来了庆贺的理由,也将她(他)们卷入新的论战——女性成功是否牺牲了男性权益? 1999 年,哥伦拜恩校园枪击案发生后,关于"男孩危机"(boy crisis)的讨论愈发激烈。持该观点的人普遍认为女权运动导致人们对男性的关注减少,并导致他们学业下降、情感受挫、事业失败。到 21 世纪初,美国有关解决"男孩问题"、"拯救男性"的文章、著作、电视节目颇有市场,很多有号召力的报刊,如

---

① 数据来源:Thomas D. Snyder & Sally A. Dillow. Digest of Education 2011 [R]. Washington, D. C.: NCES, 2012.

《新闻周刊》《人物》《纽约时报》等都做过相关报道。美国公共广播公司(PBS)父母频道还特意设置"了解和养育男孩"栏目。可以说,"男孩危机"不但吸引了普通美国民众的眼球,而且引起学术界的关注与反思。

一、"男孩危机"的提出

从根本上讲,"男孩危机"实际是"性别差"的一种表现形式,即历史上有利于男性的"性别差"逐渐闭合,并向有利于女性的方向发展,该现象在教育领域表现得最为明显。从世界范围来看,这种利于女性的"性别差"并非美国独有,而是经合组织成员国的普遍现象。具体而言,所谓"男孩危机"是指"作为一个整体,男孩在阅读、写作等方面落后于女孩,并更容易出现行为问题或辍学现象。当然,并非所有男孩都处于落后的'危机'之中,有问题的男孩也不完全来自社会经济背景不利的家庭"[①]。如今,美国各界普遍承认"男孩在成长中会遇到诸多困难",但对这种新的"性别差"是否导致或等同于"男孩危机",各方意见不一。

从文献分析来看,有关"男孩危机"的话题最初是由反女权主义者或右翼宗教团体发起的。通过对数据的分析,他们提出了"男孩危机四伏"的证据,包括:考试不及格或辍学的男生比女生多 30%;从小学、初中、高中到大学甚至研究生阶段,女生的学业成就(分数和家庭作业)都优于男生;男孩在阅读、写作、公民和艺术等方面远落后于女孩,且与女孩相比男孩更容易抽烟喝酒、滥用药物、犯罪入狱甚至自杀;被诊断患有多动症的男孩数量是女孩的 4~5 倍;另外,根据美国教育部的统计,参加特殊教育项目的学生中有 2/3 是男孩[②]。反女权主义者进而借此指责女权主义者通过掩盖男孩的问题为女孩争取优待,导致社会和学校教育忽视男孩的需要;批评考试方式和评价标准对男孩不公,导致男孩学业失败、心理和情感受挫;责怪女权主义者破坏了"将男孩培养成'真正的男子汉'"的传统等。2000 年,当代反女权先锋克里斯蒂娜·萨默斯(Christina H. Sommers)出版《反男孩之战:误导人的女权主义如何伤害年轻男子?》一书[③],在当时引起了极大的争论。萨默斯将

---

① The New Gender Gap: Exploring the "Boy Crisis" in Education [EB/OL]. http://www.ccl-cca.ca/ccl/Reports/OtherReports/201104GenderReport.html. [2012-12-20].

② 相关数据参加 PBS 网址及 Krista Kafer. *Taking the Boy Crisis in Education Seriously* [J]. The Independent Women's Forum Position Paper, 2007 (Apr).

③ Christina Hoff Sommers. *The War Against Boys: How Misguided Feminism Is Harming Our Young Men* [M]. New York: Simon & Schuster, 2001.

男孩学业和道德的滑坡归罪于女权运动,认为后者为了支持女孩教育而歪曲事实,男孩而不是女孩正在教育中处于系统化的不利地位。此后,报刊文章、电视广播访谈节目中相关的报道日益增多,"性别大战"已经不再是隐喻,其所直指的也不再局限于性别刻板印象对教育和儿童成长的影响,而是要"描绘出一幅女孩统治学校,男孩成为牺牲品的景象"①。2006 年,神经学家布鲁斯·佩里(Bruce Perry)博士在《新闻周刊》撰文批评当下男女合校是"不尊重生物特性的教育模式",而"男孩通常被视为有缺陷的女孩"②。对于持这种观点的人来讲,解决"男孩危机"的途径在于加强课堂竞争、恢复单一性别学校、通过在课程和教学过程中增加弘扬男性气概的内容等抵挡女性主义影响,他们甚至要求废除《第 9 条》。

那么,有利于女性教育"性别差"果真构成了对男孩的伤害吗?男孩学业和道德的滑坡是整体性问题还是某些群体的问题?这种新的"性别差"所反映的是性别危机还是教育危机?"男孩危机"是女权主义导致的问题,还是在女权主义观照下发现的问题?其根源究竟是什么?显然,反女权主义者和流行传媒并未对此给出全面的回答。

二、女权主义对"男孩危机"的回应

倘若真如萨默斯等人所言"女孩控制了学校教育,男孩成为'性别战争'的失败者"的话,美国学校就应是大卫·萨德克笔下的"爱丽斯·保罗高中"(Alice Paul High)③。但事实并非如此。所以,将利于女性的教育"性别差"描述为"男孩危机"不仅有夸大事实、哗众取宠之嫌,而将男孩学业和道德滑坡笼统地归罪于女权运动是片面的、有失公允的,既不利于教育性别平等的实现,也不利于找到解决问题的

① David Sadker. *An Educator's Primer to the Gender War* [J]. Phi Delta Kappan, 2002(4).
② Caryl Rivers & Rosalind C. Barnett. "Boy Crisis" in Education Is Nothing But Hype [EB/OL]. http://womensenews.org/story/commentary/060315/boy-crisis-in-education-nothing-hype#.ULYsbLIpi7k. [2006-03-51].
③ "爱丽斯·保罗高中"是美国学者大卫·萨德克虚构出来的一所学校,在这所学校中男女生性别角色发生了互换。学生们的世界几乎完全是为了女性而建构的:学生们崇拜伊丽莎白·斯坦顿(Elizabeth Cady Slanto)、课本中有关男性的内容少得可怜,男生们认为"安静和二等地位是一种令人难以置信的魅力",老师们喜欢按时完成作业并且不找麻烦的男生们,女生是体育场上的英雄而不是男生……。萨德克认为"爱丽斯·保罗高中"才是女生真正占领学校所应当出现的景象。但事实并非如此。他以此来反讽"男孩危机"者言辞之荒谬。

途径。作为对萨默斯等人的回应,美国大学妇女联合会 2001 年组织了"超越性别战争"学术研讨会,随后发布题为《超越"性别战争":关于女孩、男孩和教育》的研究报告。同年,大卫·萨德克发表《一个教育者对性别战争的解读》[1]。2004 年卡尔·里弗斯(Caryl Rivers)和罗萨琳德·贝内特(Rosalin Barnett)发表《差距依旧存在:性别迷思如何危害我们的情感、我们的孩子和我们的工作》、2008 年美国大学妇女联合会发布《女孩在哪儿:关于教育性别平等的真相》,这些论著在质疑"男孩危机"客观性的同时,较为系统地阐述了支持教育男女平等者对该问题的看法。

(一)女孩教育成就的取得并未损害男孩权益

首先,从历史上看,男女在学科成就上的差异早已存在,并非女权运动带来的新问题。若女孩教育成就的取得是以牺牲男孩为代价的,那情况应该是女孩成绩整体提高的同时,男孩成绩整体性下降。但事实并非如此。据统计,30 多年来美国男女生的国家教育进步评估成绩都在提高,数学和阅读成绩的性别差距出现缩小的趋势。而在高利害关系考试如学术性向测试中,男生在数学方面优势明显[2]。其次,从生理和心理发育规律上讲,在接受学校教育之初,男孩普遍不及女孩发育得成熟,且男孩多数好动,社交能力、表达能力欠缺,这些都会影响男孩对学校教育的适用。再次,社会学研究表明,在厌学和辍学的问题上,男女生的态度和行为差异明显,男生往往直接采取行动,而女生则更多地选择默默忍受。第四,虽然女性入学率和学业成绩有所提高,但她们仍未享有教育结果的平等。2005 年,美国女性依然过多地集中在低收入、低声望的就业领域,全职女性的年收入仅为男性的 77%[3]。

(二)种族/族裔、阶层背景对男孩的影响远大于性别因素

对于萨默斯等人将男孩视为一个整体而得出的结论,女权主义者和其他治学严谨的学者并不认同,他们认为萨默斯等所谓的"男孩危机"实际上是"部分男孩的危机"。因为总体上讲,白人大学生的性别构成相当平衡(女生占 51%、男生占 49%),出身精英阶层的男生学业成绩良好,常春藤盟校的男生比例一直高于女生。

---

① David Sadker. *An Educator's Primer to the Gender War* [J]. Phi Delta Kappan, 2002(4).

② Christianne Corbett. *Where the Girls Are: The Facts about Gender Equity in Education* [M]. Wahington, D. C.: AAUW, 2008: 8.

③ Christianne Corbett. *Where the Girls Are: The Facts about Gender Equity in Education* [M]. Wahington, D. C.: AAUW, 2008: 9.

根据纽约州立大学石溪分校社会学家米歇尔·坎摩尔（Michael Kimmel）的观察，在美国，绝大多数中产阶层白人男孩能在并不公正的社会中找到自己的位置并做得很好，但对于那些出身贫穷的黑人、拉丁裔或白人工人阶级的男孩而言，情况就不同了。

以 2010 年美国 16～24 岁高中生辍学率为例（见表 10-2），可以发现女生辍学率普遍低于男生。但具体到族群间则差异很大，白人男生的辍学率不仅低于非裔和拉丁裔男生，而且低于后两个族裔的女生。可见，将性别从种族、阶层等具体语境中剥离出来，是无法全面客观认识问题的。

表 10-2　2010 年美国 16～24 岁高中生辍学率

男　　性				女　　性			
总平均值	白　人	非　裔	拉丁裔	总平均值	白　人	非　裔	拉丁裔
8.5	5.9	9.5	17.3	6.3	4.2	6.7	12.8

资料来源：美国教育数据统计中心. Digest of Education 2011，Table 111.

从表 10-3 统计数据上看，土著（印第安人和阿拉斯加土著）青少年发生不良行为的比例最大，白人、非裔和拉丁裔情况近似，而亚裔依旧是模范族群。具体到性别，差异不大，但女孩似乎比男孩更需要劝诫。

表 10-3　2008 年美国 12～17 岁青少年吸食毒品、抽烟喝酒状况表

	男　性	女　性	白　人	非　裔	拉丁裔	亚　裔	土　著
吸食毒品	9.5	9.1	9.8	8.2	8.9	2.7	18.2
抽烟	9.0	9.2	10.6	5.0	7.9	3.8	18.9
喝酒	14.2	15	16.3	10.1	14.8	5.7	17.2

资料来源：美国教育数据统计中心. Digest of Education 2011，Table 250.

可以说，以萨默斯及其《反男孩之战》为代表，将男孩完全作为一个整体进行的性别分析是没有意义的。任何脱离具体语境、将研究建立在非此即彼的性别二元论之上的做法，都无益于人们正确认识教育"性别差"现象。

（三）学校教育存在的问题

首先，反女权主义者批评被女权主义"占领"的学校无视男孩需要，没有培养出真正的男子汉，但他们忽视或者说故意回避了一个事实，即教学工作女性化。对低龄学童而言，女教师是他/她们在学校接触最多的指导者，幼儿园更是难觅男教师的身影。公立中小学女教师比例高，本身就容易导致教学内容、教学组织形式选择的女性化;同时由于缺少男教师,男孩很难获得来自同性角色榜样的积极影响。客观地讲,"教学工作女性化"形成于19世纪的公立学校运动,虽为女性步入公共领域提供了机会,却颇为当代女权主义所批判。其次,新自由主义教育改革的影响。从里根政府开始,新自由主义逐渐成为美国改革公立基础教育的指导性理论。新自由主义教育改革强调教育的产出与效率、强调标准与质量、实行标准化考试和优胜劣汰。不论教育券还是针对学校的奖惩制,都将公立教育拉入高度竞争的体系中。由于考试成绩成为最重要的评价标准,美国中小学开始广泛出现"为考试而教"的问题。这就导致很多问题。一方面那些不便通过"分数"来测评的素质往往被忽视,另一方面又无意中放大了男孩学业较差的事实。教育学家托马斯·纽克尔(Thomas Newkirk)认为这会造成男生认为自己不够优秀,达不到学校的文化要求,进而内化为一种负面的自我认证,影响他们日后的学业①。

(四)性别刻板印象对男孩的消极影响

很多教师发现男生对"暴力、粗鲁、令人生厌或看上去愚蠢的行为颇有兴趣"。对此,亚利桑那州立大学早期教育专家约瑟夫·托宾(Joseph Tobin)教授认为,这些"负面"词语背后隐藏着人们对男孩的刻板化认识。"我们很多人对这些兴趣存有'主观偏见'。正如我们在20世纪70年代扪心自问'我对待女孩的行为如何成为男权至上主义的?'如今,我们需要再次发问'我们怎样在课堂上对男孩的兴趣兴师问罪?'"②此外,教师倾向于将男孩不守纪律归结为过分活跃或"多动症",并因此向他们推荐特殊教育项目。但事实上,只有3‰～5‰的男孩最终确诊患有多动症。显然,受到性别刻板印象的影响,教育者或他人的言行可能或已经对男孩构成性别偏见,进而伤害到男孩的情感,令他们悲伤、害怕、愤怒或沉默。客观地讲,针对男孩的刻板印象还有很多,这些不为人识的问题早已存在,它们不是女权运动带来的问题,而是在女权主义观照下发现的问题。

三、"男孩危机"对教育性别平等的影响

从20世纪90年代开始,教育"性别差"越来越多地被反女权主义者和大众传

---

① What's the Problem with School? [EB/OL]. http:// www. pbs. org/parents/raisingboys/ school02. html. [2012-11-30].

② Boys in School. [EB/OL]. http://www. pbs. org/parents/raisingboys/school. html. [2012-11-30].

媒拿来做文章,"性别战争"、"男孩危机"作为事实被夸大甚至歪曲的产物,对教育性别平等的推进产生了相当深刻的负面影响。从积极的方面讲,"男孩危机"将男孩对教育的不适应摆上桌面,使男孩赢得了更多的教育关怀和社会关注。但是"男孩危机"给教育性别平等带来的消极影响更深。这些以反女权运动为内核的言论和行动逐步蚕食着女权运动的成果。具体到教育领域,他们以女权运动侵害了男孩利益为名,反对合校教育、反对政府的教育性别平等项目(特别是《妇女教育平等法》所支持的项目)、反对甚至要求废除《第 9 条》;要求设置男子学校,要求公立学校开设单一性别课程,要求在教材中增加诸如战争史诗等渲染男子气概的内容。似乎只有停止关注女孩,男孩才能成功。这种前提假设虽然荒谬,但对美国教育产生了实在的影响。

从 90 年代开始,美国保守势力要求终止"肯定性行动"的呼声不断,理由是"肯定性行动"对少数民族和女性的优待造成了对白人男性的逆向歧视。1995 年,加州大学校董会投票通过决议,要求下属的 10 个分校在招生、招聘、工程招标中不再照顾少数民族和女性,并因此成为全美首个公开宣布废除"肯定性行动"的公共机构。随后,加州于 1996 年通过 209 号动议,取消加州所有的公立教育、就业和合同领域针对少数民族和女性的"肯定性行动"。结果,1996 年加州大学开始减少女教工数量,致使女性占加州大学教工的比例从 1994 年的 37% 急速降至 1998 年的 27%。对此,一位加州大学的法学女教授在听证会上不无讽刺地说:"我们已经回归'常态'。什么是'常态'?'常态'就是雇佣男人!"①1998 年,加州共和党议员法兰克·里金斯(Frank Riggs)提出一项《高等教育法》修正案,意在全面取消美国高等教育领域内的"肯定性行动",虽然这项议案最终未得到国会通过,但其所带来的消极影响至今尚未消除。

"男孩危机"论虽偏颇,却深受美国保守派的认可。2002 年,小布什总统提出要取缔《妇女教育平等法》的预算,次年便关闭了"《妇女教育平等法》平等资源中心",导致大量性别平等研究或行动项目因失去资助而停滞。2002 年《不让一个孩子掉队法》提出"在与现行法律保持一致"的前提下,联邦可以资助"革新项目",单一性别教育项目就包含其中。美国教育部随后发布了一则通知,意在放松对单一性别教育项目的管制。2005 年,小布什总统又在国情咨文中提出倡议,要求就"帮助男孩更好地适应学校教育,远离街头暴力和犯罪"展开行动,并委任夫人劳

---

① Anonymous. *UC hiring fewer women professors after Prop. 209* [J]. Black Issues in Higher Education. 2001(3).

拉·布什(Laura W. Bush)具体负责此事。劳拉·布什随即表达了自己的看法："我觉得，在美国，人们已将关注点从男孩身上移开来有几十年了，我们没有照顾好男孩。"①

2006年，美国教育部对《第9条》进行修正，允许学校在确定不会出现性别歧视的前提下，开设单一性别教育项目。据统计，2008～2009学年全美超过1 000所公立中小学设有单一性别教育项目，2010年合校公立学校为男孩设置的教育项目多于女孩的②。可以说，近年来美国学校教育对性别隔离的热衷似乎出现了一种报复性反弹。我们看几个例子：在匹斯堡一所按性别分班教学的幼儿园里，教师通过篮球和接力赛教男孩词汇，而通过关于仙女和公主的故事教女孩子；2011～2012学年，华盛顿州塔科马市的一所中学将6年级所有数学、科学和人文课程进行男女分班教学，男孩们通过玩游戏学习乘法，而女孩们则"做女孩们的事：尽情聊她们的事"。校长说除非有足够数量的家长要求重新合班上课，否则学校将一直采用这种教学方式③；而在威斯康星州，一位学监为高中科学课实行男女分班教学提供的理由是："研究表明，男孩在创造性地参与实验，女孩则按指导行事，在不甚了解实验室发生了什么的情况下，她们依然能够得到正确答案。"④总的来看，面向男孩的课程常常过于关注运动和领导力，而面向女孩的课程则强调礼仪与协作。一切仿佛都回到了传统性别角色盛行的时代，这些教育项目就像是基于性别的"隔离但平等"，不仅难以提高教育质量，而且难以促进教育公平，甚至在加重某些性别刻板印象。正如阿拉巴马州一位家长所抱怨的："对孩子们而言，男女隔离并没带来什么好处。事实上事情因此而变得更糟了。孩子们学到的基本上是黑暗时代的性别观念。"显然，就目前的情况看，"男孩危机"论已经对美国教育性别平等的发展产生了负面影响，反女权主义者所鼓吹和支持的单一性别教育项目也未能很好地解决这个问题。

---

① Laura Bush：Putting Boys in the Spotlight [EB/OL]. http：// www. npr. org/templates/ story/story. php?storyId＝4492617. [2012-11-30].

② *Title IX at 40*：*Working to Ensure Gender Equity in Education* [M]. Washington, D. C.： NCWGE. 2012：51.

③ *Title IX at 40*：*Working to Ensure Gender Equity in Education* [M]. Washington, D. C.： NCWGE. 2012：52.

④ *Title IX at 40*：*Working to Ensure Gender Equity in Education* [M]. Washington, D. C.： NCWGE. 2012：52.

四、女权主义解决"男孩危机"的路径

针对所谓的"男孩危机"问题,女权主义者基于自身立场提出了应对的基本策略。

(一)教学工作去女性化

从历史上看,当薪水微薄的教学岗位无力吸引足够的男性入职时,公立学校运动家们就会支持并鼓励女性从教,教学被视为女性家庭角色向公共领域的延伸而得到社会的认可,教学逐渐成为一项女性职业。而从社会性别的角度看,教学工作女性化乃是社会性别等级制的一种体现:历史上男性的逃离、女性的涌入使得教学被贴上"低薪、低声望、低专业性"的标签,成为男性不愿涉足的领域。通过提高教师职业的声望、待遇,吸纳更多男性入职,不仅有利于解决教学内容、教学法、教学组织形式选择方面可能存在的女性化倾向,而且能够为男孩提供同性行为榜样。

(二)进一步打破传统刻板印象

从社会性别的角度看,所谓"男孩危机"不单单是部分男孩面临的问题,而且是一个以"生理决定论"为价值判断前提的伪问题。从这个立论出发则男性要强壮、要活力四射、要有统治欲和领导才能,等等,但最重要的一点是——男生要比女生强,若非如此,便是男孩出了问题,便是培养男孩的教育出了问题。这样的因果推理所折射的,乃是父权社会对男性不符合传统性别规范所产生的焦虑。因此,从这个角度而言,"男孩危机"的产生根源不在教育,而在父权制传统,因而其化解也非"因性施教"(单一性别教育项目)所能办到的。只有打破男性刻板印象,在尊重男孩身心发展规律的前提下,为男孩提供更多样的选择机会和成功途径,才有可能缓解他们的焦虑。

总的来看,战后美国女子教育取得了突飞猛进的发展。存在于学校教育中的显性性别歧视基本消失,女生在各级各类教育中的入学率均有大幅提高,女性在数学和科学教育中的代表性有所加强。尽管如此,与男性相比,教育在女性个人经济收入和社会地位的提高方面作用依然有限。在受教育程度相同的条件下,女性的收入只是男性的 $60\%\sim72\%$[①];与此同时,学校教育,尤其是职业教育中的性别隔

---

① [美]乔尔·斯普林.美国教育[M].张弛,张斌贤译.合肥:时代出版传媒股份有限公司/安徽教育出版社,2010:46.

离现象依旧明显。近年来受到反女权主义运动的影响,美国《职业教育法》不再要求那些能够帮助女性进入传统男性领域的项目提交具体的操作性指标,以致女性难以全面进入技术含量和薪水较高的职业轨道。具体到微观层面,自 20 世纪 70 年代以来,美国课堂教育在破除性别歧视方面确实取得了一定的成就,如大力推行教科书中性化(去性别歧视)改革,在教学内容上去除性别歧视。受到女性研究成果的影响,美国新生代教师普遍具有较为主动的性别意识,女性认知规律在教学过程中得到了一定程度的重视。尽管如此,女生所获得的关注、鼓励和建设性意见依旧少于男性[1]。全面实现教育性别公平,对美国女性而言依然是一项未竟之业。所幸的是,21 世纪以来,美国各界仍在持续关注学校中的性别不平等问题,且其焦点已逐渐从关注女性入学机会的获得,转向实现教育过程和教育结果的性别公平上来。

---

① *Title* Ⅸ at 30: *Report Card on Gender Equity* [M]. Washington, D. C. : NCWGE, 2002: 35.

第十一章
战后美国职业教育

20 世纪后半期,在冷战、民权运动、人力资本理论、终身教育、知识经济等时代主题下,美国普通教育在平等与卓越两大目标影响下如钟摆般来回摆动,职业教育也随着这种摆动逐步具备了不同于以往的特征。首先,经过几十年的发展,美国职业教育早已经从 20 世纪前半期优先服务于国家战略目标的实现,转到了优先服务于个人就业和继续学习目标的新方向;其次,在全球化和知识经济的带动下,职业教育也一改 1917 年《史密斯—休斯法》颁布以来所形成的与学术教育分离,甚至与短期培训画上等号的传统,逐步走上学术教育与职业教育、中学与中学后职业教育、学校与工作世界相互融合的道路。

第一节　生活适应教育运动与 1958 年《国防教育法》

"二战"过后,美国社会从战时状态进入核威慑下的和平时期。此阶段前 10 年出现的生活适应教育运动使包括职业教育在内的所有美国教育呈现目标泛化的倾向。但是,由于 1957 年苏联第一颗人造卫星的成功发射,以及随后《国防教育法》的出台,美国教育的天平开始向卓越一方摆动。在《国防教育法》的资助下,职业教育进一步扩大了训练区域并稳步向前发展。

一、生活适应教育运动

"二战"过后的最初 10 年,在新的社会情境中,美国教育也出现了一些新的变化。首先,《退役军人重新适应法》和战后随之而来的婴儿出生潮使美国各级学校经历了人满为患的时期。比如,1946～1956 年,仅美国幼儿园和初等学校的儿童入学人数就从 1 770 万上升到 2 430 万,入学率增加了 37%①。其次,由于冷战初期美国政府的军费开支大幅度增加,教育投入明显不足,"1948 年,美国军费支出 180 亿美元,而教育费不足 3 亿美元"②,公立学校普遍存在着校舍、设备、师资等各方面的困境。整体来看,学校还不是一个吸引人的地方。据统计,当时超过 80% 的孩子会升入 9 年级,但是能够坚持读完中学,拿到毕业证书的仅占 40% 左右③。中学辍学、肄业的学生,与虽然中学毕业但并没有学到就业技能的学生成为年轻人中的大多数。再次,战后攀升的离婚率、单亲家庭、未婚同居等现象,不仅使美国的家庭结构发生了重大改变,也严重影响了不同年龄段孩子的社会心理,加之其他因素的影响,少年犯罪现象普遍增多。在这种情况下,作为实现美国理想的重要机构——公立学校,尤其是公立中学应如何调整才能更好地适应战后变化了的情境,并最大程度地为更多的孩子将来获得满意的职业而努力的问题就突出地摆在了人们的面前。

1945 年 6 月,在美国教育总署主持召开的职业教育会议上,曾经在 1917 年《史密斯—休斯法》制定中发挥过重要作用的查尔斯·普罗瑟递交了一份议案。在议案中普罗瑟认为:"目前的职业学校仅仅为 20% 中学层次的年轻人进入技术工种提供培训机会,而普通高中也主要关注于 20% 即将升学的年轻人……除非公立教育系统的管理者在职业教育领导的协助下,能为剩余的 60% 的青年人提供生活适应教育,否则我不相信这些人将来能够成为合格的公民。"④在普罗瑟议案的倡导下,美国教育总署署长约翰·斯达德贝克(John W. Studebaker)在 1946 年组织了一系列地区"生活适应教育"会议,并于 1947 年在芝加哥召开了国家会议,会上还同时成立了"青年生活适应教育委员会",委员会的成立标志着生活适应教育已经上升为国家层面上的一场运动。

综合来看,生活适应教育主要基于以下两条内在的原则⑤:第一,应该从比传统的学术科目更广泛的角度重新定义教育的概念,学校教育本身应该涵盖个人、社

① L. Dean Web. *The History of American Education*, *A Great American Experiment* [M]. New Jersey: Upper Saddle River, 2006: 262.

② 杨孔炽,徐宜安. 美国公立中学发展研究[M]. 武汉:湖北人民出版社,1996:194.

③ Marvin Lazerson, Norton Grubb. American Education and Vocationalism—A Documentary History 1870-1970 [M]. New York: Teachers College Press, Columbia University, 1974: 159.

④ Gerald L. Gutek. *Education in the United States*: *An Historical Perspective* [M]. New Jersey: Prentice-Hall, Englewood Cliffs, 1986: 272.

⑤ Gerald L. Gutek. *Education in the United States*. *An Historical Perspective* [M]. New Jersey: Prentice-Hall, Englewood Cliffs, 1986: 273.

会、情感、经济、职业等更为宽泛的议题和问题；第二，在中学教育已经基本普及的情况下，不论学生学术或职业的能力倾向以及未来发展目标有多大的差异，公立中学都应该面向所有美国的青少年，为他们提供丰富多彩的教学内容，以满足学生个人的和社会的需求。

由于生活适应教育概念内涵和外延的宽泛性，其在实施过程中表现出了五花八门、包罗万象的特征。比如，在教育目标方面，有的学校旨在培养有效率的公民，而有的学校强调社会适应，还有的学校关注职业指导以及有价值的休闲、生理和心理的健康、成功的家庭生活等；在教学形式方面，有的学校引入了在生活、工作现场培训的方式，而更多的学校则采取课堂讲授的形式；在课程内容方面，有的学校开设了什么是适当的社会行为的指导课程，有的则开设了如何养成快乐和受人欢迎的个性的咨询课程，还有的学校开设了家庭装饰课程，更有甚者还开设了如何照料孩子的课程。

生活适应教育的琐碎和非学术特征，使其在 20 世纪 50 年代后，在冷战掀起的智力竞争的氛围中，不断遭到要素主义和永恒主义教育思想家的猛烈抨击。比如，历史学家阿瑟·贝斯特就在自己的两本书中谴责了生活适应教育的反智力主义倾向，他说："生活适应教育有意识地使教育与科学以及学术相分离，致使其目标是如此琐碎，这将遭到所有有头脑人士的反对。"①贝斯特不仅倡议回到基础，同时还致力于恢复为中学教育奠定坚实学术基础的传统课程。另外，贝斯特还和一些同事组织了基础教育理事会，为传统人文学科进入课堂而努力。美国海军上将里科弗在将美国的学校与欧洲学校相比之后，抨击美国教育的学术惰性。马克斯·瑞福提（Max Rafferty）则批评生活适应教育不仅弱化了爱国情感，同时也降低了学术标准。由于生活适应教育运动的观点在一定程度上与进步主义教育思想相似，因此，50 年代人们对生活适应教育运动的批评，还扩大化为对杜威、进步主义、经验主义、设计教学等一系列与进步主义教育有密切联系的教育家、教育理论以及教育方法的指责。1954 年后，曾经有过辉煌岁月的生活适应教育运动逐渐步入低谷。

生活适应教育运动是一场由职业教育领导人发起的、与职业教育相关的运动，虽然它使包括职业教育在内的所有美国教育都呈现非学术化和目标泛化的倾向，但是由于它以不准备升学而又没有在专门的职业学校学习的大多数中学生为目标人群，以调整这些学生的人生观、价值观使他们更好地适应业已变化的社会生活，并同时具备能够在市场上获得雇佣机会的职业技能为目标，因此，可以将它称之为

① L. Dean Web. *The History of American Education. A Great American Experiment* [M]. New Jersey: Upper Saddle River, 2006: 263.

20 世纪 70 年代美国生计教育运动的前奏。

二、苏联人造卫星事件与《国防教育法》

　　"二战"结束后,以美苏为代表的两大阵营展开了以军备竞赛为中心的世界争霸战,冷战格局正式产生。1957 年秋季,苏联第一颗人造地球卫星成功发射,美国国内舆论哗然。为此,艾森豪威尔总统一再保证美国也将发射自己的人造卫星,但是美中不足,1957 年 12 月美国急急忙忙用海军"先锋"号火箭发射的人造地球卫星在升空两秒钟后即坠毁了。苏联卫星的成功发射与美国卫星的坠毁通过媒体的宣传,在举国上下引起了巨大恐慌。在反思美国空间技术之所以落后的原因时,包括艾森豪威尔总统在内的许多人都认为这不单单是军事问题,而主要是教育,特别是进步主义教育使美国出了问题。因为早在 50 年代初,美国中情局在其关于苏联科学培训情况的绝密报告中就指出:"苏联正在培养一群科学家和技术人员,其规模、质量和方法都在改进和增长,是完全可以和美国相匹敌的。"同时中情局还指出,苏联的中学一直都强调科学课程,这和在美国中学看到的情形完全不一样①。但所有这些都没有能够引起美国政府足够的重视。

　　铺天盖地的媒体几乎将矛头一致对准了美国教育漫无目的的课程、破败的学校、短缺的师资等弊端。在不断地与苏联设计严密、结构严谨的学校课程进行对比的过程中,批评家们还指出了以杜威为代表的进步主义教育,以及继承进步主义遗风的生活适应教育对美国教育的错误导向。以下是来自美国媒体和民众的一组报道②:《纽约时报》杂志的记者哈瑞(Harry Schwartz)建议人们要考虑苏联教育系统和有声望的科学系的学生对苏联空间技术成功的驱动作用;《生命杂志》敦促读者思考"是什么因素促使和激励所有人类的知识服务于这个国家?"《一周回顾》则将当前的事件作为"苏维埃的天才和潜在力量的审慎表现",并同时回顾了过去曾经给予国人的关于苏联教育优势的警告,文末还以夸张的语气概括全文:"没有数学,民主将没有存活的希望!"而盖洛普民意测验则声称"70％的被调查者同意,美国的高中生必须更加努力地学习才能与苏联学生竞争"。

　　顺应国情民意,1958 年即出台《国防教育法》。法案主要将美国空间技术落后

---

①　傅林. 当代美国教育改革的社会机制研究[M]. 北京:教育科学出版社,2006:33.

②　Barbara Barksdale Clowse. *Brainpower for the Cold War: the Sputnik Crisis and Defense Education Act of 1958* [M]. Westport : Greenwood Press, 1981: 15.

的原因归结为美国高等科学、数学、工程、现代外语拔尖人才的不足,着重对与以上人才培养相关的各个方面进行了拨款。比如,法案规定:"国防教育贷款面向高等院校全日制的学生,这些学生必须具备下列条件之一:首先,具备优异学术基础,准备毕业后做中、小学教师者;其次,在科学、数学、工程或现代外国语学习上有优异才能者";"1959财政年度联邦政府为学生贷款的数量为4750万美元,1960财政年度为7500万美元,1961财政年度为8250万美元,1962财政年度为9000万美元;每一学生每年最多可借1000美元,贷款总额不超过5000美元。学生离校一年后开始偿还贷款,3%的利息可以在离校或在军队服务3年后开始偿还,利息与本金的偿还期限最长为10年。"①法案还规定每年设置1500名奖学金名额,面向高等院校的研究生,除了要求这些研究生敬业以外,还要求他们对高校教师的职业感兴趣。为了加强科学、数学和现代外语教学,法案还规定了如何对实验室小修或设备修理,以及购置视听教材、设备、相关教科书和教师参考材料进行拨款的办法等。

与职业教育最为密切是《国防教育法》第8条款,它修订了《乔治—巴登法》第3条款的内容。第8条款提出:"此次修订1946年《乔治—巴登法》的目的是为了满足国防的需要。由于在科学技术方面受过专业训练的技师对国家的安全至关重要,因此这一拨款项目是为了弥补先前法案所没有充分考虑的训练区域。对这些区域的训练项目的资助方法与《乔治—巴登法》相同。"法案列举了国内技术人员的短缺情况,比如:实验室的化学人员的不足,火箭方面的电子机械设计人员的不足,工具以及环境控制技术人员的不足,协助医师、科学家、工程师工作的半专业队伍所需要的各种技术员的不足,等等②。法案提出对这些人员的培训可由中等和中等以上学校承担,具体招生对象可由初中毕业或年满16岁者、为保持其现有工作或提高其技术的工人、需要以最新成就更新其技术的技术员三类人员组成。法案为以上培训项目提供的资助数量如下:"1959~1962财政年度每年下拨1500万美元资助,同时州和地方必须拿出相应的匹配资金。"③

1958年《国防教育法》是在冷战的背景中出台的,它不仅是一部促进美国科学、数学、工程、外语等人才培养的法案,同时还是一部促进技师培养的职业教育类

① Barbara Barksdale Clowse. *Brainpower for the Cold War:the Sputnik Crisis and Defense Education Act of 1958* [M]. Westport:Greenwood Press,1981:163.
② 夏之莲. 外国教育发展史料选粹:下[M]. 北京:北京师范大学出版社,1999:79.
③ Barbara Barksdale Clowse. *Brainpower for the Cold War:the Sputnik Crisis and Defense Education Act of 1958* [M]. Westport:Greenwood Press,1981:166.

立法。法案颁布后,《国防教育法》修订案在继续扩大拨款总额的同时,进一步突破了仅仅面向国防教育领域贷款和拨款的限制,同时 1963 年《职业教育法》还将《国防教育法》给予技师培养的拨款永久化。"截至 1964 年《国防教育法》再次修订时,联邦政府已经为《国防教育法》共计提供款项 10 亿美元,其中为各州强化以上科目教学拨款 2.9 亿美元。8 500 名研究生和 60 万名本科生获得了联邦教育贷款,职业教育和外国语机构已经培训了 4.2 万名技师和 1.74 万名教师,职业咨询师的数量从 1.2 万名攀升到 3 万名。"①

第二节 1963 年《职业教育法》与其促进教育平等的努力

20 世纪 60 年代是美国社会又一个动荡不安的年代。一方面,作为第三次科技革命的策源地和中心,美国经济自战后以来持续增长,美国社会呈现前所未有的繁荣景象;另一方面,由于历史和现实的原因,社会弱势群体为争取平等的权利展开了声势浩大的民权运动。作为美国政府反歧视、反贫困政策的组成部分,1963年《职业教育法》以及系列人力资源开发立法使美国职业教育的覆盖空间和参与人群进一步扩大,弱势群体的职业教育权利得到了更多的尊重,职业教育成为促进社会平等的工具之一。

一、相关人力资源开发立法和《教育为变换的工作世界服务》的报告

凭借"二战"期间的技术积累和人才储备,以及战后为了取得冷战竞争优势,联邦政府对于高科技领域的大量投入,使美国不仅成为第三次科技革命的策源地和中心,而且还迎来了经济实力持续增长的黄金时期。据统计,战后 25 年内,尽管出现过多次短期的经济衰退,但是美国经济仍然年平均增长 3.5%,家庭平均收入由 1947 年的约 3 000 美元增至 1965 年的 6 000 美元,1960 年居民的实际购买力也比 1946 年增长了 22%②。经济条件的改善使更多的美国人享受到更为富庶的生活,

① Barbara Barksdale Clowse. *Brainpower for the Cold War: the Sputnik Crisis and Defense Education Act of 1958* [M]. Westport: Greenwood Press, 1981: 155.
② 杨生茂,陆镜生. 美国史新编[M]. 北京:中国人民大学出版社,1990:466.

同时也使"富裕美国"之外的另一个"种族不平等的美国"和"贫困美国"的问题日益凸显。自50年代早期起,历史上一直处于社会底层的美国黑人,掀起了对社会生活诸多领域种族隔离制度的大规模抗议活动,并在60年代愈演愈烈。为解决日益激化的矛盾,1964年公布的《民权法案》以及其后的相关立法,保障了黑人在选举、使用公共设施、住房等诸方面的民主权利;与此同时,面对几乎占美国总人口1/4的低收入群体①,肯尼迪和约翰逊总统在国内发起了"新边疆"和"向贫困宣战"的改革运动,试图通过教育、医疗、住房制度改革,积极为弱势群体提供更多的帮助。

在这种社会背景下,受舒尔茨(Thodor W. Schults)系统化人力资本理论提出的影响,联邦政府更为关注人的知识和技能对于社会发展的决定性作用,仅1961～1962年美国国会即通过了4个人力资源开发的法案和修正案,此后又颁布了多个此类立法,旨在通过职业技能培训提升特定区域、特定人群的人力资本,以其充分就业减轻国家福利救济的负担,并最终提高国家经济的整体运行效率。比如,1961年《地区重建法》,专门为高失业率地区的失业和不充分就业人群的职业培训每年提供450万美元的资助;1962年《人力开发和培训法》面向国内所有低收入阶层和享受社会福利救济的人群,在3年内,为他们参加各类就业培训共计下拨了4.35亿美元;1964年《经济机会法》,借鉴大萧条时期以工代赈的经验,通过建立职业训练基地、组织青年服务志愿队、帮助贫困黑人"最大限度地参与"当地社区各项活动等形式,为处境不利的青年人提供参与学术补习计划、工作现场训练以及其他支持性服务的机会。人力资源开发立法作为职业教育的相关立法,弥补了先前职业教育对特定区域和特定人群重视不足的弊端,促进了美国职业教育的开展。

与人力资源开发系列立法的制定几乎同时,作为美国劳动力培训的组成部分——职业教育也受到了包括肯尼迪总统以及美国职业协会在内的许多个人和团体的关注。肯尼迪总统上任不久即提议由健康、教育和福利部召集各界代表,"重新审议和评估国家当前的职业教育法案,同时为好转和重新确定职业教育的方向提出建设性意见"②。正是在肯尼迪总统的提议下,职业教育咨询委员会很快成立,并向肯尼迪总统递交了题为《教育为变换的工作世界服务》的报告。

这份奠定1963年《职业教育法》基础的报告首先回顾了1917年《史密斯—休斯法》颁布以来美国职业教育开展的情况。报告指出:《史密斯—休斯法》建立了地

① 杨生茂,陆镜生. 美国史新编[M]. 北京:中国人民大学出版社,1990:471.
② Shu Wei-Non. *A Comparison of Factors that Influence Vocational Education Law-Making In the U. S. and TaiWan, China* [D]. University of Minnesota, 1996:114.

方、州、联邦三方合作开展职业教育的机制,随后的一系列法案扩展了职业教育资助的范围,延长了资助的期限。如今,联邦政府为全国约 2/3 公立中学的工农业、家政业、市场销售、护理、技师等类别的职业教育提供拨款,接受联邦职业教育拨款的各类人群将近 400 万,其中一半左右是成年人,仅以上项目每年地方、州和联邦三方为职业教育投入的资金总量大约为 2.5 亿美元;除此之外,加上州和地方独立承担的办公室职员培训项目花费,以及州和地方每年为职业教育机构的建筑、设备、管理等支付的诸多费用,州和地方每年对职业教育的投入已达 5 亿美元①。在回顾以往职业教育所取得成绩的基础上,面对 60 年代进入劳动力市场的人数增加、技术变迁加剧、经济增长不确定因素增多等业已改变的时代环境,报告对当前美国职业教育的规模、各行各业受过职业教育的人数以及未来美国社会对职业教育的需求进行了深入剖析。

通过对 6 个有代表性的州共 3 733 所公立高中样本进行分析后,报告指出:仅有 5% 的公立中学开设市场营销课程,9% 提供工商业课程,不足一半的学校提供家政和农业教育。特别是在一些大城市地区,尽管 2/3 的高中毕业生不能获得学士学位,但是注册学习职业类课程的学生却不足 1/5。报告同时发现,目前美国各行各业受过职业教育的人数明显偏低,比如:平均 100 位务农的人,仅有 10 位接受过职业教育,而接受批发和零售业教育的人数与其行业总人数的比例是 1∶200,制造业和建筑业的比例为 2∶444,同时学习电器维修、供暖和通风工程、干洗、去污、熨烫等联邦资助项目的人数也非常少。报告指出,1960~1970 年即将进入劳动力市场的各类学生,预计总量为 2 288.3 万,其中高中程度以下的就业人数是 750 万,不打算进入高等教育机构的高中毕业生人数是 1 029 万,进入高等教育机构但不能获得学士学位的人数是 509.3 万②。估计未来 10 年间,市场对接受过中学后职业教育的技师需求每年将从 6.78 万人扩大到 20 万人③,加之到 1970 年,各类需要接受技术更新培训的人数也将达到 8 700 万④。面对目前职业教育的规模与国内市

①　Report of the Panel of Consultants on Vocational Education. *Education for a Changing World of Work* [R]. Washington, D. C.：U. S. Government Printing Office, 1964：7.

②　Report of the Panel of Consultants on Vocational Education. *Education for a Changing World of Work* [R]. Washington, D. C.：U. S. Government Printing Office, 1964：219.

③　Report of the Panel of Consultants on Vocational Education. *Education for a Changing World of Work* [R]. Washington, D. C.：U. S. Government Printing Office, 1964：XⅦ.

④　Report of the Panel of Consultants on Vocational Education. *Education for a Changing World of Work* [R]. Washington, D. C.：U. S. Government Printing Office, 1964：220.

场对于各类职业教育巨大需求之间的矛盾,报告认为,联邦政府必须与州和地方社区密切配合,继续发挥曾经在紧急时刻起到过的对于职业教育的巨大推动作用。同时,鉴于美国人口的流动性,职业准备活动必须面向所有美国的年轻人,而每一所美国高中尤其是人口密集的市中心学校都要承担起职业准备的责任。

报告将扩大和改善以下四类人群的职业教育作为美国职业教育进一步努力的方向:准备进入劳动力市场或准备成为家庭主妇的高中生;由于学术、社会经济或其他缺陷无法在普通职业项目中取得进步的中学年龄段的人群;完成高中学业或已经离开高中且正在为了进入劳动力市场而接受全日制教育的年轻人或成年人;为了提升职业稳定性的已经失业或在职的年轻人或成年人。另外,为了提升职业教育的质量,报告还就如何扩展和改善职业教育师资与管理人员培养、职业教育设施配备、职业信息收集和职业指导、职业教育研究等工作提出了指导性建议。最后,为了确保职业教育数量扩张和质量提升能够顺利实现,报告还建议联邦、州和地方都应大力增加职业教育的投资额度。

二、1963 年《职业教育法》的内容及其实施

《教育为变换的工作世界服务》报告在递交肯尼迪总统 13 个月后,体现其原则精神的 1963 年《职业教育法》即由约翰逊总统签署实施。与以前的职业教育法律相比,该法律体现了新的特点。

(一) 职业教育内涵的扩展

《职业教育法》突破了以往法案将职业教育仅仅局限于提升某类人群的就业能力或为某些行业、某个区域培养劳动力方面,不仅面向所有社区所有年龄段的在校中学生、准备进入劳动力市场的中学毕业生或肄业生、已经就业但是希望更新自己原有的技术或学习新技术的在职人员,以及因学术、社会经济或其他缺陷无法在普通教育项目中取得进步的人员,同时,法案还淡化了行业界限,规定只要教育培训与受训人员的需要、兴趣和能力水平相吻合且具有真正的或预期的就业机会即可获得联邦职业教育拨款[①]。另外,鉴于一些新兴行业对于人才的需求,法案新增了对秘书职业教育的拨款,将实习护士的培训资助永久化。

---

① James W. Hillesheim, George D. Merrill. *Theory and Practice in the History of American Education: A Book of Readings* [M]. Lanham: University Press of America, Inc. , 1980: 398.

　　（二）法案对职业教育的拨款数额较先前有了大幅度提高，且资金分配采用了新的方法

　　法案规定，截至 1964 年 6 月 30 日之前的这一财政年度，国会授权为各州职业教育拨款数额为 6 000 万美元，以后逐年增加，1967 财政年度拨款数额将达到 2.25 亿美元，之后联邦拨款每年稳定在 2.25 亿美元的水平①。法案的拨款数额是 1917 年《史密斯—休斯法》的 150 倍，是 1946 年《乔治—巴登法》的两倍多②。除此之外，法案还要求各州提供配套资金，其配套比例为 1∶1。在资金的分配方面，法案规定总拨款的 10% 用于研究性、实验性或试验性项目的开展，剩余的 90% 资金根据一定的比例在各州各个年龄段内分配，同时为了照顾已经离校的人员和弱势群体等人的利益，法案还规定为这些人员的职业教育预留一定比例的资金。

　　（三）法案制定了更为宽松和灵活的资金使用方法

　　法案规定只要经联邦职业教育管理机构同意，各州可以改变先前所有类别职业教育拨款的用途或者综合使用所有类别及数量的职业教育拨款，同时各类职业教育拨款的使用条件也更为宽松。比如，任何分配或拨付给农业教育、家政教育的资金，只要与农业和家政业知识、技能相关的领域均可使用；任何为市场销售领域分配或下拨的款项均可用于所有 14 岁以上的人员，且不必受部分时间制学校或夜校的限制；任何为工商业领域分配或下拨的款项均可用于 14 岁以上人员的就业预备教育，且不必拘泥于 50% 实习时间的限制等；另外，只要能够提供州或地方的匹配资金，联邦拨款也可以用于区域职业学校的建设。

　　（四）法案标志着联邦政府对职业教育全面干预和管理原则的形成

　　法案要求联邦建立职业教育咨询委员会，各州也要成立相应机构。该机构主要为职业教育管理人员日常的管理活动、与职业教育法案相关的管理活动、对各州职业教育规划的审批活动等提出建设性意见。同时，除了沿袭先前法案所采用的

---

① James W. Hillesheim, George D. Merrill. *Theory and Practice in the History of American Education: A Book of Readings* [M]. Lanham: University Press of America, Inc. , 1980: 398.

② Calfrey C. Calhoun, Alton V. Finch. *Vocational Education: Concepts and Operations* [M]. Belmont: Wadsworth Publishing Company California, 1976: 38.

以联邦批准的州规划作为联邦拨款的先决条件这一做法外,法案还要求州和地方职业教育项目必须接受周期性的评估,以了解其项目的相关性与实施质量,同时国家层次的评估工作由联邦职业教育咨询委员会每5年开展一次。

1963年《职业教育法》是美国职业教育发展史上的又一个里程碑。作为促进社会平等的工具,它的出台标志着美国职业教育已经从某一职业或行业培训的代名词向更广泛人群的就业技能培养的转型。法案所采用的更为宽泛的职业教育概念、更为宽松灵活的资金使用方法等也在一定程度上加快了美国职业教育发展的速度。1963年《职业教育法》颁布后,在新的形势下,联邦政府分别于1968年和1976年对法案进行了修订,进一步丰富了职业教育概念的内涵,增加了职业教育拨款的数额,同时联邦对各州职业教育监督的力度明显加大。尤其值得一提的,受当时日趋流行的生计教育理念的影响,1968年修正案明确提出了教育不应简单地划分为普通的、学术的和职业的,职业教育是所有教育的一个基本目标,它必须成为每个人受教育的一个基本成分;同时,面对技术和经济的进步,职业教育还必须成为终身教育的组成部分。1976年修正案除了继续强调为资金缺乏的区域、有身心残疾或语言障碍的人群以及克服性别偏见歧视的努力提供联邦拨款外,还进一步强调了如何确保职业教育质量的问题。

在1963年《职业教育法》及其修正案的推动下,美国职业教育明显呈现数量扩张和质量提升的态势。比如,从数量方面来看,1964~1968年,职业类学生的总数几乎翻了一番,由450万增至800万。各级职业教育经费总额由1965年的6.05亿美元增长到1969年的14亿美元。接受联邦资助职业教育的人数比例也由1961年的2.1%上升到1966年的3.1%,其中中学生的比例更高一些,1963~1964年的比例为1/5、1965~1966年为1/4①。各类职业教育机构发展迅速,其中仅各类职业技术学校的数量就由1965年的405所增至1975年的2 452所,10年内增加了5倍。截至20世纪80年代中期,由学区综合中学联办的地区职业教育中心已经发展到1 395所,中学后层次的地区职业教育中心已经发展到504所②。同时,课程门类也丰富了,比如同期教育类词典所列举的可以在中学开设的职业科目种类就有342种③。另外,伴随招

---

① 马骥雄. 战后美国教育研究[M]. 南昌:江西教育出版社,1991:131-133.

② 杨之岭,林冰,美雷锋. 职业教育:在科技现代化社会中前景宽广——美国职业教育的新发展[J]//国外职业技术培训研究[M]. 天津:天津职业技术师范学院,1985:3.

③ Merle E. Strong. *Developing the Nation's Work Force: Yearbook 5 of American Vocational Association* [R]. Washington, D. C.: American Vocational Association, 1975: 142.

收高中毕业生的2年制技术学院和社区学院数量和学生总量的扩张,社区学院职业课程也日趋丰富,仅佛罗里达州的社区学院就设置200余种不同的职业教育项目,而人口稀少的夏威夷州一共只有7所社区学院,也开设了80余种不同的职业教育项目①。

从质量提升方面来看,该时期的职业教育在一定程度上扭转了与短期培训画上等号的弊端,更加注重学生的文化基础学习。比如,中学层次的职业教育最少拿出一半的课时安排学生学习普通文化课程,同时职业理论课与实践课的学时比例一般也在1:2之间。中学后职业教育机构也对学生的普通文化课程和职业理论课程的学分提出了不同的要求。

然而,由于诸多复杂的原因,在具体实施过程中,与先前法案类似,1963年《职业教育法》及其修正案在很多地方并没有能够达到预期的效果。比如,劳动力严重不足行业的职业教育,并未有明显程度的改善;职业教育的受益人群仍以在校学生为主,难以满足成人的需求;特殊类学生的职业教育问题也没有根本性的好转,等等。但是,1963年《职业教育法》及其修正案所预示的改革方向却为未来职业教育的发展指明了前进的道路。

第三节　生计教育运动的开展与职业教育概念的全方位拓展

20世纪70年代的生计教育(Career Education)运动不仅是对《国防教育法》颁布以来美国普通教育过分追求学术卓越的一种反叛,同时作为终身职业教育的一种形式,生计教育运动还最大化地扩展了职业教育的时空概念,使60年代以来职业教育所追求的促进个人就业需求满足的理念达到了其逻辑发展的一个高峰。

一、生计教育理念的形成及其主要模式

1969年12月,美国教育协会召集各领域教育专家开展了以"70年代以后的学校"为主题的讨论。与会人员一致同意:"今后10年,教育改革的主要目标是把学校办成更有人情味的机构。"②也就是要求学校教育以学生为主体,尊重学生的个性,在课程方面增加人文学科的比重,将人性教育、价值观教育渗透进所有学科的

---

① 毛澹然. 美国社区学院[M]. 北京:高等教育出版社,1989:70.
② 汪霞. 课程改革与发展的比较研究[M]. 南京:江苏教育出版社,2000:67.

教学中,并高度重视心理咨询、生活指导与社会体验等活动。与此同时,美国一些地区还出现了不分年级学校、无升学障碍学校、弹性课表、系统定位课程、计算机辅助教学等多种多样的教育教学改革尝试,而旨在推动普通教育与职业教育联合、开创以职业能力发展为核心的新型教育体系的生计教育运动的出现,直接导引了此时期教育改革的方向。

生计教育主要是借鉴大卫·斯尼登(David Snedden)、查尔斯·普罗瑟和约翰·杜威等人的教育理论,并吸收新出现的终身教育、回归基础教育的思想而形成的。1970年,美国教育总署署长詹姆斯·艾伦(James Allen)第一次明确提出了生计教育概念,其继任者西德尼·马兰(Sidney P. Marland)、泰瑞尔·贝尔和欧内斯特·博耶等人又将其推而广之。由于生计教育概念的宽泛性以及人们对生计教育关注点的不同,从教育为工作准备、维持生计的最狭窄理解到教育促进个体适应整个生活环境的最宽泛定义,生计教育的概念几乎无所不包。比如,马兰认为生计教育意味着三件事情:"生计教育是所有学生而不是部分学生可以选择的课程的一部分;如果选择生计教育,它将贯穿一个人学校岁月的全部,从最低年级直至高年级乃至其后;生计教育将最大程度地给予毕业生或未毕业即离校的学生维持自己及家庭生计必要的技术。"①美国生计教育办公室认为:"生计教育是帮助个体获得有用的知识、技术和态度,并通过恰如其分地使用以上知识、技术和态度,使每个人的工作成为其有意义的、高效率的和令人满意的生活方式的一部分。"②尽管人们对生计教育概念的理解有所不同,但所有生计教育概念的基本假设是相同的,即鼓励所有层次的教育活动与未来工作世界建立联结,鼓励各机构团体为学生提供职业探索的机会,允许人们自由地进出教育系统和劳动力市场。而正是以上相同的假设,美国不同层次,不同区域的生计教育在灵活多样的基础上表现出更多的统一性。

1971年,美国教育总署提出了4种可以在全国推广的生计教育模式:基于学校的模式、基于雇主经验的模式、基于家庭—社区的模式和基于特定区域农村居民的模式。这4种模式基本上展示了面向就业的教育应该向社会全体成员全过程全方位渗透和实施的特征。

基于学校的模式要求从幼儿园直至高等教育阶段的所有教育过程都要与工作联

---

① Jack W. Fuller, Terry O. Whealon. *Career Education: a Lifelong Process* [M]. Chicago: Nelson-Hall, 1979: 48.

② Calfrey C. Calhoun, Alton V. Finch. *Vocational Education: Concepts and Operations* [M]. Belmont: Wadsworth Publishing Company, 1976: 89.

结,同时根据不同阶段学生的特征又有不同的侧重点,如:从幼儿园开始直至小学 6
年级(K-6)属于生计意识培养阶段,生计教育的主要任务是帮助学生形成工作世界的
意识和价值观以及认识自己作为社会成员的角色等;7~8 年级属于生计准备阶段,
生计教育主要是让学生接触各种各样的职业群,以便了解各种职业群对未来从业人
员的要求以及学生可以利用的教育培训机会;9~10 年级属于生计探索阶段,学生应
该在探索特定职业群的基础上明确选择某一职业并在校做一些准备;11 年级以后直
至成人教育属于生计定位阶段,学生应该对所选择职业的就业要求有更加明确的理解。

　　基于雇主经验的模式主要是鼓励各地各行业的雇主,为 13~18 岁的孩子提供
参与实际工作的机会,使学生在学校获得的学术的、普通的和职业的知识能够融入
综合的生计教育项目中,增加教育与工作的相关性,拓宽社区参与的基础。

　　基于家庭—社区的模式旨在借助报刊、电视和收音机等媒介为失业在家或者
不充分就业的成人提供参与当地职业再培训项目的机会,帮助个体实现工作和相
关领域角色的转换。

　　基于特定区域农村居民的模式主要面向怀俄明、蒙大拿、爱达荷、北达科他、南
达科他、内布拉斯加 6 个州的农村失业和未充分就业人群,旨在提升这类人群的自
我发展能力和就业能力。

　　除上述 4 种模式外,一些州在生计教育实践中也形成了许多独具特色的模式,
其中较为有名的是威斯康星模式、夏威夷模式、缅因州南波特兰模式等。其中,威
斯康星模式注重将生计指导行动融入各门课程,其模式又称为以课程为中心的生
计教育发展模式。

二、生计教育立法与生计教育的实施

　　作为一种在某个时代出现的一种较为适宜的职业教育思想,生计教育理念形
成后,很快得到了上至总统下至许多国家机构和团体的支持,特别是 1974 年联邦
生计教育立法出台后,生计教育运动迅速在全国展开。

　　在全国推广生计教育理念的最初动力来自美国联邦教育总署。在詹姆士·艾
伦和西德尼·马兰等人的推动下,1971 年联邦政府为生计教育拨付的预算经费达
到 1 500 万美元[①]。1972 年,尼克松总统在国情咨文中强调生计教育是由政府倡导

① Calfrey C. Calhoun, Alton V. Finch. *Vocational Education: Concepts and Operations*
[M]. Belmont: Wadsworth Publishing Company, 1976: 97.

的一项最有前途的教育事业,并号召全国中小学、高等学校以及社会各界给予其大力支持①。同年,国家教育协会正式成立时,生计教育模式被确定为协会重点强调的发展对象,协会随后还亲自指导了4种生计教育模式在全国的推广活动。1973年,作为国家教育协会的政策制定机构——国家教育研究理事会也认为在教育与工作世界建立联结应该成为联邦政府优先考虑的5个问题之一。

1974年出台的《教育法修正案》第4部分第406条款,首次以立法形式承认了生计教育的理念和行为,其指出:"应该使每一个接受完中学教育的孩子都具备符合其能力,并可获得相应报酬的最大化的就业和参与社会工作的机会;地方教育机构应该借助各学区,努力为所有孩子(其中包括残疾和有教育障碍的孩子)提供职业准备;每个州和地方教育机构都应该创办一个生计教育选择项目,其目标是为每一个孩子设计符合其能力的并可获得相应报酬的最大化的就业和参与社会工作的机会。"②法案规定在联邦教育总署下设立生计教育办公室和国家生计教育咨询委员会,负责生计教育的管理和评估工作。同时,第406(f)(2)条款还授权1976~1977年财政年度为各州教育管理部门制定本州1年期和5年期生计教育发展和实施规划拨款。

第406条款颁布后,1974年秋,已经有10个州颁布法规表示接受联邦生计教育拨款,8个州正在考虑接受此项拨款,19个州正在制订本州的生计教育规划③。而国家教育协会1974年中期报告指出:几乎在国内所有的地区,包括生计教育立法、拨款、规划、课程发展、学校—社区合作、教职人员培训等一系列的生计教育活动正在进行,许多州的各种K-12生计教育项目也在筹划中④。1976~1977财政年度,除一个州和一个托管地外,全国所有的州均制定了生计教育发展和实施规划,联邦生计教育办公室为各州及托管地共约下拨450万美元的规划拨款⑤。另据统计:1974年,全国1.7万个学区中有30%的学区实施了生计教育。接受生计教育

① 王桂. 当代外国教育——教育改革的浪潮与趋势[M]. 北京:人民教育出版社,1995:339.
② Calfrey C. Calhoun, Alton V. Finch. *Vocational Education: Concepts and Operations* [M]. Belmont: Wadsworth Publishing Company, 1976: 134.
③ Jack W. Fuller, Terry O. Whealon. *Career Education: a Lifelong Process* [M]. Chicago: Nelson-Hall, 1979: 16.
④ Jack W. Fuller, Terry O. Whealon. *Career Education: a Lifelong Process* [M]. Chicago: Nelson-Hall, 1979: 17.
⑤ Alice Y. Scates, Anita M. Mitchell. *State Career Education Plans as a Basis for Implementation* [J]. Journal of Career Development, 1980(2).

的中学生人数所占比例,从 1972 年的 24% 上升到 1977 年的 50% 以上①。此外,生计教育的理念还逐步渗透到特殊教育领域,1976 年特殊儿童教育理事会不仅设立了生计教育分支管理部门,还专门创办了全国性的刊物——《特殊儿童生计发展》;残疾儿童教育署不仅将生计教育作为该署优先考虑的工作领域,同时还积极为多项生计教育科研和示范项目投资。

由于 1974 年《教育法修正案》生计教育资助项目将在 1978 年到期,1977 年 12 月,国会颁布了《生计教育激励法》。作为一部专门的生计教育法案,其进一步推动了生计教育在全国范围的开展。法案首先对立法目标进行了明确阐释:"此法是为了资助州、地方教育机构、中学后教育机构以及适宜的项目合作机构和组织,共同致力于使教育成为工作的准备,成为工作价值与其他社会角色和选择(比如家庭生活)之间联系的桥梁;同时通过不断地强调生计意识、生计探索、生计决定、生计规划以及诸如此类的活动的重要性,消除人们根深蒂固的对不同种族、性别、年龄、经济地位、残疾等方面的偏见和陈规陋习,促进生计选择活动中的机会均等。"②法案规定自 1977 年起的 5 个财政年度内,为中小学生提供总额为 3.25 亿美元的拨款③。法案要求各州必须首先递交本州生计教育规划,经批准后,联邦拨款按照各州学龄人口的比例予以划拨,地方学区能够获得的拨款数量由各州自行决定。该法案标志着生计教育运动的具体管理责任已经从美国生计教育办公室转移到各州教育管理机构;同时,鉴于此时期公立中小学校已经成为生计教育运动的主力,美国教育总署初中等教育秘书也开始协助生计教育办公室开展工作。

《生计教育激励法》促进了生计教育运动的推广。据统计,1978 年底,共有 21 个州通过了生计教育法,而两年后的 1980 年,已有 47 个州立法表示接受《生计教育激励法》拨款④。在生计教育理念日益被更多的学区和师生接受的同时,由于生计教育概念本身及实施中的诸多问题,对生计教育的批评声也不绝于耳。其中,佛蒙特州大学的罗伯特·纳什(Robert J. Nash)和拉塞尔·安(Russell M. Agne)教授的批评较有代表性,其批评主要集中在以下 3 方面:首先,生计教育仅仅围绕有市场需求的职业群进行,忽视了学生艺术、人文、宗教等直觉和精神能力的培养和

---

① 王桂. 当代外国教育——教育改革的浪潮与趋势[M]. 北京:人民教育出版社,1995:339.

② Calfrey C. Calhoun, Alton V. Finch. *Vocational Education: Concepts and Operations* [M]. Belmont: Wadsworth Publishing Company, 1976: 134-135. ．

③ 王桂. 当代外国教育——教育改革的浪潮与趋势[M]. 北京:人民教育出版社,1995:339.

④ Harold E. Mitzel. *Encyclopedia of Education Research: Vol 1* [M]. New York: The Free Press, 1982: 232.

熏陶;其次,理论家们所设计的生计教育顺序、序列与学生个体差异之间产生矛盾;再次,生计教育过分强调教育内容的经济含义,不利于对于事物全面的理解①。与以上批评同期出现的还有许多雇主对于毕业生基本能力的质疑,以及诸多高校对于所录取新生整体素质的抱怨等。所有这些都从另一个角度推动了 20 世纪 70 年代中后期美国教育重心的转移,即从重视生计技能的掌握转向重视基础知识和基本能力的教学。特别是在 80 年代之后,在美国教育追求卓越倾向不断强化的氛围中,生计教育更是逐步步入低谷。

作为推动美国职业教育发展的一支重要力量,生计教育运动进一步扩大了职业教育的时空概念,使职业教育不仅与终身教育有了更多相同的含义,同时作为谋求社会平等的工具,生计教育也顾及到贫困地区和低收入家庭的发展需求。尽管在发展过程中经历了一些挫折,生计教育的理念和做法却奠定了当代美国职业教育发展的基础。

第四节 系列帕金斯职业教育法案的出台 与职业教育的新发展

进入 20 世纪 80 年代,在美国经济实力相对衰落且知识经济特征日益凸显的情势下,更多的美国人对 60 年代以来美国教育过分追求平等而导致的平庸化趋势进行了深刻的反省。伴随着 80 年代以《国家处在危险之中:教育改革势在必行》为代表的一大批报告的出台,美国教育的钟摆逐步从追求平等转向追求卓越。作为美国教育的一部分,1984 年以来的系列帕金斯职业教育法案以及同期的人力资源开发系列立法,在强基固本提升职业教育层次和质量的同时,逐步克服了生计教育运动中职业教育过于泛化的倾向,推动着美国职业教育走上学术与职业教育、中学与中学后职业教育、学校与工作世界相互融合的道路。美国职业教育的新发展,为美国高质量的劳动力培养提供了强有力的支撑。

一、系列帕金斯职业教育法案与相关人力资源开发立法

80 年代之后系列帕金斯职业教育法案及相关人力资源开发法案的颁布,标志

① Calfrey C. Calhoun, Alton V. Finch. *Vocational Education: Concepts and Operations* [M]. Belmont: Wadsworth Publishing Company, 1976: 131-133.

着 60 年代以来以社会公平为主旨的职业教育方向的转变。此时期美国职业教育不断提升学术标准、提高培养层次、优化培养质量,推动这种局面出现的原因,可以大致归结为以下两点:

(一) 80 年代之后美国社会对于高质量教育目标追求的整体氛围

与 1958 年《国防教育法》出台之前美国人所能感受到的危机状况类似,80 年代初期,与苏联及日本、德国相比,尽管美国经济依然保持较高的增长势头,且经济总量仍高居世界首位,但是由于美国经济的增长速度明显低于以上国家,美国工业产品占世界工业产品的比重呈逐年降低的趋势[1],伴随美国国力的相对衰落,美国的全球霸主地位受到了前所未有的威胁。面对以上严峻形势,美国社会各界采取了与苏联卫星上天时期同样的检讨方式。以 1983 年美国高质量教育委员会《国家处在危险之中:教育改革势在必行》报告为代表,美国全方位多层次的教育改革运动持续展开。由于 80 年代及其之后的教育改革运动以夯实教育基础、提升教育标准、提高教育效率、强化激励措施等为标志,客观上也为同期的职业教育及其人力资源开发活动规划了前进的方向。

(二) 全球化以及知识经济时代对于劳动力素质的整体要求

80 年代之后,伴随着经济全球化趋势的日益显著,美国建立在知识和信息基础之上的知识经济模式也日益凸显,与传统经济模式比较而言,人力资本、智力资源正日益取代货币资本、土地和机器等,成为经济增长的内生变量。全球化和知识经济时代的本质特征要求同时代的劳动者,不仅要掌握扎实的读、写、算技巧,同时还要具备合作、共赢、创新等品质;此外,为了使劳动者的知识技能具有适宜的迁移性,其学术水平和继续学习能力也被提到了日益重要的位置。

由于 1976 年《职业教育法修正案》的许多资助项目即将到期,因此刚刚进入 80 年代,国会就为下一轮的立法活动组织了 30 多次听证会。同时,1981 年 9 月国家教育协会还出版了《职业教育研究——终期报告》,对 1963 年《职业教育法》颁布以来职业教育的资金分配、职业教育项目实施的质量和效率、消费者和家政教育等进行了评估。权衡各方意见,在社会各界的努力下,1984 年 10 月,《卡尔·D. 帕金斯职业教育法》正式颁布。

---

[1]　[苏]A. 基尔萨诺夫. 美国与西欧——第二次世界大战以后的经济关系[M]. 朱洪译. 北京:商务印书馆,1978:117.

1984 年法案在继续确保贫困地区和弱势群体平等接受职业教育机会的同时，更加强调通过高质量的职业教育满足国家当前和未来劳动力的需求。法案除了鼓励公共和私立部门密切合作、提升职业教育质量、积极回应市场对各类人才的需求外，还要求"强化职业教育类学生的学术基础，以便根据市场的要求，使新技术（包括计算机）能够更加迅速地应用于生产过程"①。法案规定 1985～1989 财政年度每年为州职业教育提供 8.353 亿美元资助，同时法案又为州职业教育支持项目、成人培训、再培训和就业项目等分别下拨了一定量的资金。承继 1963 年《职业教育法》的精神，1984 年法案为贫困地区的职业教育和国家职业教育研究评估工作预留了一定比例的资金，剩余资金按一定比例在不同年龄段人口中分配；另外，结合终期报告建议，法案增加了在拨款时权衡各州不同财政能力的条款。

沿着 1984 年法案所指引的方向，在日益严峻的国际经济竞争以及更多的工作岗位对中学后教育层次的劳动者需求大增的情况下，1990 年《卡尔·D. 帕金斯职业与应用技术教育法》的立法思想比 1984 年法案有了更进一步的发展。首先，该法案旨在"通过促进所有公民学术和职业技能的充分发展，最终提升美国在国际经济市场上的竞争能力"②，其在美国联邦职业教育立法史上，首次明确地把职业类学生的学术和职业进步放置在同等重要的位置。其次，法案首次设计了"技术准备"项目，也就是通过一个联结中学和中学后职业教育的 4 年或者 6 年的课程系列，毕业生不仅可以获得协士学位证书，同时还将具备从事技术性职业所要求的知识、技能和价值观。再次，法案明确列举了准备进入某一行业的学生应该具备的行业素质并同时推荐了多种学校和工作世界密切合作的方式。为了配合法案立法方向上的创新，法案不再将职业教育的成效局限于与劳动力市场相关的数据变化上（比如工作安置率和雇主满意率等），而是将学生的学习进步和进入高一级学校继续深造也纳入项目评估的指标中。

与 1990 年法案相比，1998 年《卡尔·D. 帕金斯职业技术教育法》将职业和技术教育联结成一个完整的系列，明确提出了职业技术教育"服务于受教育者当前和未来的继续学习和从事于不要求受教育者拥有学士学位（或学士学位以上）的职业

---

① Public Law 98-524—OCT. 19, 1984 // United States Statutes at Large (Part 3) [G]. Washington, D. C.: U. S. Government Printing Office, 1986: 20 USC 2301.

② G. Hayward, C. Benson. (1993). Vocational-Technical Education: Major Reforms and Debates 1917-Present [M]. Washington, D. C.: U. S. Department of Education, 1993: 23.

生涯"的双重目标①；2006 年《卡尔·D. 帕金斯生涯技术教育好转法》进一步将
1998 年法案的核心概念"职业技术教育"转变为"生涯技术教育"，明确要求"为个
体提供连续的、严格的且具有挑战性的学术标准和相关技术知识和技能"②，以便
满足个体当前或未来继续学习和生涯发展的需要。另外，2006 年法案还允许联邦
拨款用于取消学士学位以下与学士学位之间的壁垒。除了不断提升职业教育的学
术和技能标准、优化资金分配的方案外，继承 80 年代以来世界范围内管理思想的
创新，1998 年和 2006 年法案在项目管理方面还采用了更为弹性的责任系统。比
如，为了使法案的实施既达到联邦所希望的标准，又照顾到不同区域的实际情况，
联邦立法仅仅规定了项目评估的核心指标，而州和地方在项目实施时所能达到的
具体标准，则由州和地方根据自身的情况与其上级机关协商后确定，称之为调整后的
项目实施标准。州和地方在项目实施过程中，不仅要定期检查项目开展的情况，同时
还要定期向联邦教育部报告项目实施的效果（其中包括所有参与职业项目的学生、关
键区域人群以及处境不利人群的进步情况），联邦教育部则据此给予一定的奖惩。

　　除以上职业教育法案之外，80 年代之后，美国国会还颁布了多部与职业教育
相关的人力资源开发立法，比较典型的有 1982 年《工作培训合作法》、1994 年《从
学校到工作机会法》、1998 年《劳动力投资法》等。尽管这些法案与职业教育立法
有着不尽相同的关注点，但是均体现了相同的立法精神，共同规划了美国职业教育
发展的路径。

二、20 世纪 80 年代以来美国职业教育的发展状况

　　20 世纪 80 年代之后，在系列联邦职业教育法案及相关人力资源立法的引导
下，美国职业教育在兼顾社会公平目标的同时，更加关注职业类学生的学术基础，
更加强调职业教育与劳动力市场的联结，并同时全方位地创建了弹性管理的机制。
可以说，经过几代人的努力，尽管目前美国的职业教育还存在各种各样的问题，但
是从整体来看，美国无疑已经建构起了层次分明、门类齐全、相互沟通、涵盖范围广

---

① The Carl D. Perkins Vocational and Technical Education Act of 1998 [S/OL]. http：//
　　frwebgate. access. gpo. gov/cgi-bin/getdoc. cgi？dbname＝105_cong_public_laws&docid＝f：
　　publ332. 105. pdf. [2007-10-15].

② Carl D. Perkins Career and Technical Education Improvement Act of 2006[S/OL]. http：//
　　www. acteonline. org/policy/legislative_issues/upload/Perkins_Changes_Summary. doc.
　　[2007-11-26].

泛、参与人群众多、效果发挥较好的终身化、全民化的职业教育体系。下面,我们将分别从中学和中学后职业教育两个层次对美国职业教育近几十年的发展变化情况做一简要评述。

从中学层次来看,目前,美国至少有 11 000 所学校(约占全美中等教育机构总数的 2/3),其中大约包括 9 500 所综合高中(特许学校也在内)、1 000 所职业高中和 800 所地区或区域职业学校开设了一门以上的职业课程。其中,综合高中承担着中等职业教育的主要任务,所开设的职业课程约占全美中学职业课程开设总量的 89.2%[1]。由于中学职业教育的普及性,无论是选择特定劳动力市场准备课程、普通劳动力市场准备课程抑或是家政消费科学教育课程,共约 96.6% 的高中生在离校时都获得了一定数量的职业课程学分[2]。而 1992 年后,中学毕业生中职业课程集中学习者(在一个职业领域内获得 3 个或 3 个以上的学分)的比例一直稳定在 20% 以上。与此同时,中学职业课程学习者更趋向于选择有着较多就业机会和较高收入的职业领域进行学习。比如,1982~1998 年,职业课程集中学习者更多选择了健康护理、幼儿养护和教育、餐饮服务和酒店管理、技术和信息四大类的职业课程,而相对减少了贸易、工业和商业等领域的课程学习。

20 世纪 80 年代之后,更多的州要求职业类毕业生与其他类毕业生符合同样的"新基础"(New Basics)标准并参与由州统一组织的毕业考试。所谓"新基础"就是要求中学毕业生最少要学习 4 年的英语和 3 年的数学、科学和社会研究课程,并同时具备信息和问题解决的软技能(soft skills)。全美中学毕业生获得的职业课程学分已经从 1982 年的 4.7 分下降到 1990 年的 4.2 分,1990~2000 年则稳定在 4.0~4.2 分的水平;与此相反,中学毕业生所获得的学术课程学分却从 1990 年的 14.3 分上升到 2000 年的 18.8 分。尽管如此,高中毕业生所获得的职业学分依然高于毕业生所获得的数学、科学或社会科学课程的学分,并且与英语类课程所获学分基本持平[3]。

① Marsha Silverberg, Elizabeth Warner, David Goodwin, Michael Fong. National Assessment of Vocational Education Final Report to Congress, 2004 [R/OL]. http://www.ed.gov/rschstat/eval/sectech/nave/reports.html:59. [2007-03-05].

② Marsha Silverberg, Elizabeth Warner, David Goodwin, Michael Fong. National Assessment of Vocational Education Final Report to Congress, 2004 [R/OL]. http://www.ed.gov/rschstat/eval/sectech/nave/reports.html:309-310. [2007-03-05].

③ Marsha Silverberg, Elizabeth Warner, David Goodwin, Michael Fong. National Assessment of Vocational Education Final Report to Congress, 2004 [R/OL]. http://www.ed.gov/rschstat/eval/sectech/nave/reports.html:65. [2007-03-05].

另外,从 1990～2000 年,职业课程集中学习者达到"新基础"标准的比例从 18.5%
上升到 51.1%,与职业课程非集中学习者之间的差距减少了 2/3。2000 年时,职业
课程集中学习者与非集中学习者所获得的学术课程学分之间的差距也已经从 1.8
分降到 1.0 分。由此带来的变化是:1982 年仅仅 41.5%职业课程集中学习者注册
进入两年制学院学习,而 10 年后这一比例上升到 54.7%①

　　在联邦职业教育法案的引导下,近些年来,各州平均将管理基金的 20%用于
促进学术教育和职业教育的融合②,其中许多州采取了强化职业课程的学术内容,
帮助学术课程教师采用更加实用的教学方法,帮助学生(包括职业的和学术的)发
展批判性的思维和问题解决技巧以及其他努力来促进融合;另外,在促进中学和中
学后教育的联结方面,联结协议和双重学籍(高中生同时在中学和大学注册,获得双
重学分)的做法在高中较为普遍。目前,美国拥有 1 000 多家联结中学和中学后职业
课程的技术准备项目联合体,大约 70%的中学学区加入至少一个联合体。2001 年,
10%左右的 9～12 年级学生参与技术准备联合体,而中学后机构参与技术准备联合
体的比例为 4.6%③。此外,从与雇主配合的角度来看,2001 年仅有 8.1%的职业教
师宣称没有与雇主或劳工组织相互配合,而 2000 年国家统计局调查显示 14.1%的
雇主还参与了地方职业咨询委员会的工作④。

　　从中学后教育层次来看,作为世界高等教育最为发达的国家之一,目前全美
39%的 25～64 岁成年人均拥有学院或大学学位⑤,中学后职业教育无疑对此做出
了巨大贡献。据统计,目前美国中学后职业教育的类型主要有协士学位项目、机构

---

① Marsha Silverberg, Elizabeth Warner, David Goodwin, Michael Fong. National Assessment of Vocational Education Final Report to Congress, 2004 [R/OL]. http://www.ed.gov/rschstat/eval/sectech/nave/reports.html. [2007-03-05].

② Marsha Silverberg, Elizabeth Warner, David Goodwin, Michael Fong. National Assessment of Vocational Education Final Report to Congress, 2004 [R/OL]. http://www.ed.gov/rschstat/eval/sectech/nave/reports.html. [2007-03-05].

③ Marsha Silverberg, Elizabeth Warner, David Goodwin, Michael Fong. National Assessment of Vocational Education Final Report to Congress, 2004 [R/OL]. http://www.ed.gov/rschstat/eval/sectech/nave/reports.html. [2007-03-05].

④ Marsha Silverberg, Elizabeth Warner, David Goodwin, Michael Fong. National Assessment of Vocational Education Final Report to Congress, 2004 [R/OL]. http://www.ed.gov/rschstat/eval/sectech/nave/reports.html. [2007-03-05].

⑤ U. S. Department of Labor. A Chartbook of International Labor Comparisons [R]. http://www.bls.gov/ilc/chartbook.htm. [2007-03-05].

证书项目、工业技术证书项目和非学分课程项目，全美 1/3 的本科生、2/3 的社区和技术学院学生均选择以上不同的职业教育项目。其中，社区学院和私立高等教育机构是中学后学分类项目（最终能获得职业类协士学位或证书）开设最集中的地方，1999 年有 40.4% 和 22.6% 的学分类职业教育学习者选择在以上两种机构学习；工商业机构是唯一重要的非学分类、与工作场景相关的研讨班等形式的职业项目提供者，1999 年有 36.7% 的非学分类学生选择此类机构。

作为美国社会应对全球化和知识经济挑战以及实施终身教育的工具，美国中学后职业教育吸引了不同年龄、学历层次和类型的学生就读。据统计，美国大约一半的中学后职业类学生是在高中毕业几年后才注册学习的，而其余的一半平均年龄在 23 岁以上；此外，21.1% 的学生家庭年均收入低于 2 万美元或处于学术不利处境，另有 30.4% 的学生入校前已经拥有不同种类的中学后学位证书或资格证书（主要是资格证书）[1]。由于学生来源的复杂性，68.3% 的中学后职业类学生会在完成一年或不足一年的课程后离开学校，同时由于职业类证书比协士学位较容易获得，因此中学后职业证书获得的比例高于协士学位的获得率。但是，伴随着近年来社会对中学后层次劳动力需求的增加，特别是在联邦职业教育法案的引导下，从 1989~1996 年职业类协士学位项目申请人数增加了 27%，学士学位申请人数也从 1996 年的 1.1% 上升到 2000 年的 5.1%，而证书类申请者从 14.6% 增长到 19.2%。此外，与市场需求密切关联，近些年来，中学后健康和计算机相关专业注册人数显著增加，而传统商业领域注册人数呈下降趋势。

为了促进中学后职业教育与学术教育的融合，目前许多中学后教育机构或者致力于开发学术与职业内容相互融合的课程，或者通过设计新的证书项目促进学术与职业教育的融合。同时，伴随中学后职业教育学术标准的提高，20 世纪 90 年代，两年制教育机构职业教师的比例还下降了 8%，而学术教师的比例增加了 20%[2]。此外，中学后职业教育与工作世界的联结也得到了一定程度的加强，2000 年有更多的雇主参与本社区中学和中学后职业咨询委员会的决策工作，同时社区学院职业定单合同培训项目也由 1993 年的 9.9% 增加到 2000 年的 17.2%。

① Marsha Silverberg, Elizabeth Warner, David Goodwin, Michael Fong. National Assessment of Vocational Education Final Report to Congress, 2004 [R/OL]. http：// www. ed. gov/ rschstat/eval/sectech/nave/reports. html. [2007-03-05].
② Marsha Silverberg, Elizabeth Warner, David Goodwin, Michael Fong. National Assessment of Vocational Education Final Report to Congress, 2004 [R/OL]. http：// www. ed. gov/ rschstat/eval/sectech/nave/reports. html. [2007-03-05].

　　紧扣不同时期社会发展的主题,20 世纪后半期美国的职业教育也如普通教育一样在促进平等和追求卓越两大目标之间来回摆动。

　　战后至 60 年代初期,面对婴儿出生潮以及青少年生活环境的变化,生活适应教育运动使包括职业教育在内的美国所有教育领域都出现了目标过于泛化的倾向,但是紧随其后的苏联人造卫星上天事件以及《国防教育法》的颁布,又将美国的职业教育带入追求学术卓越以及服务冷战的方向。

　　60 年代,在轰轰烈烈的民权运动以及向贫困宣战的政策导向中,作为美国政府反歧视、反贫困政策的组成部分,1963 年《职业教育法》以及系列人力资源开发法案使美国职业教育的覆盖空间和参与人群进一步扩大,同时弱势群体的职业教育权利也得到了更多的尊重,职业教育成为促进社会平等的工具之一。70 年代出现的生计教育运动是 60 年代职业教育逻辑发展的一个高峰。

　　80 年代以来,全球化、终身教育和知识经济等时代主题,迫使美国的职业教育和相关人力资源立法更为关注学术卓越的主题。同时,为了满足劳动力市场对于中学后教育层次的劳动力的更多需求,中等和高等职业教育相互联结的技术准备项目成为美国职业教育的一个亮点。另外,学校职业教育与工作世界的相互融合也在此阶段得到了进一步的强化。

参 考 文 献

一、中文文献

1. [苏]A.基尔萨诺夫.美国与西欧——第二次世界大战以后的经济关系[M].朱泱译.北京：商务印书馆,1978.

2. [美]阿瑟·林克,威廉·卡顿.一九〇〇年以来的美国史:中册[M].刘绪贻,等译.北京:中国社会科学出版社,1983.

3. [美]贝蒂·弗里丹.女性的奥秘[M].程锡麟,等译.广州:广东经济出版社,2005.

4. [美]比尔·克林顿.克林顿总统的教育计划[J].宋来惠译.比较教育研究,1994(5).

5. [美]布鲁纳.布鲁纳教育论著选[M].邵瑞珍译,北京:人民教育出版社,1989.

6. [美]布鲁纳.布鲁纳教育文化观[M].宋文里,黄小鹏译.北京:首都师范大学出版社,2011.

7. [美]菲利普·阿尔巴赫,等.21世纪美国高等教育——社会、政治、经济的挑战[M].杨耕,周作宇主审.北京:北京师范大学出版社,2005.

8. [美]赫钦斯.教育现势与前瞻[M].姚柏春译.香港:今日世界,1970.

9. [美]J.布卢姆.美国的历程:下册第二分册[M].杨国标译.北京:商务印书馆,1988.

10. [美]克雷明.学校的变革[M].单中惠,马晓彬译.济南:山东教育出版社,2009.

11. [美]科南特.科南特教育论著选[M].陈友松主译,北京:人民教育出版社,1984.

12. [美]L.迪安·韦布.美国教育史:一场伟大的美国实验[M].陈露茜,李朝阳译.合肥:时代出版传媒股份有限公司/安徽教育出版社,2010.

13. [美]洛伊斯·班纳.现代美国妇女[M].侯文蕙译.北京:东方出版社,1987.

14. [美]玛丽琳·J.波克塞.当妇女提问时:美国妇女学的创建之路[M].余宁平,等译.天津:天津人民出版社,2006.

15. [美]普莱西,斯金纳.程序教学和教学机器[M].刘范,等译,北京:人民教育出版社,1964.

16. [美]乔尔·斯普林.美国教育[M].张弛,张斌贤译.合肥:时代出版传媒股份有限公司/安徽教育出版社,2010.

17. [美]斯金纳.超越自由与尊严[M].王映桥,栗爱平译.贵阳:贵州人民出版社,1988.

18. [美]韦恩·厄本,杰宁斯·瓦格纳.美国教育:一部历史档案[M].周晟,谢爱磊译.北京:中国人民大学出版社,2009.

19. [美]S.亚历山大·里帕.自由社会中的教育:美国历程[M].於荣译.合肥:时代出版传媒股份有限公司/安徽教育出版社,2010.

20. [美]托马斯·索威尔.美国种族简史[M].沈宗美译.南京:南京大学出版社,1992.

21. 曹延亭.现代外国教育思潮[M].长春:东北师范大学出版社,1989.

22. 陈蕊,刘晖.美国NCLB法案对教师教育的影响[J].中国教师,2008(10).

23. 成有信.十国师范教育和教师[M].北京:人民教育出版社,1990.

24. 丁坤.美国女子高等教育史:1837-2000[D].河北大学,2011.

25. 范国睿.美国公众眼中的公立学校:1969年-2007年卡潘·盖洛普民意调查报告[M].北京:教育科学出版社,2009.

26. 范国睿,何珊云.危机时代的教育变革——奥巴马政府的教育政策述评[J].教育研究,2011(2).

27. 冯大鸣.美国国家教育战略的新走向——《美国教育部2002~2007年战略规划》评析[J].外国教育研究,2004(1).

28. 冯大鸣,赵中建."9·11"后美国教育战略调整的两个标志[J].教育发展研究,2003(3).

29. 傅林.当代美国教育改革的社会机制研究[M].北京:教育科学出版社,2006.

30. 傅统先,张文郁.教育哲学[M].济南:山东教育出版社,1986.

31. 郭爱丽.美国20世纪50~70年代教师教育改革研究[D].华南师范大学,2007.

32. 郭健.哈佛大学发展史研究[M].石家庄:河北教育出版社,2000.

33. 贺国庆,于洪波,朱文富.外国教育史[M].北京:高等教育出版社,2009.

34. 贺国庆,王保星,朱文富.外国高等教育史[M].北京:人民教育出版社,2006.

35. 华东师范大学教育系,杭州大学教育系.现代西方资产阶级教育思想流派论著选[M].北京:人民教育出版社,1980.

36. 黄葳.教师教育体制国际比较研究[M].广州:广东高等教育出版社,2003.

37. 教育部教育管理信息中心.美国伯克利加大校长田长霖访问记录[J].世界教育信息,1991(3).

38. 教育部师范教育司.教师专业化的理论与实践[M].北京:人民教育出版社,2001.

39. 教育部中等专业教育司.技术教育与职业技术教育[M].北京:人民教育出版社,1982.

40. 谌启标.美国教师面临的问题与改革策略[J].教学与管理,2001(9).

41. 乐国安.从行为研究到社会改造——斯金纳的新行为主义[M].武汉:湖北教育出版社,1999.

42. 梁忠义.七国职业技术教育[M].长春:吉林教育出版社,1990.

43. 李剑鸣.美国印第安人与白人文化关系的历史考察[D].南开大学,1994.

44. 李联明."9·11事件"后美国高等教育国际化的五个发展趋向[J].比较教育研究,2007(7).

45. 李永辉,胡敏敏.当代世界政治经济与国际关系[M].北京:中国经济出版社,1996.

46. 刘宝存.美国少数民族高等教育进展、问题、前瞻[J].比较教育研究,2001(7).

47. 刘宝存. 美国研究型大学的产生与发展[J]. 高教探索, 2005(1).

48. 刘静. 20 世纪美国教师教育思想的历史分析[M]. 北京:北京师范大学出版集团, 2009.

49. 刘静. 70 年代以来西方教师教育中的社会性别问题研究述评[J]. 比较教育研究, 2003(7).

50. 刘霓. 西方女性学:起源、内涵与发展[M]. 北京:社会科学文献出版社, 2007.

51. 刘绪贻,李存训. 美国通史:第 5 卷[M]. 北京:人民出版社, 2002.

52. 刘学东,程晋宽. 艰难的时代,艰难的选择——奥巴马政府基础教育政策的两难抉择[J]. 外国中小学教育, 2010(2).

53. 吕达. 美国中小学教育危机犹存——美国"国家教育目标"1993 年进展情况述评[J]. 课程·教材·教法, 1994(3).

54. 吕达,周满生,等. 当代外国教育改革著名文献·美国卷第一册[C]. 北京:人民教育出版社, 2004.

55. 吕达,周满生,等. 当代外国教育改革著名文献·美国卷第二册[C]. 北京:人民教育出版社, 2004.

56. 吕达,周满生,等. 当代外国教育改革著名文献·美国卷第四册[C]. 北京:人民教育出版社, 2004.

57. 马文琴,张斌贤. "9·11"事件后美国联邦政府加强公民教育的举措[J]. 清华大学教育研究, 2011(12).

58. 马骥雄. 战后美国教育研究[M]. 南昌:江西教育出版社, 1991.

59. 毛澹然. 美国社区学院[M]. 北京:高等教育出版社, 1989.

60. 乔鹤. 奥巴马教育新政解读[J]. 比较教育研究, 2009(9).

61. 秦立霞. 美国教师资格认证制度研究[M]. 北京:教育科学出版社, 2010.

62. 瞿葆奎,马骥雄. 教育学文集:美国教育改革[M]. 北京:人民教育出版社, 1990.

63. 屈书杰. 从种族隔离到学校一体化:20 世纪美国黑人教育[D]. 河北大学, 2002.

64. 任长松. 如何看待对《不让一个孩子掉队的质疑与批评》[J]. 比较教育研究, 2009(2).

65. 时春荣. 美国教育中性别歧视的改变[J]. 妇女研究论丛, 1995(2).

66. 史静寰. 当代美国教育[M]. 北京:社会科学文献出版社, 2001.

67. 施良方. 学习论[M]. 北京:人民教育出版社, 2001.

68. 孙颖. 奥巴马政府教育改革的政策研究与启示[J]. 外国教育研究, 2011(4).

69. 台湾师范大学学术委员会. 明日的师范教育[M]. 台北:幼狮文化事业公司, 1980.

70. 滕大春. 外国教育史和外国教育[M]. 保定:河北大学出版社, 1998.

71. 滕大春. 外国教育通史:第 6 卷[M]. 济南:山东教育出版社, 2005.

72. 滕大春. 今日美国教育[M]. 北京:人民教育出版社, 1980.

73. 滕大春. 滕大春教育文集[M]. 南京:江苏教育出版社, 2010.

74. 万秀兰. 美国社区学院的改革与发展[M]. 北京:人民教育出版社, 2003.

75. 王承绪,赵祥麟. 西方现代教育论著选[M]. 北京:人民教育出版社, 2001.

76. 王恩铭. 20世纪美国妇女研究[M]. 上海：上海外语教育出版社，2002.

77. 王桂. 当代外国教育——教育改革的浪潮与趋势[M]. 北京：人民教育出版社，1995.

78. 王珺. 解读高等教育的性别符码[D]. 华中科技大学，2005.

79. 王英杰. 美国高等教育的发展与改革[M]. 北京：人民教育出版社，1993.

80. 王廷芳. 美国高等教育史[M]. 福州：福建教育出版社，1995.

81. 汪霞. 课程改革与发展的比较研究[M]. 南京：江苏教育出版社，2000.

82. 吴慧平. 奥巴马教育新政："力争上游"计划[J]. 外国中小学教育，2010(3).

83. 吴式颖. 外国现代教育史[M]. 北京：人民教育出版社，1997.

84. 吴式颖，任钟印. 外国教育思想通史：第十卷[M]. 长沙：湖南教育出版社，2002.

85. 夏之莲. 外国教育发展史料选粹：下[M]. 北京：北京师范大学出版社，2001.

86. 肖巍. 哈佛大学性别课程讨论的130个问题及其启示[J]. 妇女研究论丛，2005(6).

87. 徐曼. 美国奥巴马政府的教育行动议程及启示[J]. 当代教育科学，2009(17).

88. 阎广芬. 当代美国女子教育改革[J]. 比较教育研究，1999(2).

89. 杨孔炽，徐宜安. 美国公立中学发展研究[M]. 武汉：湖北人民出版社，1996.

90. 杨生茂，陆镜生. 美国史新编[M]. 北京：中国人民大学出版社，1990.

91. 余宁平，杜芳琴. 不守规矩的知识：妇女学的全球与区域视界[M]. 天津：天津人民出版社，2003.

92. 曾晓萱. 80年代MIT校长保罗·格雷的教育思想[T]. 清华大学教育研究，1994(1).

93. 赵祥麟. 外国教育家评传：第三卷[M]. 上海：上海教育出版社，1992.

94. 张丽玉. 美国能力本位教师教育运动研究[D]. 福建师范大学，2007.

95. 张妹芝. 促进平等，追求卓越——战后美国联邦政府基础教育改革研究[D]. 河北大学，2011.

96. 张修慧. 美国学校教育中性别平等法律保护研究[D]. 沈阳师范大学，2011.

97. 张旭. 当代西方女性主义教育——理论与实践[D]. 陕西师范大学，2000.

98. 张学强，富婷. 面向多元文化教育的教师[J]. 外国教育研究，2009(3).

99. 章益. 新行为主义学习论[M]. 济南：山东教育出版社，1983.

100. 周红安，郑颖. 美国教师教育改革与发展的历史探析[J]. 内蒙古师范大学学报，2004(9).

101. 周红霞. 构建美国全面而有竞争力的教育体系——奥巴马在拉美裔商会上关于全面教育改革计划的讲话摘编[J]. 全球教育展望，2009(4).

102. 朱镜人. 外国教育思想简史[M]. 合肥：安徽教育出版社，2011.

二、英文文献

1. A. Harry Passow. *American Secondary Education：The Conant Influence，A Look at Conant's Recommendations for Senior and Junior High School* [M]. Reston：National Association of Secondary School Principals，1977.

2. Alice Y. Scates, Anita M. Mitchell. *State Career Education Plans as a Basis for Implementation* [J]. Journal of Career Development, 1980(2).

3. Arthur Bestor. *Educational Wastelands: The Retreat from Learning in Our Public Schools* [M]. Urbana & Chicago: University of Illinois Press, 1953.

4. Barbara Barksdale Clowse. *Brainpower for the Cold War: the Sputnik Crisis and Defense Education Act of 1958* [M]. Westport : Greenwood Press, 1981.

5. Barbara J. Duch, Susan E. Groh, Deborah E. Allen. *The Power of Problem-based Learning* [M]. Sterling: Stylus Publishing, LLC. , 2001.

6. Calfrey C. Calhoun, Alton V. Finch. *Vocational Education: Concepts and Operations* [M]. Belmont: Wadsworth Publishing Company, 1976.

7. Carl L. Bankston Ⅲ, Stephen J. Caldas. *Public Education: America's Civil Religion* [M]. New York: Teachers College, 2009.

8. Carol H. Pazandak. *Improving Undergraduate Education in Large Universities* [M]. San Francisco: Jossey-Bass Inc. , 1989.

9. Carlos Tejeda, Corinne Martinez, Zeus Leonardo. *Charting new terrains of Chicana(o)/ Latina(o) education* [M]. Cresskill: Hampton Press, 2000: 74.

10. Charles V. Willie, Antoine M. Garibaldi, Wornie L. Reed. *The Education of African-Americans* [M]. New York: Auburn House, 1991.

11. Christianne Corbett. *Where the Girls Are: The Facts about Gender Equity in Education* [M]. Wahington, D. C. : AAUW, 2008.

12. Christina Hoff Sommers. *The War Against Boys: How Misguided Feminism Is Harming Our Young Men* [M]. New York: Simon & Schuster 2001.

13. Clark Kerr. *The Uses of the University* [M]. Cambridge: Harvard University Press, 1963.

14. David R. M. Beck. *American Indians Higher Education Before 1974: From Colonization to Self-Determination* [J]. The Australian Journal of Indigenous Education, 1999(2).

15. Diane Ravitch. *The Troubled Crusade, American Education: 1945-1980* [M]. New York: Basic Books, 1983.

16. David Sadker. *An Educator's Primer to the Gender War* [J]. Phi Delta Kappan, 2002(4).

17. Don Toshiaki Nakanishi, Tian Yamano Nishida. *The Asian American Educational Experience: A Source Book for Teachers and Students* [M]. New York: Goutledge, 1995.

18. Enrique G. Murillo Jr. *Handbook of Latinos and Education: Theory, Research, and Practice* [M]. New York: Routledge, 2010.

19. Ernest L. Boyer. *Selected Speeches 1975-1995* [M]. San Francisco: Jossey-Boss Inc. , 1997.

20. Erwin V. Johanningmeier. *The Foundations of Contemporary American Education* [M].

Scottsdale : Gorsuch Scarisbrick, 1987.

21. Florence Murray. *The Negro Handbook*, 1944 [M]. New York: Current Reference Publications, 1944.

22. Francis Paul Prucha. *The Great father: the United States Government and the American Indian* [M]. London: University of Nebraska Press, 1984.

23. G. Gutek. *Philosophical and Ideological Perspectives in Education* [M]. New York: Allyn and Bacon, 2004.

24. Geraldine JonCich Clifford, James W. Guthrie. *Ed School: A Brief for Professional Education* [M]. Chicago & London: Uiversity of Chicago Press, 1988.

25. Gerald L. Gutek. Education in the United States, An Historical Perspective [M]. New Jersey: Prentice-Hall, Englewood Cliffs, 1986.

26. Grilbert G. Gonzalez. *Chicano Education in the Era of Segregation* [M]. Philadelphia: Balch Institute press, 1990.

27. H. Gardner. Jerome S. Bruner [A]//J. A. Palmer. Fifty Modern Thinkers on Education. From Piaget to the Present [C]. London: Routledge, 2001.

28. Harry A. Ploski. *The Negro Almanac* [M]. New York: Bellwether Publishing. 1967.

29. Hugh Davis Graham, Nancy Diamond. *The Rise of American Research Universities—Elites and Challengers in the Postwar Era* [M]. Baltimore: John Hopkins University Press, 1997.

30. J. B. Conant. *The Education of American Teachers* [M]. New York: McGraw-Hall Book Company, 1963.

31. J. D. Koermer. *The Miseducation of American Teachers* [M]. Boston: Houghton Mifflin Company, 1963.

32. J. D. Pulliam, J. V. Patter. *History of Education in America* [M]. Up Saddle River: Prentice Hall, 1995.

33. J. F. Soltis. *An Introduction to the Analysis of Educational Concepts* [M]. Reading: Addison-Wesley, 1978.

34. Jack W. Fuller, Terry O. Whealon. *Career Education: a lifelong process* [M]. Chicago: Nelson-Hall, 1979.

35. Jack Jennings, Diane Stark Rentner. *Ten Big Effects of the No Child Left Behind Act on Public Schools* [J]. Phi Delta Kappan, 2006(2).

36. Jane Pilcher & Imelda Whelehan. *50 Key Concepts in Gender Studies* [M]. London: SAGE Publications Ltd. , 2004.

37. James Bryant Conant. *Education in a Divided World: the Function of the Public Schools in Our Unique Society* [M]. New York: Greenwood Press Reprint, 1948.

38. James D. Koerner. *The Miseducation of American Teachers* [M]. Boston: Houghton Mifflin, 1963.

39. James S. Coleman. *Equality of Educational Opportunity (Coleman) Study (EEOS)* [R]. Ann Arbor, 2000.

40. James T. Todd & Edward K. Morris. *Modern Perspectives on B. F. Skinner and Contemporary Behaviorism* [M]. Westport: Greenwood Press, 1995.

41. James W. Hillesheim, George D. Merrill. *Theory and Practice in the History of American Education: A Book of Readings* [M]. Lanham: University Press of America, Inc. , 1980.

42. Jerorne S. Bruner. *Actual Minds, Possible Worlds* [M]. Cambridge: Harvard University Press, 1986.

43. Jerorne S. Bruner. *Pacifier-Produced Visual Buffering in Human Infants* [J]. Developmental Psychology, 1973(6).

44. Jerorne S. Bruner. *The Process of Education* [M]. Cambridge: Harvard University Press, 1960.

45. Joel Spring. *The American School, 1642-2004* [M]. New York: The McGraw-Hill Companies, Inc. , 2005.

46. John R. Thelin. *A History of American Higher Education* [M]. Baltimore: The Johns Hopkins University Press, 2004.

47. Joseph F. Callahan, Leonard H. Clark. *Innovations and Issues in Education* [M]. New York: Macmillan, 1977.

48. K. Ryan. *Teacher Education: The 74th Yearbook of the National Society for the Study of Education* [M]. Chicago: The University of Chicago Press, 1975.

49. Ken Goodman, Patrick Shannon, Yetta Goodman, Roger Rapoport. *Saving Our Schools* [M]. Berkeley: DRD Books, 2004.

50. Kevin Kinser. *From Main Street to Wall Street: the Transformation of For-Profit Higher Education* [M]. San Francisco: Jossey-Bass Inc. Pub. , 2006.

51. L. Dean Webb. *The History of American Education: A Great American Experiment* [M]. Upper Saddle River: Pearson, 2006.

52. L. B. Mayhew, P. J. Ford, D. L. Hubbard. The Quest for Quality: *The Challenge for Undergraduate Education in the 1990s* [M]. San Francisco: Jossey-Bass Inc. , 1990.

53. Latinos in Education: Early Childhood, Elementary, Secondary, Undergraduate, Graduate [R]. Washington, D. C. : White House Initiative on Educational Excellence for Hispanic Americans, 1999.

54. Lee S. Shulman. *The Carnegie Classification of Institutions of Higher Education: 2000 edition* [R]. Stanford: The Carnegie Foundation for the Advancement of Teaching, 2001.

55. Linda Eisenmann. *Higher Education for Women in Postwar America*, *1945-1965* [M]. Baltimore: The Johns Hopkins University Press, 2006.

56. Lori Cavell, Rolf K. Blank, Carla Toye, Andra Williams. *Key State Education Policies on PK-12 Education: 2004* [R]. Washington, D. C. : Council of Chief State School Officers, 2005.

57. Lorraine Hale. *Native American Education: A Reference Handbook* [M]. Santa Barbara: ABC-CLIO, 2002.

58. M. Adler. *The Paideia Program* [M]. New York: Macmillan, 1984.

59. Mabel Newcomer. A Century of Higher Education for Ameircan Women [M]. New York: Harper Press, 1959.

60. Margaret Szasz. *Education and the American Indian: The Road to Self-Determination* [M]. Albuquerque: University of New Mexico Press, 1999.

61. Margaret C. Dunkle, Bernice Sandler. *Sex Discrimination against students: Implications of Title IX of the Education Amendments of 1972* [M]. Washington, D. C. : Association of American Colleges, 1975.

62. Maurice R. Berube. *American Presidents and Education* [M]. New York: Greenwood Press, 1991.

63. Merle E. Strong. *Developing the Nation's Work Force*, *Yearbook* 5 *of American Vocational Association* [R]. Washington, D. C. : American Vocational Association, 1975.

64. Meyer Weinberg. *Asian-American Education: Historical Background and Current Realities* [M]. Mahwah: Lawrence Erlbaum Associates, 1997.

65. Mortimer J. Adler. *The Paideia Proposal: An Educational Manifesto* [M]. New York: Macmillan, 1982.

66. N. Noddings. Philosophy of Education [M]. Boulder: Westview Press, 1995.

67. National Commission on Teaching &. America's Future. *What Matters Most: Teaching for America's Future: Summary Report* [R]. New York: NCTAF, 1996.

68. National Study of Charter Schools, *The State of Charter Schools 2000* [R]. Washington, D. C. : Department of Education, 2000.

69. Office of Education Research and Improvement. *Challenging the Status Quo: the Education Record*, *1993-2000* [R]. Washington, D. C. : U. S. Department of Education, 2000.

70. Paul Stuart. *Nations within a Nation: Historical Statistics of American Indians* [M]. Westport: Greenwood Press, 1987.

71. Policy and Program Studies Service. *A Decade of Public Charter Schools: Evaluation of the Public Charter Schools Program: 2000-2001* Evaluation Report [R]. Washington, D. C. : Department of Education, 2002.

72. Policy and Program Studies Service. *A Descriptive Evaluation of the Federal Class-Size Reduction Program: Final Report* [R]. Washington, D. C.: Office of the Deputy Secretary, U. S. Department of Education, 2004.

73. Robert L. Emans. *Understanding Undergraduate Education* [M]. Vermillion: University of South Dakota Press, 1989.

74. Robert M. Hutchins. *The Higher Learning in America* [M]. New Haven: Yale University Press, 1936.

75. Robert M. Weiss. *The Conant Controversy in Teacher Education* [M]. New York: Random House, 1969.

76. Roger L . Nichols. *The American Indian: Past and Present* [M]. Norman: University of Oklahoma Press, 2008.

77. Ronald Gross. *The Teacher and the Taught: Education in Theory and Practice from Plato to James B. Conant* [M]. Dell Publishing Co. Inc. , 1963.

78. S. Nieto. *Affirming Diversity: The Sociopolitical Context of Multicultural Education* [M]. New York: Longman, 2000.

79. Shelley M. Park. *Research, Teaching, and Service* [J]. Journal of Higher Education, 1996 (1).

80. Shu Wei-Non. *A Comparison of Factors that Influence Vocational Education Law-Making In the U. S. and TaiWan, Republic of China* [D]. University of Minnesota, 1996.

81. Steven Brint, Jerome Karabel. *The Diverted Dream, Community Colleges and the Promise of Educational Opportunity in America, 1900-1985* [M]. New York: Oxford University Press, 1989.

82. Susan Faludi. *Backlash: The Undeclared War Against American Women* [M]. New York: Anchor Books, 1991.

83. T. M. Stinnelt. *Professional Problems of Teachers* [M]. New York: Macmilllan Publishers Limited, 1968.

84. The Boyer Commission on Educating Undergraduates in the Research University. *Reinventing Undergraduate Education: A Blueprint for America's Research Universities* [R]. Princeton: Carnegie Foundation for the Advancement of Teaching, 1998.

85. The Holmes Group. *Tomorrow's Schools of Education* [M]. East Lansing: The Holmes Group, Inc. , 1995.

86. The Holmes Group. *Tomorrow's Teachers* [M]. East Lansing: The Holmes Group, Inc. 1986.

87. Thomas D. Snyder. *120 Years of American Education: A Statistical Portrait* [M]. Washington, DC: NCES, 1993.

88. Thomas D. Snyder, Sally A. Dillow. *Digest of Education 2011* [R]. Washington, D. C. : NCES, 2012.

89. U. S. Department of Education. *Strategic Plan 2002-2007* [Z]. Washington, D. C. : ED Pubs, Education Publications Center, U. S. Department of Education, 2002.

90. Virgil A. Clift, Archibald W. Anderson, H. Gordon Hullfish. *Negro Education in America : Its Adequacy, Problems, and Needs* [M]. New York: Harper & Brothers, 1962.

91. William C. Bagley. *An Essentialist's Platform for the Advancement of American Education* [J]. Educational Administration and Supervision, 1938(24).

92. William G. Bowen, Martin A. Kurzweil, Eugene M. Tobin. *Equity and Excellence in American Higher Education* [M]. Charlottesville: University of Virginia Press, 2005.

索 引

M

N

O

Q